A Basic Course

in American Sign Language

TOM HUMPHRIES
CAROL PADDEN
TERRENCE J. O'ROURKE

Un Curso Básico

de Lenguaje Americano de Señas

translated by Lourdes Rubio

edited by Gilbert L. Delgado

T·J·PUBLISHERS

This translation is dedicated to my childhood friend, Robert R. Davila, who fostered my interest in the Spanish language and its people, in recognition of his service to the deaf and Hispanic communities throughout his career as an educator and as Assistant Secretary for the U.S. Office of Special Education and Rehabilitative Services.

Terrence J. O'Rourke
Chairman of the Board
T. J. Publishers, Inc.

February 8, 1991

TRADUCCIÓN DEL ESPAÑOL

INTRODUCCIÓN

Traducir, así como escribir, es frecuentemente cuestión de estilo, selección o preferencia. Al traducir *A Basic Course in American Sign Language*—Un Curso Básico de Lenguaje Americano de Señas—, el Comité Editorial de Español, intentó "transferir" el inglés al español en la forma más cercana y literal posible. Esta no es una labor pequeña. Nuestro criterio fue el siguiente:

- Quisimos mantener el significado e integridad de los autores no alterando la versión del español en una forma excepcional (el español se ha dado a esto). De la misma manera, no quisimos bajar el nivel de expresión contenido en el texto original.

- La claridad y el significado fueron nuestras prioridades principales.

- Concluimos que serían los grupos Hispano-Americanos quienes se interesarían en utilizar este libro y quienes serían los lectores potenciales del mismo. Con esto en mente, la traducción se inclina más al español utilizado por la mayoría de este grupo.

GLOSARIO

Con el fin de mantener consistencia con los principales términos técnicos, el Comité Editorial de Español reunió el siguiente glosario de términos. Sugerimos que revise esta sección cuidadosamente antes de utilizar el libro.

Inglés	Español
sign	seña
sign language	lenguaje de señas
A.S.L. (American Sign Language)	A.S.L. (Lenguaje Americano de Señas)
Signed English	Inglés en señas
P.S.E. (Pidgin Signed English)	P.S.E. (Inglés Pidgin en señas)
glosses	glosas (en este texto, una palabra en mayúscula precedida por un símbolo)
fingerspelling	deletreo manual
Cued Speech	Cued Speech (un sistema de ayuda visual para realizar la lectura labio facial de un lenguaje utilizando posiciones de la mano adyacentes a la cara del que habla)
classifiers	clasificadores
modals	modales
modulate	modular o modulación
quantifiers	cuantificadores
qualifiers	cualificadores

Gilbert L. Delgado, Ph.D.—Editor

ACKNOWLEDGEMENTS
RECONOCIMIENTOS

The efforts and support of many people went into the production of this book. We would like to thank the following for their ideas, criticisms, and suggestions on how to make this book useful for teachers of American Sign Language: Ben Bahan, Rubin Latz, Ella Mae Lentz, David McKee, Rick Rubin, and Darlene Scates. Also, thanks to Kerry Ancis for her editing which helped to improve the explanations and overall style of the book.

The models for our pictures deserve special thanks. They are: John Canady, Carlene Canady Pedersen, Joe Castronovo, Gil Eastman, Ella Mae Lentz, Dorothy Miles, Freda Norman, and Ken Pedersen. John Canady and Freda Norman, in addition to providing us with a breath of fresh air with their lively presences, were valuable consultants in preparing pictures for the sentences used in the text.

Ben Bahan, Carlene Canady Pedersen, and David McKee served as consultants on the sentences used in the explanations and exercises.

We also thank Cyndy Myers and Merrie Davidson for their patience and humor through a seemingly interminable process of typing, retyping and assembling the first drafts of the manuscript.

And for being a companion throughout all stages of bringing the manuscript to life, we are grateful to Frank Paul. As the illustrator and designer of this book, he constantly searched for and experimented with new and better ways to express our work in a printed form.

And finally, we are grateful for the moral support and encouragement we have received from our families, colleagues, and friends.

T.J.O.
T.H.
C.P.

Para la producción de este libro, fue necesaria la colaboración y el apoyo de muchas personas. Quisiéramos expresar nuestro agradecimiento a las siguientes personas por sus ideas, críticas, y sugerencias para hacer este libro útil para los maestros del Lenguaje Americano de Señas: Ben Bahan, Rubin Latz, Ella Mae Lentz, David McKee, Rick Rubin y Darlene Scates. También, nuestro agradecimiento a Kerry Ancis por su trabajo en la edición del libro, la cual ayudó a hacer más claras y mejores las explicaciones del libro y sobretodo, el estilo del mismo.

Los modelos para las ilustraciones merecen un agradecimiento especial. Ellos son: John Canady, Carlene Canady Pedersen, Joe Castronovo, Gil Eastman, Ella Mae Lentz, Dorothy Miles, Freda Norman y Ken Pedersen. John Canady y Freda Norman, además de proporcionarnos gran alegría por su viva presencia, fueron consultores muy valiosos en la preparación de las figuras utilizadas en el texto.

Ben Bahan, Carlene Canady Pedersen, y David McKee ayudaron como consultores en la elaboración de las oraciones, explicaciones y ejercicios utilizados.

También agradecemos a Cyndy Myers y a Merrie Davidson por su paciencia y buen humor a lo largo del aparentemente interminable proceso de mecanografiar así como de integrar los primeros borradores del manuscrito.

Y por ser un compañero a lo largo de todas las etapas y llevar el manuscrito a la vida, estamos muy agradecidos con Frank Paul. Como ilustrador y diseñador de este libro, Frank Paul buscó y experimentó constantemente con nuevas y mejores formas para expresar nuestro trabajo en forma impresa.

Finalmente, queremos agradecer a nuestras familias, colegas y amigos por el ánimo y apoyo moral que recibimos de ellos.

T.J.O.
T.H.
C.P.

SIGN LANGUAGE MODELS
MODELOS DEL LENGUAJE DE SEÑAS

 John Canady

 Joe Castronovo

 Gil Eastman

 Ella Lentz

 Dorothy Miles

 Freda Norman

 Carlene Pedersen

 Ken Pedersen

TABLE OF CONTENTS
CONTENIDO

INTRODUCTION

In recent years, we have seen an upsurge of interest in the sign language used by Deaf people in America. An important factor in this interest is the growing body of research on sign language structure. These research studies have been of immense value in providing new facts about American Sign Language and other foreign sign languages to thousands of people, both Deaf and Hearing. These studies, important as they were to the fields of linguistics, sociology, psychology, anthropology and other sciences, were not intended to be used directly in the teaching of American Sign Language. Clearly there is a need for a language textbook in American Sign Language for adult, second language learners. This book is designed to meet that need. Incorporated into this book are brief explanations and examples of some basic structures of American Sign Language and some exercises for the student to practice these structures.

There are obvious problems with writing a text for a visual-gestural language. This text attempts to alleviate some of these problems by using illustrations and scripts for signed sequences. It should be clear, however, that attempting to learn a visual-gestural language from a textbook alone is no more advisable than attempting to learn a spoken language from a textbook alone. There is no substitute for a visual or spoken model of a language, and for this reason, this book is intended for use with a teacher as well as other teacher-designed activities.

There are a number of other considerations in the use of this textbook which are detailed in the following pages.

INTRODUCCIÓN

En años recientes hemos visto el surgimiento de un interés por el lenguaje de señas utilizado por los sordos en los Estados Unidos. Un factor importante en este interés es el desarrollo en la investigación de la estructura del lenguaje de señas. Estas investigaciones han sido de inmenso valor al proporcionar nuevos datos respecto al Lenguaje Americano de Señas y de otras formas de lenguajes de señas extranjeros para miles de personas, tanto sordas como oyentes. Estos estudios, no pretendieron utilizarse en la enseñanza del Lenguaje Americano de Señas, aunque fueron importantes para los campos de la lingüística, sociología, psicología, antropología y otras ciencias. Existe una necesidad indudable de un libro de texto para adultos de Lenguaje Americano de Señas como segunda idioma. Este libro está diseñado para satisfacer esta necesidad. En este libro se han incorporado breves explicaciones y ejemplos de algunas estructuras básicas del Lenguaje Americano de Señas y algunos ejercicios para que los estudiantes practiquen estas estructuras.

Existen problemas obvios al escribir un texto para un lenguaje viso-gestual. Este texto pretende superar algunos de estos problemas usando ilustraciones y formas escritas para la señalización de secuencias. Sin embargo, debe quedar claro que intentar aprender un lenguaje viso-gestural por medio de este libro no es más aconsejable que intentar aprender un lenguaje hablado con un libro de texto exclusivamente. No existe ningun modelo substituto para un lenguaje visual o hablado, y por esta razón, este libro debería ser utilizado bajo la dirección de un maestro así como otras actividades diseñadas para el aprendizaje.

Existen otras consideraciones para el uso de este libro, las cuales se encuentran detalladas en las páginas siguientes.

AMERICAN SIGN LANGUAGE

The term "sign language" has been used as a generic term for different varieties of sign communication. But there is a significant distinction between American Sign Language and other varieties of sign communication which follow the structure of English.

American Sign Language (also called ASL or Ameslan) is not based on, nor is it derived from English. It is different in structure from the systems which code English or are heavily influenced by English such as Sign English or Pidgin Sign English. ASL is not universal; users of British Sign Language, Italian Sign Language, the Sign Language of India, Chinese Sign Language or many other Sign Languages would not readily comprehend American Sign Language. Both in vocabulary and aspects of their structure, these Sign Languages are quite different from each other.

American Sign Language is the native language of thousands of Deaf people who have Deaf parents. For them, it is not only a first language but also carries with it the culture of generations of Deaf people in America. American Sign Language is also the primary language of many Deaf people in America and Canada who do not have Deaf parents but who nevertheless are members of a sizeable Deaf culture. American Sign Language serves as the principal identifying characteristic of members of this culture and embodies the values and experiences of its users.

Although this textbook gives insight into the language and the culture, a true appreciation of both comes only through association with Deaf people themselves coupled with study. For those who wish to study further, we have provided references elsewhere in this text as guidance.

EL LENGUAJE AMERICANO DE SEÑAS

El término "Lenguaje de Señas" ha sido utilizado como un término genérico para diferentes tipos de comunicación a través de señas. Pero existe una diferencia importante entre el Lenguaje Americano de Señas y otras variedades de comunicación por medio de señas que siguen la estructura del inglés.

El Lenguaje Americano de Señas (llamado también ASL o Ameslan) no está basado en el inglés ni es un derivado de éste. Difiere en estructura del resto de los sistemas que codifican el inglés o de aquéllos que tienen una fuerte influencia del inglés tales como el Inglés en Señas o el Pidgin Signed English. El ASL no es universal; quienes usan el Lenguaje de Señas Británico, Lenguaje de Señas Italiano, el Lenguaje de Señas de la India, el Lenguaje de Señas Chino o cualquier otro Lenguaje de Señas, no comprenderían en forma inmediata el Lenguaje Americano de Señas. Estos lenguajes de señas son diferentes entre si tanto en vocabulario como en varios aspectos de su estructura.

El Lenguaje Americano de Señas es el lenguaje nativo de miles de personas sordas que tienen padres sordos. Para ellos, no sólo es la primera lengua, sino además es el vehículo de la cultura de varias generaciones de personas sordas en los Estados Unidos. El Lenguaje Americano de Señas también es la primera lengua para muchas personas en los Estados Unidos y Canadá que no tienen padres sordos más sin embargo, pertenecen a la cultura del sordo, la cual es considerablemente amplia. El Lenguaje Americano de Señas es la característica principal por medio de la cual se identifican los miembros con su cultura, e involucra los valores y experiencias de aquéllos que lo utilizan.

Aunque este texto proporciona información acerca del lenguaje y la cultura, una verdadera apreciación de ambos sólo se da a través de la asociación con personas sordas aunada al estudio. Hemos proporcionado referencias para aquéllos que deseen un estudio más profundo al respecto.

THE TEXT

The text is composed of twenty-two lessons each of which contains two to four basic explanations of the language structures to be learned. These explanations are clearly marked in the text by means of boxes. In each box are examples and illustrations to explain the structure of the language.

As a resource for the student, a drill or exercise follows each box. These exercises are designed for practice of the language structures to be learned.

At the end of each lesson is a vocabulary section containing the vocabulary used in that lesson as well as other related vocabulary items.

Spaced at intervals throughout the text are several short dialogues which review the language structures discussed in the preceding lessons.

EL TEXTO

Este texto está compuesto por 22 lecciones, cada una de las cuales contiene dos o cuatro explicaciones básicas de las estructuras del lenguaje que van a ser aprendidas. Estas explicaciones han sido claramente marcadas en el texto al encuadrarlas. En cada cuadro hay ejemplos de ilustraciones que explican la estructura del lenguaje.

Como un recurso para el estudiante, se han proporcionado ejercicios, los cuales siguen a las explicaciones encuadradas. Estos ejercicios están diseñados para practicar las estructuras aprendidas del lenguaje.

Al final de cada lección se encuentra la sección del vocabulario, la cual contiene el vocabulario utilizado en la lección así como términos relacionados con el vocabulario usado.

A lo largo del texto se encuentran intercalados pequeños diálogos los cuales revisan las estructuras gramaticales presentadas en las lecciones precedentes.

DRILLS AND EXERCISES

The exercises are of several types commonly found in second language learning texts: substitution drills, transformation drills, and question-response drills. Substitution drills usually call for the student to substitute a single sign for another sign in a given sentence keeping the original sentence pattern. Transformation drills usually require a change from one sentence type to another sentence type (i.e., change a statement to a question). Question-response drills require the student to respond to a question asked by the teacher or another student. In all cases, the drills are to be signed, not written. The text is to be used only as a script for practice with the structures to be learned. Furthermore, no other language need be involved in any of the drills; practice is always in manipulating or changing one American Sign Language structure into another

EJERCICIOS Y PRÁCTICA

Los ejercicios son similares a los que se encuentran en textos para la enseñanza del lenguaje como segunda idioma: ejercicios de sustitución, transformación y ejercicios de preguntas y respuestas. Generalmente, los ejercicios de sustitución requieren que el alumno sustituya una seña por otra en una oración dada manteniendo el modelo original. Los ejercicios de transformación requieren que el alumno cambie de un tipo de oración por otro (por ejemplo, cambiar una oración afirmativa a la forma interrogativa). Los ejercicios de preguntas y respuestas requieren que el alumno conteste a alguna pregunta hecha por el profesor o por otro estudiante. En todos los casos, los ejercicios tienen que hacerse con señas, no en forma escrita. El texto debe ser utilizado únicamente como una guía para la práctica de las estructuras gramaticales aprendidas. Aún más,

American Sign Language structure. Answers to the exercises are located in the Answer Key at the end of the text.

The teacher can develop additional exercises and activities where more practice in the structures is needed.

ninguna otra lengua debe ser involucrada en los ejercicios; la práctica siempre se refiere a la manipulación de una estructura gramatical del Lenguaje Americano de Señas a otra estructura gramatical del mismo. Las respuestas a los ejercicios se encuentran en la clave de respuestas al final del texto.

El maestro puede desarrollar ejercicios adicionales así como actividades para la ejercitación de estructuras que requieran mayor práctica.

VOCABULARY

Many of the vocabulary items are included in the examples and exercises of the lessons. Although there are nearly 1,000 vocabulary items, the teacher may want to introduce other signs during the course of a lesson which are not included in the text.

The student should be aware that while one sign (for example, WHEN) is acceptable for one geographical region, a different sign is used in another region. We have included a few regional variations on some signs, but not all possible regional variations are included. The teacher may supplement the vocabulary sections with additional signs which are more appropriate to the local region.

The vocabulary sections are intended primarily for review purposes and the student should not attempt to learn any signs from an illustration without at some point seeing a model using the sign in some context.

VOCABULARIO

Muchos de los términos del vocabulario están incluidos en los ejemplos y ejercicios de las lecciones. Aunque existen casi 1,000 términos de vocabulario, el maestro puede introducir señas no incluidas en el texto.

El alumno debe tener presente que mientras alguna seña (por ejemplo, CUÁNDO) es aceptable en una región geográfica, en otra región se usa una seña diferente. Hemos incluido algunas variaciones regionales de algunas señas, pero no se han incluido todas las variaciones posibles de las diversas regiones. El maestro puede complementar las secciones del vocabulario con señas adicionales que sean más apropiadas a la región local.

Las secciones del vocabulario pretenden primordialmente cumplir con la función de ofrecer un repaso y el estudiante no debe intentar aprender ninguna seña con las ilustraciones sin haber visto al modelo usando las señas dentro de algún contexto.

DIALOGUES

In learning any language, conversational context is important. For this reason, several dialogues have been provided for this conversational practice. The dialogues are based on common situations found in the Deaf culture or within the Deaf community. The student should first see the dialogues signed by the teacher or another model. The dialogues as they appear in the text should only be used as scripts (as with the exercises) to help the student memorize the lines in acting out the dialogues. In addition to providing a context and cultural insights, the dialogues can be used to develop a conversational articulation and fluency. Translations for the dialogues can also be found in the Answer Key.

DIÁLOGOS

Al aprender cualquier lengua, el contexto de una conversación es importante. Por esta razón, se han proporcionado varios diálogos para la práctica de la conversación. Los diálogos están basados en situaciones comunes de la cultura del Sordo o en la comunidad del Sordo. El alumno primero debe ver los diálogos en señas por el maestro u otro modelo. El diálogo, tal como aparece en el texto, sólo debe ser utilizado como una guía (así como los ejercicios) para ayudar al estudiante a memorizar las líneas al ejecutar el diálogo. Además de proporcionar una información en contexto de la cultura del sordo, los diálogos pueden ser utilizados para desarrollar fluidez y articulación de la conversación. Las traducciones de los diálogos pueden encontrarse en la Clave de Respuestas.

GLOSSES
(Writing system)

The sign

GLOSAS
(Sistema escrito)

La seña

could just as well be represented in the text by ⊙, but since this would require that the student learn a new orthography in addition to learning a new language, we have chosen to use capitalized English words to represent the sign translated as 'gas'. Note that the use of the English word, GAS, in capitalized letters is only a *symbol.* Do not be misled into thinking that the English use of the word, 'gas', is fully equivalent to the American Sign Language use of the sign GAS. As an example of the difference, the sign GAS is typically used for automobile or fuel gas, but not natural gas used in stoves or heaters— the fingerspelled sign #GAS is used for the latter.

The use of English to represent American Sign Language signs is simply a convention which we will adopt until a full writing system for American Sign Language is developed. The use of English symbols to transcribe American Sign Language sentences is intended as an aid to the student. These transcriptions or "scripts" are *not* English sentences.

podría ser representada en el texto por medio del símbolo ⊙, pero dado que esto requeriría que el estudiante aprendiera una nueva ortografía, además del aprendizaje de una nueva lengua, hemos preferido usar las mayúsculas para representar la seña traducida como "gas". Observe que el uso de la palabra GAS en mayúsculas es sólo un símbolo. No se confunda al pensar que el uso de la palabra "gas", es completamente equivalente al uso de la misma en Lenguaje Americano de Señas. Como un ejemplo de la diferencia, la palabra GAS generalmente es utilizada para significar la gasolina de un automóvil o combustible, pero no para significar el gas natural utilizado en estufas y calentadores—la seña deletreada manualmente como #GAS es utilizada para referirse al gas de las estufas.

El uso del inglés para representar la seña del Lenguaje Americano de Señas es simplemente con fines convencionales los cuales vamos a adoptar hasta que se haya desarrollado un sistema escrito para el Lenguaje Americano de Señas. El uso de símbolos en inglés para transcribir las oraciones del Lenguaje Americano de Señas tiene simplemente la intención de ayudar al alumno. Estas transcripciones o "scripts" no son oraciones del inglés.

The following conventions are used:
1. A capitalized word represents a single American Sign Language sign.
   Example: HAPPY

Se han utilizado los siguientes convencionalismos:
1. Una palabra en mayúsculas representa una seña del Lenguaje Americano de Señas
   Por ejemplo: CONTENTO, FELIZ

2. Several capitalized words joined together by hyphens represent a single American Sign Language sign.
   Example: DON'T-KNOW

2. La unión de varias palabras en mayúsculas unidas por un guión, representa una sola seña del Lenguaje Americano de Señas.
   Por ejemplo: NO-SÉ

3. Letters joined together by hyphens represent a fingerspelled word or abbreviation.
   Example: M-A-R-Y, T-T-Y
4. A capitalized word preceded by the symbol, #, represents a fingerspelled sign.
   Example: #JOB

3. Las letras que se ven unidas por guiones representan una palabra que deberá ser deletreada manualmente o una abreviación.
   Por ejemplo: M-A-R-Y, T-T-Y
4. Una palabra en mayúsculas precedida por el símbolo, #, representa una seña deletreada manualmente.
   Por ejemplo: #TRABAJO (JOB)

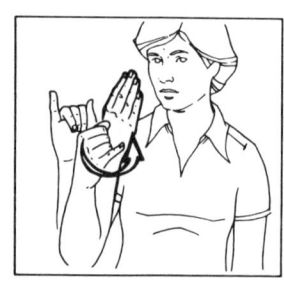

5. The symbol, + +, indicates that the preceding sign is reduplicated.
   Example: TREE + +
6. The symbol, ~, between two signs indicates that the two signs are blended together in a smooth movement.
   Example: SEE~NONE

5. El símbolo, + +, indica que la seña precedente debe ser duplicada.
   Por ejemplo: ÁRBOL + +
6. El símbolo, ~, entre dos señas indica que las dos señas se combinan en un movimiento suave.
   Por ejemplo: VER~NADIE

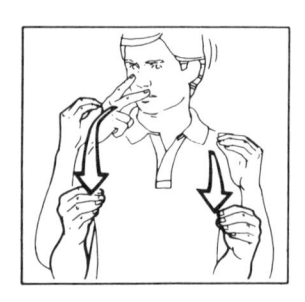

7. The symbol, CL:, represents a classifier sign.
   Example: CL:F

7. El símbolo, CL:, representa un clasificador.
   Por ejemplo: CL:F

A symbol such as CL:CC indicates that the classifier uses two hands.
Example: CL:CC

Un símbolo tal como CL:CC indica que el clasificador requiere el uso de las dos manos.
Por ejemplo: CL:CC

We have used some arbitrary characters with the classifier symbol. They are:
Arrows are used to show orientation of the palm or direction of movement of the sign.
•• is used to represent bent fingers.
○ represents extended thumb.
⇈ represents wiggling fingers.

Hemos utilizado algunos caracteres arbitrarios para representar los símbolos de los clasificadores: Estos son:
Se han utilizado flechas para mostrar la orientación de la palma o la dirección del movimiento de la seña.
•• se utiliza para representar flexión de los dedos.
○ representa la extensión del dedo pulgar.
⇈ representa los dedos en movimiento.

TRANSLATIONS

Each American Sign Language sentence as it appears in the text or later in the Answer Key has an English translation. It should be noted that although one possible translation is given, this is not meant to imply that other translations are not possible.
Translation from one language to another is dependent on many factors, not the least of which is context. In the absence of context, some translations in the text may be very limited in terms of the full potential of a sentence. The full range of possible translations should always be discussed with the teacher.

TRADUCCIONES

Cada oración del Lenguaje Americano de Señas, tal y como aparece en el texto o más tarde en la Clave de Respuestas, tiene una traducción al inglés. Debe hacerse hincapié que el haber dado sólo una traducción posible, no significa que otras traducciones no sean posibles. Las traducciones de un lenguaje a otro dependen de muchos factores, no siendo el último el contexto. Al no haber contexto, algunas traducciones del texto pueden quedar muy limitadas en cuanto al potencial completo de la oración. La rango amplio de variaciones debe ser discutido con el maestro.

LESSON 1 ██ LECCIÓN 1 ██

Personal Pronouns

1. The handshape for personal pronouns is the pointing index finger.
2. The locations for personal pronouns are:

I, me
YO, me

YOU
TÚ, te

The signer looks directly at the other person.

HE/SHE/IT, him, her
EL/ELLA/ (objeto)

If the person or object is visible or nearby, the signer points in the direction of that person or object. If the person or object is not present, the signer can point to a location on either side.

Pronombres Personales

1. La configuración de la mano para los pronombres personales es señalando con el dedo índice.
2. Las localizaciones para los pronombres personales son:

WE, us
NOSOTROS, nos

YOU-PL.
USTEDES, les

El que hace la seña mira directamente a la otra persona.

THEY, them
ELLOS/ELLAS

Si la persona o el objeto se encuentran visibles o cerca, el que hace la seña apunta en la dirección de esa persona u objeto. Si la persona u objeto no se encuentran presentes, el que señala puede apuntar hacia un lado u otro.

Exercise 1.1:

Change the pronoun form from singular to plural, or from plural to singular.

EXAMPLES:

A. I
    WE
B. THEY
    HE/SHE/IT

1. YOU
2. SHE
3. WE
4. THEY

5. IT
6. YOU-PL.
7. HE
8. I

Ejercicio 1.1:

Cambie el pronombre de la forma singular a la forma plural, o del plural al singular.

EJEMPLOS:

A. YO
    NOSOTROS
B. ELLOS
    El/Ella

1. TÚ
2. ELLA
3. NOSOTROS
4. ELLOS

5. EL (objeto)
6. USTEDES
7. EL
8. YO

Basic Sentence Structure: Sentences with Predicate Adjectives

1. It is common in simple sentences to repeat the subject pronoun at the end of the sentence.

EXAMPLES:

Estructura de las Oraciones Básicas: Oraciones con Predicado Adjetivo

1. En oraciones simples, es común repetir el pronombre del sujeto al final de la oración.

EJEMPLOS:

A. I HAPPY I. 'I am happy.'
A. YO CONTENTO YO. "Yo estoy contento."

B. SHE TIRED SHE. 'She is tired.'
B. ELLA CANSADA ELLA. "Ella está cansada."
C. HE SMART HE. 'He is smart.'
C. EL LISTO EL. "El es listo."

2. The following two forms are possible also:	2. Las dos formas siguientes también son posibles:
## EXAMPLES:	## EJEMPLOS:

A. I HAPPY.   'I am happy.'
A. YO CONTENTO.   "Yo estoy contento."

B. HAPPY I.   'I am happy.'
B. CONTENTO YO.   "Yo estoy contento."

# Exercise 1.2:	# Ejercicio 1.2:
Following the example given, form new sentences from the pronouns and adjectives listed below.	Forme oraciones nuevas con los pronombres y adjetivos siguientes. Siga el ejemplo:
## EXAMPLE:	## EJEMPLO:

I, HAPPY
  I HAPPY I.   'I am happy.'
  I HAPPY.   'I am happy.'
  HAPPY I.   'I am happy.'
	YO, CONTENTO
	  YO CONTENTO YO. "Yo estoy contento."
	  YO CONTENTO. "Yo estoy contento."
	  CONTENTO YO. "Yo estoy contento."

1. YOU, TALL 2. IT, HEAVY 3. I, SURPRISED 4. THEY, DEAF 5. YOU, HEARING 6. I, MAD 7. SHE, SLEEPY	1. TÚ, ALTO 2. EL (objeto), PESADO 3. YO, SORPRENDIDO 4. ELLOS, SORDOS 5. TÚ, OYENTE 6. YO, ENOJADO 7. ELLA, CON SUEÑO

8. WE, DEAF	8. NOSOTROS, SORDOS
9. IT, LIGHT	9. EL (objeto), LIGERO
10. YOU, HAPPY	10. TÚ, CONTENTO
11. WE, SURPRISED	11. NOSOTROS, SORPRENDIDOS
12. HE, INTERESTED	12. EL, INTERESANTE
13. YOU, PRETTY	13. TÚ, BONITA
14. IT, UGLY	14. EL (objeto), FEO
15. I, SHORT	15. YO, BAJO
16. THEY, SURPRISED	16. ELLOS, SORPRENDIDOS
17. IT, BIG	17. EL (objeto), GRANDE
18. I, SLEEPY	18. YO, CON SUEÑO
19. IT, SMALL	19. EL (objeto), PEQUEÑO
20. SHE, DEAF	20. ELLA, SORDA

Vocabulary   Vocabulario

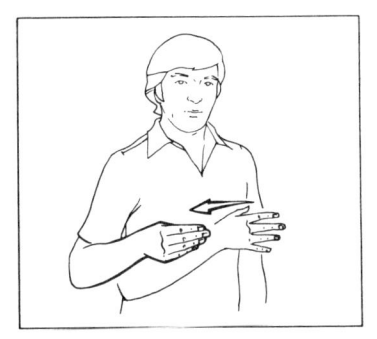

AND
Y

ANGRY, furious
ENOJADO, furioso

BEAUTIFUL
BONITO

BIG, large
GRANDE

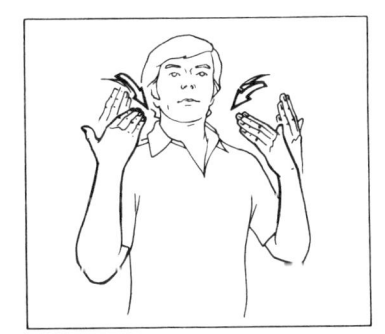

COOL, breeze
FRESCO, brisa

DEAF
SORDO

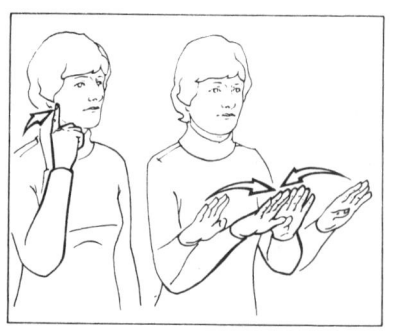

DEAF
SORDO

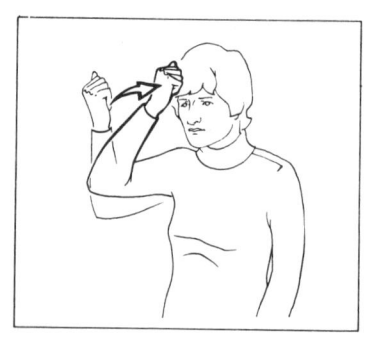

DUMB, stupid
TONTO, bobo

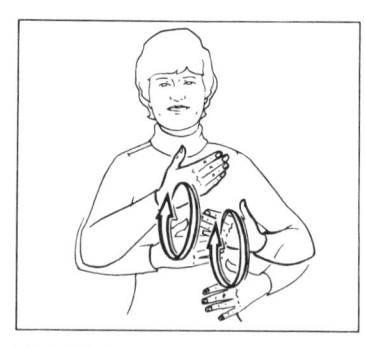

HAPPY
CONTENTO

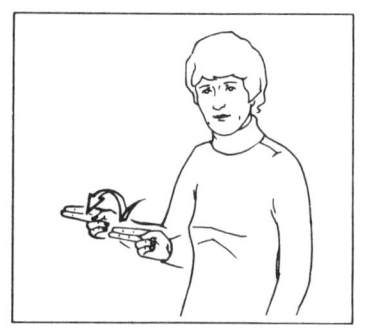

HARD-OF-HEARING
HIPOACUSICO

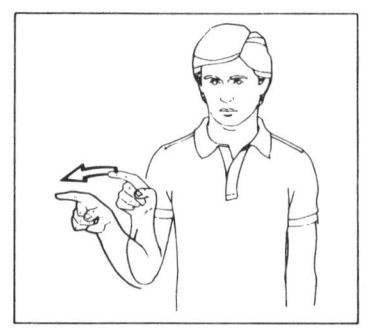

HE, SHE, IT, him, her
EL, ELLA, EL (objeto) a él, a ella

HEARING, SAY, speech
OYENTE, DECIR, habla

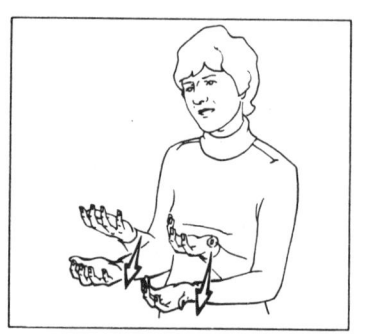

HEAVY
PESADO

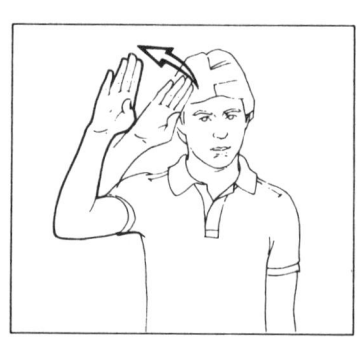

HELLO, hi
HOLA

I, me
YO, a mí

INTERESTING, interest
INTERESANTE, interés

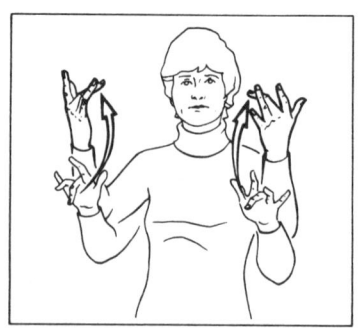

LIGHT (weight)
LIGERO (peso)

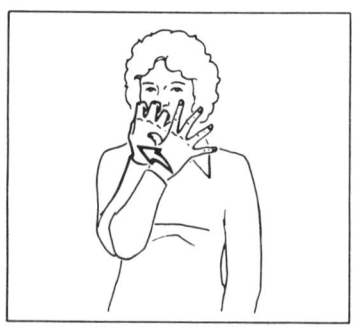

MAD, angry
ENOJADO

14

PRETTY, beautiful
BONITO, hermoso

SAD
TRISTE

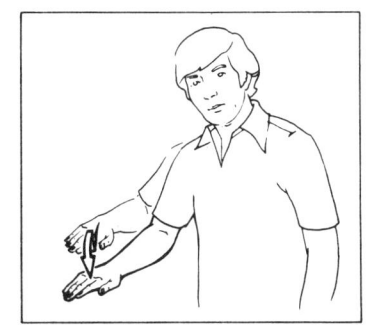

SHORT (height), small
BAJO (estatura), chico,
pequeño

SLEEPY, drowsy
CON SUEÑO, adormilado

SMALL, little
CHICO, pequeño

SMART, clever, bright
LISTO, astuto, brillante

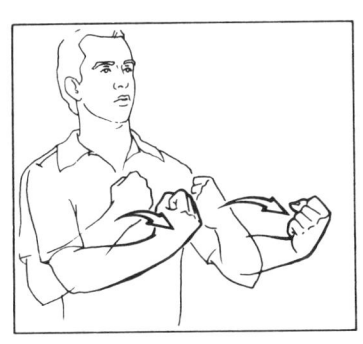

STRONG, strength,
powerful
FUERTE, fuerza, poderoso

STUPID, ignorant, dumb
TONTO, ignorante, bobo

SURPRISED, amazed
SORPRENDIDO

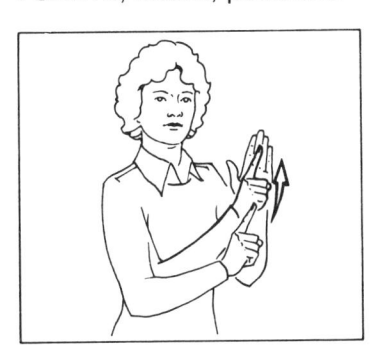

TALL
ALTO

TALL
ALTO

THEY, them
ELLOS, a ellos

15

TIRED, exhausted
CANSADO, exhausto

UGLY
FEO

WARM
CALIENTE

WE, us
NOSOTROS, a nosotros

WEAK, weakness
DÉBIL, debilidad

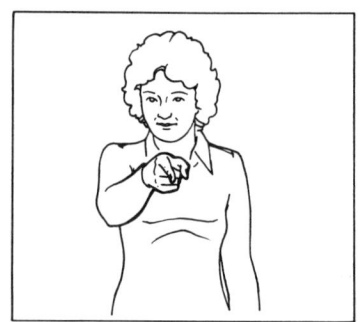
YOU
TÚ

YOU-PL.
USTEDES

NOTES NOTAS

Possessives

The handshape for possessives is the 5-hand, fingers together. The locations are the same as personal pronouns. The palm moves in the direction of the "owner."

Posesivos

La configuración de la mano para los posesivos es la llamada "5-mano" (5-hand), toda la mano con los dedos juntos. Las localizaciones son las mismas que se usaron con los pronombres personales. La palma de la mano se mueve en la dirección del "poseedor."

MY, mine
MI, mío

OUR, ours
NUESTRO, nuestro

YOUR, yours
TU, tuyo

YOUR-PL., yours
SU, suyo

HIS/HER/ITS, hers
SU, suyo

THEIR, theirs
SU, suyo

Exercise 2.1:

Change the personal pronouns listed below to possessives.

EXAMPLE:

I
  MY

1. YOU	6. IT
2. SHE	7. ME
3. WE	8. HE
4. THEY	9. HIM
5. YOU-PL.	10. THEM

Ejercicio 2.1:

Cambie los pronombres personales siguientes a la forma posesiva:

EJEMPLO:

YO
  MI

1. TÚ	6. EL (objeto)
2. ELLA	7. ME
3. NOSOTROS	8. EL
4. ELLOS	9. A EL
5. USTEDES	10. A ELLOS

Basic Sentence Structure: Sentences with Identifying Nouns

Simple sentences with nouns which identify the subject (predicate nominatives) are commonly structured like the simple sentences with predicate adjectives. The subject pronoun can be repeated at the end of the sentence.

Estructura de la Oración Básica: Oraciones con Sustantivos Identificables

Las oraciones simples con sustantivos que identifican el sujeto (predicado nominal) son comúnmente estructuradas como oraciones simples con predicado adjetivo. El pronombre personal se puede repetir al final de la oración.

EXAMPLES:

EJEMPLOS:

A. SHE TEACHER SHE.   'She is a teacher.'
A. ELLA MAESTRA ELLA.   "Ella es maestra."

B. SHE STUDENT.   'She is a student.'
B. ELLA ESTUDIANTE.   "Ella es estudiante."
C. MY MOTHER SHE.   'She is my mother.'
C. MI MADRE ELLA.   "Ella es mi madre."

Exercise 2.2:

Following the example given, form new sentences from the following list.

EXAMPLES:

A. MY, MOTHER
   SHE MY MOTHER.   'She is my mother.'
B. WOMAN
   SHE WOMAN SHE.   'She is a woman.'

1. MY, SISTER
2. MY, BROTHER
3. YOUR, FATHER
4. OUR, FATHER
5. MY, GRANDMOTHER
6. MY, FRIEND
7. YOUR, GRANDFATHER
8. YOUR, TEACHER
9. MY, STUDENT
10. MY, FRIEND
11. BOY
12. GIRL
13. MAN
14. WOMAN

Ejercicio 2.2:

Con la lista siguiente, forme oraciones nuevas. Siga el ejemplo dado.

EJEMPLOS:

A. MI, MADRE
   ELLA MI MADRE.   "Ella es mi madre."
B. MUJER
   ELLA MUJER ELLA.   "Ella es mujer."

1. MI, HERMANA
2. MI, HERMANO
3. TU, PADRE
4. NUESTRO, PADRE
5. MI, ABUELA
6. MI, AMIGO
7. TU, ABUELO
8. TU, MAESTRA
9. MI, ESTUDIANTE
10. MI, AMIGO
11. NIÑO
12. NIÑA
13. HOMBRE
14. MUJER

Using Two Third Person Pronouns

When the sentence refers to two different persons such as HE and SHE, or HE and HE (meaning another person), point to two different locations for the different persons. Remember that if the persons are not present, the signer can refer to one person on one side of the signer and the other person on the opposite side.

Usando Dos Pronombres Personales de la Tercera Persona

Cuando la oración se refiere a dos personas diferentes tales como EL y ELLA, o EL y EL (refiriéndose a otra persona), señale hacia dos lugares diferentes para referirse a las dos personas diferentes. Recuerde que si las personas no están presentes, el que señala se puede referir a una persona a un lado de sí mismo y a la otra persona hacia el otro lado.

EXAMPLE: EJEMPLO:

HE HIS TEACHER HE. 'He is his teacher.'
EL SU MAESTRA EL.   "El es su maestro."

Exercise 2.3:

Following the example given, form new sentences from the pronouns and nouns listed below.

EXAMPLE:

HER, BROTHER
  HE HER BROTHER HE.   'He is her brother.'

1. HER, SISTER
2. HER, MOTHER
3. SHE, THEIR, TEACHER
4. HIS, GRANDMOTHER
5. HER, FRIEND
6. HIS, STUDENT
7. HE, HER, BROTHER
8. HIS, FATHER
9. HER, GRANDFATHER
10. SHE, HIS, SISTER

Ejercicio 2.3:

Siguiendo el ejemplo dado, forme oraciones nuevas usando los pronombres y los sustantivos siguientes.

EJEMPLO:

SU (de ella), HERMANO
  EL SU HERMANO EL.   "El es su hermano (de ella)."

1. SU (de ella), HERMANA
2. SU (de ella), MADRE
3. ELLA, SU (de ellos), MAESTRA
4. SU (de él), ABUELA
5. SU (de ella), AMIGO
6. SU (de él), ESTUDIANTE
7. EL, SU (de ella), HERMANO
8. SU (de él) PADRE
9. SU (de ella), ABUELO
10. ELLA, SU (de él), HERMANA

NOTE: Use of AGENT Suffix

As with TEACHER and STUDENT, the AGENT suffix can be added to a sign to indicate profession or identify.

NOTA: Uso del Agente Subfijo

Así como sucede con MAESTRO y ESTUDIANTE, el subfijo AGENTE puede ser agregado a la seña para indicar profesión o identidad.

EXAMPLES: Profession   EJEMPLOS: Profesión

A. DANCER (DANCE + AGENT)
A. BAILARÍN (BAILAR + AGENT)

B. COOK (COOK + AGENT)
B. COCINERO (COCINAR + AGENTE)

EXAMPLE: Identity   EJEMPLO: Identidad

C. AMERICAN (AMERICA + AGENT)
C. AMERICANO (AMÉRICA + AGENTE)

Vocabulary   Vocabulario

AMERICA
AMÉRICA

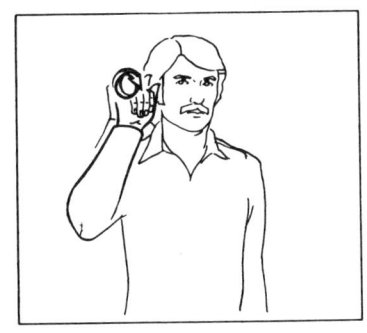

AUNT
TÍA

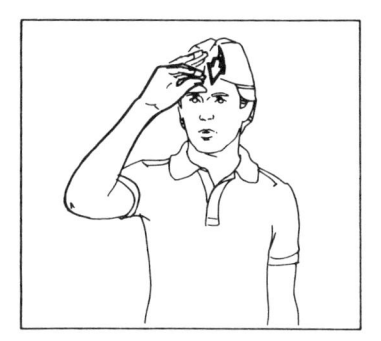

BOY, man
MUCHACHO, hombre

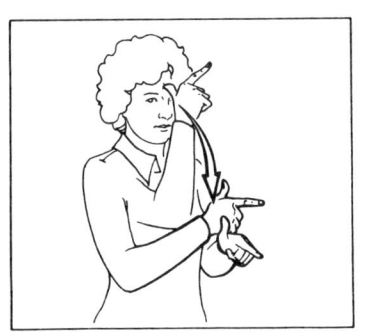

BROTHER
HERMANO

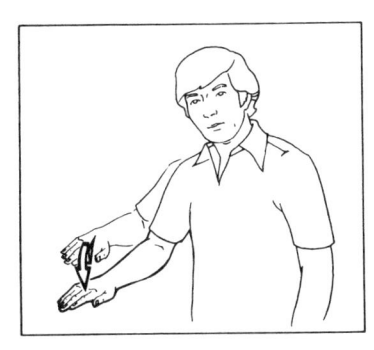

CHILD, short
MUCHACHO, bajo

COOK, bake
COCINAR, hornear

DANCE, party
BAILAR, fiesta

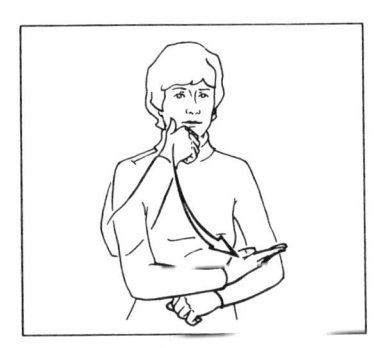

DAUGHTER
HIJA

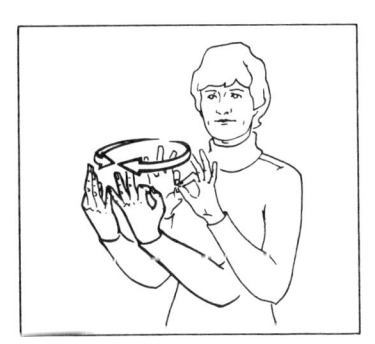

FAMILY
FAMILIA

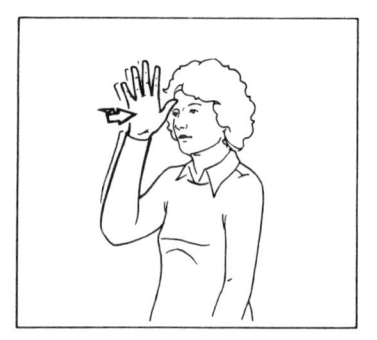

FATHER
PADRE

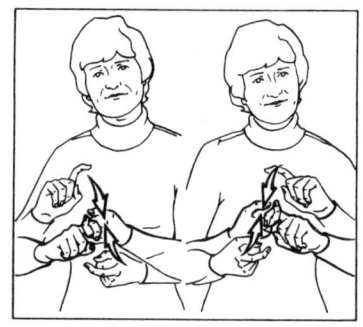

FRIEND
AMIGO

GIRL
MUCHACHA

GOOD-FRIEND
BUEN-AMIGO

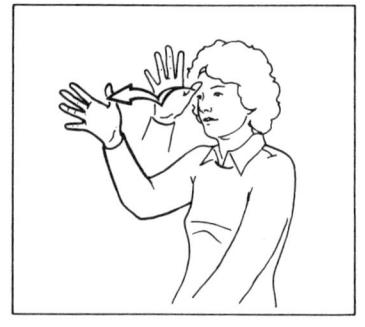

GRANDFATHER
ABUELO

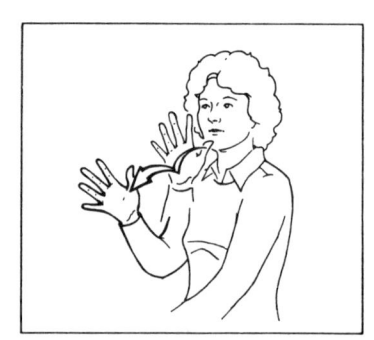

GRANDMOTHER
ABUELA

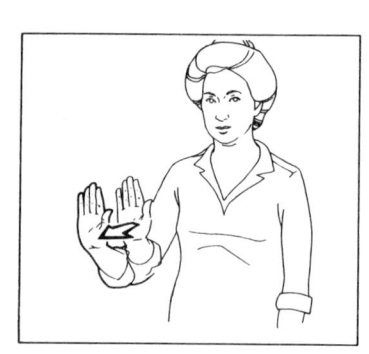

HIS, HERS, ITS
SU (de él, de ella, objeto)

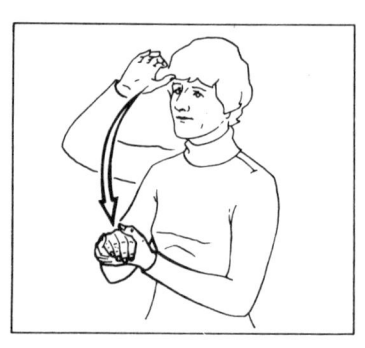

HUSBAND
ESPOSO

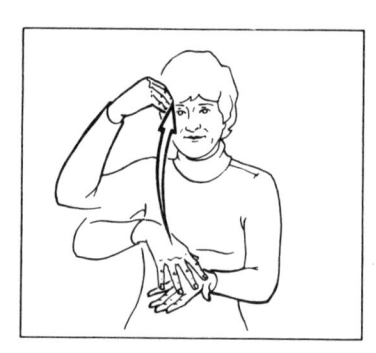

LEARN, acquire
APRENDER, adquirir

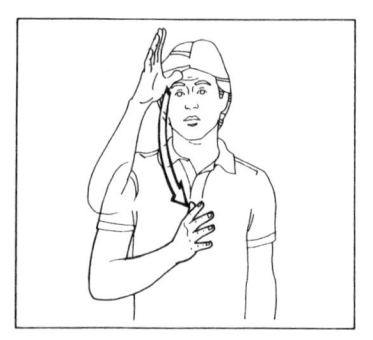

MAN
HOMBRE

MOTHER
MADRE

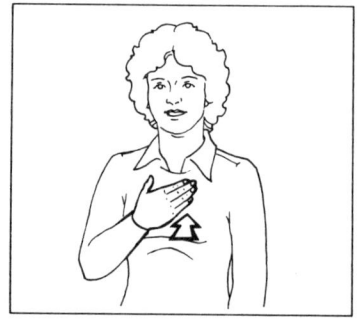

MY, mine
MI, mío

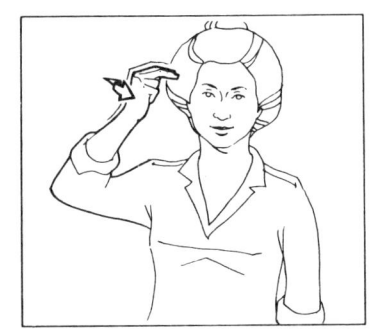

NEPHEW
SOBRINO

NIECE
SOBRINA

OUR, ours
NUESTRO, nuestros

PARENTS
PADRES

PLEASE
POR FAVOR

SISTER
HERMANA

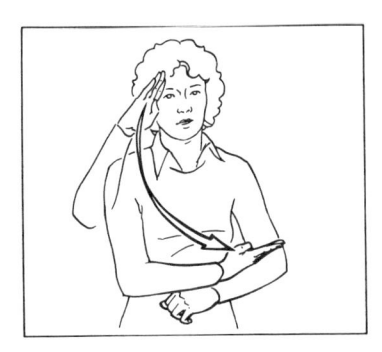

SON
HIJO

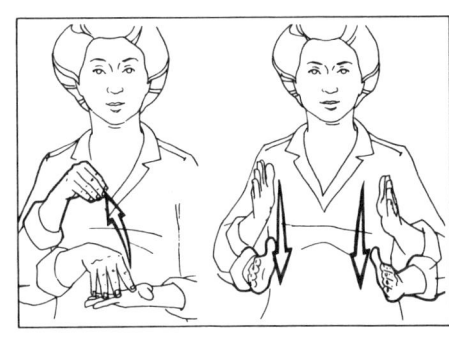

STUDENT
ESTUDIANTE

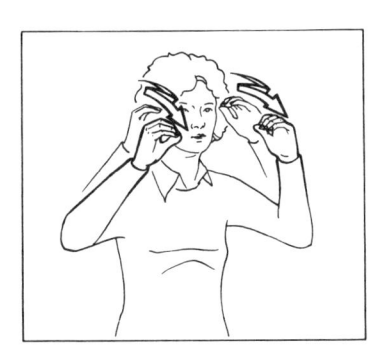

TEACH, educate
ENSEÑAR, educar

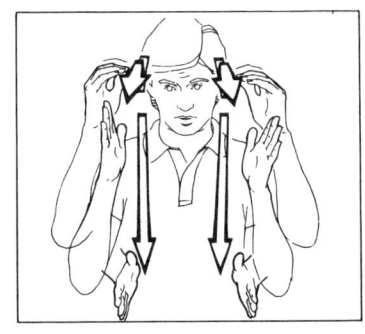

TEACHER
MAESTRO

THEIR, theirs
SU, sus, suyos

UNCLE
TÍO

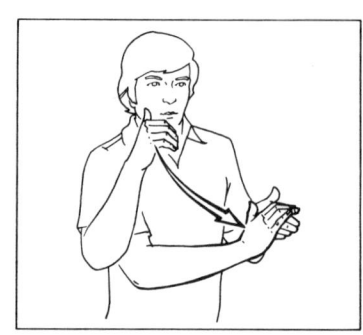

WIFE
ESPOSA

WOMAN
MUJER

YOUR, yours
SU, sus, suyos

YOUR-PL., yours
SU, sus (plural)

NOTES   NOTAS

LESSON 3 ██ LECCIÓN 3

Basic Sentence Structure: Sentences with Verbs

A common sentence structure with verbs is Subject + Verb + Object.

EXAMPLES:

Estructura de la Oración Básica: Oraciones con Verbos

Una estructura común en las oraciones es Sujeto + Verbo + Objeto.

EJEMPLOS:

A. I HAVE A BOOK I. 'I have a book.'
A. YO TENER LIBRO YO. "Yo tengo un libro".

B. HE NEED MONEY HE. 'He needs money.'
B. EL NECESITAR DINERO EL. "El necesita dinero."
C. SHE WANT CAR SHE. 'She wants a car.'
C. ELLA QUERER COCHE ELLA. "Ella quiere un coche."

Exercise 3.1:

Using the example given, substitute verbs from the list below.

EXAMPLE:

I HAVE BOOK I. 'I have a book.'
NEED
  I NEED BOOK I. 'I need a book.'

1. FORGET
2. REMEMBER
3. LIKE
4. KNOW
5. WANT

6. HAVE
7. READ
8. LOSE
9. FIND
10. ENJOY

Ejercicio 3.1:

Substituya los verbos en la lista siguiente utilizando el ejemplo dado:

EJEMPLO:

YO TENER LIBRO YO. "Yo tengo un libro."
NECESITAR
  YO NECESITAR LIBRO YO. "Yo necesito un libro."

1. OLVIDAR
2. RECORDAR
3. GUSTAR
4. SABER
5. QUERER

6. TENER
7. LEER
8. PERDER
9. ENCONTRAR
10. DISFRUTAR

Basic Sentence Structure: Pronouns and Nouns

Pronouns are often used together with nouns. In these cases, the pronoun functions like the English word, the. The pronoun can occur either before or after the noun.

Estructura de la Oración Básica: Pronombres y Sustantivos

Los pronombres con frecuencia se usan junto con el sustantivo. En estos casos el pronombre funciona como la palabra en inglés, the (el, la, los, las). El pronombre puede ocurrir ya sea antes o después del sustantivo.

EXAMPLES: EJEMPLOS:

A. MAN HE KNOW ME HE.   'The man knows me.'
A. HOMBRE EL CONOCER ME EL.   "El hombre me conoce."

B. SHE WOMAN HAVE MY BOOK SHE.   'The woman has my book.'
B. ELLA MUJER TENER MI LIBRO ELLA.   "La mujer tiene mi libro."

Exercise 3.2:

Using the example given, substitute signs from the list below.

Ejercicio 3.2:

Sustituya las señas en la lista siguiente siguiendo el ejemplo dado.

EXAMPLE: EJEMPLO:

MAN HE KNOW ME HE.   'The man knows me.'
HOMBRE EL CONOCER ME EL.   "El hombre me conoce."
  WOMAN
    WOMAN SHE KNOW ME SHE.   'The woman knows me.'
  MUJER
    MUJER ELLA CONOCER ME ELLA.   "La mujer me conoce."
  LIKE
    WOMAN SHE LIKE ME SHE.   'The woman likes me.'

GUSTAR
  MUJER ELLA <u>GUSTAR</u> ME ELLA.   "Le gusto a la mujer."
BOOK
  WOMAN SHE LIKE <u>BOOK</u> SHE.   'The woman likes the book.'
LIBRO
  MUJER ELLA GUSTAR <u>LIBRO</u> ELLA.   "A la mujer le gusta el libro."

1. REMEMBER	11. MAN	1. RECORDAR	11. HOMBRE
2. YOUR NAME	12. PRACTICE	2. TU NOMBRE	12. PRACTICAR
3. FORGET	13. WOMAN	3. OLVIDAR	13. MUJER
4. BOOK	14. HAVE, CHAIR	4. LIBRO	14. TENER, SILLA
5. BOY	15. NEED	5. NIÑO	15. NECESITAR
6. HAVE	16. CAR	6. TENER	16. COCHE
7. PAPER	17. MAN, MONEY	7. PAPEL	17. HOMBRE, DINERO
8. NEED	18. WANT	8. NECESITAR	18. QUERER
9. GIRL	19. GIRL, BOOK	9. NIÑA	19. NIÑA, LIBRO
10. REMEMBER, SIGN	20. HAVE	10. RECORDAR, SEÑA	20. TENER

Basic Sentence Structure: Adjectives and Nouns

Estructura de la Oración Básica: Adjetivos y Sustantivos

Adjectives appear either before or after the noun.

Los adjetivos aparecen ya sea antes o después del sustantivo.

EXAMPLES:

EJEMPLOS:

A. I WANT BOX RED I.   'I want a red box.'
A. YO QUERER CAJA ROJA YO.   "Yo quiero una caja roja."

I WANT RED BOX I.   'I want a red box.'
YO QUERER ROJA CAJA YO.   "Yo quiero una caja roja."

B. I REMEMBER CAR BLUE I.   'I remember a blue car.'
   I REMEMBER BLUE CAR I.   'I remember a blue car.'
B. YO RECORDAR COCHE AZUL YO.   "Yo recuerdo un coche azul."
   YO RECORDAR AZUL COCHE YO.   "Yo recuerdo un coche azul."

Exercise 3.3:

To the following sentences add the adjective following the noun.

EXAMPLE:

I HAVE CAR I.   'I have a car.'
  (BLUE)
  I HAVE CAR BLUE I.   'I have a blue car.'
YO TENER COCHE YO.   "Yo tengo un coche."
  (AZUL)
  YO TENER COCHE AZUL YO.   "Yo tengo un coche azul."

1. I READ BOOK.   (INTERESTING)
1. YO LEER LIBRO.   (INTERESANTE)

2. HE HAVE HOME HE.   (PRETTY)
2. EL TENER CASA EL.   (BONITA)

3. SHE WANT CHAIR.   (BLUE)
3. ELLA QUERER SILLA.   (AZUL)

4. I REMEMBER MAN.   (TALL)
4. YO RECORDAR HOMBRE.   (ALTO)

5. HE LOSE BOOK HE.   (GREEN)
5. EL PERDER LIBRO EL.   (VERDE)

6. THEY FIND BOX.   (SMALL)
6. ELLOS ENCONTRAR CAJA.   (CHICA)

7. HE WANT TABLE.   (NEW)
7. EL QUERER MESA.   (NUEVA)

8. I NEED PAPER FOR CLASS I.   (YELLOW)
8. YO NECESITAR PAPEL PARA CLASE YO.   (AMARILLO)

9. I KNOW WOMAN I.   (DEAF)
9. YO CONOCER MUJER YO.   (SORDA)

10. SHE LIKE CAR SHE.   (SMALL)
10. ELLA QUERER COCHE ELLA.   (CHICO)

Ejercicio 3.3:

En las oraciones siguientes agregue los adjetivos después del sustantivo.

EJEMPLO:

Exercise 3.4:

Repeat Exercise 3.3 with the adjective before the noun.

EXAMPLE:

I HAVE CAR I.   'I have a car.'
  (BLUE)
  I HAVE BLUE CAR I.   'I have a blue car.'
YO TENER COCHE YO.   "Yo tengo un coche."
  (AZUL)
  YO TENER AZUL COCHE YO.   "Yo tengo un coche azul."

Ejercicio 3.4:

Repita el ejercicio 3.3. colocando el adjetivo antes del sustantivo.

EJEMPLO:

Descriptive Adjectives

There are some signs called <u>classifiers</u> which identify and describe an object by representing its size and shape. These classifiers can change to show the relative size of objects.

Adjetivos Calificativos

Existen algunas señas llamadas <u>clasificadores</u> las cuales identifican y describen un objeto representando su tamaño y su forma. Estos clasificadores pueden cambiar para mostrar el tamaño relativo de los objetos.

CL:F

For small, flat and round objects such as a coin, a button, a watch.

Para objetos pequeños, planos redondos tales como una moneda, un botón, un reloj.

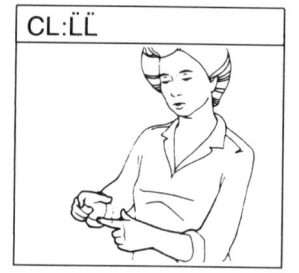

CL:ÏL̈

For flat and round objects such as a pancake, a small dish or plate, a hamburger.

Para objetos planos y redondos tales como un panecillo, un plato chico, o una hamburguesa.

CL:L̈L̈

For larger flat and round objects such as a large plate, a big steak, a large puddle.

Para objetos planos y redondos pero un poco más grandes, tales como un plato grande, un bistec grande o un charco grande.

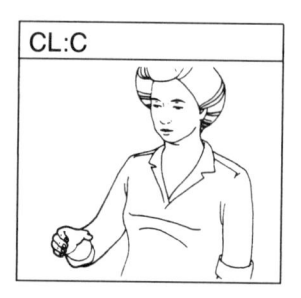

CL:C

For small container-like objects such as a cup, a glass, a bottle, a vase, a can.

Para objetos parecidos a recipientes tales como una taza, un vaso, una botella, un florero, una lata.

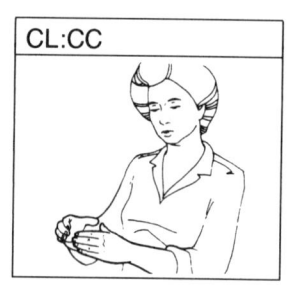

CL:CC

For container-like objects such as a bowl, a large can, a thick cable.

Para objetos parecidos a recipientes tales como un tazón, una lata grande, un cable grueso.

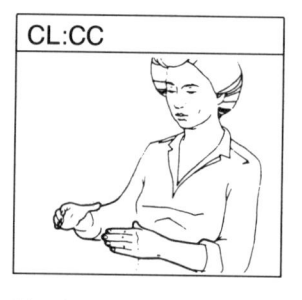

CL:CC

For larger container-like objects such as a pail, a large bowl, a hat box.

Para objetos parecidos a recipientes más grandes tales como cubeta, tazón grande, una caja para sombreros.

CL:BB

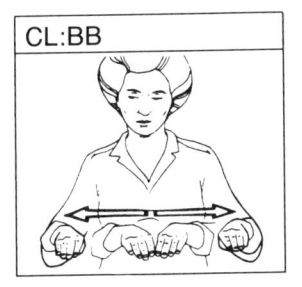

CL:BB

For objects with a flat surface such as the top of a small table, or a shelf.

Para objetos con una superficie plana tales como la parte superior de una mesa chica, o un entrepaño.

For longer objects with a flat surface such as a long board, a long shelf, a long table, a plot of land.

Para objetos más largos con una superficie plana tales como un tablero largo, un estante largo, una mesa larga, un pedazo de tierra.

When using sentences with descriptive classifiers, the singer looks at the classifier.

Cuando se utilizan oraciones con clasificadores descriptivo, el que señala mira al clasificador.

EXAMPLE:

EJEMPLO:

IT CL:F. 'It is small, flat, and round.' ELLA (objeto) CL:F. "Es chica, plana y redonda."

Exercise 3.5:

For the objects listed below, give the appropriate classifier.

EXAMPLE:

'coin'
    IT CL:F.   'It is small, flat, and round.'

Ejercicio 3.5:

Dé el clasificador apropiado en la lista de objetos siguientes.

EJEMPLO:

"moneda"
    ELLA CL:F.   "Es chica, plana y redonda."

1. LONG SHEET OF PAPER	1. HOJA LARGA DE PAPEL
2. TORTILLA	2. TORTILLA
3. ROUND MINT	3. MENTA REDONDA
4. UNFOLDED MAP	4. MAPA DESDOBLADO
5. FABRIC ON FLOOR	5. TELA EN EL PISO
6. PLATTER	6. PLATÓN
7. BEER CAN	7. LATA DE CERVEZA
8. MANHOLE COVER	8. TAPA DE ALCANTARILLA
9. BUCKET	9. CUBETA
10. SOAP DISH	10. JABONERA
11. CEREAL BOWL	11. PLATO PARA CEREAL
12. SUSAN B. ANTHONY DOLLAR	12. EL DÓLAR SUSAN B. ANTHONY

Vocabulary   Vocabulario

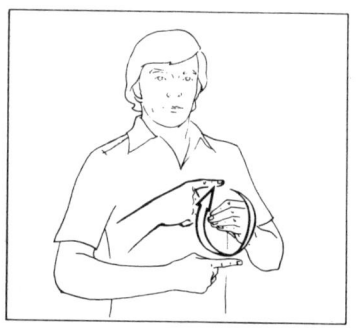

ABOUT, concerning
ACERCA DE, relacionado a

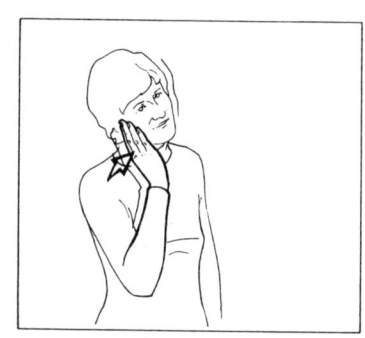

BED
CAMA

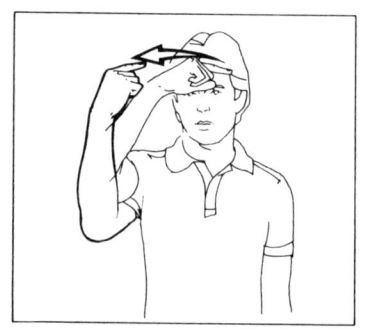

BLACK, Black-person
NEGRO, persona negra

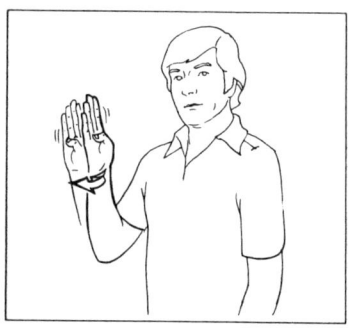

BLUE
AZUL

BOOK
LIBRO

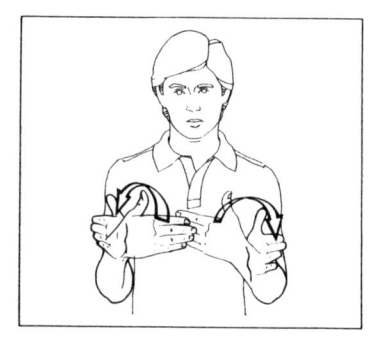

BOX, package, room
CAJA, paquete, cuarto

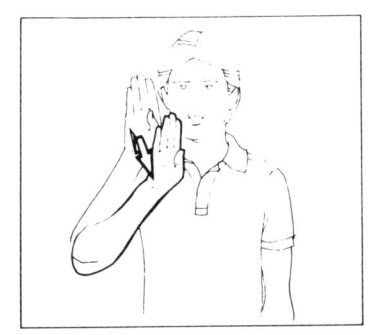

BROWN
CAFÉ

BROWN
CAFÉ

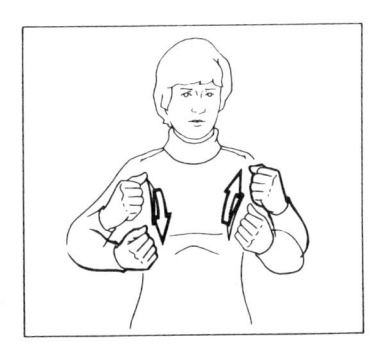

CAR
COCHE

CHAIR, seat
SILLA, asiento

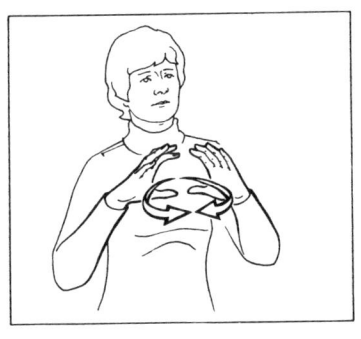

CLASS, GROUP, team
CLASE, GRUPO, equipo

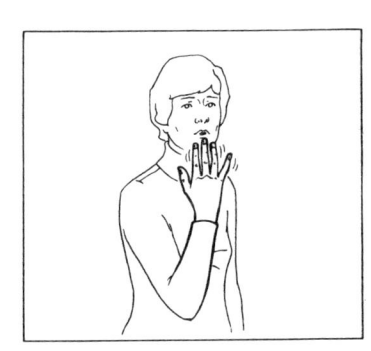

COLOR
COLOR

DIALOGUE, talk with
DIÁLOGO, hablar con

ENJOY, appreciate
DISFRUTAR, apreciar

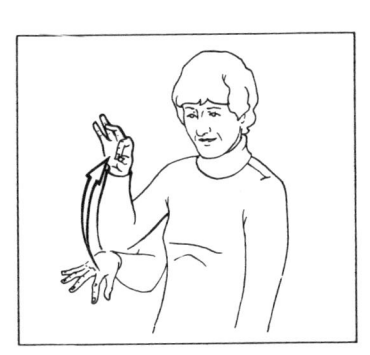

FIND, discover
ENCONTRAR, descubrir

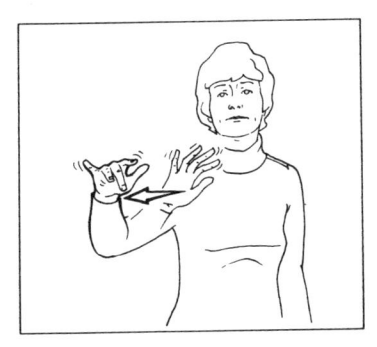

FINGERSPELL
DELETREAR
MANUALMENTE

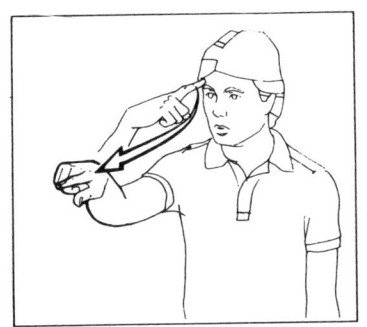

FOR
PARA

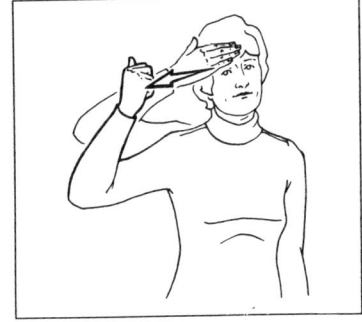

FORGET
OLVIDAR

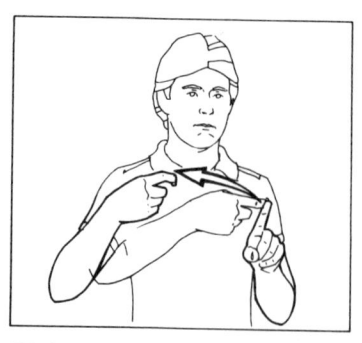

FROM
DE

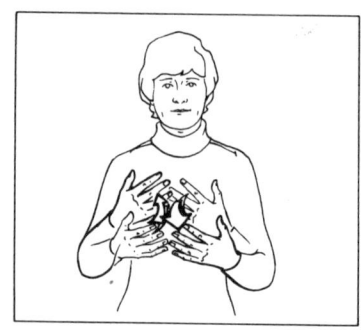

GRAY
GRIS

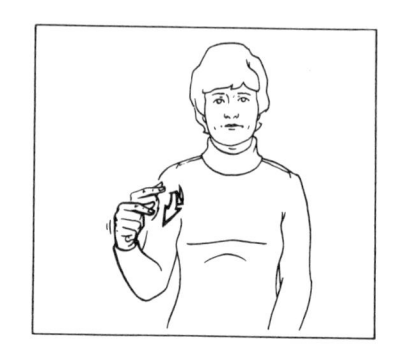

GREEN
VERDE

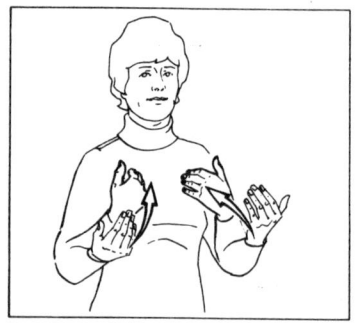

HAVE, own, possess
TENER, poseer

HOME
HOGAR

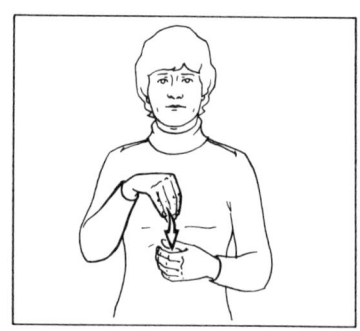

IN, contained in
EN, contenido en

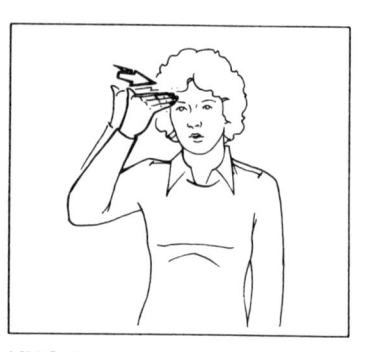

KNOW, aware, conscious
SABER, consciente de

LIKE
GUSTAR

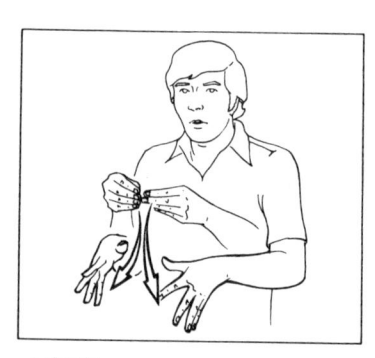

LOSE
PERDER

MONEY, financial,
economic
DINERO, finanza,
económico.

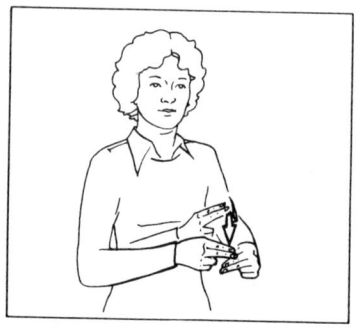

NAME
NOMBRE

NEED, necessary
NECESITAR, necesario

NEW, modern
NUEVO, moderno

OLD, age
VIEJO, edad

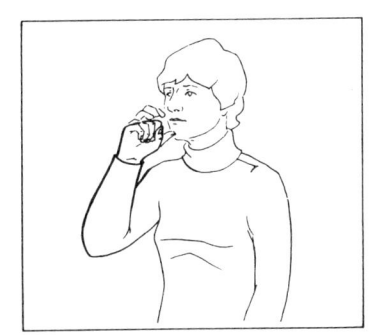

ORANGE
NARANJA

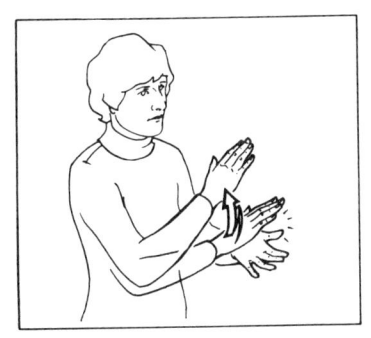

PAPER, page
PAPEL, página

PRACTICE, exercise, train, rehearse
PRACTICAR, ejercicio, entrenar, ensayar

READ
LEER

RED
ROJO

REMEMBER
RECORDAR

SIGN, sign language
SENA, lenguaje de señas

TABLE, desk
MESA, escritorio

THANK-YOU
GRACIAS

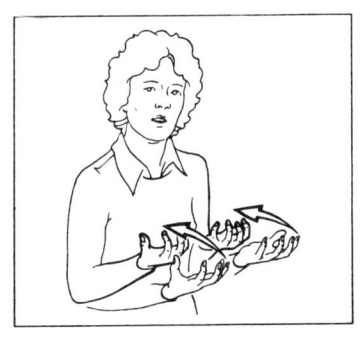

WANT, desire
QUERER, desear

WHITE
BLANCO

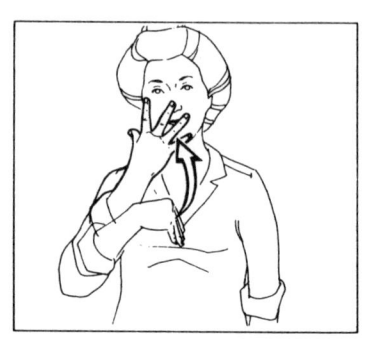

WHITE-PERSON
PERSONA BLANCA

YELLOW
AMARILLO

NOTES   NOTAS

LESSON 4 ■■■■ LECCIÓN 4 ■

Negatives

There are several ways to form negative sentences. All are accompanied by a negative marker,

_____n_____, which is:

1. a headshake
2. eyebrows squeezed together

The different forms of negative sentences are:

1. Use of NOT. NOT either comes before the verb or at the end of the sentence.

Formas Negativas

Existen varias maneras de formar una oración en forma negativa. Todas están acompañadas por el indicador, _____

n_____, el cual es:

1. Sacudir la cabeza
2. Fruncir las cejas

Las formas diferentes de oraciones negativas son:

1. Uso de NO*. NO puede encontrarse ya sea antes del verbo o al final de la oración.

EXAMPLES: EJEMPLOS:

```
              _____ n _____
A. I REMEMBER GIRL NOT I.   'I don't remember the girl.'
              _____ n _____
A. YO RECORDAR MUCHACHA NO YO.   "Yo no recuerdo la muchacha."
```

```
              _____ n _____
B. I NOT REMEMBER GIRL I.   'I don't remember the girl.'
              _____ n _____
B. YO NO RECORDAR MUCHACHA YO.   "Yo no recuerdo la muchacha."
              _____ n _____
C. HE NEED MONEY NOT HE.   'He doesn't need money.'
              _____ n _____
C. EL NECESITAR DINERO NO EL.   "EL no necesita dinero."
              _____ n _____
D. HE NOT NEED MONEY HE.   'He doesn't need money.'
              _____ n _____
D. EL NO NECESITAR DINERO EL.   "El no necesita dinero."
```

2. Use of Negative Incorporation. The negative of these verbs, KNOW, WANT, and LIKE, is formed by incorporating an outward, twisting movement.

2. Uso de la Incorporación Negativa. La forma negativa de estos verbos, CONOCER, QUERER, y GUSTAR, está formada por la incorporación de un movimiento volteando hacia afuera.

EXAMPLES: EJEMPLOS:

> ———— n ————
> A. I DON'T-KNOW WOMAN I.   'I don't know the woman.'
> ———— n ————
> A. YO NO CONOCER MUJER YO.   "Yo no conozco a la mujer."

> ———— n ————
> B. DON'T-WANT MONEY SHE.   'She doesn't want the money.'
> ———— n ————
> B. NO QUERER DINERO ELLA.   "Ella no quiere el dinero."
> ———— n ————
> C. HE DON'T-LIKE BOOK HE.   'He doesn't like the book.'
> ———— n ————
> C. EL NO GUSTAR LIBRO EL.   "A él no le gusta el libro."

3. Use of Negative Marker. ——n—— may be used along to negate a simple sentence.

3. Uso del Indicador Negativo. ——n—— puede ser utilizado en forma aislada para negar una oración simple.

EXAMPLES: EJEMPLOS:

> ———— n ————
> A. I READ BOOK I.   'I'm not reading the book.'
> ———— n ————
> A. YO LEER LIBRO YO.   "Yo no estoy leyendo el libro."

> ———— n ————
> B. I UNDERSTAND MOVIE I.   'I don't understand the movie.'
> ———— n ————
> B. YO ENTENDER PELÍCULA YO.   "Yo no entiendo la película."

Exercise 4.1:

Change the following sentences to negative sentences by adding NOT or a negative incorporation in addition to the negative marker.

EXAMPLES:

A. I KNOW WOMAN I. 'I know the woman.'
   ————— n —————
   I DON'T-KNOW WOMAN I. 'I don't know the woman.'

B. SHE FEEL GOOD SHE. 'She feels well.'
   ————— n —————
   SHE FEEL GOOD NOT SHE. 'She doesn't feel well.'
   ————— n —————
   SHE NOT FEEL GOOD SHE. 'She doesn't feel well.'

1. HE LIKE MOVIE HE.
2. DAUGHTER SHE LIKE SCHOOL SHE.
3. I SEE DOG I.
4. IT SMELL GOOD IT.
5. I UNDERSTAND BOOK I.
6. THEY BELIEVE YOU.
7. CAT IT HUNGRY IT.
8. HOUSE IT EXPENSIVE IT.
9. IT FOOD HOT IT.
10. WOMAN SHE WANT T-T-Y SHE.
11. SHE KNOW SIGN SHE.
12. BOY HE LOSE MONEY HE.
13. CAR IT BLUE IT.

Exercise 4.2:

Change the following sentences to negative sentences by using only the negative marker.

EXAMPLE:

I REMEMBER YOUR HOUSE I. 'I remember your house.'
   ————— n —————
   I REMEMBER YOUR HOUSE I. 'I don't remember your house.'

Ejercicio 4.1:

Cambie las oraciones siguientes a oraciones negativas añadiendo la partícula NO o una incorporación negativa además del indicador negativo.

EJEMPLOS:

A. YO CONOCER MUJER YO. "Yo conozco a la mujer."
   ————— n —————
   YO NO CONOCER MUJER YO. "Yo no conozco a la mujer."

B. ELLA SENTIR BIEN ELLA. "Ella se siente bien."
   ————— n —————
   ELLA SENTIR BIEN NO ELLA. "Ella no se siente bien."
   ————— n —————
   ELLA NO SENTIR BIEN ELLA. "Ella no se siente bien."

1. EL GUSTAR PELÍCULA EL.
2. HIJA ELLA GUSTAR ESCUELA ELLA.
3. YO VER PERRO YO.
4. EL (objeto) OLER BIEN EL (objeto).
5. YO ENTENDER LIBRO YO.
6. ELLOS CREER TÚ.
7. GATO EL (objeto) HAMBRE EL (objeto).
8. CASA ELLA (objeto) CARA ELLA (objeto).
9. ELLA (objeto) COMIDA CALIENTE ELLA (objeto).
10. MUJER ELLA QUERER T-T-Y ELLA.
11. ELLA SABER SEÑAS ELLA.
12. MUCHACHO EL PERDER DINERO EL.
13. COCHE EL (objeto) AZUL EL (objeto).

Ejercicio 4.2:

Cambie las oraciones siguientes a oraciones negativas usando únicamente el indicador negativo.

EJEMPLO:

YO RECORDAR TU CASA YO. "Yo recuerdo tu casa."

————————— n —————————

YO RECORDAR TU CASA YO. "Yo no recuerdo tu casa."

1. I TIRED I.
2. YOU UNDERSTAND ME.
3. GIRL HAVE BOOK SHE.
4. MY SISTER FIND MONEY.
5. I SMELL IT I.
6. I WORK I.
7. THEY PRACTICE SIGN.

1. YO CANSADO YO.
2. TÚ ENTENDER ME.
3. NIÑA TIENE LIBRO ELLA.
4. MI HERMANA ENCONTRAR DINERO.
5. YO OLER EL (objeto) YO.
6. YO TRABAJAR YO.
7. ELLOS PRACTICAR SEÑAS.

Yes/No Questions

Questions that ask for a "Yes" or "No" answer are made by simultaneously:
1. Raising the eyebrows.
2. Moving the head slightly forward.
3. Looking directly at the person being asked the question.

————q—— will be used to represent the above grammatical features of Yes/No questions.

Preguntas Afirmativas/ Negativas (sí/no)

Las preguntas que piden un "sí" o "no" como respuesta, se hacen simultáneamente:
1. Levantando las cejas.
2. Moviendo la cabeza ligeramente hacia adelante.
3. Mirando directamente a la persona a la que se le pregunta.

————q—— será utilizado para representar las formas gramaticales de las preguntas afirmativas/negativas.

EXAMPLE:

Statement: SURPRISED ME.   YOU REMEMBER MY NAME YOU. 'I'm surprised. You remember my name.'

EJEMPLO:

Oración: SORPRENDIÓ ME.   TÚ RECORDAR MI NOMBRE TÚ. "Estoy sorprendido. Tú recuerdas mi nombre."

————————— q —————————

Question: YOU REMEMBER MY NAME YOU?   'Do you remember my name?'

————————— q —————————

Pregunta: ¿TÚ RECORDAR MI NOMBRE TÚ?   "¿Tú recuerdas mi nombre?"

Exercise 4.3:

Change the following statements to questions.

EXAMPLE:

Statement: GRANDFATHER HAVE CHAIR.   'Grandfather has a chair.'
Oración: ABUELO TENER SILLA.   "El abuelo tiene una silla."

_____ q _____

Question: GRANDFATHER HAVE CHAIR?   'Does Grandfather have a chair?'

_____ q _____

Pregunta: ¿ABUELO TENER SILLA?   "¿Tiene una silla el abuelo?"

1. HE LIKE WORK HE.
2. TEACHER LOSE MY PAPER.
3. IT HOUSE COLD IT.
4. GRANDMOTHER FIND MONEY.
5. IT CAT HUNGRY IT.
6. IT BOOK RIGHT IT.
7. DOG IT UNDERSTAND SIGN IT.
8. SHE KNOW MY NAME SHE.
9. BOY HE SHORT HE.
10. HE HEARING HE.

Ejercicio 4.3:

Cambie las oraciones siguientes a preguntas.

EJEMPLO:

1. EL GUSTAR TRABAJO EL.
2. MAESTRA PERDER MI PAPEL.
3. ELLA (objeto) CASA FRÍA ELLA (objeto).
4. ABUELA ENCONTRAR DINERO.
5. EL (objeto) GATO HAMBRE EL (objeto).
6. EL (objeto) LIBRO CORRECTO EL (objeto).
7. PERRO EL (objeto) ENTENDER SEÑAS EL (objeto).
8. ELLA SABER MI NOMBRE ELLA.
9. NIÑO EL BAJO EL.
10. EL OYENTE EL.

Responses to Yes/No Questions

When responding to Yes/No questions, a positive nod of the head accompanies the positive response (represented by _____y_____, and the negative marker accompanies the negative response. The YES or NO signs may be dropped from the response. The following examples are appropriate responses to Yes/No questions.

Respuestas a Las Preguntas Afirmativas/ Negativas

Al responder a las preguntas afirmativas/ negativas, un movimiento de la cabeza en forma positiva acompaña a la respuesta (representado por _____y_____, y el indicador negativo acompaña a la respuesta negativa. Las señas SÍ o NO pueden ser eliminadas de la respuesta. Los ejemplos siguientes son respuestas apropiadas a las preguntas afirmativas/ negativas.

EXAMPLES: EJEMPLOS:

_____ q _____
A. HE REMEMBER MY NAME HE?   'Does he remember my name?'
_____ q _____
A. ¿EL RECORDAR MI NOMBRE EL?   "¿Recuerda el mi nombre?"

_____ y _____
YES, HE REMEMBER HE.   'Yes, he does.'
_____ y _____
SÍ, EL RECORDAR EL.   "Sí lo recuerda."

_____ n _____
NO, HE NOT REMEMBER HE.   'No, he doesn't.'
_____ n _____
NO, EL NO RECORDAR EL.   "No lo recuerda."

_____ q _____
B. SHE NEED MONEY? 'Does she need money?'

_____ y _____
YES, SHE NEED. 'Yes, she does.'

_____ n _____
NO, SHE NOT NEED. 'No, she doesn't.'

_____ q _____
B. ¿ELLA NECESITAR DINERO? "¿Necesita ella dinero?"

_____ y _____
SÍ, ELLA NECESITAR. "Sí, necesita."

_____ n _____
NO, ELLA NO NECESITAR. "No, necesita."

_____ q _____
C. SHE KNOW SIGN SHE? 'Does she know how to sign?'

_____ y _____
SHE KNOW SHE. 'Yes, she does.'

_____ n _____
SHE DON'T-KNOW SHE. 'No, she doesn't.'

_____ q _____
C. ¿ELLA SABER SEÑAS ELLA? "¿Sabe señas ella?"

_____ y _____
ELLA SABER ELLA. "Sí, sabe."

_____ n _____
ELLA NO SABER ELLA. "No, sabe."

_____ q _____
D. YOU SLEEPY? 'Are you sleepy?'

_____ y _____
YES, I SLEEPY I. 'Yes I am.'

_____ n _____
NO, I NOT SLEEPY I. 'No, I'm not.'

_____ q _____
D. ¿TÚ SUEÑO? "¿Tienes sueño?"

_____ y _____
SÍ, YO SUEÑO YO. "Sí, tengo."

_____ n _____
NO, YO NO SUEÑO YO. "No, tengo."

There is an additional appropriate negative response to Yes/No questions with predicate adjectives.

Existe una forma adicional apropiada para respuestas negativas a las preguntas afirmativas/negativas con predicados adjetivos.

_____ n _____
NO, I NOT I. 'No, I'm not.'

_____ n _____
NO, YO NO YO. "No, yo no soy."

Exercise 4.4:

Form appropriate responses to the following questions.

EXAMPLE:

$$\overline{q}$$
Question: GRANDFATHER HAVE CHAIR HE?   'Does Grandfather have a chair?'

$$\overline{q}$$
Pregunta: ¿ABUELO TENER SILLA EL?   "¿Tiene una silla el abuelo?"

$$\overline{y}$$
Response: YES, HE HAVE HE.   'Yes, he does.'

$$\overline{y}$$
Respuesta: SÍ, EL TENER EL.   "Sí, tiene."

Ejercicio 4.4:

Forme respuestas apropiadas a las preguntas siguientes.

EJEMPLO:

Question / Pregunta	Response / Respuesta
1. HE LIKE WORK HE? `q`	NO, . . .
1. ¿EL GUSTAR TRABAJO EL? `q`	NO, . . .
2. TEACHER LOSE MY PAPER? `q`	NO, . . .
2. ¿MAESTRO PERDER MI PAPEL? `q`	NO, . . .
3. IT HOUSE COLD IT? `q`	YES, . . .
3. ¿ELLA CASA FRÍA ELLA? `q`	SÍ, . . .
4. GRANDMOTHER FIND MONEY? `q`	YES, . . .
4. ¿ABUELA ENCONTRAR DINERO? `q`	SÍ, . . .
5. IT CAT SICK IT? `q`	NO, . . .
5. ¿EL (objeto) GATO ENFERMAR EL? (objeto) `q`	NO, . . .
6. IT BOOK RIGHT IT? `q`	NO, . . .
6. ¿EL (objeto) LIBRO CORRECTO EL? (objeto) `q`	NO, . . .
7. DOG IT UNDERSTAND SIGN IT? `q`	YES, . . .
7. ¿PERRO EL (objeto) ENTENDER SEÑA EL? (objeto) `q`	SÍ, . . .
8. SHE KNOW MY NAME SHE? `q`	YES, . . .
8. ¿ELLA SABER MI NOMBRE ELLA? `q`	SÍ, . . .
9. HE HEARING HE? `q`	YES, . . .
9. ¿EL OYENTE EL? `q`	SÍ, . . .
10. BOY HE SHORT HE? `q`	NO, . . .
10. ¿MUCHACHO EL BAJO EL? `q`	NO, . . .

Negative Questions

Yes/No questions which contain negatives are made like other Yes/No questions except that the raised eyebrows are squeezed together and a negative headshake is used throughout the question. ____nq____ will be used to represent the above-mentioned grammatical features of negative questions.

Preguntas en La Forma Negativa

Las preguntas afirmativas/negativas que contienen una forma negativa se pueden hacer de la misma manera que las preguntas afirmativas/negativas con la excepción de que las cejas se levantan y se fruncen moviendo la cabeza en forma negativa mientras se hace la pregunta. ____nq____ se utilizará para representar la forma gramatical mencionada anteriormente.

EXAMPLES: EJEMPLOS:

____ nq ____
A. HE HAPPY NO HE?   'He's not happy?'

____ nq ____
A. ¿EL CONTENTO NO EL?   "¿El no está contento?"

____ nq ____
B. YOU EAT YOU?   'You aren't eating?'

____ nq ____
B. ¿TÚ COMER TÚ?   "¿Tú no estás comiendo?"

____ nq ____
C. YOU DON'T-WANT CHAIR YOU?   'You don't want a chair?'

____ nq ____
C. ¿TÚ NO QUERER SILLA TÚ?   "¿Tú no quieres una silla?"

Exercise 4.5:

Change the following negative statements to negative questions.

Ejercicio 4.5:

Cambie las siguientes oraciones negativas a preguntas en la forma negativa.

EXAMPLE:

Statement: $\overline{\quad\quad}^{n}\overline{\quad\quad}$ HE TIRED NOT HE. 'He's not tired.'

Oración: $\overline{\quad\quad}^{n}\overline{\quad\quad}$ EL CANSADO NO EL. "El no está cansado."

Question: $\overline{\quad\quad}^{nq}\overline{\quad\quad}$ HE TIRED NOT HE? 'He's not tired?'

Pregunta: $\overline{\quad\quad}^{nq}\overline{\quad\quad}$ ¿EL CANSADO NO EL? "No está cansado él?"

EJEMPLO:

1. $\overline{\quad\quad}^{n}\overline{\quad\quad}$ YOU UNDERSTAND ME.
2. $\overline{\quad\quad}^{n}\overline{\quad\quad}$ SHE SEE MOVIE NOT.
3. $\overline{\quad}^{n}\overline{\quad}$ HE DEAF HE.
4. $\overline{\quad\quad}^{n}\overline{\quad\quad}$ SHE DON'T-WANT CAT.
5. $\overline{\quad\quad\quad}^{n}\overline{\quad\quad\quad}$ HE DON'T-KNOW MY SISTER HE.
6. $\overline{\quad\quad}^{n}\overline{\quad\quad}$ IT DIRTY NOT IT.
7. $\overline{\quad\quad}^{n}\overline{\quad\quad}$ HE NOT AMERICAN HE.

1. $\overline{\quad\quad}^{n}\overline{\quad\quad}$ TÚ ENTENDER ME.
2. $\overline{\quad\quad}^{n}\overline{\quad\quad}$ ELLA VER PELÍCULA NO.
3. $\overline{\quad}^{n}\overline{\quad}$ EL SORDO EL.
4. $\overline{\quad\quad}^{n}\overline{\quad\quad}$ ELLA NO QUERER GATO.
5. $\overline{\quad\quad\quad}^{n}\overline{\quad\quad\quad}$ EL NO CONOCER MI HERMANA EL .
6. $\overline{\quad\quad\quad}^{n}\overline{\quad\quad\quad}$ EL (objeto) SUCIO NO EL (objeto) .
7. $\overline{\quad\quad}^{n}\overline{\quad\quad}$ EL NO AMERICANO EL.

Vocabulary   Vocabulario

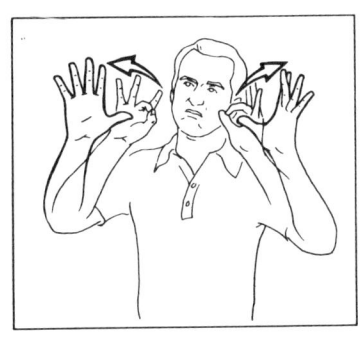

AWFUL, terrible
HORRIBLE, terrible

BAD, unfortunate
MALO, desafortunado

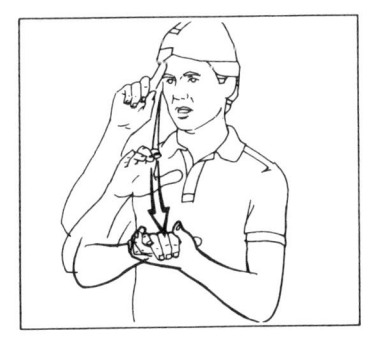

BELIEVE
CREER

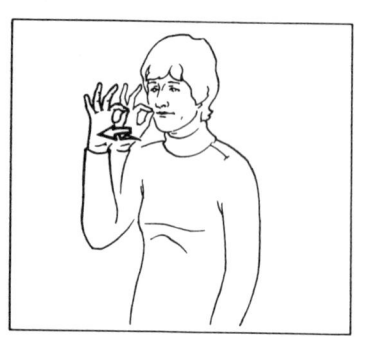

CAT
GATO

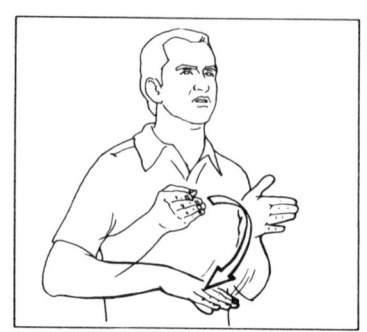

CHEAP
BARATO

CLEAN, NICE, pure
LIMPIO, puro

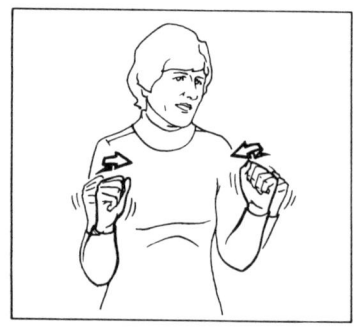

COLD, WINTER
FRÍO, INVIERNO

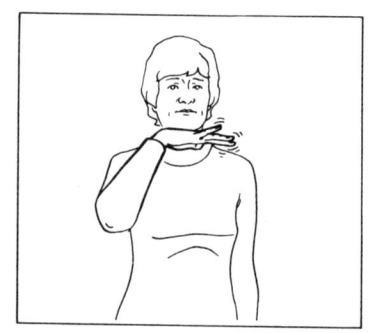

DIRTY
SUCIO

DOG
PERRO

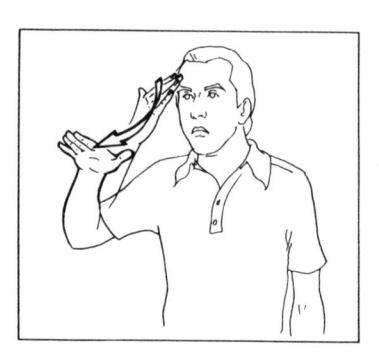

DON'T-KNOW
NO SÉ

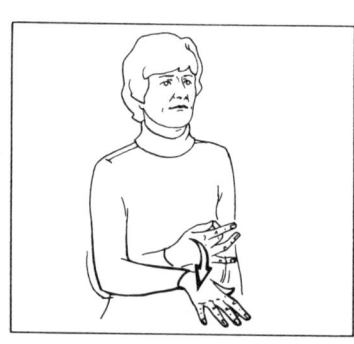

DON'T-LIKE
NO ME GUSTA

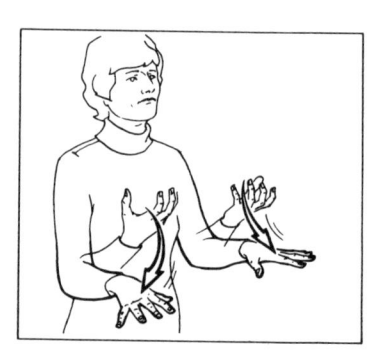

DON'T-WANT
NO QUIERO

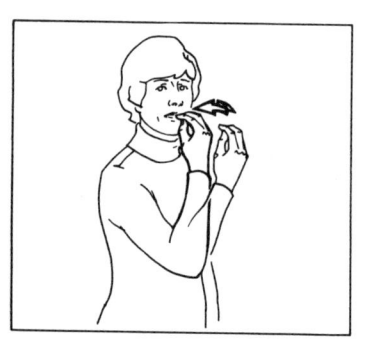

EAT, FOOD
COMER, COMIDA

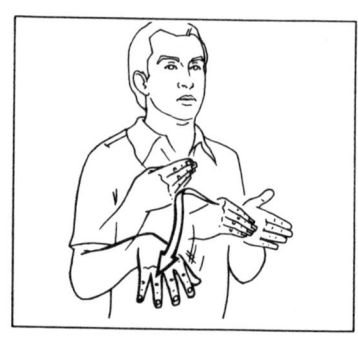

EXPENSIVE
CARO

EXPLAIN, describe
EXPLICAR, describir

FEEL, feelings, sense
SENTIR, sentimientos

GOOD
BIEN, bueno

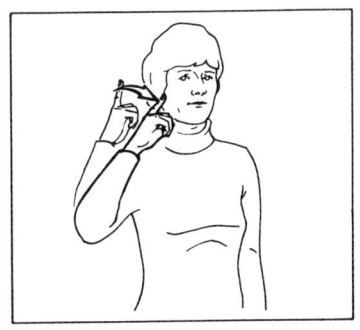

HEAR, sound
OÍR, sonido

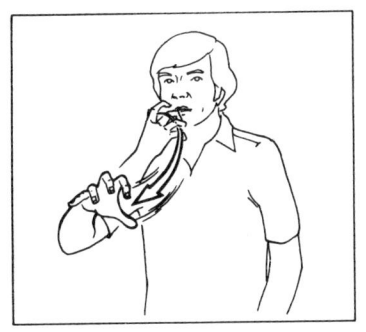

HOT, heat
CALIENTE, calor

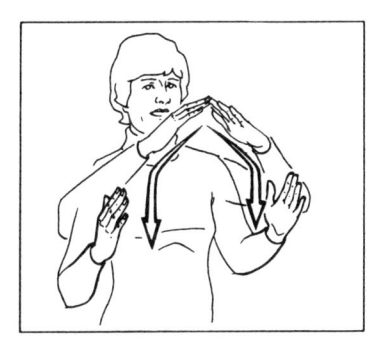

HOUSE
CASA

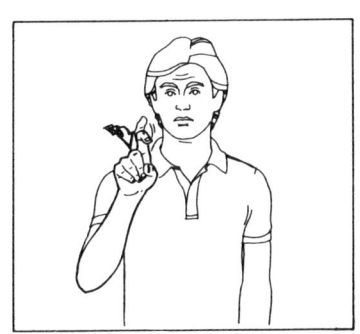

HUH?
¿MMM?, ¿Qué?

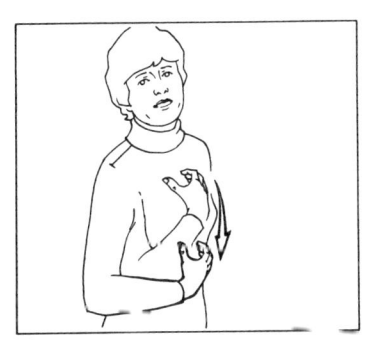

HUNGRY, wish
HAMBRE, deseo

LANGUAGE
LENGUAJE

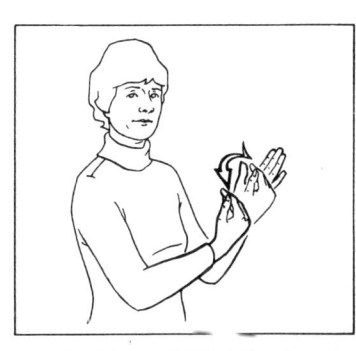

LESSON, COURSE, chapter
LECCIÓN, CURSO, capítulo

LOVE
AMOR

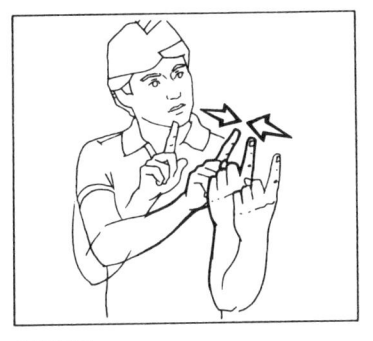

MEET
ENCONTRAR, Conocer

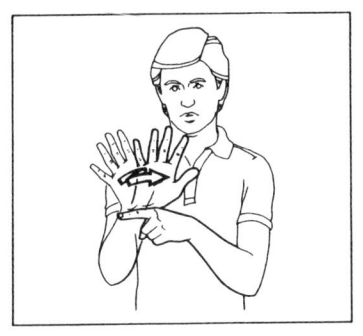

MOVIE
CINE

NO
NO

NOT
NO

OH-I-SEE, oh
AH, YA ENTIENDO

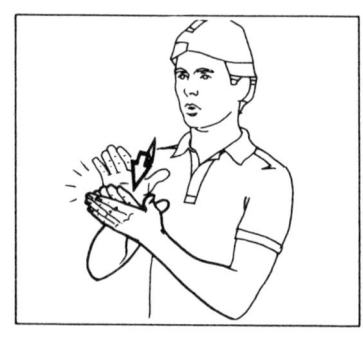

RIGHT, correct
BIEN, correcto

SCHOOL
ESCUELA

SEE, sight
VER, vista

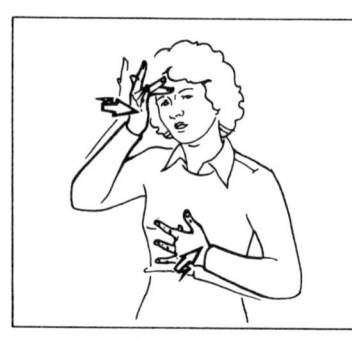
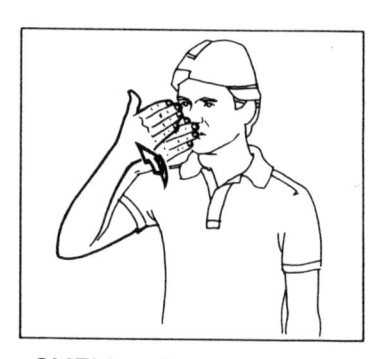

SENTENCE, language
ORACIÓN, lenguaje

SICK
ENFERMO

SMELL, odor
OLER, olor

SORRY, regret
SENTIR, lamentar

TASTE, prefer, favorite
GUSTAR, preferir, favorito

UNDERSTAND,
comprehend
ENTENDER, comprender

WELL, so
BIEN, entonces

WORD, vocabulary
PALABRA, vocabulario

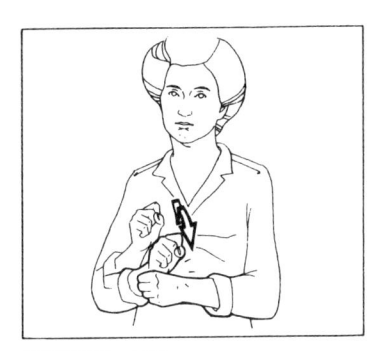

WORK, JOB
TRABAJO

WORLD
MUNDO

WRONG
MAL

YES
SÍ

YOUNG, youth
JOVEN, juventud

NOTES   NOTAS

DIALOGUE 1

Tom is introducing Betty to Jack.

DIÁLOGO 1

Tom está presentando Betty a Jack.

___

Jack: HELLO. SHE FRIEND YOUR SHE?
                    q

Jack: HOLA. ¿ELLA AMIGA TUYA ELLA?
                    q

Tom: YES. SHE NAME B-E-T-T-Y S-M-I-T-H. SHE FROM I-N-D.
     y

Tom: SÍ. ELLA NOMBRE B-E-T-T-Y S-M-I-T-H. ELLA DE I-N-D.
     y

Jack: I HAPPY I-MEET-YOU. MY NAME J-A-C-K J-O-N-E-S. I FROM M-I-N-N.

Jack: YO CONTENTO YO CONOCER TÚ. MI NOMBRE J-A-C-K J-O-N-E-S. YO DE M-I-N-N.

Betty: HAPPY I-MEET-YOU. YOU HAVE BROTHER NAME B-O-B J-O-N-E-S?
                           q

Betty: CONTENTA YO CONOCER TÚ. ¿TÚ TENER HERMANO NOMBRE B-O-B J-O-N-E-S?
                           q

Jack: YES. YOU KNOW HE YOU?
   y   q

Jack: SÍ. ¿TÚ CONOCER EL TÚ?
   y   q

Betty: I KNOW HE I.
      y

Betty: YO CONOCER EL YO.
      y

Tom: WELL DEAF SMALL WORLD.

Tom: BUENO SORDO CHICO MUNDO.

LESSON 5 ■■■■ LECCIÓN 5 ■

Basic Sentence Structure: Present and Past Tense

1. The form for present tense is:

Estructura de La Oración Básica: El Tiempo Presente y Pasado

1. La forma para el tiempo presente es:

I WORK I. 'I am working.'
YO TRABAJAR YO. "Yo estoy trabajando."

Also, a tense indicator such as NOW or TODAY may be used either at the beginning of the sentence or at the end of the sentence:

También, un indicador temporal tal como AHORA u HOY puede ser utilizado ya sea al principio de la oración o al final de la oración:

EXAMPLES:

EJEMPLOS:

A. NOW I WORK I. 'I am working now.'
A. AHORA YO TRABAJAR YO. "Yo estoy trabajando ahora."

I WORK NOW I. 'I am working now.'
YO TRABAJAR AHORA YO. "Yo estoy trabajando ahora."

B. TODAY I VISIT GRANDMOTHER. 'I am visiting Grandmother today.'
   I VISIT GRANDMOTHER TODAY. 'I am visiting Grandmother today.'
B. HOY YO VISITAR ABUELA. "Hoy voy a visitar a mi abuela."
   YO VISITAR ABUELA HOY. "Hoy voy a visitar a mi abuela."

2. A tense indicator may also be used to establish past tense:

2. También se puede utilizar un indicador temporal para establecer el tiempo pasado:

EXAMPLES:

EJEMPLOS:

A. YESTERDAY I WORK I.   'I worked yesterday.'
A. AYER YO-TRABAJAR-YO.   "Yo trabajé ayer."

B. BEFORE I GO I.   'I went before.'

Among the past tense markers are:
1. RECENTLY   'in the recent past'
2. BEFORE   'in the past, used to'
3. LONG-AGO   'in the distant past'
4. YESTERDAY   'yesterday'

B. ANTES YO IR YO.   "Yo fui antes."

Entre los indicadores del tiempo pasado se encuentran:
1. RECIENTEMENTE   "en el pasado reciente"
2. ANTES   "en el pasado, acostumbrada a"
3. HACE TIEMPO   "en el pasado distante"
4. AYER   "ayer"

Exercise 5.1:

Change the following sentences to past tense using the tense indicator given at the beginning of the sentence.

Ejercicio 5.1:

Cambie las oraciones siguientes al tiempo pasado utilizando el indicador temporal dado al principio de la oración.

EXAMPLE:

I WORK I.   'I am working.'
(YESTERDAY)
    YESTERDAY I WORK I.   'I worked yesterday.'
YO TRABAJAR YO.   "Yo estoy trabajando."
(AYER)
    AYER YO TRABAJAR YO.   "Yo trabajé ayer."

1. I PRACTICE SIGN I.   (YESTERDAY)
1. YO PRACTICAR SEÑAS YO.   (AYER)

2. HE BUY CAR HE.   (RECENTLY)
2. EL COMPRAR COCHE EL.   (RECIENTEMENTE)

3. BOY HE STUDENT HE.   (BEFORE)
3. MUCHACHO EL ESTUDIANTE EL.   (ANTES)

4. SHE DIE SHE, SORRY.   (YESTERDAY)
4. ELLA MORIR ELLA, SENTIR.   (AYER)

EJEMPLO:

5. I TEACH RESIDENTIAL SCHOOL I.   (LONG-AGO)
5. YO ENSEÑAR ESCUELA RESIDENCIAL YO.   (HACE TIEMPO)

6. WOMAN SHE LOSE P-I-N CL:F.   (RECENTLY)
6. MUJER ELLA PERDER P-R-E-N-D-E-D-O-R CL:F.   (RECIENTEMENTE)

_____ n _____
7. I NOT READ YOUR HOMEWORK.   (YESTERDAY)
_____ n _____
7. YO NO LEER TU TAREA.   (AYER)

8. HE LEARN SIGN HE.   (RECENTLY)
8. EL APRENDER SEÑAS EL.   (RECIENTEMENTE)

9. SHE HEARING SCHOOL.   (BEFORE)
9. ELLA OYENTE ESCUELA.   (ANTES)

10. SHE VISIT WASHINGTON SHE.   (LONG-AGO)
10. ELLA VISITAR WASHINGTON ELLA.   (HACE TIEMPO)

Basic Sentence Structure: Using FINISH

It is also possible to use FINISH to show that an action has been completed. FINISH appears either before or after the verb.

EXAMPLES:

Estructura de La Oración Básica: Uso de Terminar

También es posible usar TERMINAR para mostrar que una acción ha sido completada. TERMINAR puede aparecer ya sea antes o después del verbo.

EJEMPLOS:

A. I FINISH SEE MOVIE.   'I have seen the movie.' or 'I already saw the movie.'

A. YO TERMINAR VER PELÍCULA.   "Yo he visto la película." o "Yo ya ví la película."

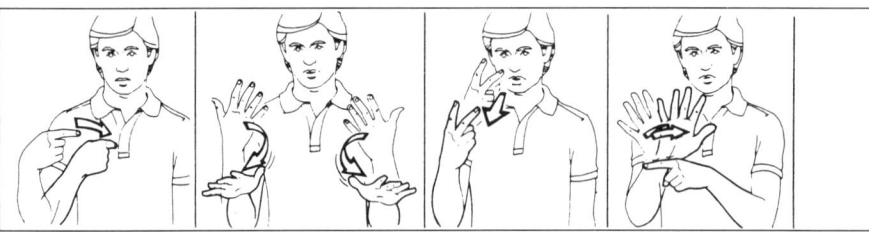

B. I SEE FINISH MOVIE.   'I have seen the movie.' or 'I already saw the movie.'

B. YO VER TERMINAR PELÍCULA.   "Yo he visto la película." o "Yo ya ví la película."

Exercise 5.2:

Change the following sentences to the past with FINISH.

EXAMPLE:

I BUY CAR.   'I am buying a car.'
  I BUY CAR FINISH.   'I bought a car.'

YO COMPRAR COCHE.   "Yo estoy comprando un coche."
  YO COMPRAR COCHE TERMINAR.   "Yo compré un coche."

1. HE FATHER MAKE COOKIE HE.
2. SHE WRITE PAPER SHE.
3. BROTHER READ BOOK HE.
4. I SELL HOUSE I.
5. MOVIE I SEE I.
6. I VISIT GRANDMOTHER I.
7. MY SIGN IMPROVE.
8. HE DRINK WATER HE.
9. SON HE GROW-UP HE.
10. I COOK ALL-DAY I.

Ejercicio 5.2:

Cambie las oraciones siguientes a la forma pasada con TERMINAR.

EJEMPLO:

1. EL PAPÁ HACER GALLETA EL.
2. ELLA ESCRIBIR PAPEL ELLA.
3. HERMANO LEER LIBRO EL.
4. YO VENDER CASA YO.
5. PELÍCULA YO VER YO.
6. YO VISITAR ABUELA YO.
7. MIS SEÑAS MEJORAR.
8. EL TOMAR AGUA EL.
9. HIJO EL CRECER EL.
10. YO COCINAR TODO EL DÍA YO.

Basic Sentence Structure: Future Tense

Among the future tense indicators are:

1. AFTER-AWHILE   'in the near future'
2. WILL   'in the future'
3. LATER   'in the future'
4. FUTURE   'in the far future'
5. TOMORROW   'tomorrow'

Estructura de La Oración Básica: El Tiempo Futuro

Entre los indicadores del tiempo futuro se encuentran:

1. AL RATO   "en un futuro cercano"
2. VA A   "en el futuro"
3. MÁS TARDE   "en el futuro"
4. FUTURO   "en un futuro lejano"
5. MAÑANA   "mañana"

EXAMPLES:

EJEMPLOS:

A. TOMORROW I GO-AWAY I.   'I will go tomorrow.'
A. MAÑANA YO IR YO.   "Yo voy a ir mañana."

I GO-AWAY TOMORROW.   'I will go tomorrow.'
YO VOY MAÑANA.   "Yo voy a ir mañana."

B. I EAT WILL I.   'I will eat.'
B. YO COMER VOY YO.   "Yo voy a comer."

Exercise 5.3:

Change the following past tense sentences to future tense using the future tense indicators given.

EXAMPLE:

YESTERDAY I BUY CAR I.   'Yesterday I bought a car.'
  (WILL)
    I BUY CAR WILL I.   'I will buy a car.'

AYER YO COMPRAR COCHE YO.   "Ayer yo compré un coche."
  (VOY A)
    YO COMPRAR COCHE VOY YO.   "Yo voy a comprar un coche."

Ejercicio 5.3:

Cambie las siguientes oraciones del tiempo pasado al tiempo futuro usando el indicador del tiempo futuro dado.

EJEMPLO:

1. YESTERDAY I PRACTICE SIGN I.   (TOMORROW)
1. AYER YO PRACTICAR SEÑAS YO.   (MAÑANA)

2. LONG-AGO I GO COLLEGE I.   (WILL)
2. HACE TIEMPO YO IR UNIVERSIDAD YO.   (VOY A)

3. RECENTLY I TO-TELEPHONE YOU I.   (LATER)
3. RECIENTEMENTE YO LLAMAR POR TELÉFONO TÚ YO.   (MÁS TARDE)

4. RECENTLY HE LEARN SIGN HE.   (WILL)
4. RECIENTEMENTE EL APRENDER SEÑAS EL.   (VA A)

5. BEFORE COOKIE CL:LL I MAKE I.   (FUTURE)
5. ANTES GALLETA CL:LL YO HACER YO.   (FUTURO)

6. T-T-Y SHE BUY SHE.   (AFTER-AWHILE)
6. T-T-Y ELLA COMPRAR ELLA.   (AL RATO)

7. I SEE MOVIE FINISH I.   (TOMORROW)
7. YO VER PELÍCULA TERMINAR YO.   (MAÑANA)

8. YESTERDAY PANTS I WEAR I.   (WILL)
8. AYER PANTALONES YO USAR YO.   (VOY A)

9. BEFORE MOTHER STAY 1-WEEK.   (WILL)
9. ANTES MAMÁ QUEDAR 1-SEMANA.   (VA A)

NOTE: Establishing the Tense Context

Once the context of tense is established through the use of a tense indicator, it is not necessary to repeat the tense indicator in later sentences until a change in tense is desired.

NOTA: Estableciendo El Tiempo Verbal en El Contexto

Una vez establecido el contexto del tiempo a través del uso de un indicador temporal, no es necesario repetir el indicador temporal en oraciones subsecuentes sino hasta que se cambie el tiempo deseado.

EXAMPLES:

EJEMPLOS:

A. NOW I WORK I. 'I am working.'
I TEACHER I. 'I am a teacher.'
I LIKE TEACH I. 'I like teaching.'

A. AHORA YO TRABAJAR YO. "Yo estoy trabajando."
YO MAESTRO YO. "Yo soy maestro."
YO GUSTAR ENSEÑAR. "Me gusta enseñar."

B. YESTERDAY I SICK I. 'I was sick yesterday.'
I STAY HOME I. 'I stayed home.'
MOTHER SHE TO-TELEPHONE DOCTOR SHE. 'My mother telephoned the doctor.'

B. AYER YO ENFERMO YO. "Ayer yo estuve enfermo."
YO QUEDAR EN CASA YO. "Yo me quedé en casa."
MADRE ELLA LLAMAR POR TELÉFONO DOCTOR ELLA. "Mi madre llamó por teléfono al doctor."

C. TOMORROW I SELL MY CAR I. 'Tomorrow I will sell my car.'
_____ n _____
I NOT BUY NEW CAR I. 'I'm not going to buy a new car.'
I WALK WORK I. 'I will walk to work.'

C. MAÑANA YO VENDER MI COCHE YO. "Mañana voy a vender mi coche."
_____ n _____
YO NO COMPRAR NUEVO COCHE YO. Yo no voy a comprar un coche nuevo."
YO CAMINAR TRABAJO YO. "Yo voy a caminar al trabajo."

Vocabulary   Vocabulario

AFTER-AWHILE, later
AL RATO, más tarde

AFTERNOON
TARDE

ALL-DAY
TODO EL DÍA

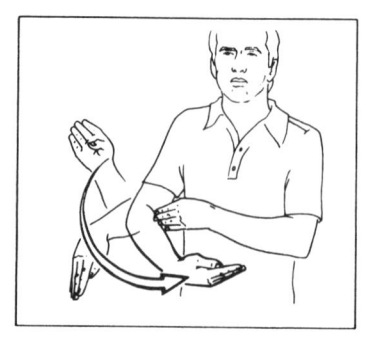

ALL-NIGHT, overnight
TODA LA NOCHE

BEFORE, previous
ANTES, previo

BUY
COMPRAR

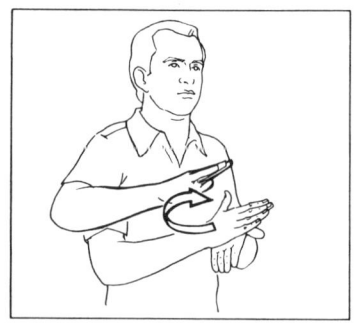

COLLEGE, university
COLEGIO, universidad

COOKIE
GALLETA

DAY
DÍA

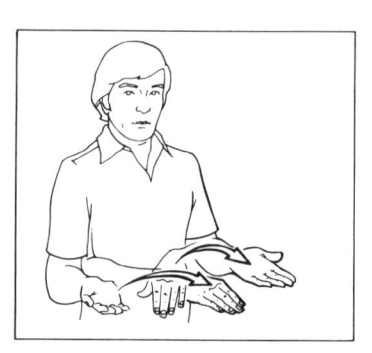

DIE, dead, death
MORIR, muerto, muerte

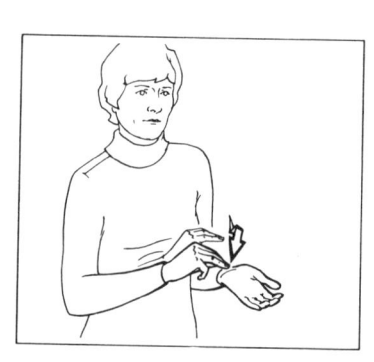

DOCTOR
DOCTOR

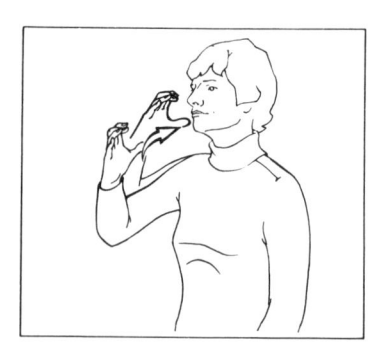

DRINK
BEBER

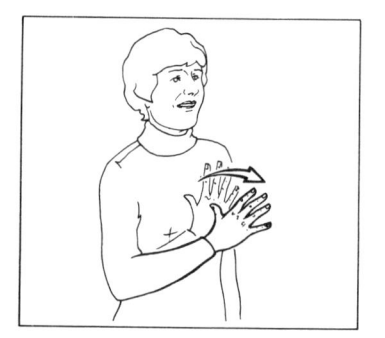

FINE
BIEN

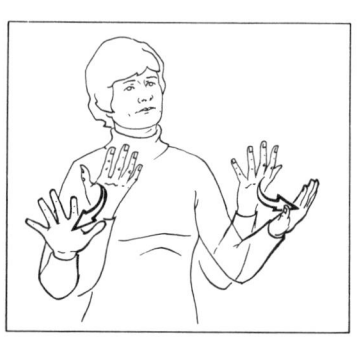

FINISH, already, then
TERMINAR, listo, entonces

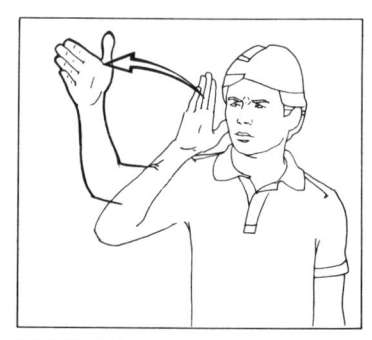

FUTURE
FUTURO

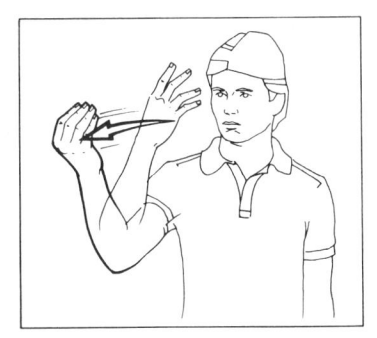
GO-AWAY, leave
IR, salir

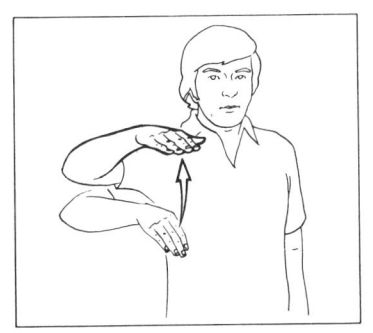
GROW-UP
CRECER

HOMEWORK
TAREA

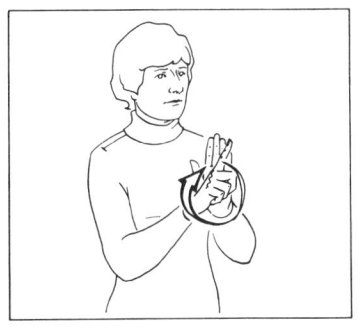
1-HOUR, hour
1-HORA, hora

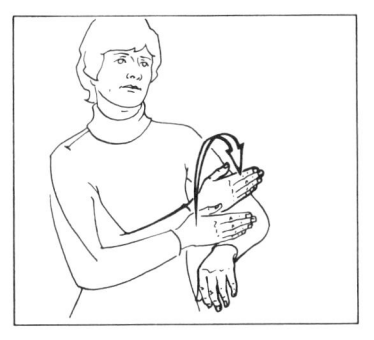
IMPROVE
MEJORAR

LATER
MÁS TARDE

LETTER, mail
CARTA, correo

LONG-AGO
HACE TIEMPO

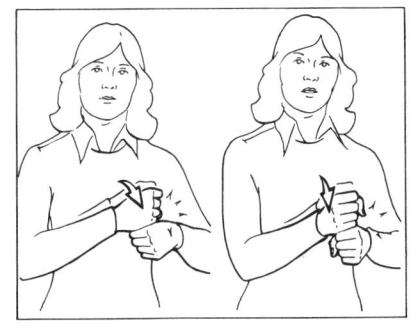
MAKE
HACER

1-MINUTE, minute
1-MINUTO, minuto

63

1-MONTH, month
1-MES, mes

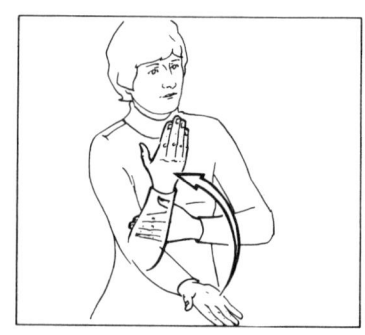

MORNING
MAÑANA

NIGHT, TONIGHT
NOCHE, esta noche

NOON
MEDIODÍA

NOW
AHORA

NOW
AHORA, ahorita

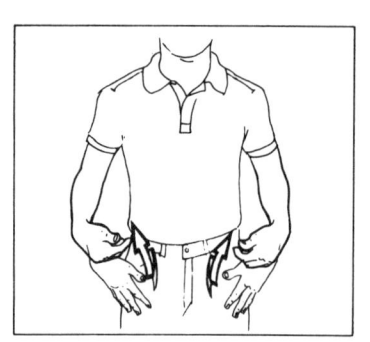

PANTS
PANTALONES

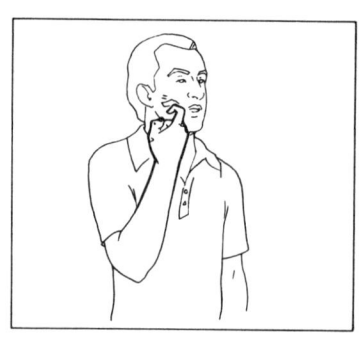

RECENTLY, just awhile ago
RECIENTEMENTE, apenas
hace un momento

RESIDENTIAL-SCHOOL,
institute
ESCUELA RESIDENCIAL,
instituto

SELL
VENDER

STAY
QUEDARSE

TODAY
HOY

TO-TELEPHONE, call
HABLAR POR TELÉFONO,
llamar

TOMORROW
MAÑANA

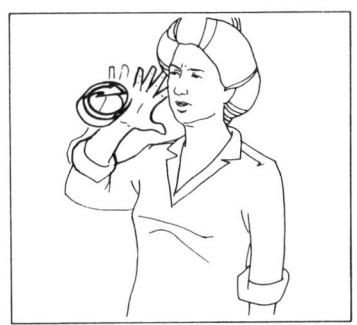

USED-TO, formerly
ACOSTUMBRABA, antes
anteriormente

VISIT
VISITAR

WALK
CAMINAR

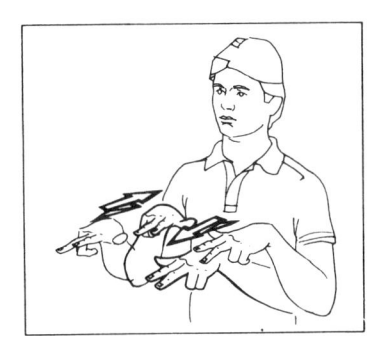

WALK
CAMINAR (lentamente)

WASHINGTON (D.C. & state)
WASHINGTON (D.C. y
estado)

WATER
AGUA

WEAR, use
USAR, utilizar

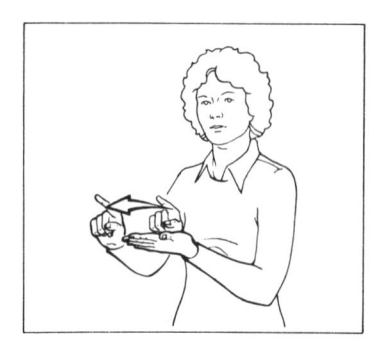

1-WEEK, week
1-SEMANA, semana

WILL, shall, future
VA, será futuro

WRITE
ESCRIBIR

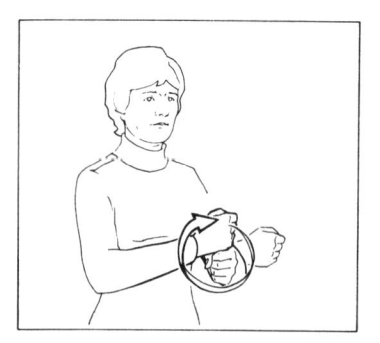

YEAR
AÑO

YESTERDAY
AYER

YESTERDAY
AYER

NOTES   NOTAS

LESSON 6 ▮▮▮ LECCIÓN 6 ▮

Basic Sentence Structure: Object + Subject + Verb

1. Another common sentence structure is: Object + Subject + Verb.

Estructura de La Oración Básica: Objeto + Sujeto + Verbo

1. Otra estructura básica de la oración es: Objeto + Sujeto + Verbo.

EXAMPLE:

EJEMPLO:

```
___ t ___
IT BOOK  GIRL HAVE.   'The girl has a book.'
___ t ___
EL (objeto)  LIBRO MUCHACHA TENER.
"La muchacha tiene un libro."
```

In this sentence structure the object is signed first, and there is usually a topic marker while signing the object of the sentence. The topic marker, represented by ____t____, is raised eyebrows.

En esta estructura básica, primero se hace la seña del objeto, y generalmente hay un indicador del tema mientras se hacen las señas del objeto de la oración. El indicador del tema, representado por ____t____, se hace levantando las cejas.

2. When using adjectives, the following forms are possible:

2. Las siguientes formas son posibles, cuando se utilizan adjetivos:

EXAMPLES:

EJEMPLOS:

```
_____ t _____
COFFEE BLACK SHE LIKE.   'She likes black coffee.'
_____ t _____
CAFÉ NEGRO ELLA GUSTAR.   "A ella le gusta el café negro."
_____ t _____
BLACK COFFEE SHE LIKE.   'She likes black coffee.'
_____ t _____
NEGRO CAFÉ ELLA GUSTAR.   "A ella le gusta el café negro."
```

Exercise 6.1:

Using the example given substitute signs from the list below.

EXAMPLE:

__ t __
COFFEE I LIKE I.   'I like coffee.'
  TEA
_ t _
TEA I LIKE I.   'I like tea.'

1. PREFER
2. HATE
3. WORK
4. ENJOY
5. T-V
6. LOOK-AT
7. BICYCLE
8. DON'T-LIKE
9. MEAT
10. NOT EAT
11. SWEET CL:L̈L̈
12. BUY

Ejercicio 6.1:

Usando los ejemplos dados, substituya las señas en la lista siguiente:

EJEMPLO:

_ t _
CAFÉ YO GUSTAR YO.   "Me gusta el café."
_ t _
TÉ YO GUSTAR YO.   "Me gusta el té."

1. PREFERIR
2. ODIAR
3. TRABAJAR
4. DISFRUTAR
5. T.V. (televisión)
6. MIRAR A
7. BICICLETA
8. NO ME GUSTA
9. CARNE
10. NO COMER
11. DULCE CL:LL
12. COMPRAR

Basic Sentence Structure: Directional and Non-Directional Verbs

Some verbs change their movement to indicate the subject and object of the verb—they incorporate the locations of the subject and object pronouns. These verbs are called directional verbs. Some of these verbs are:

SHOW   TELL
HELP   GIVE
ASK   LOOK-AT
SEND   PAY

EXAMPLES:

Estructura de La Oración Básica: Verbos Direccionales y No Direccionales

Algunos verbos cambian su movimiento para indicar el sujeto y el objeto del verbo—ellos incorporan la localización del pronombre personal (o del sujeto) y del pronombre de objeto directo e indirecto. Estos verbos se llaman verbos direccionales. Algunos de estos verbos son:

MOSTRAR   DECIR
AYUDAR   DAR
PREGUNTAR   MIRAR A
MANDAR   PAGAR

EJEMPLOS:

A. I I-GIVE-YOU MONEY.   'I am giving you money.'
A. YO YO DAR TÚ DINERO.   "Yo te estoy dando dinero."

B. YOU-GIVE-ME MONEY.   'You are giving me money.'
B. TU-DAR-ME DINERO.   "Tú me estás dando dinero."

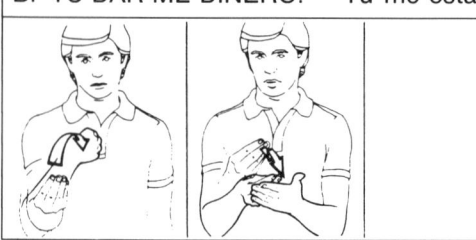

C. I I-ASK-YOU.   'I am asking you.'
C. YO YO-PREGUNTAR-TÚ.   "Yo te estoy preguntando."

D. YOU-ASK-ME.   'You are asking me.'
D. TÚ-PREGUNTAR-ME.   "Tú me estás preguntando."

Note that object pronouns are not signed in sentences with directional verbs except in emphatic forms.

Observe que no se hace seña para los pronombres de objeto directo e indirecto cuando se encuentran en oraciones con verbos direccionales excepto en forma enfática.

E. YESTERDAY YOU-ASK-ME I NOT HE.   'You asked me yesterday, not him.'
E. AYER TÚ-PREGUNTAR-ME YO NO EL.   "Ayer tú me preguntaste, no él."

There are other verbs such as KNOW, HAVE, WANT, NEED, and REMEMBER which do not change their movement to indicate the subject and object, and do not incorporate the location of the subject and object pronouns. These verbs are called non-directional verbs.

Existen otros verbos tales como CONOCER, TENER, QUERER, NECESITAR, Y RECORDAR los cuales no cambian su movimiento para indicar el sujeto y el objeto, y no incorporan la localización del pronombre del sujeto o del objeto. Estos verbos son llamados no direccionales.

F. I KNOW YOU I.   'I know you.'
F. YO CONOCER TÚ YO.   "Yo te conozco."

G. YOU KNOW I YOU.   'You know me.'
G. TÚ CONOCER YO TÚ.   "Tú me conoces."

H. I REMEMBER YOU I.   'I remember you.'
H. YO RECORDAR TÚ YO.   "Yo te recuerdo."

I. YOU REMEMBER I YOU.   'You remember me.'
I. TÚ RECORDAR YO TÚ.   "Tú me recuerdas."

Exercise 6.2:

Change the following I to you verb forms to you to me verb forms.

EXAMPLE:

   — t —
BOOK YESTERDAY I I-GIVE-YOU. 'Yesterday I gave you the book.'
    — t —
  BOOK YESTERDAY YOU-GIVE-ME. 'Yesterday you gave me the book.'
   — t —
LIBRO AYER YO YO-DAR-TÚ. "Ayer yo te dí el libro."
    — t —
  LIBRO AYER TÚ-DAR-YO. "Ayer tú me diste el libro."

    — t —
1. TICKET TOMORROW I I-PAY-YOU.
    — t —
1. BOLETO MAÑANA YO YO-PAGAR-TÚ.

    — t —
2. LETTER LATER I I-SEND-YOU.
    — t —
2. CARTA MÁS TARDE YO YO-MANDAR-TÚ.

    ————— t —————
3. RIGHT ADDRESS TOMORROW I I-TELL-YOU.
    ————— t —————
3. DIRECCIÓN CORRECTA MAÑANA YO YO-DECIR-TÚ.

    ————— t —————
4. TELETYPEWRITER NEW I I-SHOW-YOU WILL I.
    ———— t ————
4. T.T.Y. NUEVO YO YO-MOSTRAR-TÚ VOY A YO.

5. I FINISH I-ASK-YOU.
5. YO TERMINAR YO-PREGUNTAR-TÚ.

    — t —
6. LETTER I I-HELP-YOU WRITE WILL I.
    — t —
6. CARTA YO YO-AYUDAR-TÚ ESCRIBIR VOY A YO.

7. I I-GIVE-YOU PICTURE NOW.
7. YO YO-DAR-TÚ FOTO AHORA.

8. AFTER-AWHILE I AGAIN I-ASK-YOU.
8. AL RATO YO OTRA VEZ YO-PREGUNTAR-TÚ.

    ———— t ————
9. PRETTY CL:LL I I-SHOW-YOU WILL I.
    ———— t ————
9. BONITO CL:LL YO YO-MOSTRAR-TÚ VOY A YO.

    ——— t ———
10. UMBRELLA LONG-AGO I I-GIVE-YOU.
    ——— t ———
10. PARAGUAS HACE TIEMPO YO YO-DAR-TÚ.

Ejercicio 6.2:

Cambie las siguientes formas yo a tu a las formas tú a yo

EJEMPLO:

Basic Sentence Structure: Directional Verbs Incorporating HE/SHE/IT

Directional verbs also incorporate the HE/SHE/IT pronoun locations.

Estructura de La Oración Básica: Verbos Direccionales Incorporando EL/ELLA/EL (objeto) ELLA (objeto)

Los verbos direccionales también incorporan el pronombre EL/ELLA/EL (objeto) ELLA (objeto) para identificar una localización.

EXAMPLES: EJEMPLOS:

A. TOMORROW I I-GIVE-HER BOOK.	'Tomorrow I will give her the book.'
A. MAÑANA YO YO-DAR-ELLA LIBRO.	"Mañana yo le daré el libro a ella."

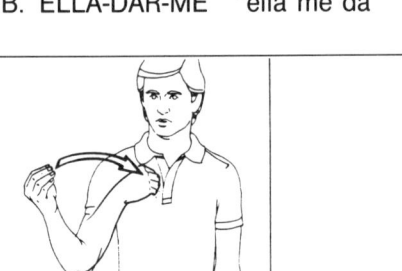

B. SHE-GIVE-ME	'she gives me'
B. ELLA-DAR-ME	"ella me da"

C. YOU-GIVE-HER	'you give her'
C. TÚ-DAR-A ELLA	"tú le das a ella"

D. SHE-GIVE-YOU 'she gives you' D. ELLA-DAR-TÚ ''ella te da''	E. SHE-GIVE-HIM 'she gives him' E. ELLA-DAR-A EL ''ella le da a él''
	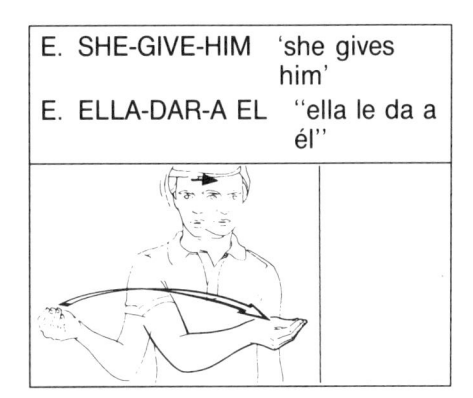

F. HE-GIVE-HER 'he gives her'
F. EL-DAR-A ELLA ''él le da a ella''

Exercise 6.3:

Change the following I to her/him/it verb forms to she/he/it to me verb forms.

EXAMPLE:

    ___ t ___
UMBRELLA TOMORROW I I-GIVE-HER. 'Tomorrow I'll give her an umbrella.'
     ___ t ___
  UMBRELLA TOMORROW SHE-GIVE-ME. 'Tomorrow she'll give me an umbrella.'

Ejercicio 6.3:

Cambie las siguientes formas verbales Yo a ella/él/(objeto) a las formas verbales ella/él/(objeto) a mí.

EJEMPLO:

    ___ t ___
PARAGUAS MAÑANA YO YO-DAR-ELLA. ''Mañana yo le daré el paraguas a ella.''
     ___ t ___
  PARAGUAS MAÑANA ELLA-DAR-ME. ''Mañana ella me dará un paraguas.''

1. YESTERDAY I I-TELL-HER STAY.
1. AYER YO YO-DECIR-ELLA QUEDAR.

    ___ t ___
2. CLOTHES TOMORROW I I-HELP-HIM BUY.
   _ t _
2. ROPA MAÑANA YO YO-AYUDAR-A EL COMPRAR.

3. FINISH I I-ASK-HIM WAIT.
3. TERMINAR YO YO-PREGUNTAR-A EL ESPERAR.

```
         __ t __
```
4. MOVIE LATER I I-SHOW-HER.
```
         _ t _
```
4. CINE MÁS TARDE YO YO-MOSTRAR-A ELLA.

```
          __ t __
```
5. MONEY TOMORROW IT-SEND-HER.
```
          __ t __
```
5. DINERO MAÑANA LO-MANDAR-A ELLA.

Change the following you to her/him/it verb forms to she/he/it to you verb forms.

Cambie las siguientes formas verbales tú a ella/él/(objeto) a las formas verbales ella/él/(objeto) a ti.

EXAMPLE:

EJEMPLO:

```
       ____ t ____
```
UMBRELLA TOMORROW YOU-GIVE-HER.   'Tomorrow you'll give her an umbrella.'
```
        ____ t ____
```
UMBRELLA TOMORROW SHE-GIVE-YOU.   'Tomorrow she'll give you an umbrella.'
```
       ____ t ____
```
PARAGUAS MAÑANA TÚ-DAR-A ELLA.   "Mañana tú le darás un paraguas a ella."
```
        ____ t ____
```
PARAGUAS MAÑANA ELLA-DAR-TÚ.   "Mañana ella te dará un paraguas."

```
   _____ q _____
```
6. WILL YOU-ASK-HIM WORK?
```
   _____ q _____
```
6. ¿IR TÚ-A PREGUNTAR-A EL TRABAJO?

```
   _____ q _____
```
7. BREAD TODAY YOU-HELP-HIM-MAKE?
```
   _____ q _____
```
7. ¿PAN HOY TÚ-AYUDAR-A EL HACER?

```
   _____ t _____
```
8. NEW WRISTWATCH YOU-SHOW-HIM NOW.
```
   _____ t _____
```
8. NUEVO RELOJ TÚ-MOSTRAR-A EL AHORA.

```
     _ t _
```
9. BOX YOU-SEND-HER LATER.
```
     _ t _
```
9. CAJA TÚ-MANDAR-A ELLA MÁS TARDE.

Directional Verbs with Classifiers

Some classifiers can add directional movement and become directional verbs. Two examples of these are:

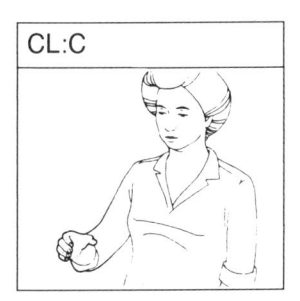

CL:C

For small container-like objects such as a cup, a glass, a bottle, or a vase.

Para objetos parecidos a recipientes pequeños tales como una taza, un vaso, una botella, o un florero.

Verbos Direccionales con Clasificadores

Algunos clasificadores pueden agregar un movimiento direccional convirtiéndose en verbos direccionales. Dos ejemplos de esto son:

CL:C

For objects which can be held in the hand such as a book, a portable teletypewriter, a stack of papers, a small box.

Para objetos que pueden ser sostenidos en una mano tales como un libro, un T.T.Y., un altero de papeles, una caja pequeña.

EXAMPLES: EJEMPLOS:

```
        __ t __
A.  GLASS GIVE-CL:C-YOU.   'I'll give you a glass.'
        __ t __
A.  VASO DAR-CL:C-TÚ.   "Yo te daré el vaso."
```

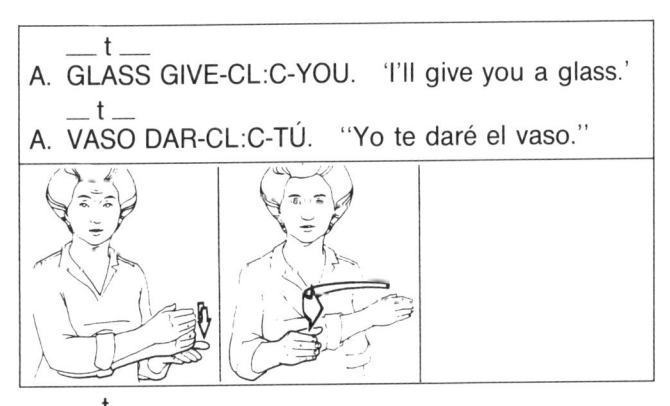

```
        ___ t ___
B.  BOTTLE HE-GIVE-CL:C-ME WILL HE.   'He'll give me the bottle.'
        ___ t ___
B.  BOTELLA EL-DAR-CL:C-ME IR EL.   "El me dará la botella."
```

_____ t _____
C. TOMORROW TELETYPEWRITER GIVE-CL:C ↑ -HIM.
    'Tomorrow I'll give him the portable teletypewriter.'
_____ t _____
C. MAÑANA T.T.Y DAR-CL:C ↑ - EL.
    ''Mañana yo le daré a él un T.T.Y. portátil.''

_____ t _____
D. A-B-C-A-S-L BOOK SHE-GIVE-CL:C ↑ -ME.   'She gave me the ABCASL book.'
_____ t _____
D. A-B-C-A-S-L- LIBRO ELLA-DAR-CL:C ↑ -ME.   ''Ella me dió el libro ABCASL.''

Exercise 6.4:

Use the appropriate C-classifier for the nouns given following the example below.

EXAMPLE:

MILK
_ t _
MILK GIVE-CL:C-YOU.   'I'll give you a glass of milk.'
LECHE
_ t _
LECHE DAR-CL:C-TÚ.   ''Te daré un vaso de leche.''

1. BOX
2. PAPER
3. WATER
4. BOOK

5. GLASS
6. BOTTLE
7. PLANT
8. COKE

Ejercicio 6.4:

Dado el ejemplo siguiente, utilice el C-clasificador adecuado para los sustantivos.

EJEMPLO:

1. CAJA
2. PAPEL
3. AGUA
4. LIBRO

5. VASO
6. BOTELLA
7. PLANTA
8. COCA-COLA

Vocabulary Vocabulario

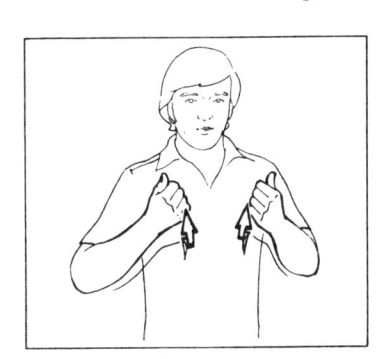

ADDRESS
DIRECCIÓN, domicilio

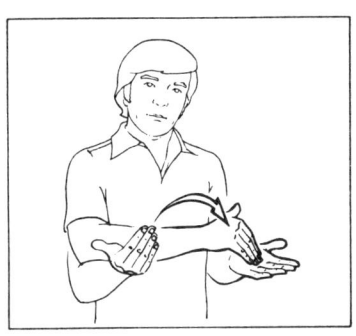

AGAIN, repeat
OTRA VEZ, repetir

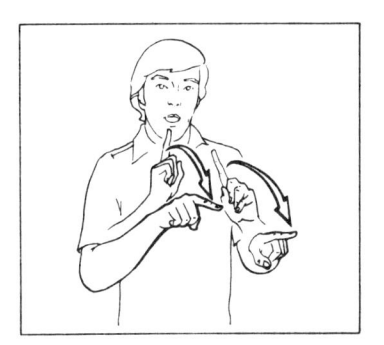

ANSWER, respond
CONTESTAR, responder

ASK
PREGUNTAR

BABY
BEBÉ

BICYCLE
BICICLETA

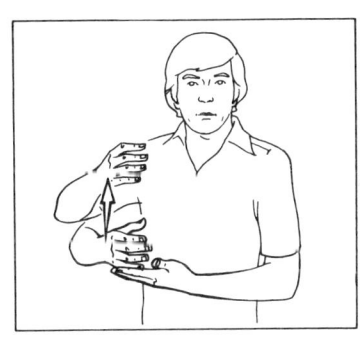

BOTTLE
BOTELLA

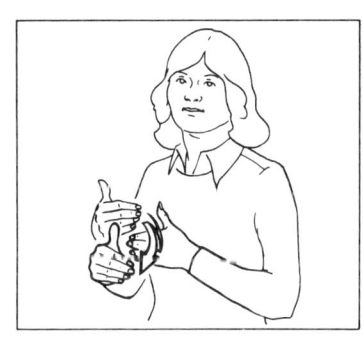

BREAD
PAN

CHALLENGE, play against
DESAFÍO, jugar en contra de

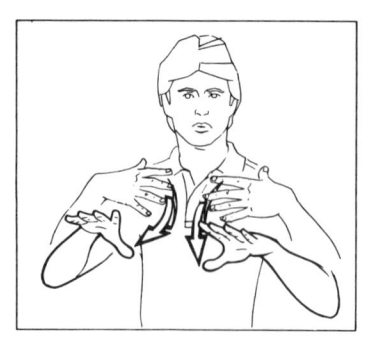

CLOTHES, DRESS, wear
ROPA, VESTIR, usar

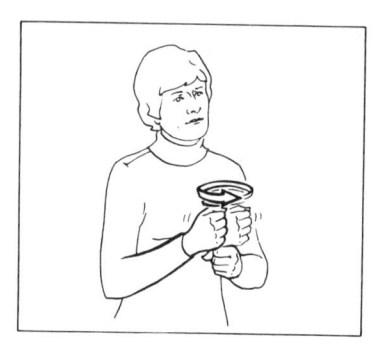

COFFEE
CAFÉ

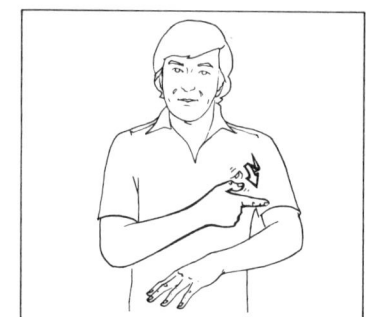

COKE
COCA-COLA

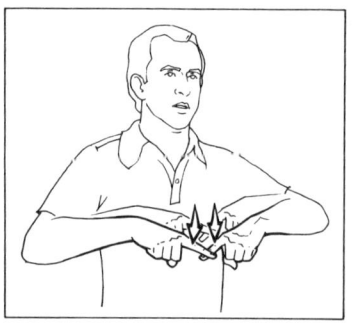

DEPEND
DEPENDER

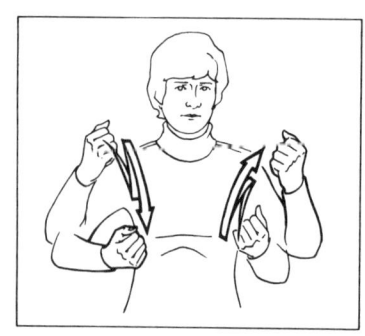

DRIVE
MANEJAR

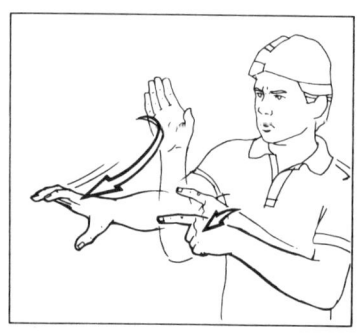

FORCE
FORZAR

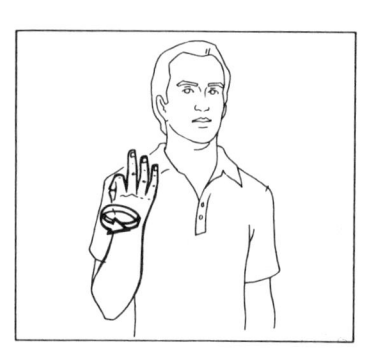

FRIDAY
VIERNES

FUNNY, amusing
CHISTOSO, divertido

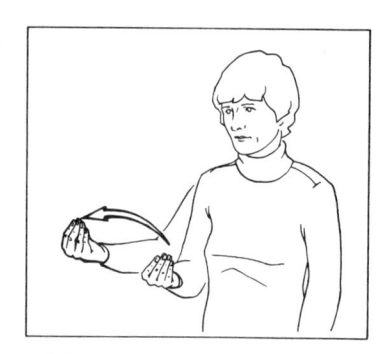

GIVE
DAR

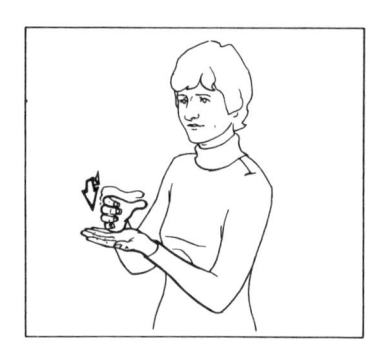

GLASS, CAN, cup
VASO, LATA, taza

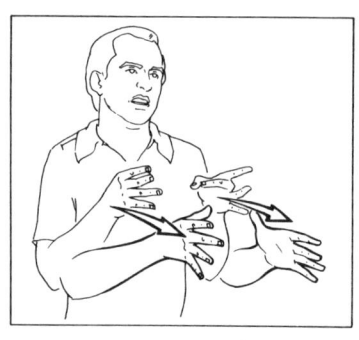

HATE
ODIAR

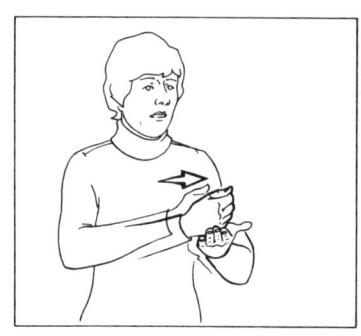

HELP, aid
AYUDAR, auxiliar

INFLUENCE, affect
INFLUIR, afectar

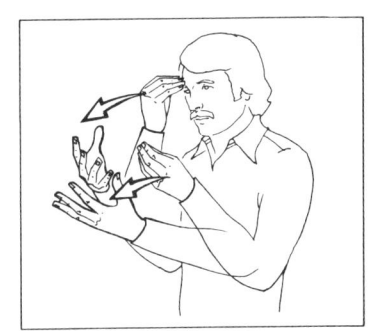

INFORM, notify, obey
INFORMAR, notificar, obedecer

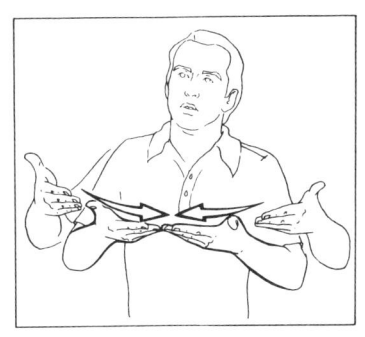

INTRODUCE
PRESENTAR, introducir

LOOK-AT, WATCH
MIRAR A, CUIDAR

MEAT, steak
CARNE, bistec

MILK
LECHE

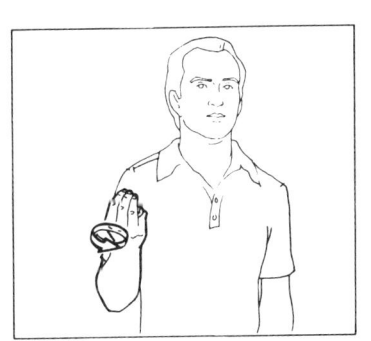

MONDAY
LUNES

PAY
PAGAR

PICTURE, photograph
RETRATO, fotografía

PLANT, spring
PLANTA, primavera

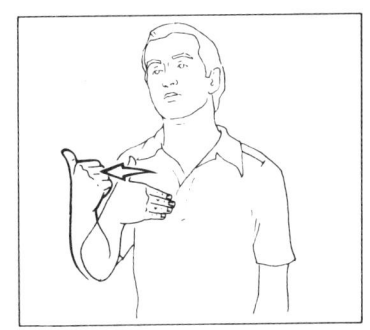

PREFER, rather
PREFERIR

PROUD, pride
ORGULLOSO, orgullo

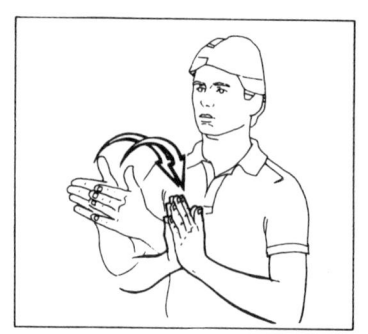

REQUEST, ask
SOLICITAR, pedir

SATURDAY
SÁBADO

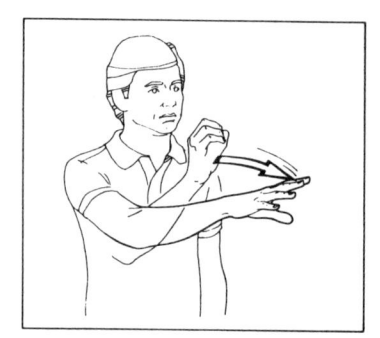

SEND, mail to
MANDAR, enviar por correo

SHOW, demonstrate,
illustrate
MOSTRAR, demostrar,
ilustrar

SHY
TÍMIDO

SUGAR, sweet, cute
AZÚCAR, dulce, delicado,
gracioso

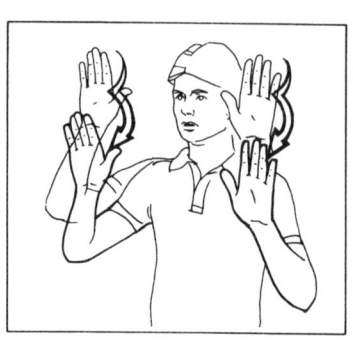

SUNDAY
DOMINGO

SWEET
DULCE

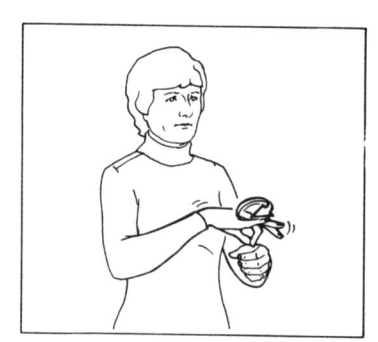

TEA
TÉ

TELETYPEWRITER
T.T.Y.

TELL
DECIR

THURSDAY
JUEVES

TICKET
BOLETO

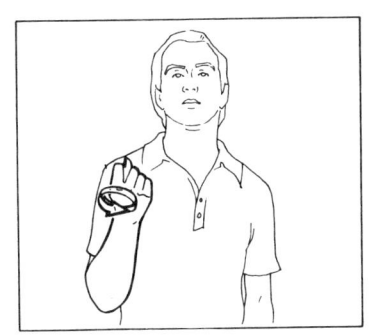

TUESDAY
MARTES

UMBRELLA
PARAGUAS

WAIT
ESPERAR

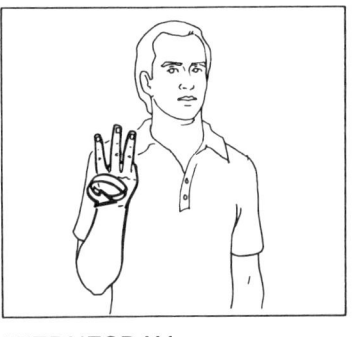

WEDNESDAY
MIÉRCOLES

WRIST-WATCH
RELOJ

LESSON 7 ■■■ LECCIÓN 7

Imperatives

Imperative sentences, or commands, are made in the following way:
1. The YOU pronoun is usually absent.
2. The signer looks directly at the person being commanded.
3. The verb has a sharp and tense movement. A sharp head nod may accompany the verb.

Forma Imperativa

Las oraciones imperativas u órdenes se forman de la siguiente manera:
1. El pronombre TÚ generalmente está ausente.
2. El que hace la seña mira directamente hacia la persona a la que le está dando la orden.
3. El verbo tiene un movimiento y una tensión precisa. Un movimiento exacto de la cabeza puede acompañar al verbo.

EXAMPLES: EJEMPLOS:

A. WASH-DISH!   'Wash the dishes!'
A. ¡LAVAR-PLATOS!   "¡Lava los platos!"

  — t —
B. TICKET YOU-GIVE-ME!   'Give me the ticket!'

  — t —
B. ¡BOLETO TÚ-DAR-ME!   "¡Dáme el boleto!"

Some common imperatives are: STOP-IT, PAY-ATTENTION, COME-ON, GET-AWAY, GO-TO-IT.

Algunas formas imperativas comunes son: BASTA, PON ATENCIÓN, VEN, NO ESTORBES (quítate), VE ALLÁ (Anda).

C. I I-TELL-YOU FINISH, GO-TO-IT! WASH-DISH!
'I've told you—go and wash the dishes!'
C. ¡YO, YO-DECIR-TÚ TERMINAR, IR ALLÁ! ¡LAVAR-PLATOS!
"¡Ya te he dicho, ve y lava los platos!"

D. NOT LIKE I. STOP-IT!   'I don't like that. Stop it!'
D. ¡NO GUSTAR YO! ¡BASTA!   "Eso no me gusta. ¡Basta!"

NOTE: The YOU pronoun can be used at the beginning of the command for a more emphatic meaning.

NOTA: El pronombre TÚ puede ser utilizado al principio de la orden con el fin de darle mayor significado.

E. <u>YOU</u> WASH-DISH!   '<u>You</u> wash the dishes!'
E. ¡<u>TÚ</u> LAVA-PLATOS!   "¡<u>Tú</u> lava los platos!"

Exercise 7.1:

Change the following sentences to commands.

EXAMPLE:

<u>   t   </u>
PICTURE YOU-SHOW-ME.   'You showed me the picture.'
  <u> t </u>
  PICTURE YOU-SHOW-ME!   'Show me the picture!'

<u>   t   </u>
RETRATO TÚ MOSTRAR-ME.   "Tú me mostraste el retrato."
  <u> t </u>
  ¡RETRATO TÚ-MOSTRAR-ME!   "¡Muéstrame el retrato!"

1. TOMORROW YOU-GIVE-ME MONEY.
  <u> t </u>
2. LETTER YOU-SEND-HER MOTHER.
 <u>t</u>

Ejercicio 7.1:

Cambie las oraciones siguientes a la forma imperativa.

EJEMPLO:

1. MAÑANA TÚ-DAR-ME DINERO.
  <u> t </u>
2. CARTA TÚ-MANDAR-SU MAMÁ.
  <u> t </u>

3. T-T-Y YOU BUY YOU.
4. YOU PRACTICE SIGN YOU.
5. YOU REMEMBER SIGN YOU.
6. TOMORROW YOU AGAIN YOU-TELL-HER.
8. YOU PAY-ATTENTION YOU.

3. T.T.Y. TÚ COMPRAR TÚ.
4. TÚ PRACTICAR SEÑAS TÚ.
5. TÚ RECORDAR SEÑAS TÚ.
6. MAÑANA TÚ OTRA VEZ TÚ-DECIR-A ELLA.
7. ANUNCIO TÚ-MANDAR-ME.
8. TÚ PONER-ATENCIÓN TÚ.

Using Numbers

1. When counting from 1 to 5 items as in 3 BOOK ('3 books') the palm faces inward to the signer. (The order BOOK 3 is also possible.)

Uso de Numerales

1. Cuando se cuenta de 1 a 5 artículos como por ejemplo LIBRO ("3 libros") la palma de la mano mira hacia adentro, hacia la persona que hace la seña. (También es posible seguir el orden LIBRO 3.)

EXAMPLE:

EJEMPLO:

___ t ___
3 BOOK I HAVE.   'I have 3 books.'
___ t ___
3 LIBRO YO TENER.   "Yo tengo 3 libros."

I HAVE BOOK 3.   'I have 3 books.'
I HAVE 3 BOOK.   'I have 3 books.'

YO TENER LIBRO 3.   "Yo tengo 3 libros."
YO TENER 3 LIBRO.   "Yo tengo 3 libros."

2. When indicating age, the sign OLD followed by a number is used. In this case the number is made with the palm facing outward.

2. Cuando se está indicando edad, se hace la seña VIEJO después de hacer la seña del número. En este caso la seña del numeral se hace con la palma de la mano viendo hacia afuera.

EXAMPLE:

EJEMPLO:

SISTER SHE OLD 3 SHE.   'My sister is 3 years old.'
HERMANA ELLA VIEJA* 3 ELLA.   "Mi hermana tiene 3 años."

(But not in the order: 3 OLD.)

(Pero no en el orden 3 VIEJA.)
*Vieja en este caso se refiere a años de edad.

<table>
<tr><td>3. When a number accompanies the sign TIME as in TIME 5 (to mean '5 o'clock'), the palm faces outward.</td><td>3. La palma de la mano mira hacia afuera cuando un numeral acompaña la seña de HORA (tiempo) como por ejemplo HORA 5 (para significar "5 horas").</td></tr>
</table>

EXAMPLES: EJEMPLOS:

A. BREAKFAST TIME 8.   'Breakfast is at 8 o'clock.'
A. DESAYUNO HORA 8.   "El desayuno es a las 8 horas."

B. I WAIT UNTIL TIME 5, I GIVE-UP.   'I waited until 5 o'clock, then I gave up.'
   (But not in the order: 3 TIME.)
B. YO ESPERAR HASTA HORA 5, YO RENDIR-ME.   "Yo esperé hasta las 5, luego me
   (Pero no en el orden: 3 HORA.)   rendí."

Exercise 7.2:   Ejercicio 7.2:

Substitute the items given into the model sentence.

Substituya las expresiones dadas en el modelo de la oración.

EXAMPLE: EJEMPLO:

I FIND 2 BOOK. 'I found 2 books.'
  CHAIR 4
  I FIND CHAIR 4. 'I found 4 chairs.'
YO ENCONTRAR 2 LIBRO. "Yo encontré 2 libros."
  SILLA 4
  YO ENCONTRAR SILLA 4. "Yo encontré 4 sillas."

1. 3 GLASS	4. STAMP 2	1. 3 VASO	4. TIMBRE 2
2. COAT 1	5. 4 KNIFE	2. ABRIGO 1	5. 4 CUCHILLO
3. 5 PENCIL	6. SPOON 3	3. 4 LÁPIZ	6. CUCHARA 3

EXAMPLE: EJEMPLO:

TOMORROW BROTHER OLD 3. 'Tomorrow my brother will be 3 years old.'
  OLD 7
  TOMORROW BROTHER OLD 7. 'Tomorrow my brother will be 7 years old.'
MAÑANA HERMANO VIEJO 3. "Mi hermano va a cumplir 3 años mañana."
  VIEJO 7
  MAÑANA HERMANO VIEJO 7. "Mi hermano va a cumplir 7 años mañana."

7. OLD 4	10. OLD 2	7. VIEJO 4	10. VIEJO 2
8. OLD 9	11. OLD 5	8. VIEJO 9	11. VIEJO 5
9. OLD 6	12. OLD 1	9. VIEJO 6	12. VIEJO 1

FRIEND WILL SHE-MEET-ME TIME 2.   'My friend will meet me at 2 o'clock.'
  TIME 5
  FRIEND WILL SHE-MEET-ME TIME 5.   'My friend will meet me at 5 o'clock.'
AMIGO VA A ELLA-ENCONTRAR-ME TIEMPO 2.   "Mi amigo va a encontrarme a las 2
                                          horas."
  TIEMPO 5
  AMIGO VA A ELLA-ENCONTRAR-ME TIEMPO 5.   "Mi hermano va a encontrarme a las 5
                                           horas."

13. TIME 9	16. TIME 6	13. TIEMPO 9	16. TIEMPO 6
14. TIME 8	17. TIME 1	14. TIEMPO 8	17. TIEMPO 1
15. TIME 4	18. TIME 7	15. TIEMPO 4	18. TIEMPO 7

Personal Pronouns Incorporating Number

1. There are other forms of personal pronouns that incorporate number:

Pronombres Personales Incorporando El Numeral

1. Existen otras formas de pronombres que incorporan el numeral.

TWO-OF US   'the two of us (we)'

DOS-DE-NOSOTROS   "los dos de nosotros (nosotros)"

TWO-OF-YOU   'the two of you (you, pl.)'
DOS-DE-USTEDES   "los dos de ustedes (ustedes)"

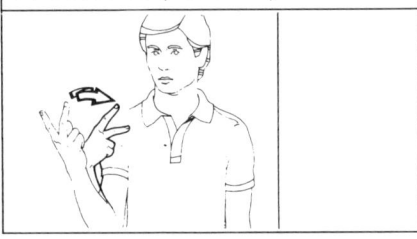

TWO-OF-THEM   'the two of them (they)'
DOS-DE-ELLOS   "los dos de ellos (ellos)"

EXAMPLE:

TWO-OF-THEM SISTER. 'They (the two of them) are sisters.'
DOS-DE-ELLAS HERMANA. "Ellas (ellas dos) son hermanas."

2. The numbers 3, 4, and 5 can be incorporated also:

FOUR-OF-US 'the four of us'

CUATRO-DE-NOSOTROS "nosotros cuatro"

FIVE-OF-THEM 'the five of them'
CINCO-DE ELLOS "ellos cinco"

EJEMPLO:

2. También pueden incorporarse los números 3, 4, y 5:

THREE-OF-YOU 'the three of you'
TRES-DE-USTEDES "ustedes tres"

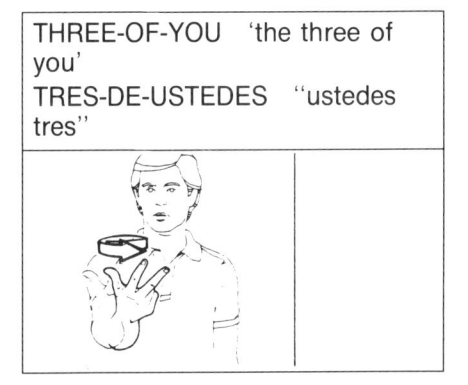

Exercise 7.3:

Substitute the following number-incorporating pronouns into the sentence given.

EXAMPLE:

TWO-OF-US PLAN GO-AWAY. 'We (the two of us) plan to go.'
  FOUR-OF-US
    FOUR-OF-US PLAN GO-AWAY. 'We (the four of us) plan to go.'
NOSOTROS-DE-NOSOTROS PLANEAR IR. "Nosotros (nosotros dos) planeamos ir."
  CUATRO-DE-NOSOTROS
    CUATRO-DE-NOSOTROS PLANEAR IR. "Nosotros (nosotros cuatro) planeamos ir."

1. THREE-OF-US
2. FIVE-OF-US
3. TWO-OF-YOU
4. FOUR-OF-US

Ejercicio 7.3:

Sustituya los siguientes pronombres incorporando el número en las oraciones dadas.

EJEMPLO:

1. TRES-DE-NOSOTROS
2. CINCO-DE-NOSOTROS
3. DOS-DE-USTEDES
4. CUATRO-DE-NOSOTROS

EXAMPLE:

EJEMPLO:

THREE-OF-US GO-WITH WILL.   'We (the three of us) will go together.'
TRES-DE-NOSOTROS IR-CON IR.   "Nosotros (nosotros tres) vamos a ir juntos."

5. FIVE-OF-THEM
6. FOUR-OF-US
7. TWO-OF-THEM
8. THREE-OF-YOU

5. CINCO-DE-ELLOS
6. CUATRO-DE-NOSOTROS
7. DOS-DE-ELLOS
8. TRES-DE-USTEDES

Plurals

There are several ways to make plurals.
Two are shown below.

1. Add a number before or after a noun.

Plurales

Para formar plurales existen varias
formas. Dos de ellas se muestran a
continuación:

1. Agregue el número antes o después
del sustantivo.

EXAMPLE:

EJEMPLO:

I HAVE BOOK 3.   'I have 3 books.'
YO TENER LIBRO 3 YO.   "Yo tengo 3 libros."

I HAVE 3 BOOK I.-'I have 3 books.'
YO TENER 3 LIBRO YO.   "Yo tengo 3 libros."

2. Add a quantifier such as MANY,
A-FEW, or SEVERAL before or after
the noun.

2. Agregando un adverbio de cantidad tal
como MUCHOS, ALGUNOS, O
VARIOS antes o después del
sustantivo.

EXAMPLE:

EJEMPLO:

I HAVE BOOK MANY I.   'I have many books.'
YO TENER LIBRO MUCHOS YO.   "Yo tengo muchos libros."

I HAVE MANY BOOK I.   'I have many books.'
YO TENER MUCHO LIBRO YO.   "Yo tengo muchos libros."

Exercise 7.4:

Change the following nouns to plural nouns with the number or quantifier given.

EXAMPLE:

SHE BUY SHIRT SHE.   'She bought a shirt.'
(5)
    SHE BUY 5 SHIRT SHE.   'She bought 5 shirts.'
    SHE BUY SHIRT 5 SHE.   'She bought 5 shirts.'
ELLA COMPRAR CAMISA ELLA.   "Ella compró una camisa."
(5)
    ELLA COMPRAR 5 CAMISA ELLA.   "Ella compró 5 camisas."
    ELLA COMPRAR CAMISA 5 ELLA.   "Ella compró 5 camisas."

1. HE GROW-UP RABBIT HE.   (10)
1. EL CRIAR CONEJO EL.   (10)

2. SON HE NEED PANTS HE.   (MANY)
2. HIJO EL NECESITAR PANTALONES EL.   (MUCHOS)

3. SHE ORDER HAMBURGER SHE.   (2)
3. ELLA ORDENAR HAMBURGUESA ELLA.   (2)

4. I ORDER FRENCH-FRIES I.   (3)
4. YO ORDENAR PAPAS FRITAS YO.   (3)

5. IT STORE HAVE SHOES IT.   (MANY)
5. ELLA (objeto) TIENDA TENER ELLOS ZAPATOS ELLOS (objeto)   (MUCHOS)

6. STUDENT HE HAVE MISTAKE HE.   (A-FEW)
6. ESTUDIANTE EL TENER ERRORES EL.   (POCOS)

7. SHE FINISH SHE-GIVE-ME PICTURE.   (SEVERAL)
7. ELLA TERMINAR ELLA-DAR-ME RETRATO.   (VARIOS)

8. I FINISH I-MEET-HER NEW NEIGHBOR.   (SEVERAL)
8. YO TERMINAR YO-CONOCER-ELLA NUEVA VECINA.   (VARIAS)

    _____ n _____
9. TWO-OF-THEM NOT HAVE FRIEND.   (MANY)
    _____ n _____
9. DOS-DE-ELLOS NO TENER AMIGO.   (MUCHOS)

10. PEOPLE STILL WAIT.   (A-FEW)
10. PERSONAS TODAVÍA ESPERAR.   (ALGUNAS)

Ejercicio 7.4:

Cambie los sustantivos siguientes a la forma plural usando el número o adverbio de cantidad.

EJEMPLO:

Vocabulary Vocabulario

ADVERTISEMENT,
publicize, propaganda
ANUNCIO, publicar
propaganda

A-FEW
ALGUNOS

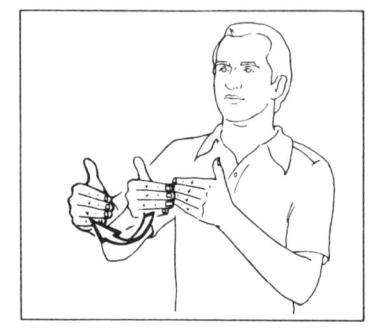

AFTER, from now on
DESPUÉS, de ahora en
adelante

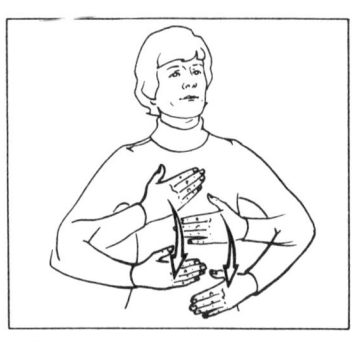

BODY
CUERPO

BOTH
AMBOS

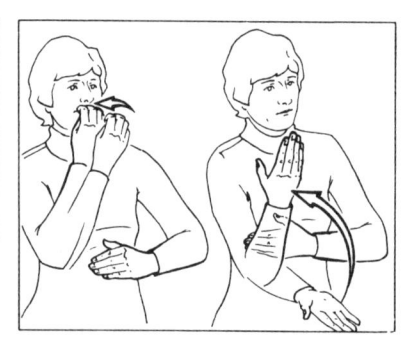

BREAKFAST
DESAYUNO

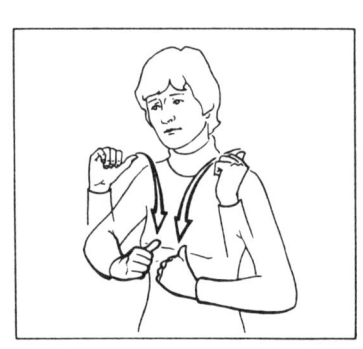

COAT, jacket
ABRIGO, saco, chamarra

COME-ON
VEN

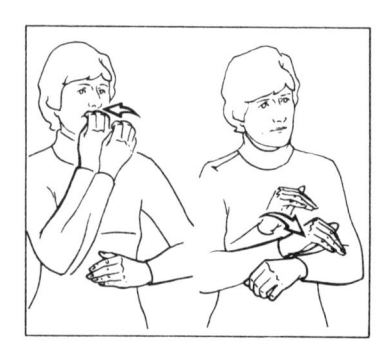

DINNER, supper
CENA

EYES
OJOS

FACE
CARA

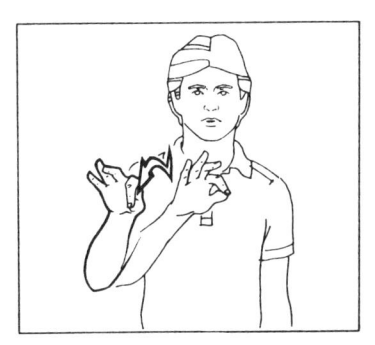

FRENCH-FRIES
PAPAS FRANCESAS O
PAPAS FRITAS

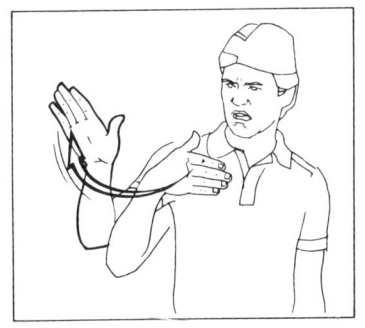

GET-AWAY
ALÉJATE

GO-TO-IT
VE A, anda

GO-WITH, accompany
VE CON, acompañar

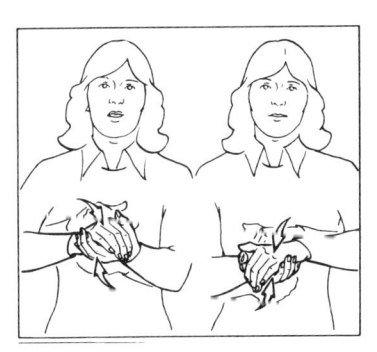

HAMBURGER
HAMBURGUESA

HANDS
MANOS

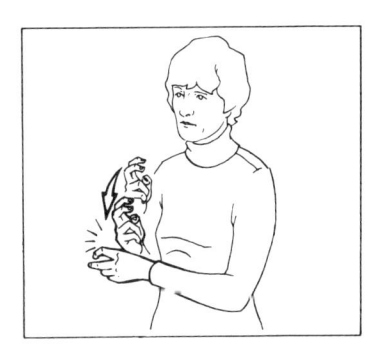

HARD
DURO

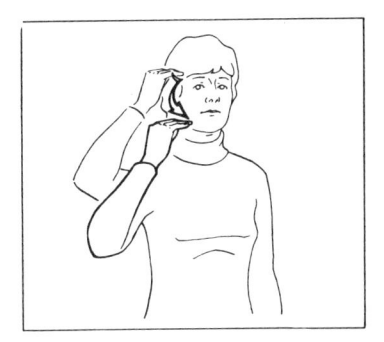

HEAD
CABEZA

HEART
CORAZÓN

KNIFE
CUCHILLO

LEFT, remaining
QUEDAR, sobrar

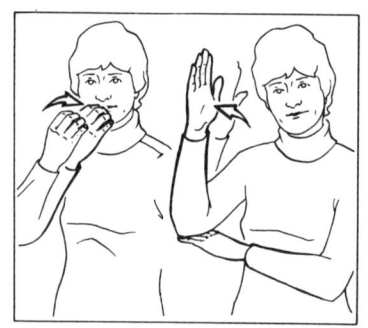

LUNCH
ALMUERZO

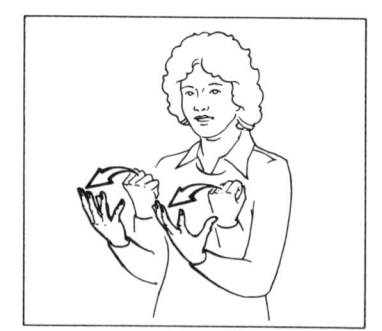

MANY, numerous
MUCHOS, numerosos

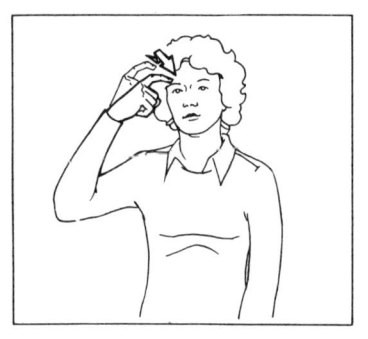

MIND
MENTE

MISTAKE, error
EQUIVOCAR, error

NEIGHBOR, next door
VECINO, a lado

NOSE
NARIZ

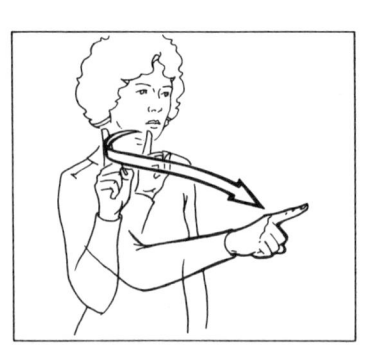

ORDER, command
ORDENAR

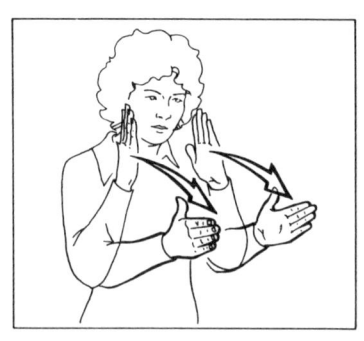

PAY-ATTENTION,
concentrate
PONER ATENCIÓN,
concentrar

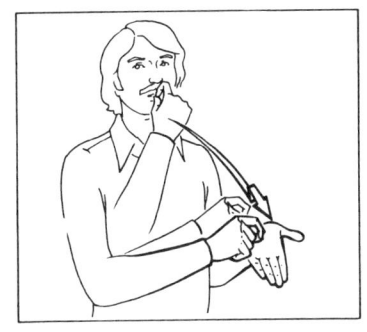

PENCIL
LÁPIZ

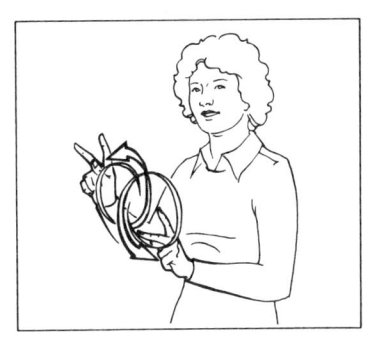

PEOPLE
GENTE

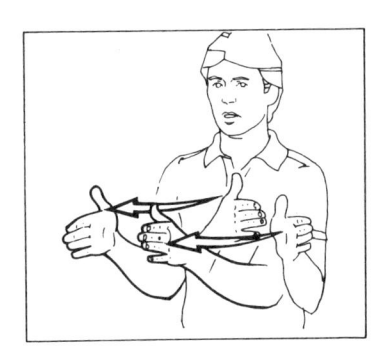

PLAN, prepare
PLANEAR, preparar

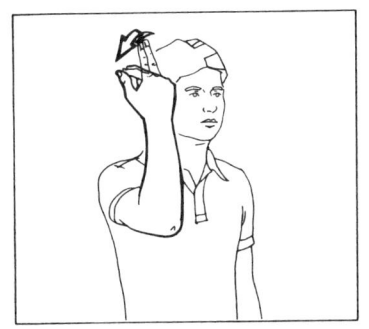

RABBIT
CONEJO

SEVERAL
VARIOS

SHIRT
CAMISA

SHOES
ZAPATOS

SOFT
SUAVE

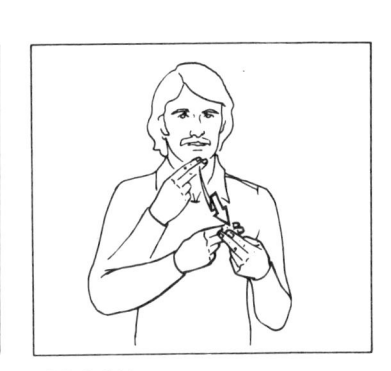

SPOON, soup
CUCHARA, sopa

STAMP, postage
TIMBRE, estampilla

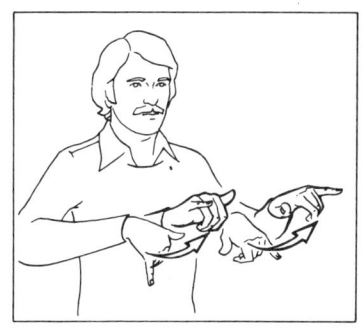

STILL
TODAVÍA

STOP-IT
BASTA

STORE
TIENDA

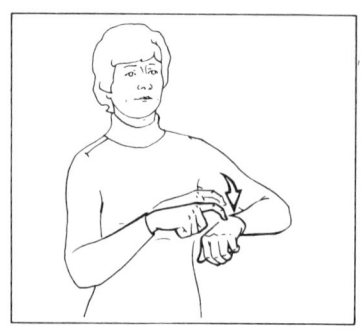

TIME
HORA, tiempo

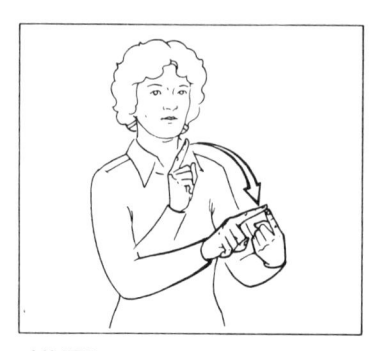

UNTIL, up to
HASTA, hasta donde

WASH-DISH
LAVAR-PLATO

DIALOGUE 2

Betty has just been introduced to Jack.
Jack finds that she knows his brother.

DIÁLOGO 2

Betty acaba de ser presentada a Jack.
Jack descrubre que ella conoce a su hermano.

---

              q
Jack: YOU KNOW MY BROTHER?

              q
Jack: ¿TÚ CONOCER MI HERMANO?

              y
Betty: YES. I FINISH I-MEET-HIM. MY SISTER, YOUR BROTHER TWO-THEM GOOD-FRIEND.

              y
Betty: SÍ. YO ACABO YO-CONOCER-LO. MI HERMANA, TU HERMANO ELLOS-DOS BUENOS-AMIGOS.

              n
Jack: I DON'T-KNOW YOUR SISTER DEAF.

              n
Jack: YO NO SABER TU HERMANA SORDA.

       y
Betty: SHE DEAF SHE. NAME SHE M-A-R-Y W-I-L-L-I-A-M-S.

       y
Betty: ELLA SORDA ELLA. NOMBRE ELLA M-A-R-Y W-I-L-L-I-A-M-S.

       y
Jack: SURPRISED I. I KNOW SHE. BEFORE TIME I SEE SHE LONG-AGO 6 YEAR.

       y
Jack: SORPRENDIDO YO. YO CONOCER ELLA. ANTES TIEMPO YO VER ELLA HACE-MUCHO 6 AÑO.

       t
Betty: M-A-R-Y PICTURE, I HAVE MANY. I-CL:C ↑ -YOU WILL I.

       t
Betty: M-A-R-Y FOTOGRAFÍA, YO TENER MUCHAS, YO YO-CL:C ↑ TÚ VOY A YO.

       y
Jack: FINE. I WANT SEE I

       y
Jack: BIEN YO QUERER VER YO.

LESSON 8 ██ LECCIÓN 8

WH-Questions

WH-questions ask for specific information. These questions use signs such as WHO, WHAT, WHEN, WHERE, WHY, WHICH, HOW, WHAT-FOR ('why'), HOW-MANY/HOW-MUCH. They are made by:
1. Squeezing the eyebrows together.
2. Moving the head slightly forward.
3. Looking directly at the person being asked the question.

_____whq_____ will be used to represent the above grammatical features of WH-questions. WH-questions use the following form:

Preguntas WH (Preguntas Indirectas con Formas Interrogativas)

Las preguntas que en inglés comienzan con WH buscan respuestas específicas. Estas preguntas usan señas tales como QUIÉN, QUÉ, CUÁNDO, DÓNDE, POR QUÉ, CUÁL, CÓMO, PARA QUÉ ("por qué"), CUÁNTOS/CUÁNTO (cuesta). Estas se hacen:
1. Frunciendo las cejas hacia el centro.
2. Moviendo la cabeza ligeramente hacia el frente.
3. Mirando directamente a la persona a la que se le hace la pregunta.

Se usa _____whq_____ para representar la forma gramatical de las preguntas indirectas con formas interrogativas. Las preguntas usan la forma siguiente:

_____ whq _____
YOUR CAR WHERE?   'Where is your car?'

_____ whq _____
¿TU COCHE DÓNDE?   "¿Dónde está tu coche?"

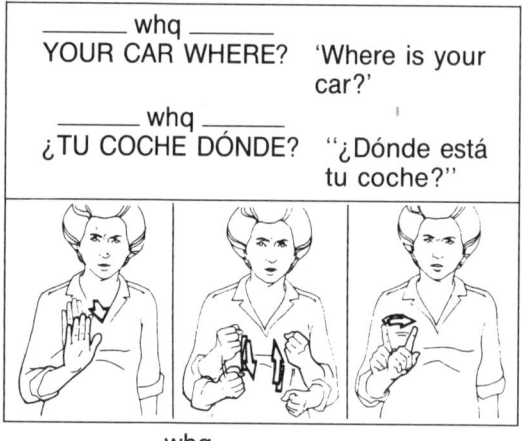

_____ whq _____
ICE-CREAM YOU WANT WHICH?   'Which (flavor of) ice cream do you want?'

_____ whq _____
¿HELADO TÚ QUERER CUÁL?   "¿Cuál sabor (de helado) quieres?"

Exercise 8.1:

Form WH-questions using the statements given.

EXAMPLE:

MAN BUY NEW CAR HE.   'The man bought a new car.'
 WHO
_____ whq _____
 BUY NEW CAR WHO?   'Who bought a new car?'
 WHAT
_____ whq _____
 MAN BUY WHAT?   'What did the man buy?'

HOMBRE COMPRAR COCHE NUEVO EL.   "El hombre compró un coche nuevo."
 QUIÉN
_____ whq _____
 ¿COMPRAR COCHE NUEVO QUIÉN?-"¿Quién compró un coche nuevo?"
 QUÉ
_____ whq _____
 ¿HOMBRE COMPRAR QUÉ?-"¿Qué compró el hombre?"

1. T-T-Y ARRIVE YESTERDAY.
 WHAT:
 WHEN:

2. AUNT LOSE SUITCASE:
 WHO:
 WHAT:
 WHEN:
 WHICH:

3. WIFE NOW SHE VISIT S-D SHE.
 WHO:
 WHERE:
 WHAT-FOR:
 WHY:

4 HORSE IT ESCAPE IT.
 HOW:
 WHEN:
 WHICH:

5. T-V BREAK LONG-AGO.
 WHEN:
 WHAT:
 HOW:

Ejercicio 8.1:

Forme las preguntas usando las oraciones dadas.

EJEMPLO:

1. T-T-Y LLEGAR AYER
 QUÉ:
 CUÁNDO:

2. TÍA PERDER MALETA
 QUIÉN:
 QUÉ:
 CUÁNDO:
 CUÁL:

3. ESPOSA AHORA ELLA VISITAR S-D ELLA.
 QUIÉN:
 DÓNDE:
 PARA QUÉ:
 POR QUÉ:

4. CABALLO EL (objeto) ESCAPAR EL (objeto)
 CÓMO:
 CUÁNDO:
 CUÁL:

5. T.V. DESCOMPONERSE HACE TIEMPO
 CUÁNDO:
 QUÉ:
 CÓMO:

Other Forms of WH-Questions

Other forms of WH-questions are possible besides the form:

    _____ whq _____
    YOUR CAR WHERE? 'Where is your car?'

They are:

1. WH-sign at the beginning of the question:

EXAMPLES:

    _____ whq _____
A. WHERE YOUR CAR? 'Where is your car?'
    _____ whq _____
A. ¿DÓNDE TU COCHE? "¿Dónde está tu coche?"

    _____ whq _____
B. HOW YOU KNOW YOU? 'How do you know?'
    _____ whq _____
B. ¿CÓMO TÚ SABER TÚ? "¿Cómo sabes?"

2. WH-sign at the beginning and the end of the question:

EXAMPLES:

    _____ whq _____
A. WHERE YOUR CAR WHERE? 'Where is your car?'
    _____ whq _____
A. ¿DÓNDE TU COCHE DÓNDE? "¿Dónde está tu coche?"

    _____ whq _____
B. HOW YOU KNOW HOW? 'How do you know?'
    _____ whq _____
B. ¿CÓMO TÚ SABER CÓMO? "¿Cómo sabes?"

Otras Formas de las Preguntas WH (Preguntas Indirectas)

Existen otras formas de las preguntas WH además de la forma:

    _____ whq _____
    ¿TU COCHE DÓNDE? "¿Dónde está tu coche?"

Estas son:

1. La seña WH al principio de la pregunta:

EJEMPLOS:

2. Usando la seña WH al principio y al final de la pregunta:

EJEMPLOS:

<table>
<tr><td>

3. The WH-marker can be used alone:

</td><td>

3. El indicador WH puede ser utilizado en forma aislada:

</td></tr>
<tr><td>

EXAMPLES:

</td><td>

EJEMPLOS:

</td></tr>
</table>

```
        ___ whq ___
A.  YOUR NAME?-'What is your name?'
        ___ whq ___
A.  ¿TU NOMBRE?   "¿Cómo te llamas?"
```

```
            ___ whq ___
B.  EXCUSE. BATHROOM?   'Excuse me. Where is the bathroom?'
            _ whq _
B.  PERDÓN. ¿ BAÑO ?   "Perdón. ¿Dónde está el baño?"
```

<table>
<tr><td>

Exercise 8.2:

Form WH-questions from the statements in Exercise 8.1 using the forms:

</td><td>

Ejercicio 8.2:

Forme las preguntas de las oraciones utilizadas en el ejercicio 8.1 usando las formas:

</td></tr>
</table>

```
        _____ whq _____
    WHO BUY NEW CAR?   'Who bought a new car?'
            _____ whq _____
and WHO BUY NEW CAR WHO?   'Who bought a new car?'
```

```
            _____ whq _____
    ¿QUIÉN COMPRAR NUEVO COCHE?   "¿Quién compró un coche nuevo?"
                _____ whq _____
y ¿QUIÉN COMPRAR NUEVO COCHE QUIÉN ?   "¿Quién compró un cocho nuevo?"
```

The SELF Pronoun

The SELF pronoun has two functions:

1. It can function as a reflexive pronoun as shown in the following examples:

Una Forma de Pronombre Personal

El pronombre personal tiene dos funciones:

1. Puede tener la función de pronombre reflexivo, como se muestra en los ejemplos siguientes:

A. TO-TELEPHONE DOCTOR YOURSELF. 'You call the doctor yourself.'

A. LLAMAR POR TELÉFONO DOCTOR TÚ MISMO. "Tú mismo llama al doctor."

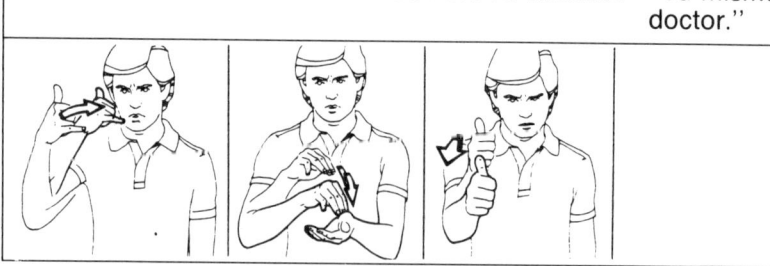

B. COOKIE I MAKE MYSELF. 'I made some cookies myself.'
B. GALLETA YO HACER YO MISMO. "Yo mismo hice algunas galletas."
C. CHILDREN WRITE LETTER THEMSELVES. "The children wrote letters themselves.'
C. NIÑOS ESCRIBIR CARTAS ELLOS MISMOS. "Los niños escribieron cartas ellos mismos."

2. It can function as another form of personal pronoun as shown in the following examples:

2. Puede funcionar como otra forma de pronombre personal tal y como se muestra en los ejemplos siguientes:

$$\overline{\quad\quad} n \overline{\quad\quad}$$
A. MYSELF TIRED, FEED GOOD I. 'I am tired and don't feel well.'

$$\overline{\quad\quad} n \overline{\quad\quad}$$
A. YO MISMO CANSADO, SENTIR BIEN YO. "Yo estoy cansado y no me siento bien."

B. HERSELF WANT BECOME DOCTOR SHE. 'She wants to become a doctor.'
B. ELLA MISMA QUERER SER DOCTOR ELLA. "Ella quiere ser doctora."
C. THEMSELVES HAVE IDEA MANY. 'They have many ideas.'
C. ELLOS MISMOS TENER IDEA MUCHAS. "Ellos tienen muchas ideas."

Exercise 8.3:

Answer the following questions with the appropriate reflexive pronoun.

Ejercicio 8.3:

Responda a las preguntas siguientes usando el pronombre reflexivo apropiado.

EXAMPLE:

     q
Question: YOU MAKE DRESS YOU? 'Did you make the dress?'
     y
Response: YES, I MAKE MYSELF. 'Yes, I made it myself.'

     q
Pregunta: ¿TÚ HACER VESTIDO TÚ? "¿Tú hiciste el vestido?"
     y
Respuesta: SÍ, YO HACER YO MISMA. "Sí, lo hice yo misma."

EJEMPLO:

     q
1. PICTURE IT YOUR DAUGHTER DRAW?
     q
1. ¿RETRATO EL (objeto) TU HIJA DIBUJAR?

     q
2. YOU YOU-TELL-HIM YOU?
     q
2. ¿TÚ TÚ-DECIR-EL TÚ?

     q
3. HOUSE YOU CLEAN-UP YOU?
     q
3. ¿CASA TÚ LIMPIAR TÚ?

     q
4. THEY DECIDE WRITE LETTER?
     q
4. ¿ELLOS DECIDIR ESCRIBIR CARTA?

     q
5. BOOK HE WRITE HE?
     q
5. ¿LIBRO EL ESCRIBIR EL?

     q
6. HOUSE YOUR FATHER BUILD?
     q
6. ¿CASA TU PADRE CONSTRUIR?

     q
7. FLOWER YOU GROW YOU?
     q
7. ¿FLOR TÚ CUIDAR TÚ?

     q
8. CAR IT BOY WASH HE?
     q
8. ¿COCHE EL (objeto) LAVAR EL?

Exercise 8.4:

Substitute the SELF personal pronoun for the personal pronouns in the following sentences.

EXAMPLE:

___ t ___
COLLEGE SHE WANT GO-AWAY.   'She wants to go to college.'
___ t ___
   COLLEGE HERSELF WANT GO-AWAY.   'She wants to go to college.'

_____ t _____
UNIVERSIDAD ELLA QUIERE IR.   "Ella quiere ir a la universidad."
_____ t _____
   UNIVERSIDAD ELLA MISMA QUERER IR.   "Ella quiere ir a la universidad."

_____ t _____ ____ n ____
1. TYPEWRITER I NOT HAVE.
_____ t _____ _____ n _____
1. MÁQUINA DE ESCRIBIR YO NO TENER.

2. HE LONELY HE.
2. EL SOLO EL.

3. SHE HAVE SKILL.
3. ELLA TENER HABILIDAD.

_____ n _____
4. THEY ENTHUSIASTIC STUDY NOT.
_____ n _____
4. ELLOS ENTUSIASMADOS ESTUDIAR NO.

_____ q _____
5. TEST YOU WORRY YOU?
_____ q _____
5. ¿PRUEBA TÚ PREOCUPAR TÚ?

_____ q _____
6. ANY QUESTION YOU HAVE?
_____ q _____
6. ¿ALGUNA PREGUNTA TÚ TENER?

Ejercicio 8.4:

Sustituya el pronombre reflexivo por el pronombre personal en las oraciones siguientes.

EJEMPLO:

Vocabulary Vocabulario

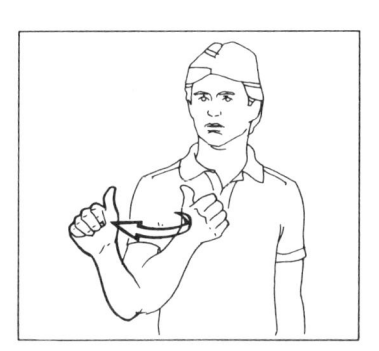

ANY
ALGUNA

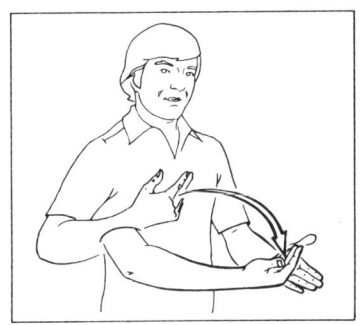

ARRIVE
LLEGAR

BATHROOM, TOILET
BAÑO

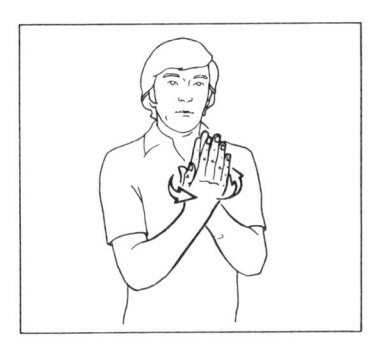

BECOME
CONVERTIRSE EN

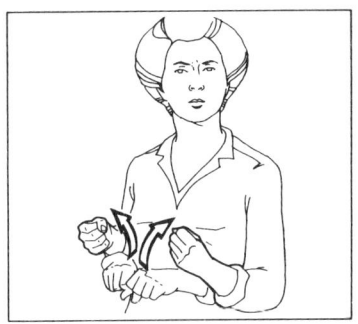

BREAK
ROMPER

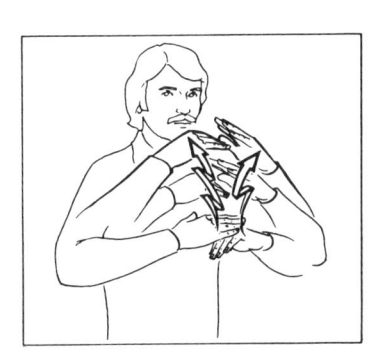

BUILD, construct
CONSTRUIR,

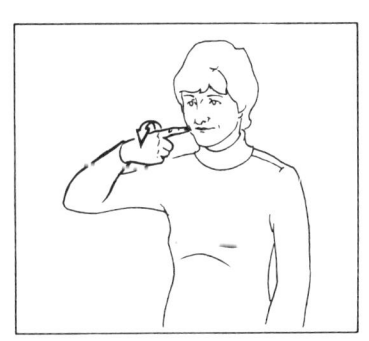

CANDY
DULCE

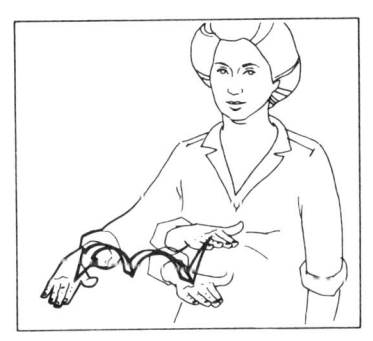

CHILDREN
NIÑOS

CLEAN-UP
LIMPIAR

DECIDE, determined, decision

DECIDIR, determinado, decisión

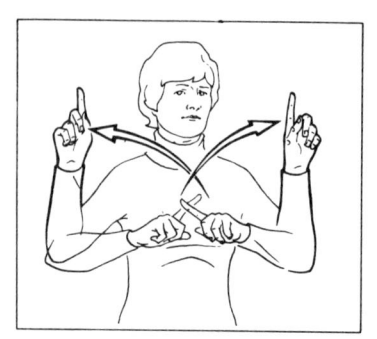

DIFFERENT

DIFERENTE

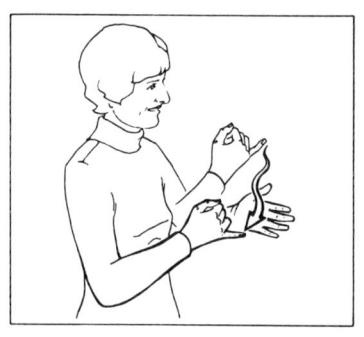

DRAW

DIBUJAR

ENTHUSIASTIC

ENTUSIASTA

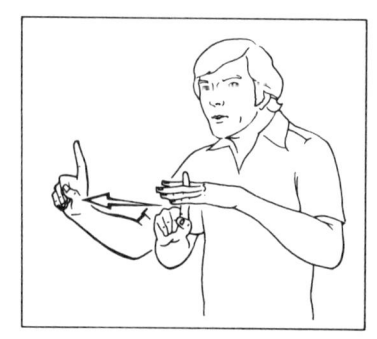

ESCAPE, run away, get away

ESCAPAR, huir, alejarse

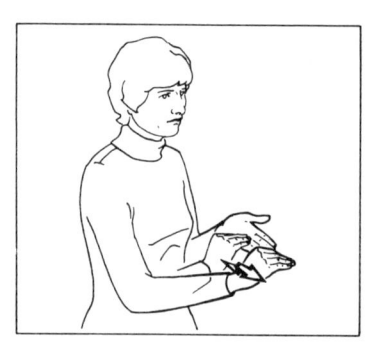

EXCUSE

EXCUSAR, perdonar

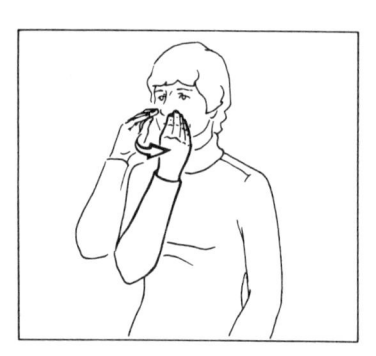

FLOWER

FLOR

GROW

FLORECER, crecer

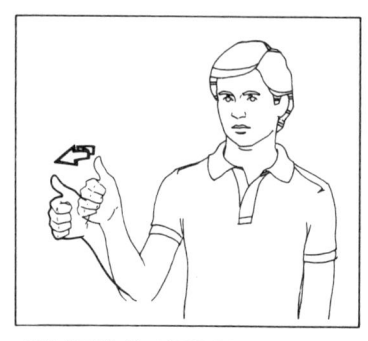

HIMSELF, HERSELF, ITSELF

EL MISMO, ELLA MISMA, EL (objeto) MISMO

HORSE
CABALLO

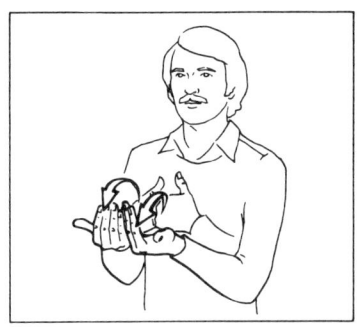
HOW
¿CÓMO?

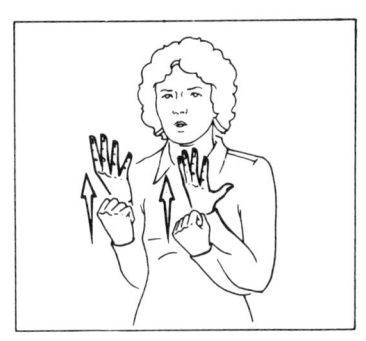
HOW-MANY, HOW-MUCH
¿CUÁNTO? ¿CUÁNTAS?

ICE-CREAM
HELADO

IDEA
IDEA

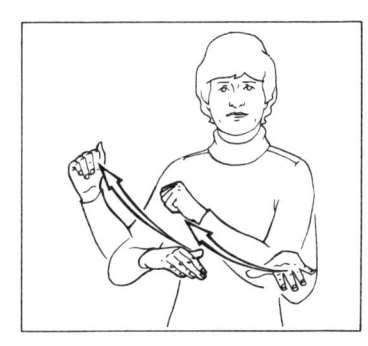
LEAVE, depart
SALIR, partir

LONELY, lonesome
SOLO, solitario

MYSELF
YO MISMO

OURSELVES
NOSOTROS MISMOS

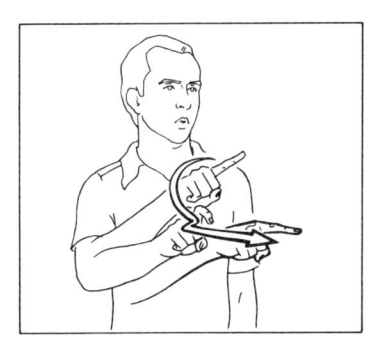
QUESTION
PREGUNTA

SKILL, ability, expert
HABILIDAD, destreza,
experto

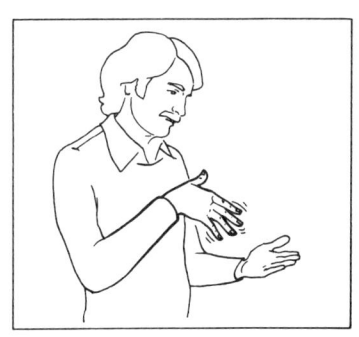
STUDY
ESTUDIAR

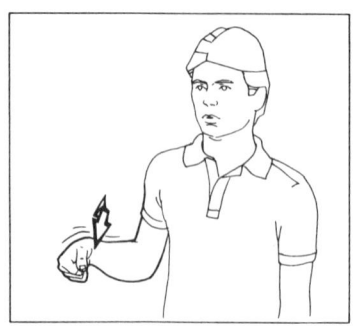

SUITCASE, purse
MALETA, bolsa

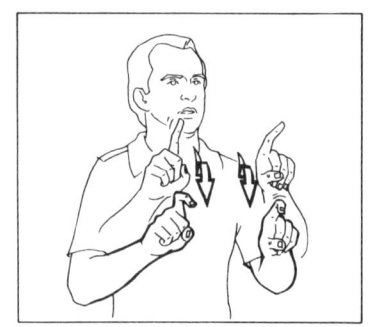

TEST, exam, quiz
PRUEBA, examen

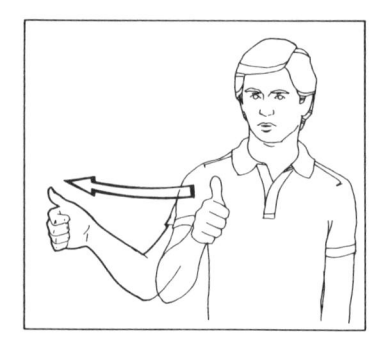

THEMSELVES
ELLOS MISMOS

TYPEWRITER
MÁQUINA DE ESCRIBER

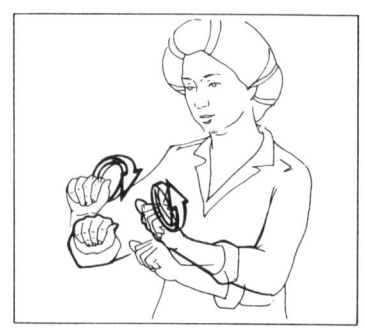

WASH
LAVAR

WASH-FACE
LAVAR-CARA

WASH-IN-MACHINE
LAVADORA

WHAT
¿QUÉ?

WHAT, where
¿QUÉ?, ¿dónde?

WHAT-FOR, why
¿PARA QUÉ?, ¿por qué?

WHAT-TO-DO
¿QUÉ HACER?

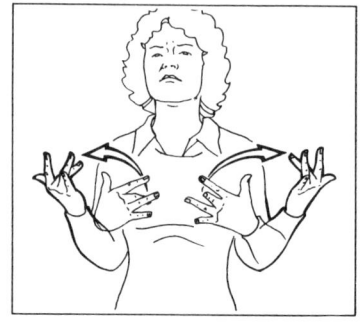

WHAT'S UP
¿QUÉ PASA?

WHEN
¿CUÁNDO?

WHEN
¿CUÁNDO?

WHERE
¿DÓNDE?

WHICH, or
¿CUÁL?, o

WHO
¿QUIÉN?

WHO
¿QUIÉN

WHY
¿POR QUÉ?

WORRY, concerned
PREOCUPAR

YOURSELF
TÚ MISMO

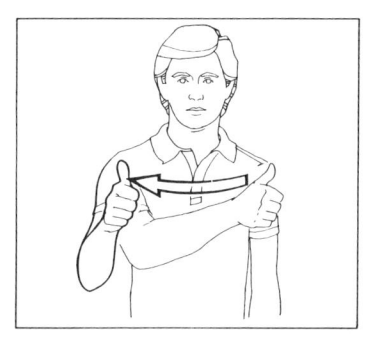

YOURSELVES
USTEDES MISMOS

Noun-Verb Pairs

There are many nouns and verbs which are related to each other in meaning and form and differ only in movement. These are called noun-verb pairs. Some verbs have a single movement and the related noun has a smaller, repeated movement.

Pares Sustantivo-Verbos

Existen muchos sustantivos y verbos que se relacionan por su significado o por su forma y se diferencian únicamente por su movimiento. Estos se llaman pares sustantivo-verbales. Algunos verbos solamente tienen un movimiento y el sustantivo que se relaciona con este tiene un movimiento menor y en forma repetida.

EXAMPLE:

Verb: SIT
Verbo: SENTARSE

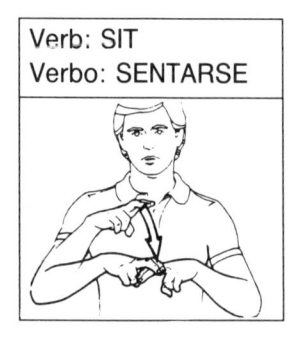

EJEMPLO:

Noun: CHAIR
Sustantivo: SILLA

Other verbs have repeated movement and the related noun has a smaller, repeated movement.

Otros verbos tienen movimientos repetidos y el sustantivo que se le relaciona tiene un movimiento menor y repetitivo.

EXAMPLE:

Verb: COMB-HAIR
Verbo: PEINARSE-PELO

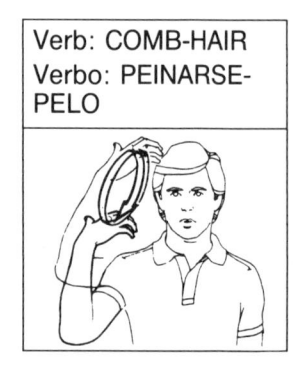

EJEMPLO:

Noun: Comb
Sustantivo: PEINE

Note that while verbs may vary in movement, the related nouns are smaller and repeated in movement. Some examples of noun-verb pairs are:

FLY - AIRPLANE
OPEN-DOOR - DOOR

Observe que aunque los verbos pueden variar en movimiento, los sustantivos relacionados tienen movimientos menores y repetivos. Algunos ejemplos de pares sustantivo-verbales son:

VOLAR - AVIÓN
ABRIR-PUERTA - PUERTA

OPEN-WINDOW - WINDOW	ABRIR-VENTANA - VENTANA
GO-BY-BOAT - BOAT	IR-EN-BARCO - BARCO
GO-BY-TRAIN - TRAIN	IR-EN-TREN - TREN
OPEN-BOOK - BOOK	ABRIR-LIBRO - LIBRO
MEET - MEETING	REUNIRSE-CON - JUNTA
GIVE-TICKET - TICKET	DAR-BOLETO - BOLETO
LOCK-KEY	CERRAR-CON-LLAVE - LLAVE
TELL-STORY - STORY	CONTAR-CUENTO - CUENTO
TYPE - TYPEWRITER	ESCRIBIR-A-MÁQUINA - MÁQUINA DE ESCRIBIR
PUT-IN-GAS - GAS	PONER-EL-GAS - GAS
PUT-ON-HEARING-AID - HEARING-AID	PONERSE-AUDÍFONO - AUDÍFONO
TO-TELEPHONE - TELEPHONE	LLAMAR-TELÉFONO - TELÉFONO
TO-BICYCLE - BICYCLE	ANDAR-BICICLETA - BICICLETA
GROW - PLANT	CRECER - PLANTA

Exercise 9.1:

Change the verb forms given in the questions below to their related noun forms in your answers.

EXAMPLE:

$$\overline{\quad\quad} q \overline{\quad\quad}$$
Question: YOU WANT SIT YOU? 'Do you want to sit down?'
$$\overline{\quad} y \overline{\quad}$$
YES, I WANT . . .
$$\overline{\quad\quad} y \overline{\quad\quad}$$
Response: YES, I WANT CHAIR I.   'Yes, I want a chair.'

$$\overline{\quad\quad} q \overline{\quad\quad}$$
1. COP GIVE-TICKET HE ?

$$\overline{\quad\quad} q \overline{\quad\quad}$$
2. WE MEET TOMORROW?

Ejercicio 9.1:

Cambie las formas verbales dadas en las preguntas siguientes a sus formas sustantivas relacionadas en las repuestas.

EJEMPLO:

$$\overline{\quad\quad} q \overline{\quad\quad}$$
Pregunta: ¿TÚ QUERER SENTAR TÚ?   "¿Quieres sentarte?"
$$\overline{\quad} y \overline{\quad}$$
SÍ, QUIERO . . .
$$\overline{\quad\quad} y \overline{\quad\quad}$$
Repuesta: SÍ, YO QUERER SILLA YO.   "Sí, Yo quiero una silla."

$$\overline{\quad\quad} y \overline{\quad\quad}$$
COP SHE-GIVE-HIM . . .
$$\overline{\quad\quad} y \overline{\quad\quad}$$
POLICÍA ELLA-DAR-EL . . .

$$\overline{\quad\quad} y \overline{\quad\quad}$$
YES, TOMORROW TIME 3 HAVE . . .
$$\overline{\quad\quad} y \overline{\quad\quad}$$
SÍ, MAÑANA TIEMPO 3 TENER . . .

$$\overline{\quad\quad} q \overline{\quad\quad}$$
1. ¿POLICÍA DAR-MULTA EL ?

$$\overline{\quad\quad} q \overline{\quad\quad}$$
2. ¿NOSOTROS REUNIRNOS MAÑANA ?

<table>
<tr><td>

———— q ————
3. YOU ENJOY TO-BICYCLE?
————————— q —————
3. ¿TÚ DISFRUTAR ANDAR-BICICLETA?

————————— q —————
4. YOU FINISH PUT-IN-GAS TODAY?
————————— q —————
4. ¿TÚ TERMINAR PONER-GAS HOY?

————————— q —————
5. I SEE YOU PUT-ON-HEARING-AID?
————————— q —————
5. ¿YO VER TÚ PONER AUDÍFONO?

————————— whq —————————
6. TIME I TO-TELEPHONE YOU TOMORROW?
————————— whq —————
6. ¿TIEMPO YO LLAMAR-TELÉFONO TÚ
MAÑANA?

————————— q —————
7. YOU KNOW HOW TYPE?
————————— q —————————
7. ¿TÚ SABER CÓMO ESCRIBIR-MÁQUINA?

————————— q —————
8. DOOR YOU FINISH LOCK?
————————— q —————
8. ¿PUERTA TÚ TERMINAR CERRAR CON
LLAVE?

9. OPEN-BOOK NOW!

9. ¡ABRIR-LIBRO AHORA!

————————— whq —————
10. YOU FLY, GO-BY-TRAIN, WHICH?
————————— whq —————
10. ¿TÚ VOLAR, IR-EN-TREN, CUÁL?

</td><td>

————————— y —————
YES, I HAVE NEW . . .
————————— y —————
SÍ, YO TENER NUEVA . . .

————— n —————
NO, I NEED . . .
————————— y —————
NO, YO NECESITAR . . .

————— y —————
I HAVE . . .
————— y —————
YO TENER . . .

————————— n —————
NOT TO-TELEPHONE . . . BREAK.
————————— n —————
NO LLAMAR-TELÉFONO . . . DESCANSO.

————— y —————
YES, I HAVE . . .
————— y —————
SÍ, YO TENER . . .

————— n —————
I NOT HAVE . . .
————— n —————
YO NO TENER . . .

————— n —————
I NOT HAVE . . .
————— n —————
YO NO TENER . . .

I WANT . . .

YO QUERER . . .

</td></tr>
</table>

Using Subject as Topic

The topic marker may be used on subjects as well as objects. The marker is used to specify, and in some cases emphasize, the subject.

Usando El Sujeto Como Tema

El indicador del tema puede ser utilizado en sujetos así como en objetos. El indicador es utilizado para especificar, y en algunas casos enfatizar el sujeto.

EXAMPLES: EJEMPLOS:

_____ t _____
A. BICYCLE MY BREAK.   'My bicycle, it's broken.'
_____ t _____
A. BICICLETA MI ROMPER.   "Mi bicicleta, está rota."

__ t __
B. HE KID FALL HE.   'The kid, he fell.'
_____ t _____
B. EL NIÑO CAER EL.   "El niño, él se cayó."

____ t ____
C. DEAF THEY MEET TOMORROW.   'Deaf people, they are meeting tomorrow.'
_____ t _____
C. SORDO ELLOS REUNIR MAÑANA.   "Los sordos, ellos se reunen mañana."

Exercise 9.2:

Use topic marking with the subjects in the following sentences:

Ejercicio 9.2:

Use el indicador de tema con los sujetos en las oraciones siguientes:

EXAMPLE: EJEMPLO:

WIFE HAVE NEW WORK.   'My wife has a new job.'
_ t _
WIFE HAVE NEW WORK.   'My wife, she has a new job.'

ESPOSA TENER NUEVO EMPLEO.   "Mi esposa tiene un empleo nuevo."
   ESPOSA TENER NUEVO EMPLEO.   "Mi esposa, ella tiene un empleo nuevo."

1. GIRLFRIEND HAVE BLOND HAIR.
2. CALIFORNIA WOW NICE.
3. TEACHER SHE-BAWL-OUT-HIM.
4. RAIN STOP.

1. AMIGA TENER PELO RUBIO.
2. CALIFORNIA, WOW BONITO.
3. MAESTRA ELLA-REGAÑAR-LO-EL.
4. LLUVIA PARAR.

5. LEADER SHE-ASK-ME QUESTION.
6. HIS WRIST-WATCH STEAL.
_____ n _____
7. TREE IT NOT LOOK GOOD.
8. PERFORMANCE WONDERFUL.
9. PLANT NEED WATER.
10. MEETING CANCEL.

5. LÍDER ELLA-PREGUNTAR-ME PREGUNTA.
6. SU (de él) RELOJ ROBAR.
_____ n _____
7. ÁRBOL EL (objeto) NO VER BIEN.
8. ACTUACIÓN MARAVILLOSA.
9. PLANTA NECESITAR AGUA.
10. REUNIÓN CANCELAR.

Vocabulary   Vocabulario

ACT, perform
Noun: PERFORMANCE
ACTUAR,
Sustantivo: ACTUACIÓN

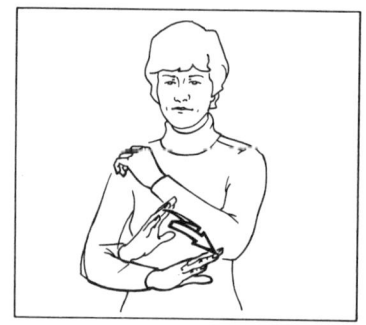

AUTUMN, Fall
OTOÑO

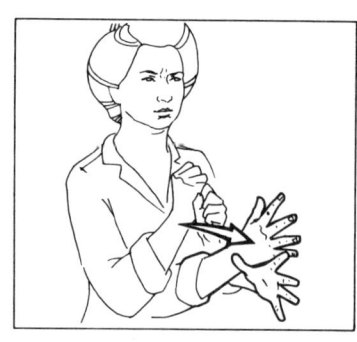

BAWL-OUT
REGAÑAR

BLOND
RUBIO

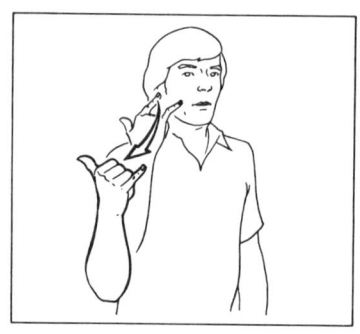

CALIFORNIA, gold
CALIFORNIA, oro, dorado

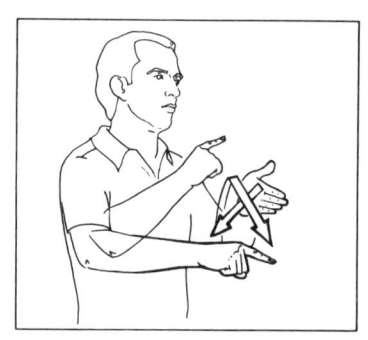

CANCEL, criticize, correct
CANCELAR, criticar, corregir

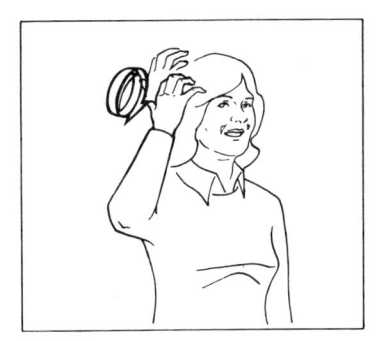

COMB-HAIR
Noun: COMB
PEINAR-PELO
Sustantivo: PEINE

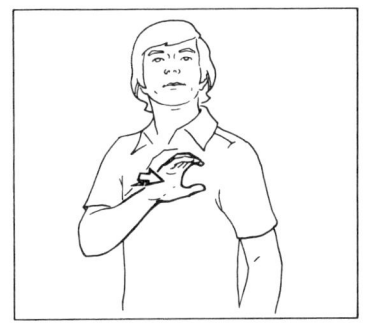

COP, POLICE
POLICÍA

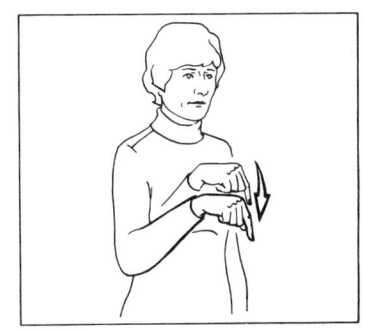

DOWN
ABAJO

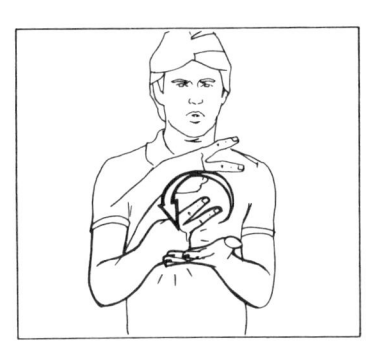

FALL, FALL-DOWN
CAER, CAERSE

FLY
Noun: AIRPLANE, AIRPORT
VOLAR
Sustantivo: AVIÓN,
AEROPUERTO

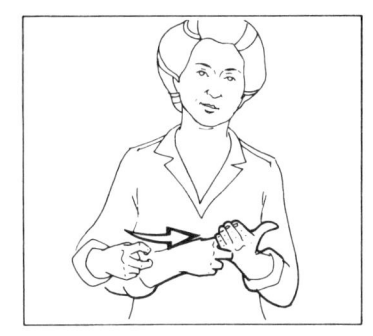

GIVE-TICKET
Noun: TICKET
DAR-BOLETO
Sustantivo: BOLETO

GO-BY-BOAT
Noun: BOAT
IR-EN-BARCO
Sustantivo: BARCO

GO-BY-TRAIN
Noun: TRAIN
IR-EN-TREN
Sustantivo: TREN

HAIR
PELO

KID
NIÑO

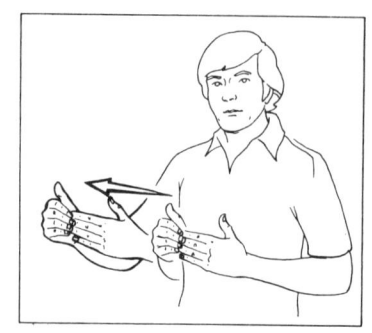

LEAD, guide
LLEVAR A, guiar

LEFT (direction)
A LA IZQUIERDA (dirección)

LIBRARY
BIBLIOTECA

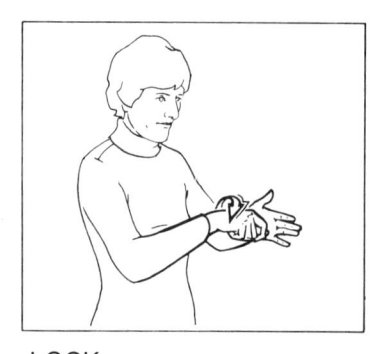

LOCK
Noun: KEY
CERRAR-CON-LLAVE
Sustantivo: LLAVE

LOOK, appearance
APARIENCIA

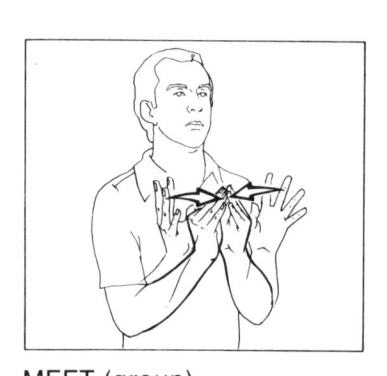

MEET (group)
Noun: MEETING,
convention
REUNIRSE (grupo)
Sustantivo: REUNIÓN,
JUNTA, convención

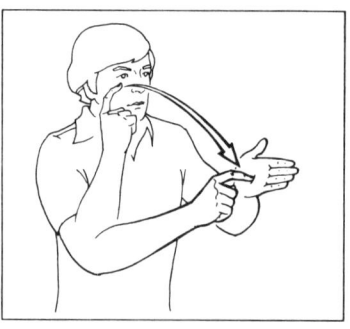

NOTICE, recognize
NOTAR, reconocer

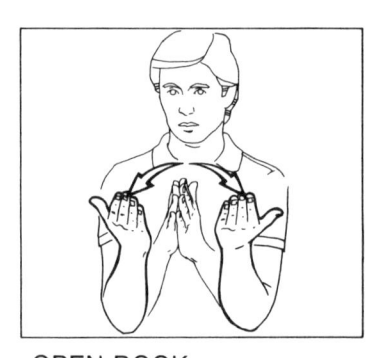

OPEN-BOOK
Noun: BOOK
ABRIR-LIBRO
Sustantivo: LIBRO

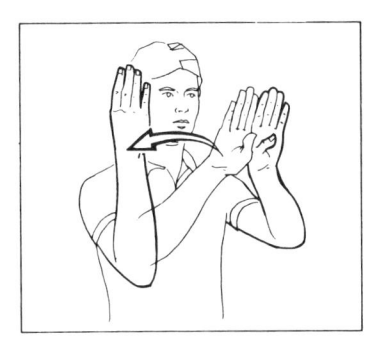

OPEN-DOOR
Noun: DOOR
ABRIR-PUERTA
Sustantivo: PUERTA

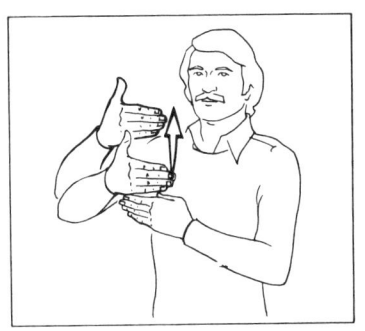

OPEN-WINDOW
Noun: WINDOW
ABRIR-VENTANA
Sustantivo: VENTANA

PERSON
PERSONA

PLACE
LUGAR

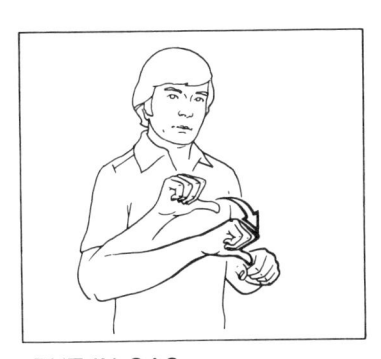

PUT-IN-GAS
Noun: GAS
PONER-GASOLINA
Sustantivo: GASOLINA

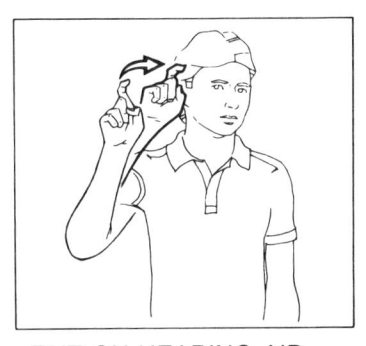

PUT-ON-HEARING-AID
Noun: HEARING-AID
PONERSE-AUDÍFONO
Sustantivo: AUDÍFONO

PUT-ON-RING
Noun: RING
PONERSE-ANILLO
Sustantivo: ANILLO

RAIN
LLUVIA

RIGHT (direction)
A LA DERECHA

115

SIT
Noun: CHAIR, seat
SENTARSE
Sustantivo: SILLA, asiento

STEAL
ROBAR

STOP
PARAR, detener

SUMMER
VERANO

TELL-STORY
Noun: STORY
CONTAR-CUENTO
Sustantivo: CUENTO

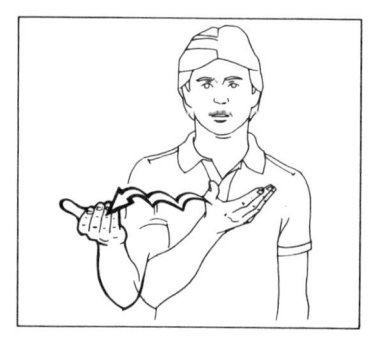

THING
COSA, objeto

TO-BICYCLE
Noun: BICYCLE
ANDAR-EN-BICICLETA
Sustantivo: BICICLETA

TO-TELEPHONE
Noun: TELEPHONE
HABLAR-POR-TELÉFONO
Sustantivo: TELÉFONO

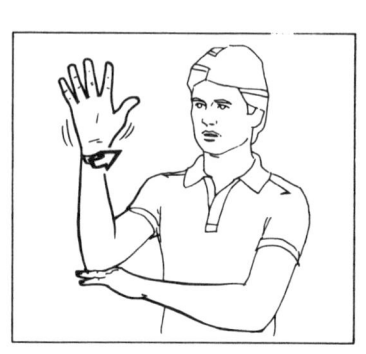

TREE
ÁRBOL

TYPE
Noun: TYPEWRITER
ESCRIBIR-A-MÁQUINA
Sustantivo: MÁQUINA DE
ESCRIBIR

UP
ARRIBA

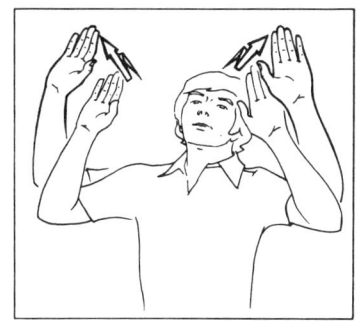

WONDERFUL, fantastic,
great
MARAVILLOSO, fantástico,
super

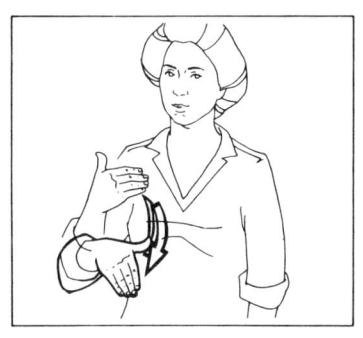

WOW
WOW
¡Qué bárbaro!
¡Realmente!

LESSON 10   LECCIÓN 10

Basic Sentence Structure: Using Modals

The modals that can accompany other verbs in a sentence are: CAN, SHOULD, MUST, WILL, FINISH, MAYBE. There are three types of sentence structure with modals.

1. The modal is at the end of the sentence:

EXAMPLE:

Estructura de la Oración Básica: Usando Modales

Los modales que pueden acompañar a otros verbos en la oración son: PODER, DEBER, TENER QUE, TERMINAR DE, TAL VEZ. Existen tres tipos de oración con los modales.

1. El modal se encuentra al final de la oración.

EJEMPLO:

_____ t _____
TELEPHONE NUMBER WOMAN SHE-GIVE-ME SHOULD SHE.
'The woman should give me the telephone number.'
_____ t _____
TELÉFONO NÚMERO MUJER ELLA-DAR-ME TENER QUE.
"La mujer tiene que darme el número telefónico."

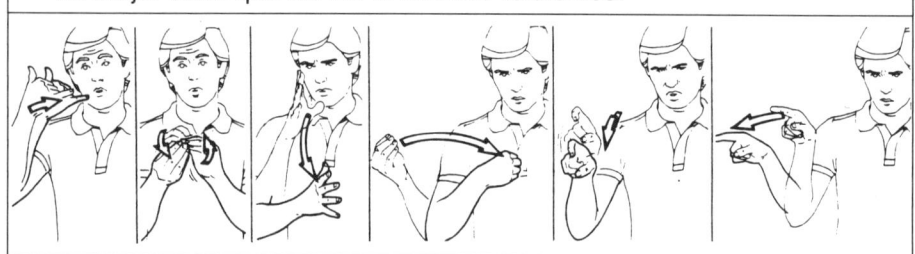

---

2. The modal precedes the verb:

EXAMPLE:

_____ t _____
TELEPHONE NUMBER WOMAN SHOULD SHE-GIVE-ME SHE.
'The woman should give me the telephone number.'
_____ t _____
TELÉFONO NÚMERO MUJER TENER QUE ELLA-DAR-ME ELLA.
"La mujer tiene que darme el número telefónico."

3. The modal both precedes the verb and is repeated at the end of the sentence:

EXAMPLE:

_____ t _____
TELEPHONE NUMBER WOMAN SHOULD SHE-GIVE-ME SHOULD SHE.
'The woman should give me the telephone number.'
_____ t _____
TELÉFONO NÚMERO MUJER TENER QUE ELLA-DAR-ME TENER QUE ELLA.
"La mujer tiene que darme el número telefónico."

2. El modal precede al verbo:

EJEMPLO:

3. El modal precede al verbo y es repetido al final de la oracíon:

EJEMPLO:

Exercise 10.1:

Use the modal given at the end of the following sentences.

EXAMPLE:

I LECTURE TIME 3 I.   'I lecture at 3 o'clock.'
  (CAN)
    I LECTURE TIME 3 CAN I.   'I can lecture at 3 o'clock.'

YO DAR PRESENTACIÓN TIEMPO 3.   "Presento a las tres."
  (PODER)
    YO DAR PRESENTACIÓN TIEMPO PODER YO.   "Yo puedo presentar a las tres."

1. SHE SEE DOCTOR SHE.   (SHOULD)
1. ELLA VER DOCTOR ELLA.   (DEBER)

   ————— q —————
2. LETTER YOU GET YOU?   (FINISH)

   ————— q —————
2. ¿CARTA TÚ RECIBIR TÚ?   (ACABAR)

3. TOMORROW PRESIDENT APPEAR.   (MAYBE)
3. MAÑANA PRESIDENTE APARECER. (TAL VEZ)

4. HE RECOVER HE. (WILL)
4. EL RECUPERARSE EL. (VA A)

5. I WIN RACE I. (MUST)
5. YO GANAR CARRERA YO. (TENER QUE)

6. I LIPREAD (CAN)
6. YO LEER LABIOS. (PUEDO)

7. LETTER I TYPE 1-MINUTE I. (CAN)
7. CARTA YO ESCRIBIR 1-MINUTO YO. (PODER)

8. S-F YOU VISIT YOU. (MUST)
8. S-F TÚ VISITAR TÚ. (DEBER)

9. HE TAKE-UP MORE CLASS HE. (SHOULD)
9. EL TOMAR MÁS CLASE EL. (DEBER)

10. SISTER MARRY. (WILL)
10. HERMANA CASARSE. (VA A)

Ejercicio 10.1:

Utilice los modales dados al final de las siguientes oraciones.

EJEMPLO:

Exercise 10.2:

Do Exercise 10.1 above with the modal preceding the verb.

EXAMPLE:

I LECTURE TIME 3 I.   'I lecture at 3'oclock.'
  (CAN)
    I CAN LECTURE TIME 3 I.   'I can lecture at 3 o'clock.'

YO PRESENTAR TIEMPO 3 YO. "Yo presento a las 3."
  (PODER)
    YO PODER PRESENTAR TIEMPO 3 YO. "Yo puedo presentar a las 3."

Ejercicio 10.2:

Haga el ejercicio 10.1 con los modales precediendo al verbo.

EJEMPLO:

Using Negative Modals

Some negative modals are: CAN'T, NOT-YET, REFUSE.

Usando Modales en Forma Negativa

Algunas formas negativas de los modales son: NO PUEDO, TODAVÍA NO, y REHUSAR.

EXAMPLES:

EJEMPLOS:

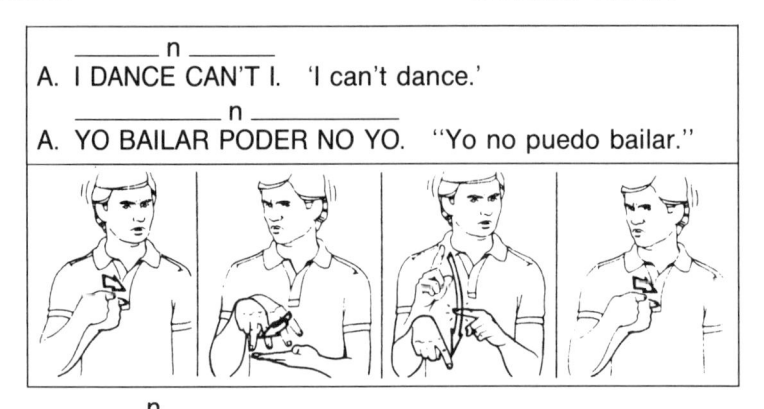

```
          n
A. I DANCE CAN'T I.   'I can't dance.'
              n
A. YO BAILAR PODER NO YO.   "Yo no puedo bailar."
```

```
        n
B. I EAT NOT-YET.   'I haven't eaten.'
            n
B. YO COMER TODAVÍA NO. "Todavía no he comido."
```

```
             n
C. I I-TELL-YOU REFUSE I.   'I won't tell you.'
              n
C. YO YO-DECIR-TÚ REHUSAR YO.   "Yo no te voy a decir."
```

Exercise 10.3:

Substitute negative modals for the modals in the sentences given.

Ejercicio 10.3:

En las oraciones dadas, sustituya las formas negativas de los modales por los modales.

EXAMPLE:

EJEMPLO:

I COLLECT MONEY FINISH I. 'I have collected the money.'
```
          n
I COLLECT MONEY NOT-YET I. 'I haven't collected the money.'
```

YO JUNTAR DINERO ACABO-DE YO. "Acabo de juntar el dinero."
```
            n
YO JUNTAR DINERO TODAVÍA NO YO.   "Todavía no junto el dinero."
```

1. I STAY 1-HOUR CAN I.
1. YO QUEDARME 1-HORA PODER YO.

2. HE ACCEPT RESPONSIBILITY WILL HE.
2. EL ACEPTAR RESPONSABILIDAD VA-A EL

3. HE FINISH COOK FOOD HE.
3. EL TERMINAR COCINAR COMIDA EL.

4. I GET-UP TIME 6 CAN I.
4. YO LEVANTARME TIEMPO 6 PODER YO.

_____ t _____
5. TELEPHONE NUMBER HE MEMORIZE FINISH HE.
_____ t _____
5. TELÉFONO NÚMERO EL MEMORIZAR ACABAR-DE EL.

6. SHE BORN BABY FINISH SHE.
6. ELLA NACER BEBÉ ACABAR-DE ELLA.

7. MAN HE HE-PAY-ME WILL HE.
7. HOMBRE EL EL-PAGAR-ME VA A EL.

__ t __
8. LETTER HE-SEND-ME FINISH HE.
8. CARTA EL-MANDAR-ME ACABAR-DE EL.

9. I FINISH TRY ESTABLISH C-L-U-B I.
9. YO ACABAR-DE TRATAR ESTABLECER C-L-U-B YO.

10. ADDRESS SHE PUT-DOWN FOR-YOU CAN SHE.
10. DOMICILIO ELLA ESCRIBIR PARA-TI PODER ELLA.

Using Modals as Responses to Yes/No Questions

The modals can be used as responses to Yes/No questions in the following forms:

Usando Modales Como Respuesta a Las Preguntas Afirmativas y Negativas (Sí/No)

Los modales pueden ser utilizados como respuestas a las preguntas afirmativas y negativas de la siguiente manera:

Questions:
Preguntas:

_____ q _____
YOU DRIVE CAN YOU?
'Can you drive?'

_____ q _____
¿TÚ MANEJAR PODER TÚ?
"¿Puedes manejar?"

Responses
Repuestas

— y —
I CAN I   'Yes, I can.'

— y —
YO PODER YO.   "Sí, puedo."

```
        ___ n ___
        I CAN'T I.   'No, I can't.'
        _____ n _____
        YO NO PODER YO.   "No, no puedo."
```

_____ q _____
I BUY BOOK SHOULD I ?
'Should I buy the book?'

_____ q _____
¿YO COMPRAR LIBRO DEBER YO?
"¿Debo comprar el libro?"

_____ q _____
I PAY MUST I?
'Do I have to pay?'

_____ q _____
¿YO PAGAR TENER-QUE YO?
"¿Tengo que pagar?"

_____ q _____
I PASS WILL I?
'Will I pass?'

_____ q _____
¿YO PASAR VOY A?
"¿Voy a pasar?"

_____ q _____
YOU WORK WILL YOU?
'Will you work?'

_____ q _____
¿TÚ TRABAJAR VAS A TÚ?
"¿Vas a trabajar?"

_____ q _____
MEAT YOU COOK FINISH YOU ?
'Have you cooked the meat?'

_____ y _____
YES, YOU SHOULD YOU.
'Yes, you should.'

_____ y _____
SÍ, TÚ DEBER TÚ.
"Sí, deberías."

_____ y _____
YES, YOU MUST YOU.
'Yes, you have to.'

_____ y _____
SÍ, TÚ TENER-QUE TÚ.
"Sí, tienes que."

_____ y _____
YOU WILL YOU.
'Yes, you will.'

_____ y _____
TÚ VAS A TÚ.
"Sí, tú vas a pasar."

_____ y _____
YES, I WILL I.
'Yes, I will.'

_____ n _____
NO, I REFUSE I.
'No, I won't.'

_____ y _____
SÍ, YO VOY-A YO.
"Sí, voy a trabajar."

_____ n _____
NO, YO REHUSAR YO.
"No, rehuso."

___ y ___
I FINISH I.
'Yes, I have.'

___ n ___
I NOT-YET I.
'No, I haven't.'

_____ q _____
¿CARNE TÚ COCINAR ACABAR-DE TÚ?
"¿Has cocinado la carne?"

_____ y _____
YO ACABAR-DE YO
"Sí, ya."

_____ n _____
YO TODAVIA-NO YO
"No, todavía no."

_____ q _____
HE PASS MAYBE HE?
'He may pass?'

_____ y _____
YES, HE MAYBE HE.
'Yes, he may.'

_____ q _____
¿EL PASAR TAL VEZ EL?
"¿El puede pasar?"

_____ y _____
SÍ, EL TAL VEZ EL .
"Sí, él puede."

Exercise 10.4:

Form appropriate responses to the
following questions.

Example:

_____ q _____
Question: YOU WORK WILL YOU? 'Will you work?'
YES . . .
_____ y _____
Response: YES I WILL I. 'Yes, I will.'

_____ q _____
Pregunta: ¿TÚ TRABAJAR VAS-A TÚ? "¿Vas a trabajar?"
_____ y _____
Respuesta: SÍ YO VOY A YO. "Sí, voy a trabajar."

Ejercicio 10.4

Forme respuestas apropiadas a las
siguientes preguntas.

EJEMPLO:

Question Pregunta	Response Respuesta
_____ q _____ 1. YOU-HELP-ME CAN YOU?	NO . . .
_____ q _____ 1. ¿TÚ-AYUDAR-ME PODER TÚ?	NO . . .
_____ q _____ 2. SHE SLEEP NOW SHOULD SHE?	YES . . .
_____ q _____ 2. ¿ELLA DORMIR AHORA DEBER ELLA?	SÍ . . .
_____ q _____ 3. CAR YOU BUY MAYBE YOU?	YES . . .
_____ q _____ 3. ¿CARRO TÚ COMPRAR TAL VEZ TÚ?	SÍ . . .
_____ q _____ 4. AGAIN TO-TELEPHONE YOU CAN I?	YES . . .
_____ q _____ 4. ¿OTRA VEZ LLAMAR-TELÉFONO TÚ PODER YO?	SÍ . . .

5. $\overline{\quad\quad\quad ^q \quad\quad\quad}$
5. RESTAURANT HE FINISH ESTABLISH HE?   NO . . .

5. $\overline{\quad\quad\quad ^q \quad\quad\quad}$
5. ¿RESTAURANTE EL TERMINAR ESTABLECER EL?   NO . . .

6. $\overline{\quad\quad ^q \quad\quad}$
6. POLICE CATCH MAN FINISH?   YES . . .

6. $\overline{\quad\quad ^q \quad\quad}$
6. ¿POLICÍA ARRESTAR HOMBRE ACABAR-DE?   SÍ . . .

7. $\overline{\quad\quad ^q \quad\quad}$
7. PARTY I PLAN SHOULD I?   YES . . .

7. $\overline{\quad\quad ^q \quad\quad}$
7. ¿FIESTA YO PLANEAR DEBER YO?   SÍ . . .

8. $\overline{\quad\quad ^q \quad\quad}$
8. RACE HE MAYBE WIN HE?   YES . . .

8. $\overline{\quad\quad ^q \quad\quad}$
8. ¿CARRERA EL TAL VEZ GANAR EL?   SÍ . . .

9. $\overline{\quad\quad\quad ^q \quad\quad\quad}$
9. TEST TOMORROW SHE TAKE-UP WILL SHE ?   YES . . .

9. $\overline{\quad\quad\quad ^q \quad\quad\quad}$
9. ¿PRUEBA MAÑANA ELLA TOMAR VA-A ELLA?   SÍ . . .

Vocabulary   Vocabulario

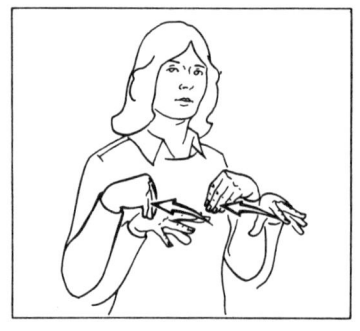

ACCEPT
ACEPTAR

APPEAR, show up
APARECER, presentarse

BAKE, oven
HORNEAR, horno

BETWEEN
ENTRE

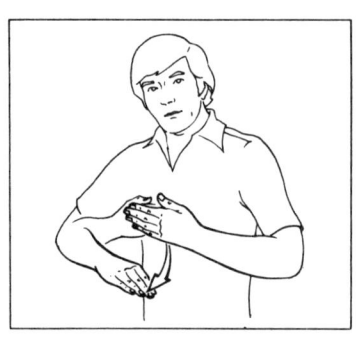

BORN, birth
NACER, nacimiento

CAN
PODER

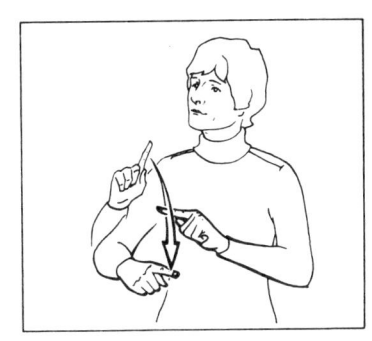

CAN'T
NO PODER

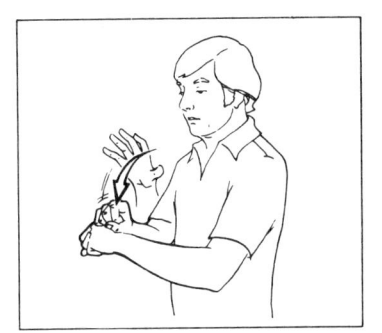

CATCH, capture, arrest
PRENDER, capturar,
arrestar

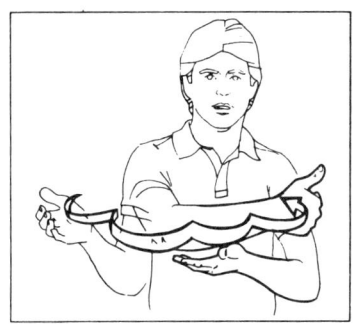

COLLECT
COLECCIONAR, juntar

COMPETE
Noun: RACE, SPORTS,
competition, contest
COMPETIR
Sustantivo: CARRERA,
DEPORTES, competencia,
concurso

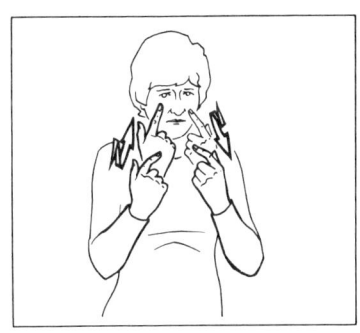

CRY
LLORAR

DIVORCE
DIVORCIO

ENGAGEMENT
COMPROMISO

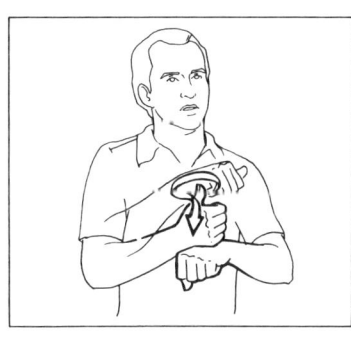

ESTABLISH, set up, found
ESTABLECER, fundar,
iniciar

FAIL
FRACASAR

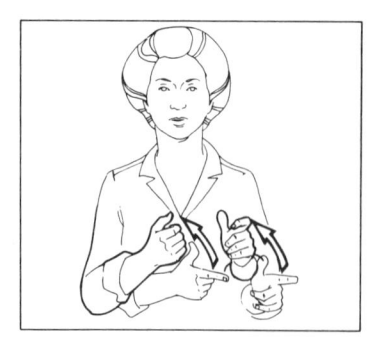

FAST
RÁPIDO

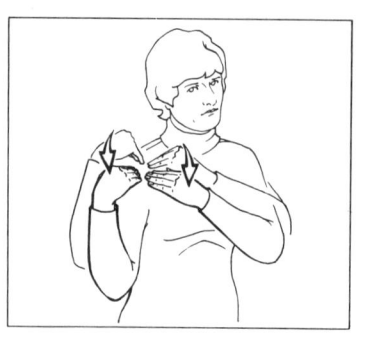

FAULT, RESPONSIBILITY,
burden
CULPA, RESPONSABILIDAD,
carga

FLUNK
REPROBAR

GET, receive,obtain
CONSEGUIR, recibir,
obtener

GET-UP
LEVANTARSE

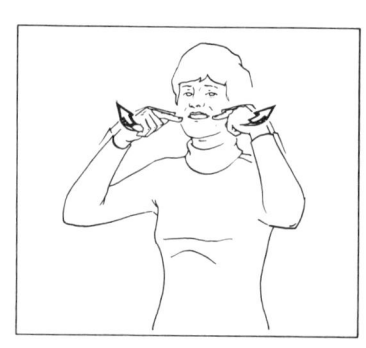

LAUGH
REÍR

LECTURE, speech,
presentation
DISCURSO, presentación

LIPREAD, oral, speech
LEER LOS LABIOS, oral,
habla

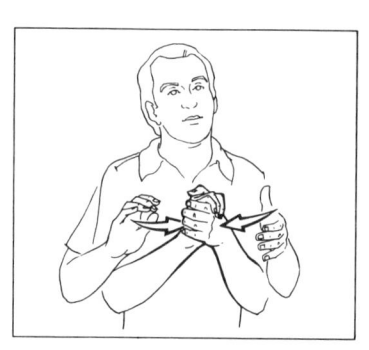

MARRY, marriage
CASADO, matrimonio

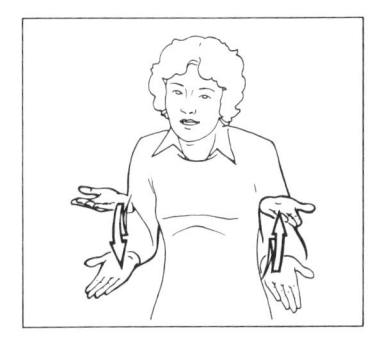

MAYBE, might
TAL VEZ, puede ser

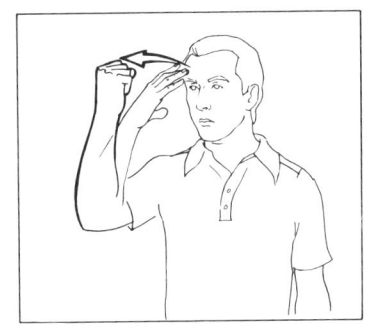

MEMORIZE
MEMORIZAR

MORE, further
MÁS, aún más

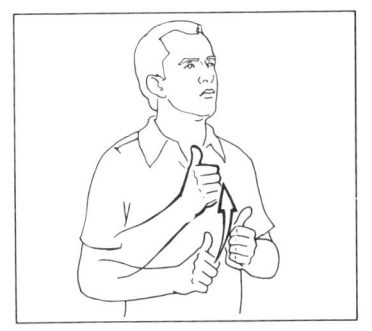

MOST
MÁS (superlativo)

MUST, have to
TENER QUE

NOT-YET
TODAVÍA NO

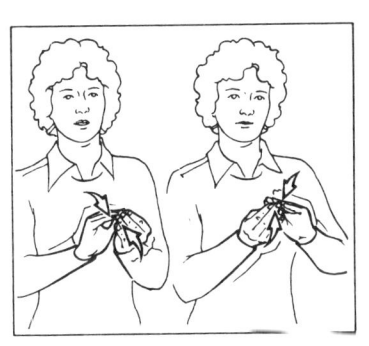

NUMBER
NÚMERO

PARTY
FIESTA

PASS
PASAR

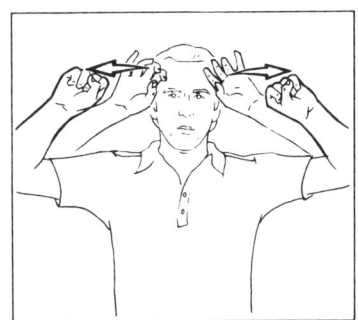

PRESIDENT,
superintendent
PRESIDENTE,
superintendente

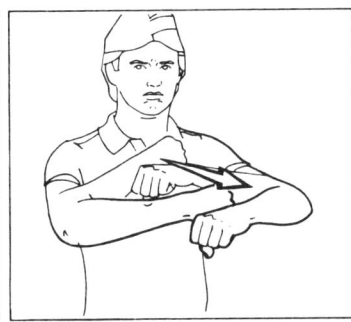

PROTECT, guard, defend
PROTEGER, guardar,
defender

PUT-DOWN, write down,
record
ESCRIBIR, registrar,
llevar el record.

127

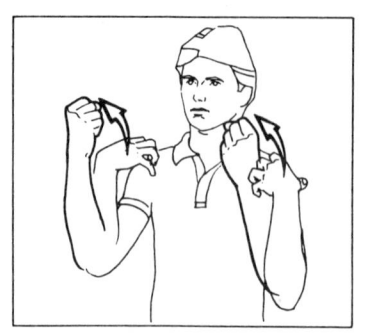

RECOVER, get well
RECUPERAR, sentirse mejor

REFUSE, won't
REHUSAR

RESTAURANT
RESTAURANTE

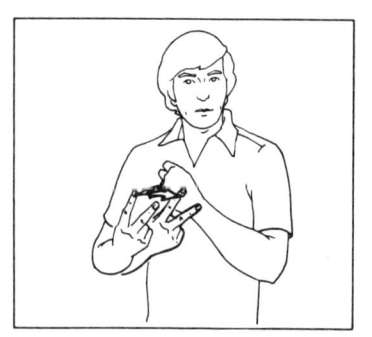

SAVE, preserve
AHORRAR, preservar

SHOULD
TENER QUE, deber

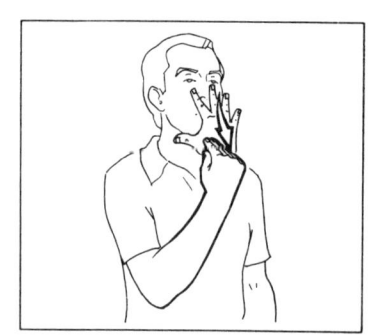

SLEEP
DORMIR

SLOW
DESPACIO

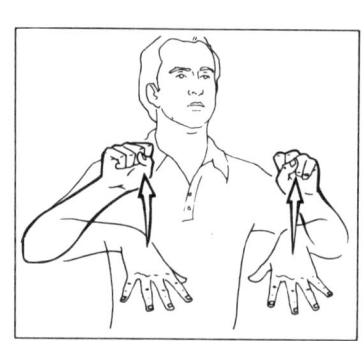

TAKE-UP
TOMAR, iniciar

THINK
PENSAR

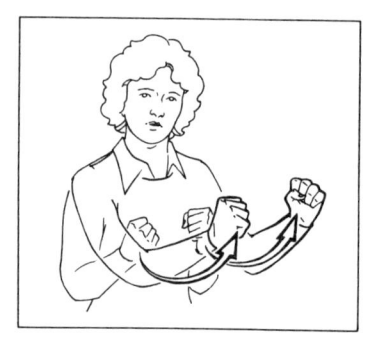

TRY, attempt, effort
TRATAR, intentar, esfuerzo

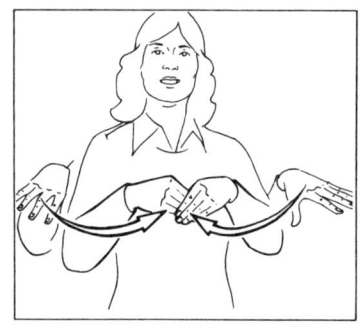

WEDDING
BODA

WIN
GANAR

DIALOGUE 3

Jack is telling Tom about a film made by the National Association of the Deaf (N.A.D.) in 1913.

DIÁLOGO 3

Jack le está contando a Tom de una película hecha por la Asociación Nacional de Sordos (N.A.D.), en 1913.

Jack: I RECENTLY SEE MOVIE INTERESTING. ITSELF OLD MOVIE, SIGN LECTURE B-Y G-E-O-R-G-E V-E-D-I-T-Z. YOU SEE FINISH YOU?

Jack: YO RECIENTEMENTE VER PELÍCULA INTERESANTE. ELLA MISMA VIEJA PELÍCULA, SEÑA PRESENTACIÓN P-O-R G-E-O-R-G-V-E-D-I-T-Z. ¿TÚ VER ACABAR TÚ?

　　　　 n 　　　 　　　 whq 　　　
Tom: NOT-YET I. V-E-D-I-T-Z WHO?

　　　　 n 　　　 　　　 whq 　　　
Tom: TODAVÍA-NO YO. V-E-D-I-T-Z- ¿QUIÉN?

　　　　　　　 t 　　
Jack: HIMSELF DEAF, PRESIDENT N-A-D LONG-AGO 1913. SIGN HIS CAN NOTICE OLD, DIFFERENT.

　　　　　　　 t 　　
Jack: EL MISMO SORDO, PRESIDENTE N-A-D HACE MUCHO TIEMPO 1913. SEÑAS SUS (de él) PODER NOTAR VIEJA, DIFERENTE.

　　　　 whq 　　　
Tom: MAKE MOVIE WHAT FOR?

　　　　 whq 　　　
Tom: ¿HACER PELÍCULA PARA QUÉ?

Jack: N-A-D FINISH COLLECT 5,000 DOLLAR, MAKE MOVIE. IT WANT SAVE, PROTECT SIGN FOR FUTURE DEAF.

Jack: N-A-D ACABAR REUNIR 5,000 DÓLARES, HACER PELÍCULA. ELLA (objeto) QUERER CONSERVAR, PROTEGER SEÑA PARA FUTURO SORDO.

　　 whq 　
Tom: I WANT SEE MOVIE. WHERE?

　　 whq 　
Tom: YO QUERER VER PELÍCULA. ¿DÓNDE?

Jack: LIBRARY HAVE SHOULD. YOU-ASK-IT LIBRARY.

Jack: BIBLIOTECA TENER DEBER. TÚ PREGUNTAR-ELLA BIBLIOTECA.

LESSON 11 | LECCIÓN 11

Adverbials of Place: HERE and THERE

In addition to indicating pronouns, pointing also is used to indicate the adverbials of place, HERE and THERE:

Adverbios de Lugar AQUÍ y ALLÁ

Además de indicar los pronombres, el señalar se usa para indicar los adverbios de lugar AQUÍ y ALLÁ.

HERE₁ AQUÍ 1	HERE₂ AQUÍ 2	THERE ALLÁ

The direction of the point for THERE is in the actual direction of the referent.

La dirección del punto ALLÁ es la dirección actual del punto de referencia.

EXAMPLES: EJEMPLOS

A. MY HOME HERE. 'My home is here.'
A. MI CASA AQUÍ. "Aquí está mi casa."

B. MY HOME THERE. 'My home is over there.'
B. MI CASA ALLÁ. "Mi casa está allá."

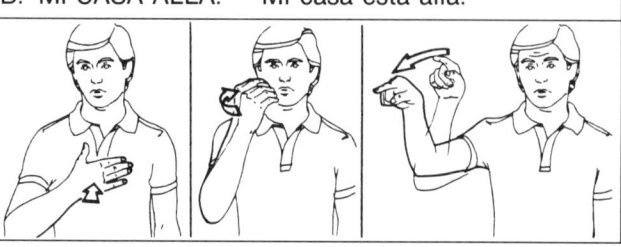

Exercise 11.1:

Use the following signs in sentences with HERE or THERE. Remember to point in the direction of the referent for THERE.

EXAMPLE:

MY CLASS
  MY CLASS HERE. 'My class is here.'

MI CLASE
  MI CLASE AQUÍ. "Mi clase está aquí."

1. MY HOME
2. YOUR GLASSES
3. CAR
4. COKE MACHINE
5. WOMAN
6. STORE
7. BASEBALL GAME
8. CHURCH OLD
9. PAPER
10. YOUR FRIEND

Ejercicio 11.1:

Use las señas siguientes en oraciones usando los adverbios AQUÍ o ALLÁ. Recuerde que tiene que señalar hacia el punto de referencia para el adverbio ALLÁ.

EJEMPLO:

1. MI CASA
2. TUS LENTES
3. COCHE
4. MÁQUINA VENDEDORA DE COCA-COLA.
5. MUJER
6. TIENDA
7. JUEGO DE BÉISBALL
8. IGLESIA VIEJA
9. PAPEL
10. TU AMIGO

NOTE: Use of THIS/THAT

1. The sign THIS/THAT can be used as a demonstrative to identify a noun. The location of THIS/THAT is the same as the location of the noun.

NOTA: Uso de ESTE, ESTA/ ESE, ESA/ AQUEL, AQUELLA

1. La seña para ESTE/ESE/AQUEL se puede usar como demostrativo con el fin de identificar al sustantivo. La localizacion de ESTE/AQUEL es la misma que la localización del objeto.

EXAMPLES:

EJEMPLOS:

```
_____ t _____
```
A. THAT BICYCLE WOW EXPENSIVE. 'That bicycle there is really expensive.'

A. ESA BICICLETA WOW CARA. "Esa bicicleta es realmente cara."

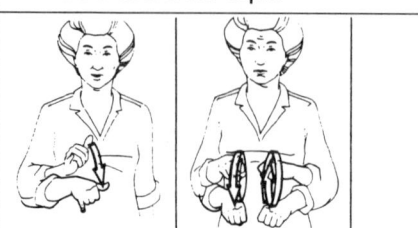

B. THIS BICYCLE
   'This bicycle here'
B. ESTA BICICLETA
   "Esta bicicleta aquí."

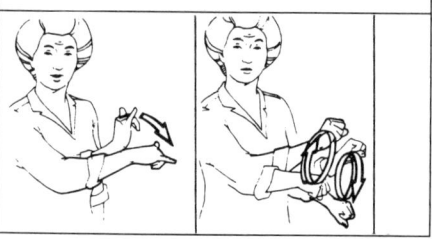

C. THAT BICYCLE
   'That bicycle there'
C. ESA BICICLETA
   "Esa bicicleta allá."

2. Another related sign: THAT-ONE is usually followed by the pronoun showing the location of the referent.

2. Otras señas que se relacionan: AQUÉLLA, AQUÉL generalmente es seguida por el pronombre, mostrando la localización del objeto al que se esta refiriendo.

EXAMPLES: EJEMPLOS:

—————— q ——————
A. REMEMBER WOMAN I EXPLAIN, THAT-ONE SHE.
   'Remember I explained about the woman? Well, that's her.'
—————— q ——————
A. RECORDAR MUJER YO EXPLICAR, AQUÉLLA ELLA.
   "¿Recuerdas lo que te expliqué acerca de la mujer? Bueno, pues es aquélla."

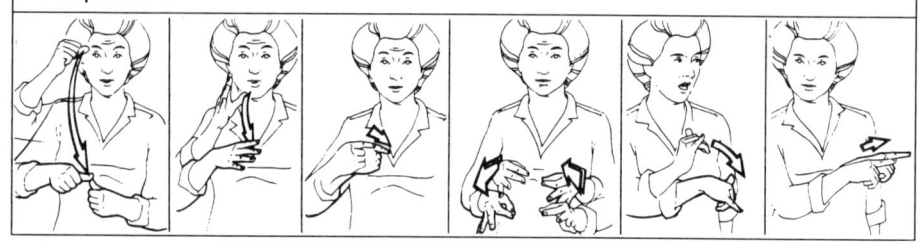

—————— q ——————
B. THAT-ONE YOU GOOD-FRIEND MY BROTHER YOU?
   'Are you the one that's a good friend of my brother?'
—————— q ——————
B. AQUÉLLA TÚ BUENA-AMIGA MI HERMANO TÚ?
   "Eres tú aquélla que es muy buena amiga de mi hermano?"

Verbs Incorporating Location

Some verbs change their movement to indicate a change from one location to another. Some of these verbs are:

GO   FLY
MOVE   DRIVE
BRING   PUT
COME   RUN
WALK

Verbos Incorporando Localización

Algunos verbos cambian su movimiento para indicar un cambio de un lugar a otro. Algunos de estos verbos son:

IR   VOLAR
MOVER (cambiar)   MANEJAR
TRAER   (conducir)
VENIR   PONER
CAMINAR   CORRER

EXAMPLES:

EJEMPLOS:

To there:

A allá o hacia allá

> _ t _
> A. FRIEND I GO-THERE VISIT. 'I went to visit my friend.'
>
> _____ t _____
> A. AMIGO YO IR-ALLÁ VISITAR. "Yo fui a visitar a mi amigo."

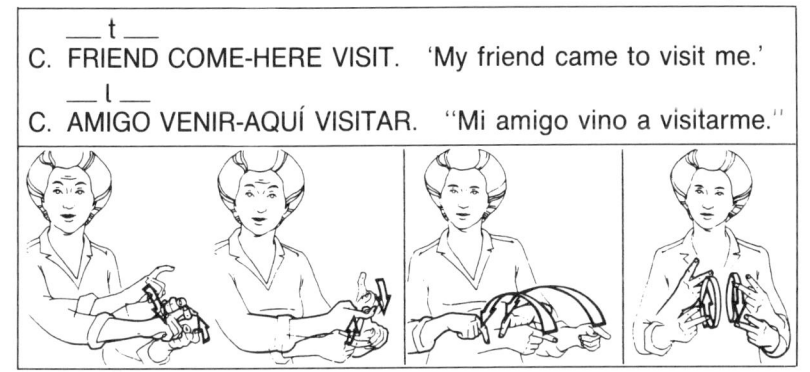

B. BEFORE AUTUMN, BOSS MOVE-THERE CHICAGO. 'My boss moved to Chicago last fall.'
B. ANTES OTOÑO, JEFE CAMBIARSE-ALLÁ CHICAGO. "Mi jefe se trasladó a Chicago el otoño pasado."

To here:

Para acá/aquí:

> _ t _
> C. FRIEND COME-HERE VISIT. 'My friend came to visit me.'
>
> _ l _
> C. AMIGO VENIR-AQUÍ VISITAR. "Mi amigo vino a visitarme."

D. I URGE FRIEND MOVE-HERE S-D. 'I persuaded my friend to move here to San Diego.'
D. YO URGIR CAMBIARSE-AQUÍ S-D. "Yo convencí a mi amigo que se cambiara aquí a San Diego."

From there to there: De aquí para allá:

> —— t ——
> E. FRIEND THERE-GO-THERE VISIT.   'My friend went there (from there) for a visit.'
>
> —— t ——
> E. AMIGO ALLÁ-IR-ALLÁ VISITAR.   "Mi amigo fue de aquí para allá a visitar."

Exercise 11.2:

Substitute the verbs in parentheses into the sentences given.

Ejercicio 11.2:

Sustituya los verbos en paréntesis a las oraciones siguientes:

EXAMPLE:

EJEMPLO:

BEFORE I GO-THERE I.   'I went there before.'
   (DRIVE)
      BEFORE I DRIVE-THERE I.   "I drove there before.'
ANTES YO IR-ALLÁ YO.   "Yo fui allá antes."
   (CONDUCIR/ MANEJAR)
      ANTES YO CONDUCIR-ALLÁ YO.   "Yo manejé allá antes."

1. BEFORE I DRIVE-THERE I.   (WALK)
1. ANTES YO MANEJAR-ALLÁ YO.   (CAMINAR)
2. BEFORE I DRIVE-THERE I.   (FLY)
2. ANTES YO MANEJAR-ALLÁ YO.   (VOLAR)
3. FURNITURE HEAVY SHE BRING-THERE.   (MOVE)
3. MUEBLES PESADO ELLA TRAER-ALLÁ.   (CAMBIAR)
4. BEFORE YOU COME-HERE YOU.   (DRIVE)
4. ANTES TÚ VENIR-AQUÍ TÚ.   (MANEJAR)
5. BEFORE YOU COME-HERE YOU.   (WALK)
5. ANTES TÚ VENIR-AQUÍ TÚ.   (CAMINAR)
6. BEFORE YOU COME-HERE YOU.   (FLY)
6. ANTES TÚ VENIR-AQUÍ TÚ.   (VOLAR)
7. BOOK MANY SHE BRING-HERE.   (PUT)
7. LIBRO MUCHOS ELLA TRAER-AQUÍ.   (PONER)
8. CHICAGO, L-A HE THERE-MOVE-THERE HE.   (DRIVE)
8. CHICAGO, L-A EL ALLÁ-CAMBIARSE-ALLÁ EL.   (MANEJAR)
9. CHICAGO, L-A HE THERE-MOVE-THERE HE.   (FLY)
9. CHICAGO, L-A EL ALLÁ-CAMBIARSE-ALLÁ EL.   (VOLAR)
10. STORE, YOUR HOME SHE THERE-WALK-THERE.   (DRIVE)
10. TIENDA, TU CASA ELLA ALLÁ-CAMINAR-ALLÁ.   (MANEJAR)
11. STORE, YOUR HOME SHE THERE-WALK-THERE.   (BRING)
11. TIENDA, TU CASA ELLA ALLÁ-CAMINAR-ALLÁ.   (TRAER)

FINISH as Conjunction

When used as a conjunction, FINISH means 'then.' It is often used to link sentences occurring in a time sequence.

TERMINAR como Conjunción

TERMINAR adquiere el significado de "entonces" (luego), cuando se usa como conjunción. Con frecuencia se usa como nexo cuando las acciones de las oraciones occuren en una secuencia temporal.

EXAMPLE:

EJEMPLO:

I DRIVE-THERE BOX SEND FINISH, THERE-DRIVE-THERE FOOD STORE BUY FINISH, DRIVE-HERE HOME.   'I drove there, mailed a box, then drove to the food store to shop for food, then drove home.'

YO MANEJAR-ALLÁ CAJA MANDAR TERMINAR, ALLÁ-MANEJAR-ALLÁ COMIDA TIENDA COMPRAR TERMINAR, MANEJAR-AQUÍ CASA.   "Yo manejé allá, puse la caja en el correo, luego manejé a la tienda a comprar comida, luego manejé a casa."

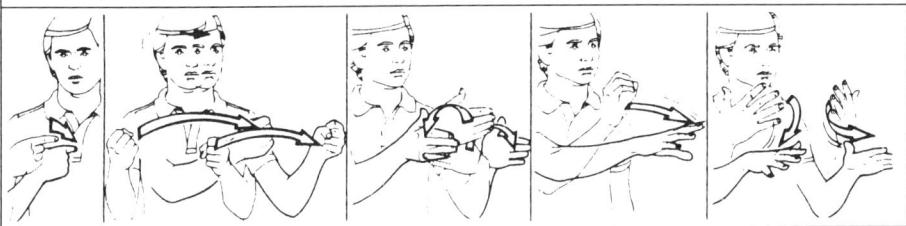

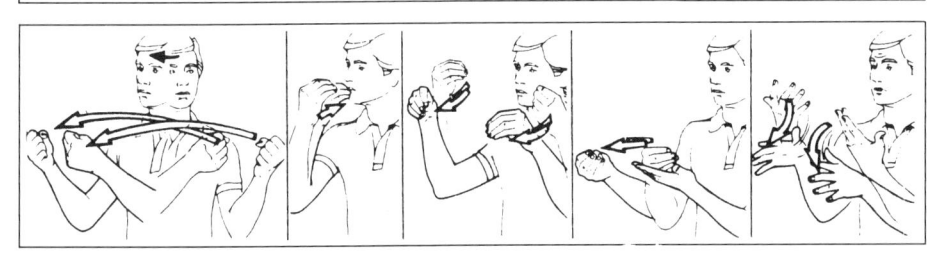

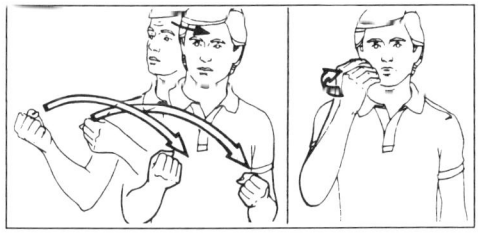

Exercise 11.3:

Combine the following sentences using
FINISH as conjunction.

EXAMPLES:

MONEY I-SEND-HIM.   'I sent him the money.'
TICKET HE-SEND-ME.   'He sent me the ticket.'
   MONEY I-SEND-HIM FINISH TICKET HE-SEND-ME.
   'I sent him the money then he sent me the ticket.'
DINERO YO-MANDAR-EL.   "Yo le mandé el dinero (a él)."
BOLETO EL-MANDAR-ME.   "El me mandó el boleto."
   DINERO YO-MANDAR-EL TERMINAR BOLETO EL-MANDAR-ME.
   "Yo le mandé el dinero (a él), luego el me mandó el boleto."

1. CHICAGO HE MOVE-THERE, STAY 2 YEAR.
   HE THERE-MOVE-THERE WASHINGTON.
1. CHICAGO EL CAMBIAR-ALLÁ, QUEDARSE 2 AÑOS.
   EL ALLÁ-CAMBIAR-ALLÁ WASHINGTON.

2. C-F NOW I-GIVE-YOU.
   YOU-GIVE-HIM TOMORROW.
2. C-F AHORA YO-DAR-TÚ
   TÚ-DAR-A EL MAÑANA.

3. I STAY-HERE 1-WEEK WITH SISTER.
   I GO-THERE VISIT MOTHER.
3. YO QUEDARME-AQUÍ 1-SEMANA CON HERMANA.
   YO VOY-ALLÁ VISITAR MADRE.

4. BREAKFAST I COOK.
   YOU WASH-DISH.
4. DESAYUNO YO PREPARAR.
   TÚ LAVAR-PLATO.

5. SUITCASE I PACK.
   I GO-THERE AIRPORT.
5. MALETA YO EMPACAR.
   YO VOY-ALLÁ AEROPUERTO.

6. PERFORMANCE PRACTICE ALL-DAY.
   TONIGHT HAVE PARTY THERE MY HOME.
6. ACTUACIÓN PRACTICAR TODO-EL-DÍA
   EN LA NOCHE FIESTA ALLÁ MI CASA.

EJERCICIO 11.3:

Combine las siguientes oraciones usando
TERMINAR como conjunción.

EJEMPLOS:

Vocabulary Vocabulario

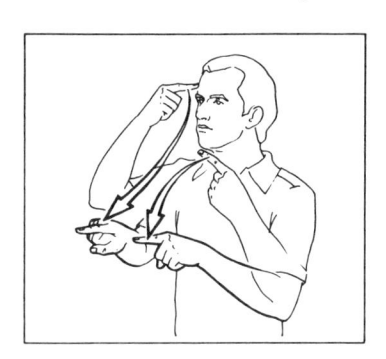

AGREE
ESTAR DE ACUERDO,
acordar

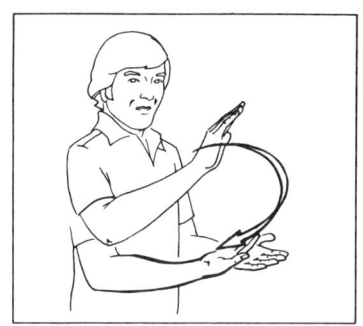

ALL
TODO

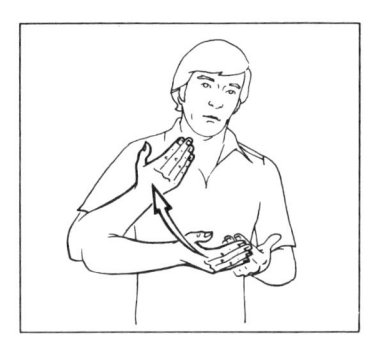

ALMOST
CASÍ

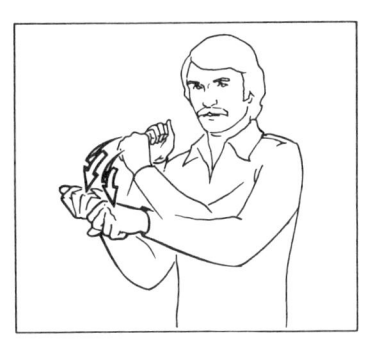

BASEBALL
BÉISBOL

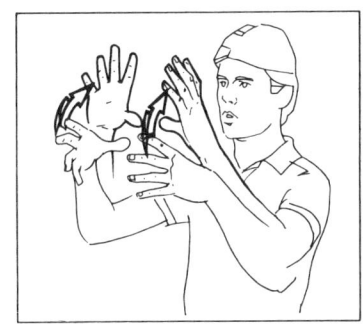

BASKETBALL
BÁSQUETBOL

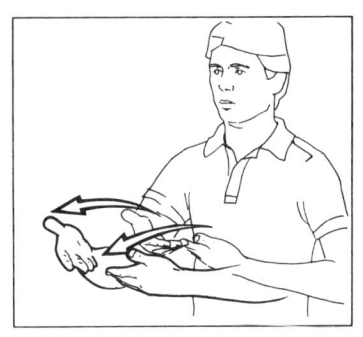

BRING, carry, deliver
TRAER, llevar

CHAT, converse
PLATICAR, conversar

CHICAGO
CHICAGO

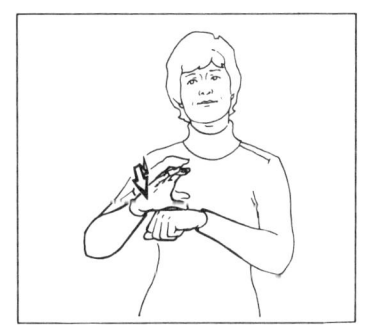

CHURCH
IGLESIA

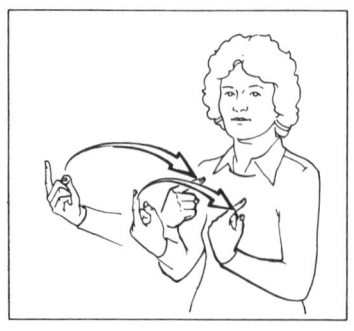

COME
VENIR

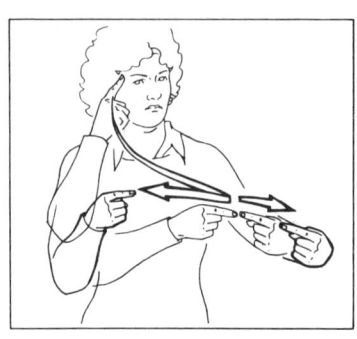

DISAGREE
ESTAR EN DESACUERDO

DRIVE-TO
MANEJAR A, CONDUCIR HACIA

EMPTY, bare, nude
VACÍO, desnudo

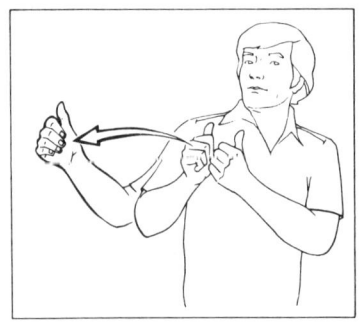

FAR, distant
LEJOS, distante

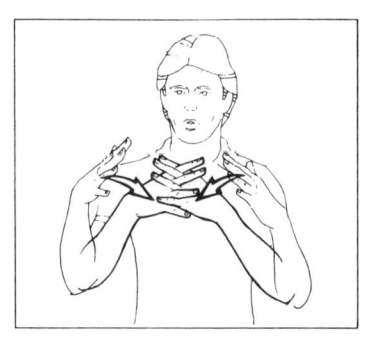

FOOTBALL
FÚTBOL AMERICANO

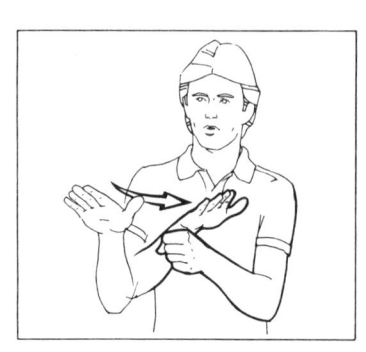

FULL, complete
LLENO, completo

FULL, fed up
LLENO, harto

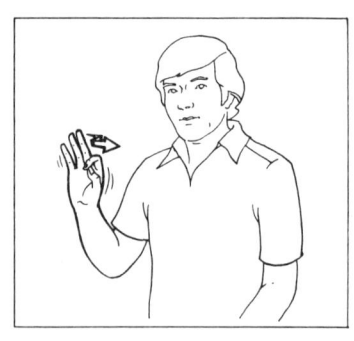

FURNITURE
MUEBLES

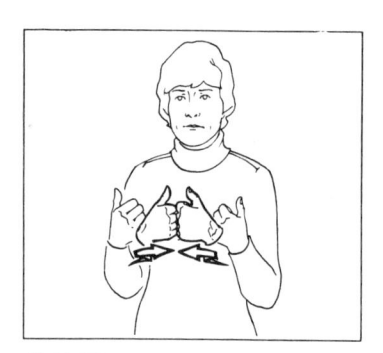

GAME
JUEGO

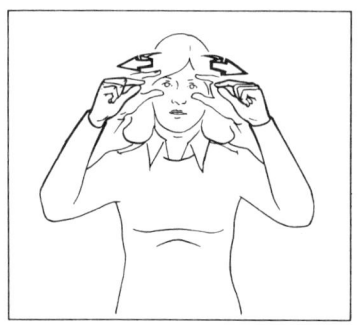

GLASSES
ANTEOJOS

GO
IR

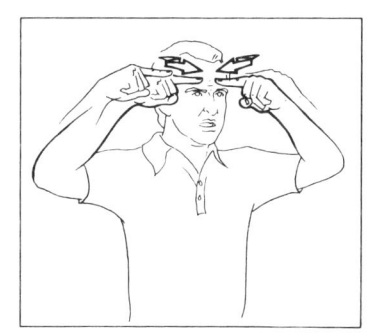

HEADACHE
DOLOR DE CABEZA

HEAD-COLD handkerchief
CATARRO, GRIPA, pañuelo

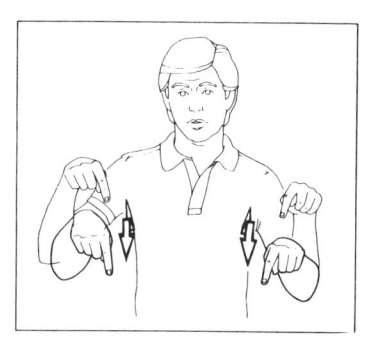

HERE
AQUÍ

HERE
AQUÍ

IMPORTANT, worth it, valuable
IMPORTANTE, vale la pena

LIVE, life
VIDA, vivir

MACHINE, engine, factory
MÁQUINA, motor, fábrica

MOVE TO
CAMBIARSE A

NEAR, close
CERCA, cercano

NEW-YORK
NUEVA YORK

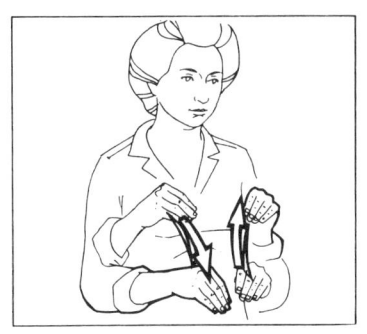

PACK
EMPACAR

PHILADELPHIA
FILADELFÍA

PUT
PONER

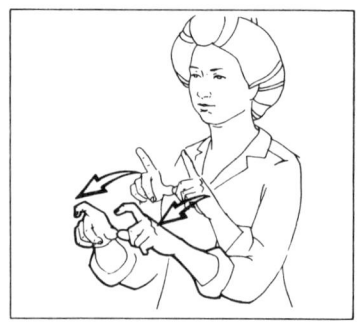
RUN
CORRER

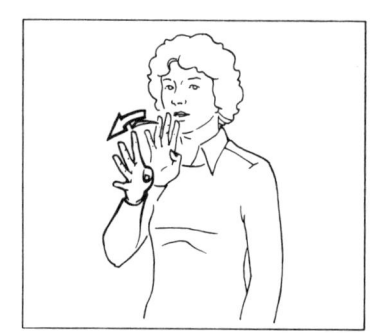
TALK, speak
HABLAR, conversar

TEMPLE
TEMPLO

THAT
ESE/ESA

THAT-ONE
AQUÉL/AQUÉLLA

THERE, over there
ALLÁ

THIS
ESTE/ESTA

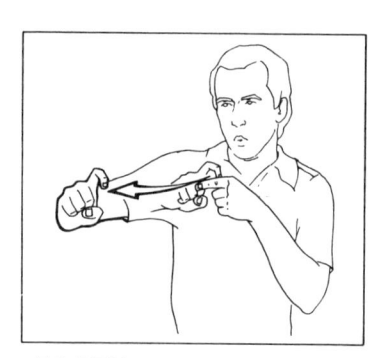
TO-TTY
AL TTY

URGE, persuade
URGIR, persuadir, aconsejar

WALK-TO
CAMINAR-A

NOTES   NOTAS

LESSON 12 ■ LECCIÓN 12

Existential HAVE

The sign HAVE has two meanings:
1. It indicates possession.

EXAMPLE:

I HAVE MONEY I.   'I have money.'

2. It indicates existence.

EXAMPLES:

> A. IT KITCHEN HAVE MILK.   'There is milk in the kitchen.'

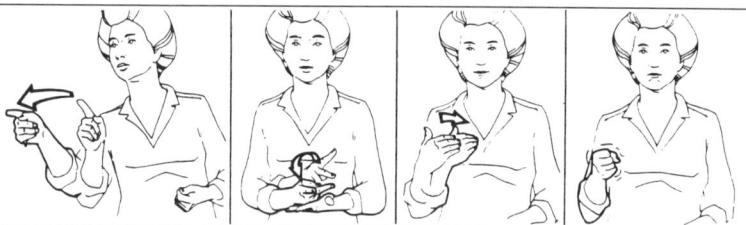

B. IT STORE HAVE FOOD IT.   'There is food in the store.'

C. IT HAVE PAPER IT.   'There is paper.'

Verbo Existencial Tener

La seña TENER tiene dos significados.
1. Puede indicar posesión.

EJEMPLO:

YO TENER DINERO YO.   "Yo tengo dinero."

2. Puede indicar existencia.

EJEMPLOS:

> A. LA (objeto) COCINA TENER LECHE.   "Hay leche en la cocina."

B. ELLA (objeto) TIENDA TENER COMIDA ELLA (objeto).   "Hay comida en la tienda."

C. EL (objeto) TENER PAPEL EL (objeto).   "Ahí hay papel."

Exercise 12.1:

Using signs from the following list, form existential HAVE sentences.

EXAMPLES:

A. HOME, COFFEE
   IT HOME HAVE COFFEE.   'There is coffee at home.'

Ejercicio 12.1:

Usando las señas de la lista siguiente, forme las oraciones con el verbo existencial TENER.

EJEMPLOS:

A. CASA, CAFÉ
   ELLA (objeto) CASA TENER CAFÉ.   "Hay café en la casa."

B. RESTAURANT, WATER
    IT RESTAURANT HAVE WATER. 'There is water in the restaurant.'
B. RESTAURANTE, AGUA
    EL (objeto) RESTAURANTE TENER AGUA. "Hay agua en el restaurante."

1. RESTAURANT, FOOD
2. HOME, TEA
3. STORE, SHOES
4. SCHOOL, DEAF STUDENT
5. RESTAURANT, MEAT
6. KITCHEN, TABLE
7. HOUSE, CHAIR
8. RESTAURANT, RESTROOM
9. R-E-F, CREAM
10. BOOK, SIGN

1. RESTAURANTE, COMIDA
2. CASA, TÉ
3. TIENDA, ZAPATOS
4. ESCUELA, ALUMNO SORDO
5. RESTAURANTE, CARNE
6. COCINA, MESA
7. CASA, SILLA
8. RESTAURANTE, BAÑO
9. R-E-F-R-I, CREMA
10. LIBRO, SEÑA

Pronominal Classifiers

Some classifiers can be used as pronouns, that is, they can replace nouns. Three examples are:

Clasificadores Pronominales

Algunos clasificadores pueden ser utilizados como pronombres, esto significa que, pueden reemplazar a los sustantivos. Tres ejemplos de esto son:

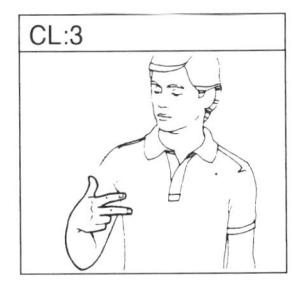

CL:3

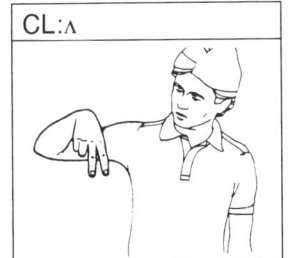

CL:ʌ

CL:B

For vehicles, such as a car, a bus, a bicycle, a truck.

Para vehículos tales como un coche, un autobús, una bicicleta, un camión.

For any person or two-legged animal such as a woman, a child, or a gorilla.

Para cualquier persona o animal con dos patas tales como una mujer, un niño, un gorila.

For any flat object such as a piece of paper, a magazine, a newspaper.

Para un objeto plano tal como una hoja de papel, una revista, un periódico.

When used with nouns, these classifiers can show the location of the noun. The noun usually precedes the classifier in the sentence.

Estos clasificadores, cuando se usan con sustantivos pueden mostrar la localización misma del sustantivo. Generalmente el sustantivo precede a los clasificadores en la oración.

EXAMPLES: EJEMPLOS:

_t_
A. CAR CL:3-HERE.   'The car is near here.'
__t__
A. COCHE CL:3-AQUÍ.   "El coche está aquí cerca."

_t_
B. CAR CL:3-THERE.   'The car is over there.'
__t__
B. COCHE CL:3-ALLÁ.   "El coche está allá."

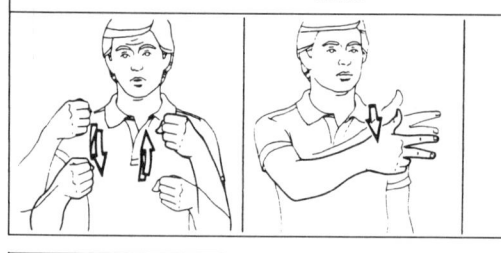

_t_
C. CAR CL:3-THERE.   'The car is over there.'
__t__
C. COCHE CL:3-ALLÁ.   "El coche está allá."

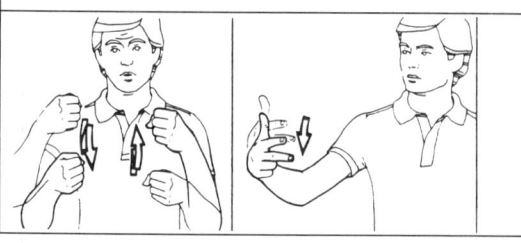

Exercise 12.2:

Substitute the appropriate classifier for the HERE or THERE adverbials of place.

EXAMPLE:

I SEE YOUR V-A-N THERE.   'I see your van over there.'
  I SEE YOUR V-A-N CL:3-THERE.   'I see your van over there.'
YO VER TU C-A-M-I-O-N-E-T-A ALLÁ.   "Yo veo tu camioneta allá."
  YO VER TU C-A-M-I-O-N-E-T-A CL:3-ALLÁ.   "Yo veo tu camioneta allá."

1. WOMAN THERE, SHE-LOOK-AT-ME.
1. MUJER ALLÁ, ELLA-VER-ME.

2. I ENTER, LETTER THERE.
2. YO ENTRAR, CARTA ALLÁ.

3. SHOULD BICYCLE THERE.
3. DEBER BICICLETA ALLÁ.

4. SURPRISED ME. PRESIDENT HERE.
4. SORPRENDER-ME. PRESIDENTE AQUÍ.

_____ t _____

5. CAR BLUE THERE, THAT-ONE HIS.

_____ t _____

5. COCHE AZUL ALLÁ, AQUÉL SUYO (de él).

6. SHE FORGET LEFT MAGAZINE THERE.
6. ELLA OLVIDAR DEJAR REVISTA ALLÁ.

7. RECENTLY BROTHER HERE, NOW GONE.
7. RECIENTEMENTE HERMANO AQUÍ, AHORA NO ESTAR.

8. CAR THERE, NOW PUT-IN-GAS.
8. COCHE ALLÁ, AHORA PONER-GASOLINA.

Ejercicio 12.2:

Sustituya los adverbios de lugar AQUÍ o ALLÁ por el clasificador apropiado.

EJEMPLO:

Locational Relationships

Pronominal classifiers can be used to show locational relationships such as "on," "under," "behind," "in front of," "beside," "facing each other," "on top of," etc.

Relaciones Espaciales

Los clasificadores pronominales pueden ser utilizados para mostrar relaciones espaciales tales como "sobre," "debajo," "atrás," "en frente de," "junto," "de frente a frente," "encima de o sobre de," etc.

EXAMPLES:

EJEMPLOS:

'two vehicles next to each other'

"dos vehículos, uno junto al otro"

'two vehicles, one in front of the other'

"dos vehículos, uno frente al otro"

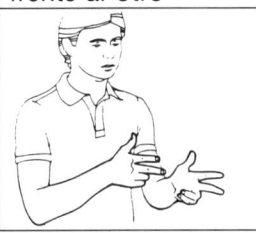

'two persons facing each other'

"dos personas de frente"

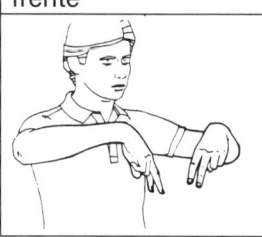

'one flat object on top of another'

"un objeto plano sobre otro"

'a container on top of a flat surface'

"un recipiente sobre una superficie plana"

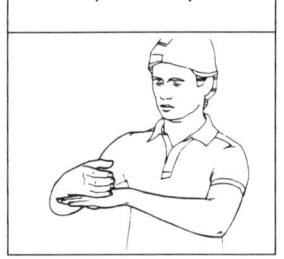

'a container under a flat surface'

"un recipiente debajo de una superficie plana"

Exercise 12.3:

Using pronominal classifiers, indicate the locational relationship of the objects or persons in the following pictures. Use the model sentence given.

EXAMPLE:

Ejercicio 12.3:

Indique las relaciones espaciales de los objetos o personas en las illustraciones siguientes, usando los clasificadores pronominales. Use la oración modelo.

EJEMPLO:

I SEE
    I SEE CAR CL:3-NEXT-TO-CL:3.   'I saw the two cars next to each other.'
YO VER
    YO VER COCHE CL:3-JUNTO A CL:3.   "Yo ví los dos coches, uno junto al otro."

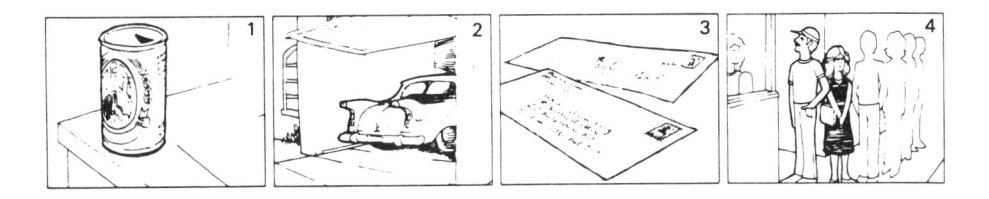

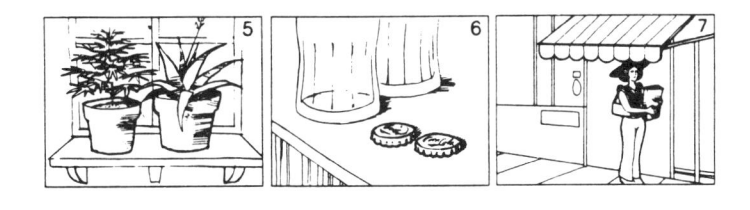

NOTE: Adding Movement to Pronominal Classifiers

The action of persons or objects can be indicated by adding movement to pronominal classifiers.

EXAMPLES:

'one vehicle passing another'
"un vehículo rebasando a otro"

'a person diving off a platform'
"una persona echándose un clavado desde una plataforma"

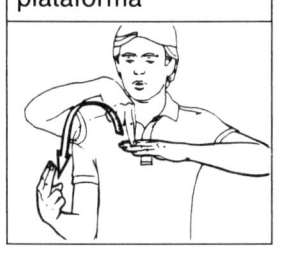

NOTA: Agregando Movimiento a los Clasificadores Pronominales

La acción de personas o objetos puede ser indicada agregando movimiento a los clasificadores pronominales.

EJEMPLOS:

'two vehicles colliding head-on'
"dos vehículos chocando de frente"

'a container falling off a flat surface'
"un recipiente cayéndose de una superficie plana"

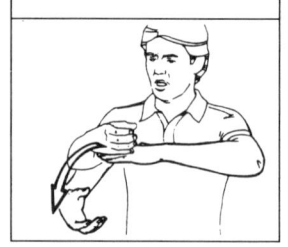

Vocabulary   Vocabulario

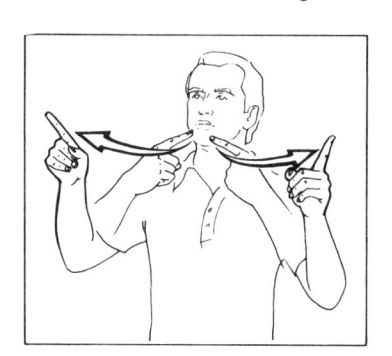

ANNOUNCE, announcement
ANUNCIAR, anuncio

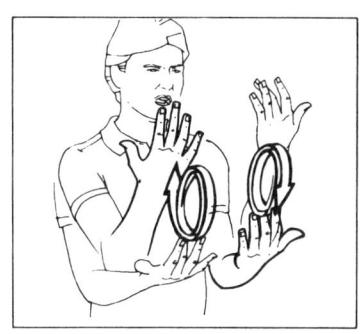

BURN, FIRE
QUEMAR, INCENDIO

CREAM
CREMA

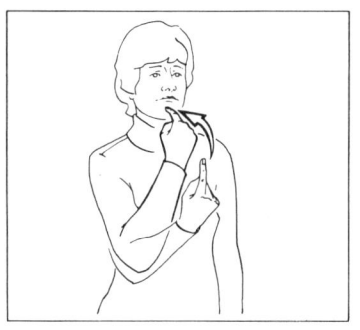

DISAPPOINT, miss
DESEPCIONAR, extrañar

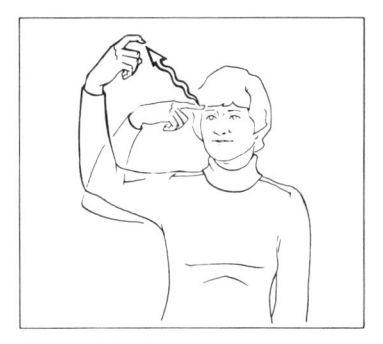

DREAM, daydream
SOÑAR, sueño

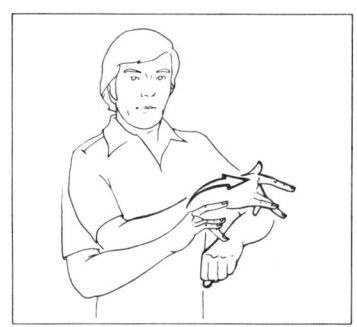

EARLY
TEMPRANO

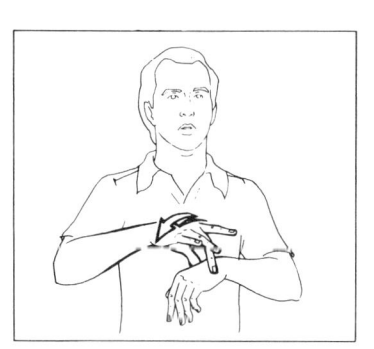

EARTH, geography
TIERRA, geografía

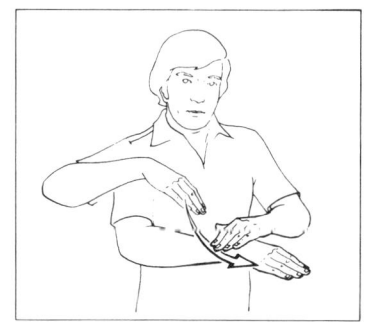

ENTER, go into
ENTRAR

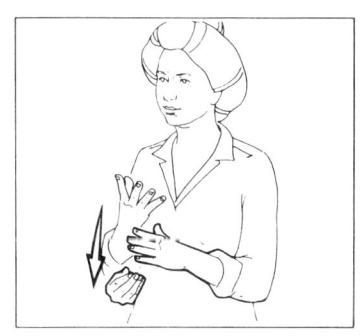

GONE
NO ESTÁ, irse, desaparecer

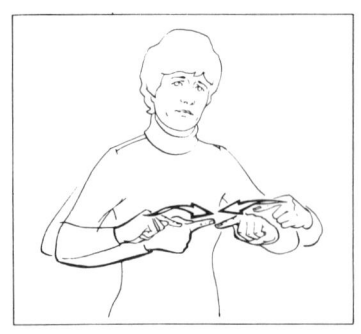

HURT, pain
LASTIMAR, dolor

KITCHEN
COCINA

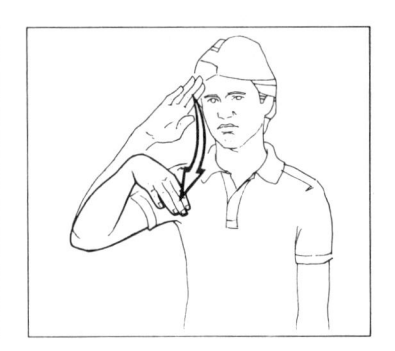

KNOW-THAT
SABER

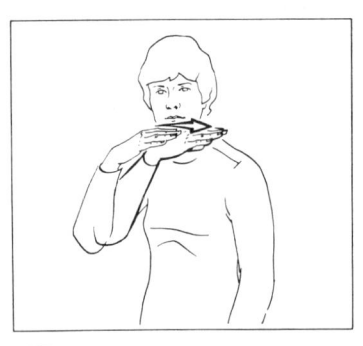

LIE
MENTIR

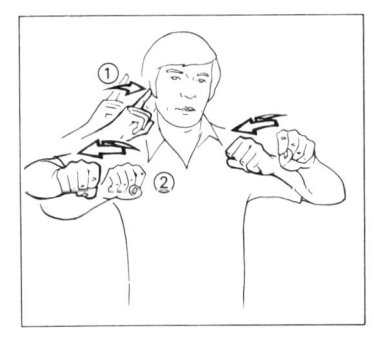

LOUD
FUERTE

LUCKY, delicious
SUERTE, delicioso

MAGAZINE, brochure,
journal, booklet
REVISTA, folleto instructivo

MISS
ESCAPAR, perder

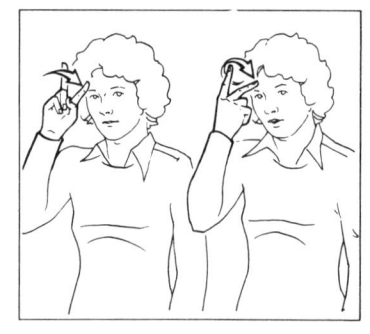

MISUNDERSTAND,
misconception
MALENTENDIDO

MOON
LUNA

NOISE, noisy
RUIDO, ruidoso

POOR, poverty
POBRE, pobreza

PROBLEM
PROBLEMA

PROMISE, commit, pledge, swear
PROMETER, compromiso, jurar, juramento

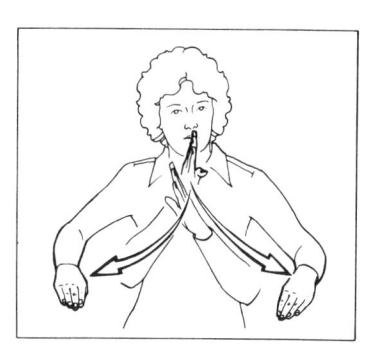

QUIET, calm, peaceful
CALLADO, calma, apacible

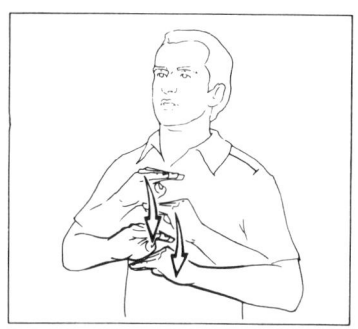

RELIEVED
DESCANSADO

REST
DECANSAR

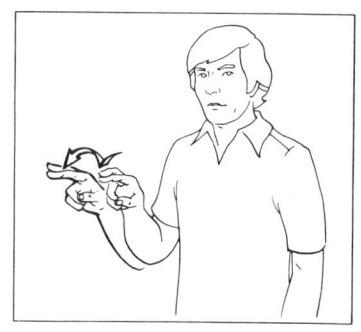

RESTROOM, bathroom
BAÑO

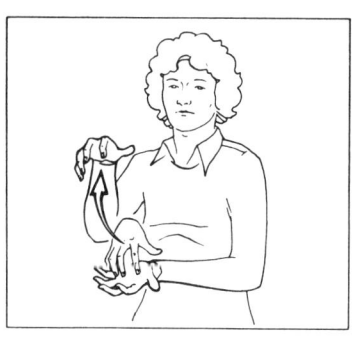

RICH, wealthy
RICO,

SAME, like, alike
IGUAL, parecido

SAME, like, alike, similar
IGUAL, similar, parecido

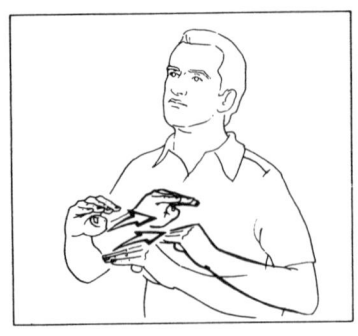

SATISFY, satisfied
SATISFACER, satisfecho

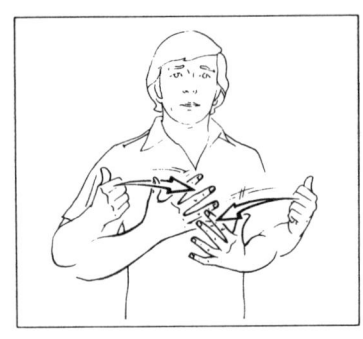

SCARE, frighten
ESPANTAR, tener miedo

STREET, road, way, path
CALLE, camino, brecha, ruta

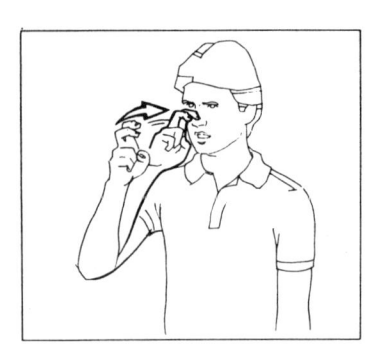

STRICT
ESTRICTO

SUN
SOL

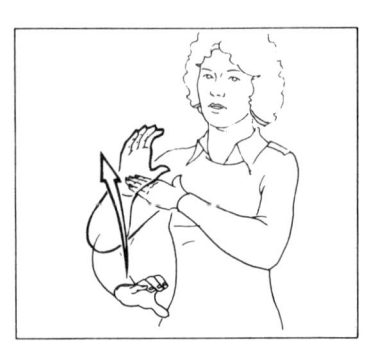

SUNRISE
AMANECER

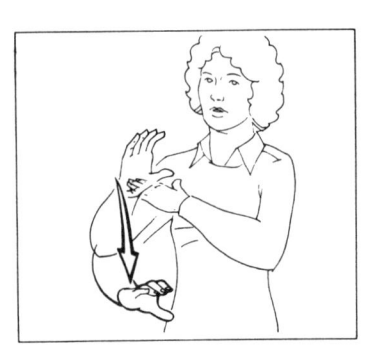

SUNSET
ATARDECER

THIRSTY, thirst
SED, sediento

VOICE, vocalize
VOZ, vocalizar

WAKE-UP
DESPERTAR

WET, damp, moist
MOJADO, húmedo,
humedecido

NOTES   NOTAS

LESSON 13 ■■■■ LECCIÓN 13 ■

Mass Quantifiers

The quantifiers SOME, A-LITTLE, and PLENTY are added either before a mass noun or at the end of the sentence.

Adverbios de Cantidad (Cuantificadores de masas)

Los adverbios que indican cantidad, tales como ALGO, UN POCO y SUFICIENTE o mucho son añadidos ya sea antes del sustantivo o al final de la oración.

EXAMPLES:

EJEMPLOS:

A. HAVE FURNITURE PLENTY I.   'I have a lot of furniture.'
A. TENER MUEBLES MUCHO YO.   "Yo tengo muchos muebles."

HAVE PLENTY FURNITURE I.   'I have a lot of furniture.'
TENER MUCHOS MUEBLES YO.   "Yo tengo muchos muebles."

B. I THINK HAVE LEFT FOOD SOME.   'I think there's some food left.'
B. YO PENSAR TENER QUEDAR COMIDA ALGO.   "Pienso que queda algo de comida."

I THINK HAVE LEFT SOME FOOD.   'I think there's some food left.'
YO PENSAR TENER QUEDAR ALGO COMIDA.   "Pienso que queda algo de comida."

C. I EAT CHEESE A-LITTLE.   'I'll eat a little cheese.'
   I EAT A-LITTLE CHEESE.   'I'll eat a little cheese.'
C. YO COMER QUESO UN-POCO.   "Yo como poco queso."
   YO COMER UN-POCO QUESO.   "Yo como poco queso."

Exercise 13.1:

Substitute the following mass quantifiers into the sentences given.

EXAMPLE:

I PLENTY WORK LEFT. 'I have a lot of work left (to do).'
  (A-LITTLE)
   I A-LITTE WORK LEFT. 'I have a little work left (to do).'

YO BASTANTE TRABAJO QUEDAR. "Me queda mucho trabajo por hacer."
  (UN-POCO)
   YO UN-POCO TRABAJO QUEDAR. "Me queda poco trabajo por hacer."

1. HE CRAZY-FOR CHEESE, HAVE SOME I. (PLENTY)
1. EL LOCO-POR QUESO, TENER ALGO YO. (BASTANTE)

  _____ t _____
2. SPORTS THING RESIDENTIAL-SCHOOL HAVE PLENTY. (SOME)
  _____ t _____
2. DEPORTES COSA ESCUELA-RESIDENCIAL TENER BASTANTE. (ALGUNOS)

  __ t __
3. WATER CALIFORNIA NOW HAVE A-LITTLE. (PLENTY)
  __ t __
3. AGUA CALIFORNIA AHORA TENER UN-POCO. (BASTANTE)

  __ t __
4. MEAT IT HAVE LEFT IT SOME. (A-LITTLE)
  __ t __
4. CARNE ELLA (objeto) TENER QUEDAR ELLA (objeto) ALGO. (UN-POCO)

  _____ t _____
5. YOUR PIE GRANDMOTHER WANT A-LITTLE. (SOME)
  _____ t _____
5. TU PASTEL ABUELA QUERER UN-POCO. (ALGO)

Ejercicio 13.1:

Sustituya los siguientes adverbios de cantidad en las oraciones dadas.

EJEMPLO:

More on Quantifiers

Some classifiers also serve as quantifiers.
The classifers below are used to indicate:
1. the amount of liquid,
2. the thickness of a solid,
3. the height of a stack.
They are:

Más acerca de los Adverbios de Cantidad (Cuantificadores)

Algunos clasificadores también sirven como cuantificadores o adverbios de cantidad. Los clasificadores siguientes son utilizados para indicar:
1. la cantidad de líquido,
2. el grosor de un sólido,
3. la altura de un bulto.

CL:G	CL:Ḻ	CL:BB ↑ ↓

  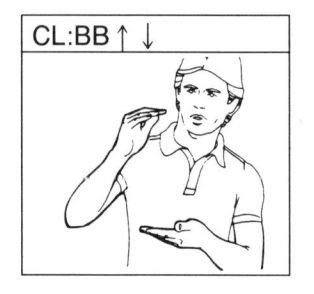

EXAMPLES: EJEMPLOS:

A. MUST I READ CL:BB ↑ ↓ BOOK FOR CLASS.
   'I have to read a big stack of books for class.'
A. DEBER YO LEER CL:BB ↑ ↓ LIBRO PARA CLASE.
   "Tengo que leer una gran cantidad de libros para clase."

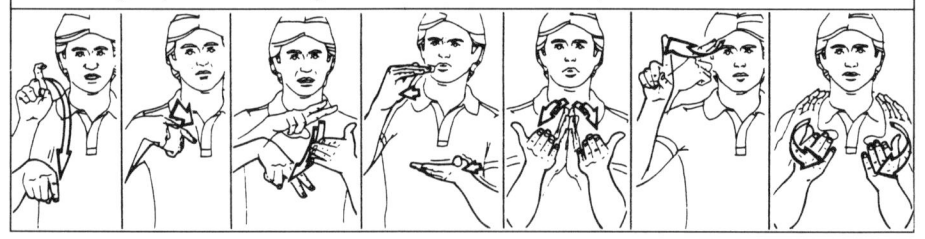

B. STILL LEFT CL:G WINE.   YOU WANT YOU?
$$\overline{\text{q}}$$

B. STILL LEFT CL:G WINE.   YOU WANT YOU?
    'There's still a little wine left. Do you want some?'

B. TODAVÍA QUEDAR CL:G VINO.   ¿TÚ QUERER TÚ?
    "Todavía queda un poco de vino. ¿Quieres algo?"

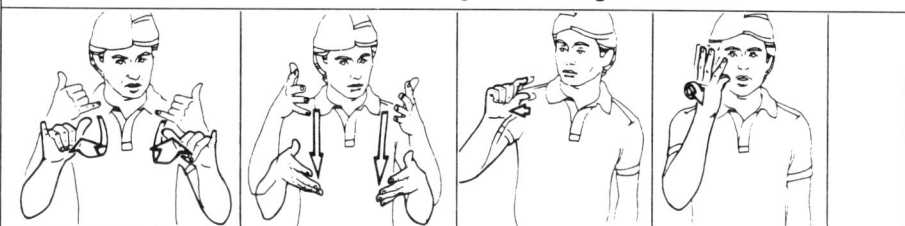

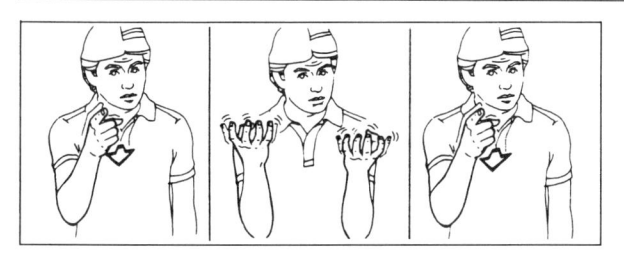

C. SHE BUY R-U-G NEW. WOW CL:Ḷ.
    'She bought a new rug. It's very thick.'
C. ELLA COMPRAR T-A-P-E-T-E NUEVO. WOW CL:L.
    "Ella compró un tapete nuevo. Es muy grueso."

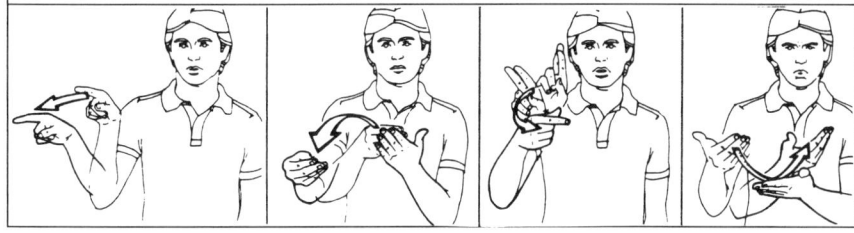

Exercise 13.2:

Substitute the quantifier in the sentence for the one given in parenthesis.

EXAMPLE:

CAN SKI, SNOW NOW CL:Ḹ.   'It's possible to ski; the snow is a few inches deep.'
   (CL:BB↑↓)
    CAN SKI, SNOW NOW CL:BB↑↓.   'It's possible to ski; the snow is very deep.'

Ejercicio 13.2:

Sustituya los cuantificadores en la oración por el dado en el paréntesis.

EJEMPLO:

PODER ESQUIAR, NIEVE AHORA CL:L.   "Es posible esquiar; la nieve está un poco gruesa."
   (CL:BB↑↓)
    PODER ESQUIAR, NIEVE AHORA CL:BB↑↓.   "Es posible esquiar; la nieve está muy profunda."

   — t —
1. DOG IT WANT CL:G WATER. (CL:Ḹ)

    —— t ——
1. PERRO EL (objeto) QUERER CL:G AGUA. (CL:L)

2. MY HOUSE WOW DIRTY. HAVE CL:Ḹ D-U-S-T. (CL:G)
2. MI CASA WOW SUCIA. TENER CL:L P-O-L-V-O. (CL:G)

3. BASEMENT, I FIND CL:Ḹ WATER. (CL:BB↑↓)
3. SÓTANO, YO ENCONTRAR CL:L AGUA. (CL:BB↑↓)

4. YESTERDAY, CL:Ḹ PAPER I THROW-AWAY. (CL:BB↑↓)
4. AYER, CL:L PAPEL YO TIRAR. (CL:BB↑↓)

5. CL:G O-J YOU DRINK SHOULD YOU. (CL:Ḹ)
5. CL:G O-J TÚ TOMAR DEBER TÚ. (CL:L)

6. RECENTLY HE-GIVE-ME CL:Ḹ LETTER. (CL:BB↑↓)
6. RECIENTEMENTE EL-DAR-ME CL:L CARTA. (CL:BB↑↓)

7. RAIN STOP FINISH, LEFT M-U-D CL:G. (CL:Ḹ)
7. LLOVER PARAR TERMINAR, DEJAR L-O-D-O CL:G (CL:L)

More on Plurals

There are two other ways to make plurals of count nouns. (Two ways were discussed earlier in Lesson 7.) They are:
1. Add a classifier which functions as a quantifer, such as CL:5̈, either before the noun or at the end of the sentence.

Más Acerca de Plurales

Existen otras dos maneras para formar plurales a partir de los adverbios de cantidad. (Dos formas fueron discutidas anteriormente en la lección 7.) Ellas son:
1. Agredando el clasificador CL:5, el cual funciona como cuantificador ya sea antes del sustantivo o al final de la oración.

EXAMPLE: EJEMPLO:

I SEE CAT CL:5̈5̈.   'I saw a large number of cats.'
YO VER GATO CL:55.   "Vi una gran cantidad de gatos."

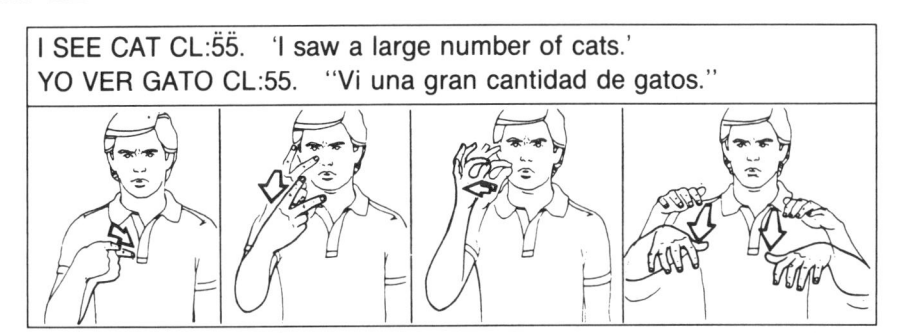

I SEE CL:55 CAT.   'I saw a large number of cats.'
YO VER CL:55 GATO.   "Yo vi una gran cantidad de gatos."

2. Some nouns can be reduplicated, that is, the sign can be made again several times as it is moved to the side (represented by + +).

2. Algunos sutantivos pueden ser reduplicados, esto es, la seña se puede hacer varias veces al mismo tiempo que se mueve de un lado hacia otro (representado por + +).

EXAMPLE: EJEMPLO:

IT HOME HAVE TREE + +.   'There are many trees near my home.'
ELLA CASA TENER ÁRBOL + +.   "Hay muchos árboles cerca de mi casa."

Exercise 13.3:

Change the form of the plural nouns in the sentences below to the plural form given in parenthesis.

EXAMPLE:

SHE BRING-THERE 5 SUITCASE.   'She brought 5 suitcases there.'
   (Reduplicate)
      SHE BRING-THERE SUITCASE + +.   'She brought many suitcases there.'

ELLA TRAER-ALLÁ 5 MALETAS.   "Ella llevó 5 maletas allá."
   (Reduplicar)
      ELLA TRAER-ALLÁ MALETA + +.   "Ella llevó varias maletas allá."

1. STORE IT HAVE SEVERAL BICYCLE. (CL:5̈5̈)
1. TIENDA ELLA (objeto) TENER VARIAS BICICLETA. (CL:55)

2. H-O-T-E-L IT HAVE MANY DOOR. (Reduplicate)
2. H-O-T-E-L EL (objeto) TENER MUCHAS PUERTA. (Reduplicar)

3. MY SISTER FINISH HAVE 5 BOYFRIEND. (CL:55)
3. MI HERMANA TERMINAR TENER 5 NOVIO. (CL:55)

4. I LIKE HOUSE WITH WINDOW MANY. (Reduplicate)
4. YO GUSTAR CASA CON VENTANA MUCHAS. (Reduplicar)

5. THERE PARTY I SEE A-FEW CHILDREN. (CL:55)
5. ALLÁ FIESTA YO VER ALGUNOS NIÑOS. (CL:55)

6. I MUST WRITE 4 LIST. (Reduplicate)
6. YO DEBER ESCRIBIR 4 LISTA. (Reduplicar)

7. HE HAVE MANY BEAUTIFUL GLASS. (Reduplicate)
7. EL TENER MUCHO BONITO VASO. (Reduplicar)

Ejercicio 13.3:

En las oraciones siguientes cambie la forma de los sutantivos plurales a la forma plural dada en el paréntesis.

EJEMPLO:

More on Using Numbers

1. The sign for 1-CENT or 'penny' is:

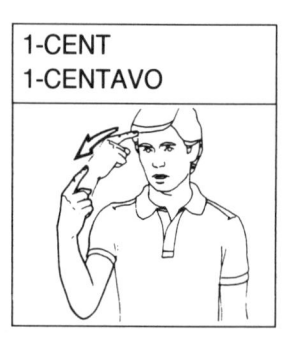

1-CENT
1-CENTAVO

Other numbers can be incorporated in this sign to indicate different amounts:

Más acerca del Uso de los Números

1. La seña para 1-centavo o "penny" es:

Se pueden incorporar otros números en esta seña para indicar diferentes cantidades:

EXAMPLES: EJEMPLOS:

A. I HAVE 25-CENT I.   'I have a quarter.'
A. YO TENER 25-CENTAVOS YO.   "Yo tengo un quarter."

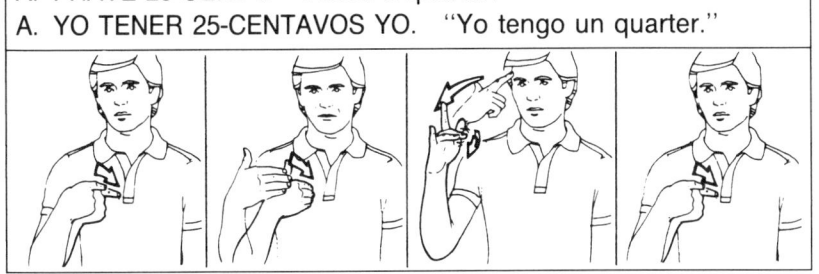

B. WE MUST PAY-HIM 30-CENT.   'We have to pay him 30 cents.'
B. NOSOTROS DEBER PAGAR-LE (a él) 30-CENTAVO.   "Nosotros debemos pagarle 30 centavos a él."

2. The sign for 1-DOLLAR is: 2. La seña para 1-dólar es:

1-DOLLAR
1-DÓLAR

The numbers 1 through 10 can be incorporated in this sign. The numbers 11 and greater do not incorporate; they are followed by a separate sign, DOLLAR.

Los números del 1 al 10 se pueden incorporar a esta seña. Los números 11 o mayores no se pueden incorporar; en este caso se hace la seña de DÓLAR por separado.

EXAMPLES: EJEMPLOS:

__t__
A. FOOD COST 5-DOLLAR IT.   'The food cost 5 dollars.'

__t__
A. COMIDA COSTAR 5-DÓLAR ELLA (objeto).   "La comida cuesta 5 dólares."

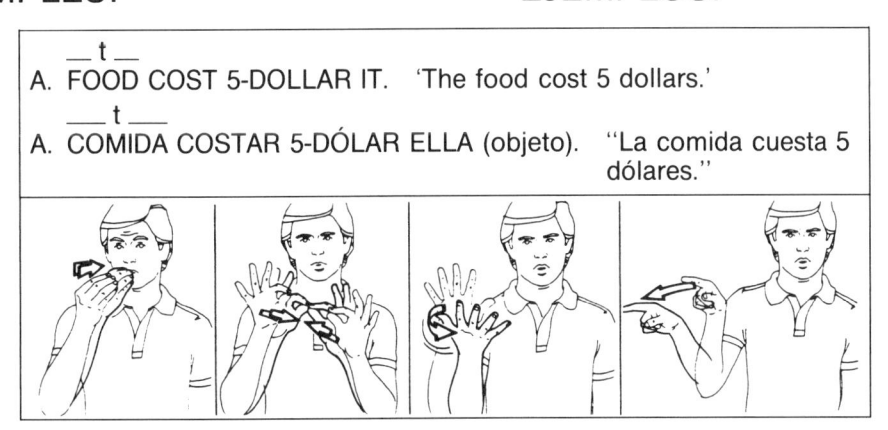

```
    ___ t ___
B. 25 DOLLAR YOU OWE-ME.   'You owe me 25 dollars.'
    ___ t ___
B. 20 DÓLAR TÚ DEBER-ME.   "Tú me debes 25 dólares."
```

Exercise 13.4:

Substitute the amount given in parenthesis for the amount in the sentences below.

EXAMPLE:

```
_____ q _____
YOU HAVE 10-CENT YOU?   'Do you have a dime?'
  (5-CENT)
    _____ q _____
  YOU HAVE 5-CENT YOU?   'Do you have a nickel?'
```

Ejercicio 13.4:

Sustituya la cantidad dada en las oraciones siguientes por las cantidades dadas en el paréntesis.

EJEMPLO:

```
_____ q _____
¿TÚ TENER 10-CENTAVO TÚ?   "¿Tienes 10 centavos?"
                            "¿Tienes un dime?"

  (5-CENTAVO)
    _____ q _____
  ¿TÚ TENER 5-CENTAVO TÚ?   "¿Tienes 5 centavos?"
                             "¿Tienes un nickel?"
```

```
    ___ t ___
1. BIRTHDAY HE-GIVE-ME 5-DOLLAR. (7-DOLLAR)
      ___ t ___
1. CUMPLEAÑOS EL-DAR-ME 5-DÓLAR. (7-DÓLAR)

2. I FIND 1-CENT YESTERDAY I. (50-CENT)
2. YO ENCONTRAR 1-CENTAVO AYER YO. (50-CENTAVO)

3. I WIN 500 DOLLAR I. (300 DOLLAR)
3. YO GANAR 500 DÓLAR YO. (300 DÓLAR)

4. LONG-AGO T-T-Y COST 60 DOLLAR. (40 DOLLAR)
4. HACE TIEMPO T-T-Y COSTAR 60 DÓLAR. (40 DÓLAR)

5. LONG-AGO I BUY PENCIL COST 2-CENT. (4-CENT)
5. HACE-TIEMPO YO COMPRAR LÁPIZ COSTAR 2-CENTAVO. (4-CENTAVO)
```

```
        ___t___
```
6. MY CAR OLD SELL 150 DOLLAR. (450 DOLLAR)
```
        ___t___
```
6. MI COCHE VIEJO VENDER 150 DÓLAR. (450 DÓLAR)
```
        _____q_____
```
7. 10-DOLLAR YOU NEED TODAY?   (20 DOLLAR)
```
        _____q_____
```
7. ¿10-DÓLAR TÚ NECESITAR HOY?   (20-DÓLAR)

Vocabulary   Vocabulario

A-LITTLE
UN-POCO

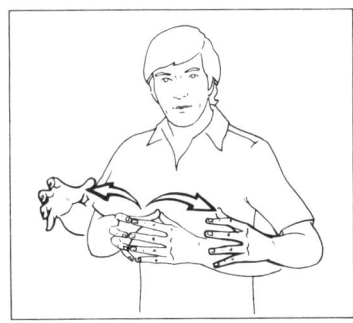

A-LOT, much
MUCHO, bastante

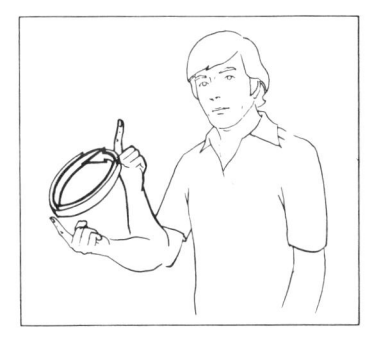

ALWAYS
SIEMPRE

APPOINTMENT, RESERVE,
reservation
CITA, RESERVAR,
reservación

BASEMENT, below, beneath
SÓTANO, abajo, debajo

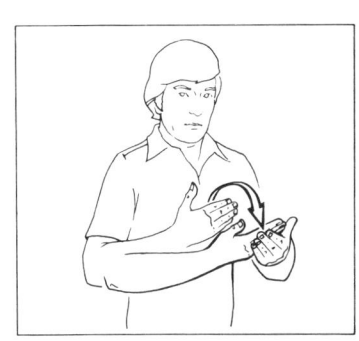

BORN, BIRTHDAY, birth
NACER, CUMPLEAÑOS,
nacimiento

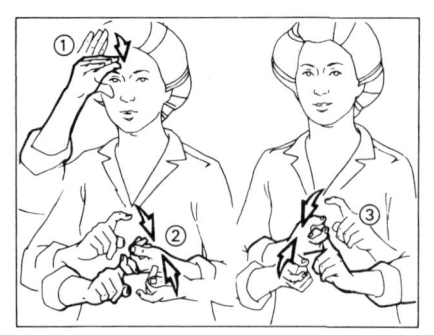

BOYFRIEND
NOVIO

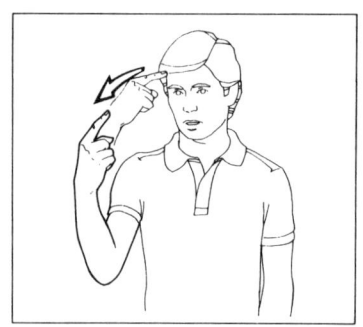

1-CENT, penny
1-CENTAVO, penny

CHEESE
QUESO

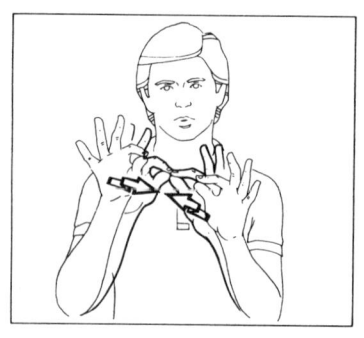

COST, value, worth, price
COSTO, valor, valía, precio

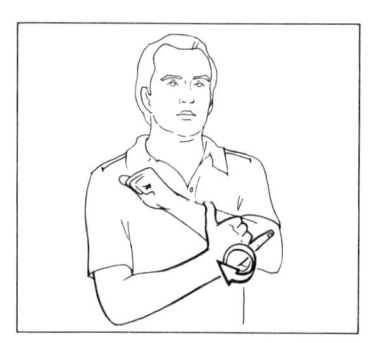

COUNTRY
PAÍS

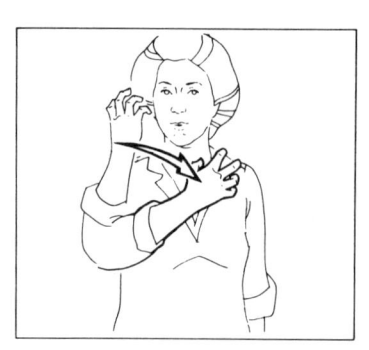

CRAZY-FOR, favorite
LOCO-POR, favorito

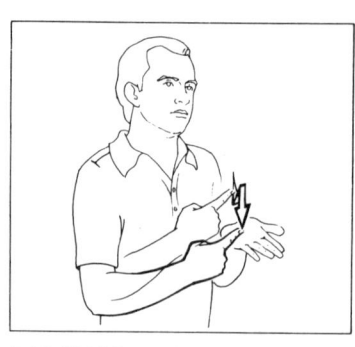

DISCUSS, debate, argue
DISCUTIR, debate, alegar

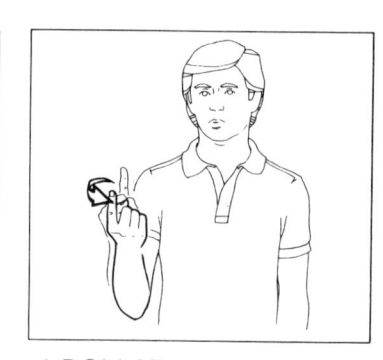

1-DOLLAR
1-DÓLAR

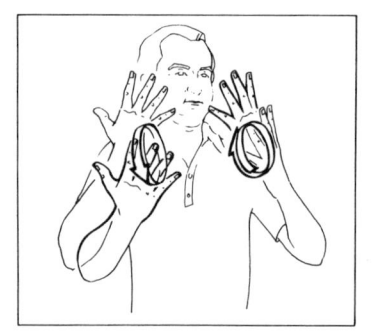

EMBARRASS
APENARSE, dar vergüenza

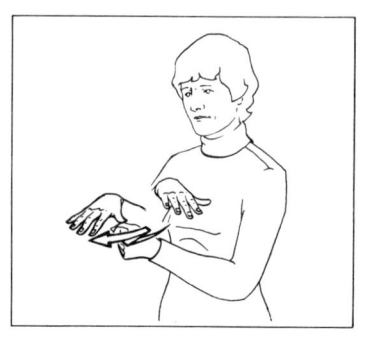

ENOUGH
BASTANTE, suficiente

FREE, safe
LIBRE, a salvo

164

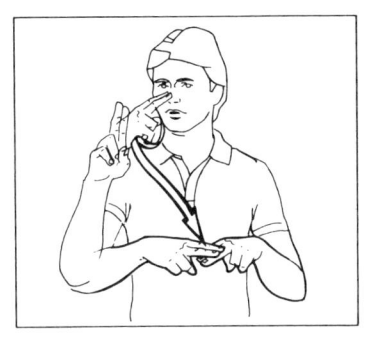

FUN
DIVERTIDO

INTELLIGENT, smart
INTELIGENTE, listo

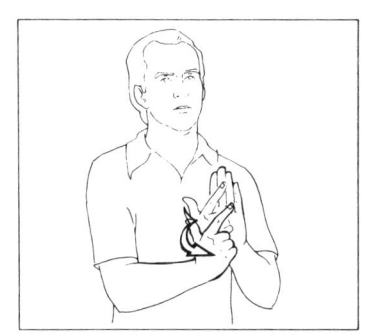

LAW, legal
LEY, legal

LIST, outline
LISTA, esquema

NATIONAL, nation
NACIONAL, nación

OFTEN, frequently
FRECUENTEMENTE, con
frecuencia

OWE, debt, obligation
DEBER, deuda, obligación

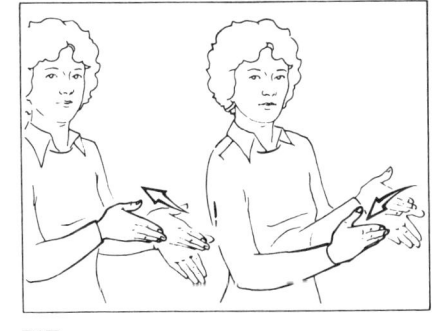

PIE
PASTEL

PLENTY
BASTANTE

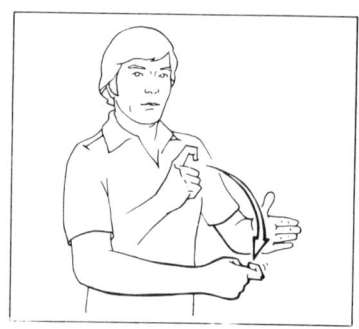

PRICE, cost, charge, tax
PRECIO, costo, cargo,
impuesto

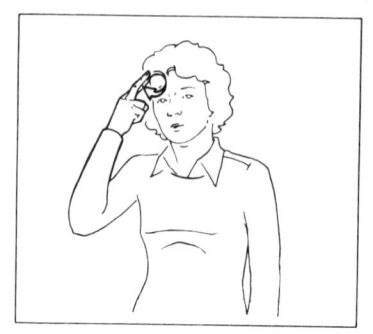

REASON, realize, rationale
RAZÓN, darse cuenta,
racionalizar

RIGHT (legal, moral)
DERECHO (legal, moral)

RULE
REGLA, reglamento

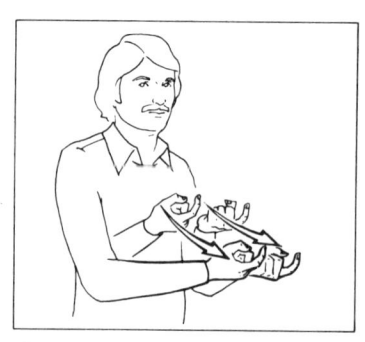

SKI
Noun: SKIING
ESQUIAR
Sustantivo: ESQUÍ

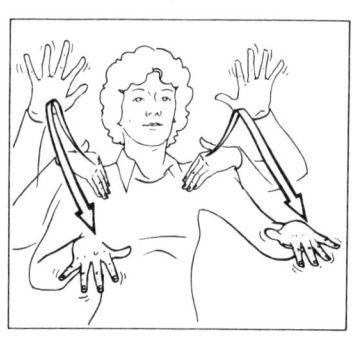

SNOW
NIEVE

SOME
ALGO

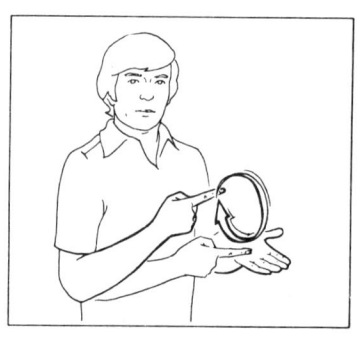

SOMETIMES, occasionally
ALGUNAS VECES,
ocasionalmente

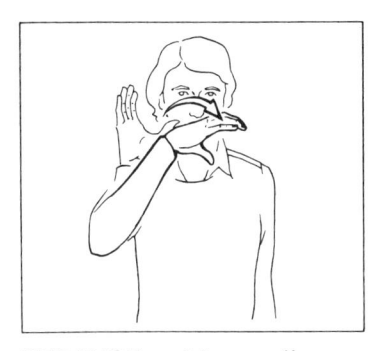

STRANGE, odd, peculiar, weird
EXTRAÑO, raro, peculiar

THROW-AWAY, discard
TIRAR, descargar

TROUBLE
PROBLEMA, dificultad

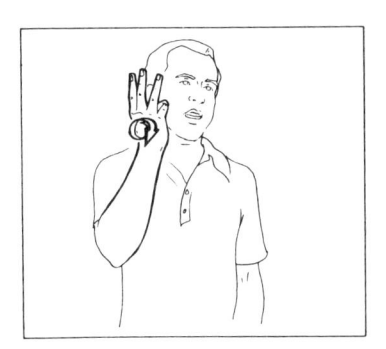

WINE
VINO

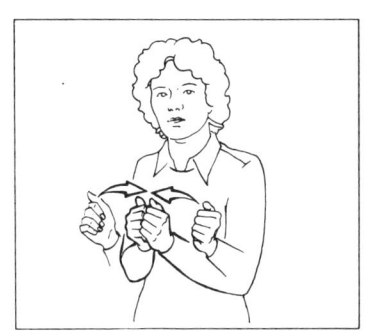

WITH, together
CON, junto

DIALOGUE 4

Bill makes arrangements with Jack to see a new play production with Deaf actors.

DIÁLOGO 4

Bill se pone de acuerdo con Jack para ir a ver una nueva obra de teatro con actores Sordos.

Bill:
_____ q _____
KNOW-THAT HAVE PERFORMANCE NEW? DEAF PERFORMANCE
_____ q _____
GROUP THERE L-A ESTABLISH. WANT SEE YOU?

Bill:
_____ q _____
¿SABER-QUE TENER OBRA DE TEATRO NUEVA? SORDO ACTUACIÓN
_____ q _____
GRUPO ALLÁ L-A ESTABLECER. ¿QUERER VER TÚ?

Jack:
__ y __   _____ q _____
I WANT.   CHAIR LEFT HAVE?

Jack:
____ y ____   _____ q _____
YO QUERER.   ¿ASIENTOS QUEDAR TENER?

Bill:
SHOULD HAVE LEFT CL:5̈. I-TTY-IT, TWO-US RESERVE CHAIR.
__ t __
TICKET COST 3-DOLLAR.

Bill:
DEBER TENER QUEDAR CL:5. YO-TTY-EL (objeto), NOSOTROS-DOS RESERVAR ASIENTO.
__ t __
BOLETO COSTAR 3-DÓLAR.

Jack:
_____ q _____
I-PAY-YOU NOW CAN I. WANT TWO-US WITH DRIVE-THERE?

Jack:
_____ q _____
YO-PAGAR-TÚ AHORA PODER YO. ¿QUERER NOSOTROS-DOS MANEJAR-ALLÁ?

Bill:
FINE. TWO-US WATCH PERFORMANCE FINISH, GO-THERE FRIEND HOUSE PARTY, CHAT FRIEND FINISH, COME-HERE HOME.

Bill:
BIEN. NOSOTROS-DOS VER ACTUACIÓN TERMINAR, IR-ALLÁ AMIGO CASA FIESTA, PLATICAR AMIGO TERMINAR, VENIR-AQUÍ CASA.

Jack:
_ whq _
TOMORROW I-MEET-YOU   TIME ?

Jack:
_ whq _
¿MAÑANA YO-REUNIR-ME TÚ TIEMPO?

Bill:
TIME 4. TWO-US TIME PLENTY DRIVE-THERE.

Bill:
TIEMPO 4. NOSOTROS-DOS TIEMPO SUFICIENTE MANEJAR-ALLÁ.

NOTES   NOTAS

More Negatives

There are other ways to form negative sentences:

1. Use of NEVER. NEVER occurs either before the verb or at the end of the sentence.

EXAMPLE:

Más Formas Negativas

Existen otras maneras de formar oraciones negatives:

1. Uso de NUNCA. NUNCA ocurre ya sea antes o después del verbo o al final de la oración.

EJEMPLO:

```
_____ n _____
I EXERCISE NEVER I.   'I never exercise.'
_____ n _____
YO EJERCICIO NUNCA YO.   "Yo nunca hago ejercicio."
```

```
_____ n _____
I NEVER EXERCISE I.   'I never exercise.'
```

```
_____ n _____
YO NUNCA EJERCICIO YO.   "Yo nunca hago ejercicio."
```

2. Use of NONE to mean 'not,' or 'not at all.' Verbs like HAVE, SEE, UNDERSTAND, FEEL, HEAR, EAT, and GET are frequently negated with NONE. NONE may occur either before or after the verb, but when it occurs after the verb, the two signs are often blended in a single, smooth movement.

2. Uso de NINGUNO para significar "no" o "en absoluto." Los verbos tales como TENER, VER, ENTENDER, SENTIR, OÍR, COMER, y RECIBIR u OBTENER con frecuencia pueden ir acompañados por la forma negativa NINGÚN, ninguno, nada, en absoluto o "para nada." Estas formas pueden ocurrir antes o después del verbo, pero cuando ocurren antes del verbo, las dos señas con frecuencia se combinan en un sólo movimiento en forma suave.

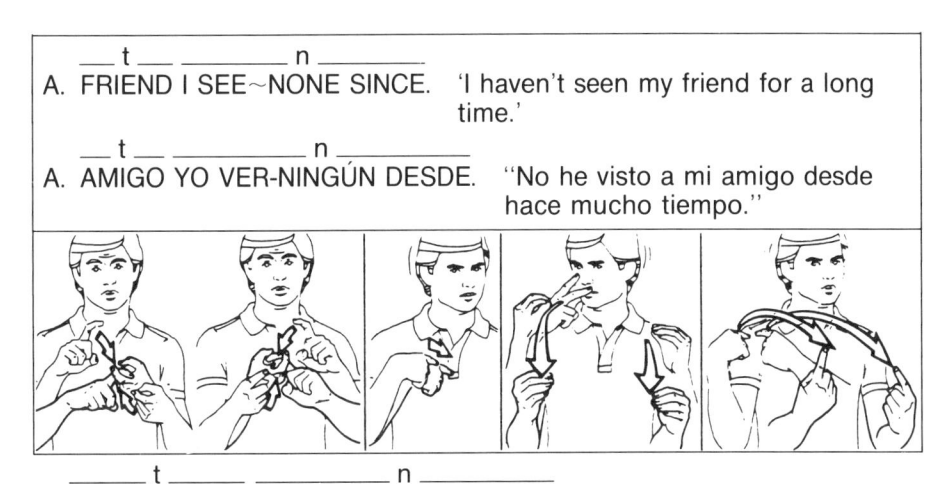

_t _ _____ n _____
A. FRIEND I SEE~NONE SINCE.   'I haven't seen my friend for a long
time.'

_t _ _____ n _____
A. AMIGO YO VER-NINGÚN DESDE.   "No he visto a mi amigo desde
hace mucho tiempo."

_____ t _____ _____ n _____
B. EXPLANATION I UNDERSTAND~NONE I.
'I didn't understand the explanation.' or 'I didn't understand the explanation at all.'
_____ t _____ _____ n _____
B. EXPLICACIÓN YO ENTENDER-NADA YO.
"No entendí la explicación." o "Yo no entendí la explicación en absoluto."

_ t _ _____ n _____
C. T-T-Y I HAVE~NONE I.   'I don't have a TTY.'
_ t _ _____ n _____
C. T-T-Y YO TENER-NINGUNO YO.   "Yo no tengo un TTY."

Exercise 14.1:

Change the following sentences to negative sentences with the negative sign given.

EXAMPLE:

I GO-AWAY MOVIE I.   'I go to the movies.'
(NEVER)
_____ n _____
I NEVER GO-AWAY MOVIE I.   'I never go to the movies.'
_____ n _____
I GO-AWAY MOVIE NEVER I.   'I never go to the movies.'

YO IR-LEJOS CINE YO.   "Yo voy al cine."
(NUNCA)
_____ n _____
YO NUNCA IR-LEJOS CINE YO.   "Yo nunca voy al cine."
_____ n _____
YO IR-LEJOS CINE NUNCA YO.   "Yo nunca voy al cine."

1. I HEAR YOU MARRY YOU. (NONE)
1. YO OIGO TÚ CASAR TÚ. (EN ABSOLUTO)

Ejercicio 14.1:

Cambie las oraciones siguientes a la forma negativa usando la forma negativa de la seña dada.

EJEMPLO:

```
                _____ t _____
2. NURSE GIVE-SHOT, I FEEL I. (NONE)
                _____ t _____
2. ENFERMERA DAR-INYECCIÓN, YO SENTIR YO. (NADA)

      ___ t ___
3. WRENCH STORE IT HAVE. (NONE)
      _ t _
3. PINZA TIENDA ELLA (objeto) TENER. (NINGUNA)

4. IT C-O HAVE DEAF WORK. (NONE)
4. ELLA (objeto) C-O (COMPAÑIA) TENER SORDO EMPLEO. (NINGÚN)

5. MAN INTERACT DEAF HE. (NEVER)
5. HOMBRE INTERACTUAR SORDO EL. (NUNCA)

      _ t _
6.  C-F  HE GET HE. (NONE)
      _ t _
6.  C-F  EL OBTENER EL. (NINGÚN)

      ___ t ___
7. TURKEY I EAT FINISH. (NONE)
      _ t _
7. PAVO YO COMER TERMINAR. (NADA)

                _____ t _____
8. MONEY YOU-GIVE-HER, I SEE I. (NONE)
            _____ t _____
8. DINERO TÚ-DAR-ELLA, YO VER YO. (NADA)

9. SHE-HELP-ME SHE. (NEVER)
9. ELLA-AYUDAR-ME ELLA. (NUNCA)

      _ t _
10.  T-V  I UNDERSTAND CAN I. (NONE)
      _ t _
10.  T-V  YO ENTENDER PODER YO. (EN ABSOLUTO)

11. HE BATHE FINISH HE. (NEVER)
11. EL BAÑAR TERMINAR EL. (NUNCA)
```

Negative Quantifiers

1. NONE may also be used before a noun to show a zero quanitity of the noun.

EXAMPLES:

A. ___n___ I SEE NONE PEOPLE I. 'I saw no people.'

A. ___n___ YO VER NADA GENTE YO. "No vi nada de gente."

B. ___n___ I BUY NONE CLOTHES I. 'I bought no clothes.'

B. ___n___ YO COMPRAR NADA ROPA YO. "No compré nada de ropa."

2. NOTHING is also used to indicate zero quantity; it is used after the verb.

EXAMPLES:

A. ___n___ I BUY NOTHING I. 'I bought nothing.'

A. ___n___ YO COMPRAR NADA YO. "Yo no compré nada."

B. ___n___ I SEE NOTHING I. 'I saw nothing.'

B. ___n___ YO VER NADA YO. "Yo no vi nada."

C. ___n___ HE FEEL NOTHING HE. 'He felt nothing.'

C. ___n___ EL SENTIR NADA EL. "El no sintió nada."

Forma Negativa de los Cuantificadores

1. NADA o NINGUNO también se puede utilizar antes de un sustantivo para mostrar que hay cero cantidad del sustantivo.

EJEMPLOS:

2. También se puede utilizar la forma negativa NADA para indicar zero cantidad; ésta se utiliza después del verbo.

EJEMPLOS:

Exercise 14.2:

Change the following sentences to sentences with the negative quantifiers NONE or NOTHING.

Ejercicio 14.2:

Cambie las oraciones siguientes a la forma negativa utilizando los cuantificadores negativos NADA, NINGUNO, NINGÚN, EN ABSOLUTO, PARA NADA.

EXAMPLE:

    _____ t _____
THERE STORE, I SEE A-FEW PEOPLE. 'I saw a few people at the store.'
  (NONE)
    _____ t _____ _____ n _____
    THERE STORE, I SEE NONE PEOPLE. 'I saw no people at the store.'

EJEMPLO:

    _____ t _____
ALLÁ TIENDA, YO VER ALGUNAS PERSONAS. "Vi a algunas personas en la tienda."
  (NINGUNA)
    _____ t _____ _____ n _____
    ALLÁ TIENDA, YO VER NINGUNA PERSONAS "No vi a ninguna persona en la tienda."

1. SHE BUY HAMMER AND SCREWDRIVER. (NOTHING)
1. ELLA COMPRAR MARTILLO Y DESARMADOR. (NADA)

2. NOW YEAR, I GROW V-E-G. (NOTHING)
2. AHORA AÑO, YO CULTIVAR V-E-G-E-T-A-L-E-S. (NINGÚN)

    _____ t _____
3. NURSE GIVE-SHOT, I FEEL I. (NOTHING)
    _____ t _____
3. ENFERMERA DAR-INYECCIÓN, YO SENTIR YO. (NADA)

4. PEOPLE RIDE B-U-S A-FEW. (NONE)
4. GENTE TOMAR EL A-U-T-O-B-Ú-S POCA. (NINGUNA)

    _ t _
5. Z-O-O IT HAVE MONKEY A-FEW. (NONE)
    _____ t _____
5. Z-O-O-L-Ó-G-I-C-O EL (objeto) TENER MONOS POCO. (NINGÚN)

6. I MUST SHOP, HAVE A-LITTLE FOOD LEFT. (NONE)
6. YO DEBER COMPRAR, TENER POCA COMIDA QUEDAR. (NADA)

    _____ t _____
7. WORK P-O, HE EARN A-LOT. (NOTHING)
    _____ t _____
7. TRABAJO P-O, EL GANA MUCHO. (NADA)

    _____ y _____
8. REALLY I-INFORM-YOU, HAVE TIME I. (NONE)
    _____ y _____
8. REALMENTE YO-INFORMAR-TÚ, TENER TIEMPO YO. (EN ABSOLUTO)

9. YESTERDAY FRIEND HE LEARN SIGN. (NONE)
9. AYER AMIGO EL APRENDER SEÑA. (NINGUNA)

    _ t _
10. A-A-A-D, I DO-WORK. (NOTHING)
    _ t _
10. A-A-A-D, YO TRABAJAR. (NADA)

Use of NOTHING

In sentences like the following, NOTHING has the meaning of a denial of a preceding accusation. The accusation usually has a topic marker.

Uso de la Forma Negativa NADA

En las oraciones tales como las siguientes, NADA tiene como significado la negación de una acusación precedente. La acusación generalmente tiene un marcador de tema.

EXAMPLES: ## EJEMPLOS:

```
       __ t __   __ n __
A. I HIT BOY, NOTHING I!   'I didn't hit the boy!'
         _____ t _____   __ n __
A. ¿YO GOLPEAR NIÑO, NADA YO!   "¡Yo no golpeé al niño!"
```

```
              _____ q _____
B. Question: GLASS SHE BREAK?   'Did she break the glass?'
              ____ n ____
   Response: NOTHING SHE.-'No, she didn't.'

              _____ q _____
B. Pregunta: ¿VASO ELLA ROMPER?   "¿Ella rompió el vaso?"
              ____ n ____
   Repuesta: NADA ELLA.   "No."
```

Exercise 14.3:

Add NOTHING to the following sentences:

Ejercicio 14.3.

Añada la forma negativa NADA a las oraciones siguientes:

EXAMPLE:

I LOSE YOUR KEY.   'I lost your keys.'
```
       _____ t _____   __ n __
   I LOSE YOUR KEY, NOTHING I!   'I didn't lose your keys!'
```

EJEMPLO:

YO PERDER TU LLAVE.   "Yo perdí tus llaves."
```
         _____ t _____   __ n __
   ¡YO PERDER TU LLAVE, NADA YO!   "¡Yo no perdí tus llaves!"
```

```
   __ t __
1. LETTER SHE-SEND-HIM.
```

```
   __ t __
1. CARTA ELLA-MANDAR-LE (a él).
```

2. SHIRT NEW WASH-IN-MACHINE.

2. CAMISA NUEVA LAVAR-A-MÁQUINA.

3. I RESPONSIBLE CAR-ACCIDENT I.

3. YO RESPONSABLE COCHE-ACCIDENTE YO.

4. I I-TTY-YOU YESTERDAY NIGHT.

4. YO YO-T-T-Y-TÚ AYER NOCHE.

5. I I-WARN-HIM FINISH.

5. YO YO-AVISAR-LE (a él) ACABAR.

6. I-BOTHER-HIM I.

6. YO-MOLESTAR-LO (a él) YO.

7. BOY STEAL CAMERA HE.

7. NIÑO ROBAR CÁMARA EL.

Vocabulary Vocabulario

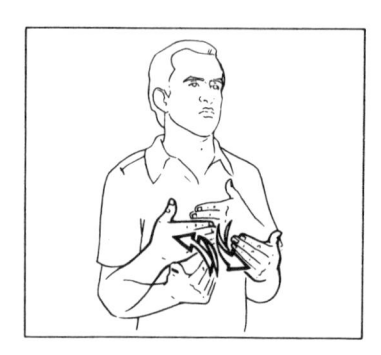

ANYWAY, regardless, it doesn't matter
DE TODOS MODOS, da igual, no importa

BATHE
Noun: bath
BAÑARSE
Sustantivo: baño

BOTHER, disturb
MOLESTAR, perturbar

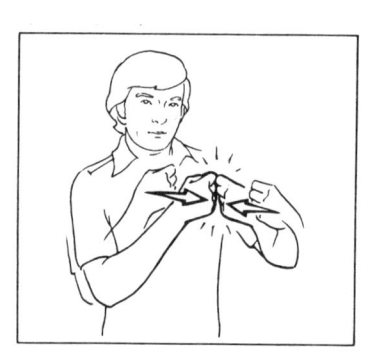

CAR-ACCIDENT, collide, collision
ACCIDENTE DE COCHES, colisión

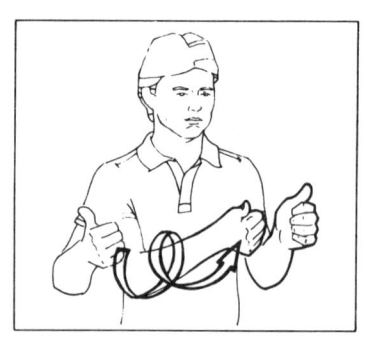

CHASE
SEGUIR, perseguir

CONFUSED, mixed up
CONFUNDIR, confuso

CURIOUS
CURIOSO

DO-WORK, labor
HACER TRABAJO

EARN
GANAR (dinero)

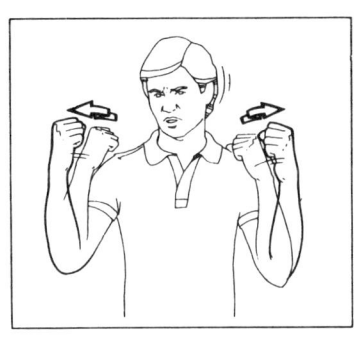

EXERCISE, work out
EJERCICIO

FALSE, fake
FALSO, "de mentiras"

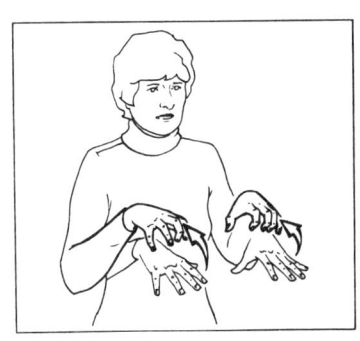

FREEZE, frozen
CONGELAR, congelado

GIVE-SHOT
DAR INYECCIÓN

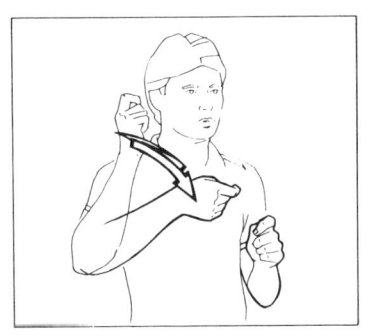

HAMMER
MARTILLO

HIT
GOLPEAR, pegar

INTERACT, associate, socialize
INTERACTUAR, asociar, socializar

LAZY
FLOJO, perozoso

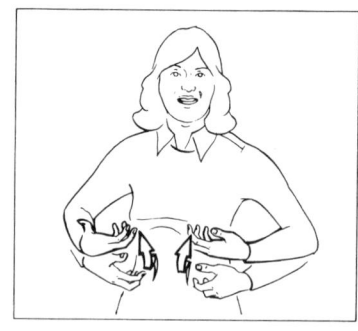

MONKEY
MONO

NERVOUS
NERVIOSO

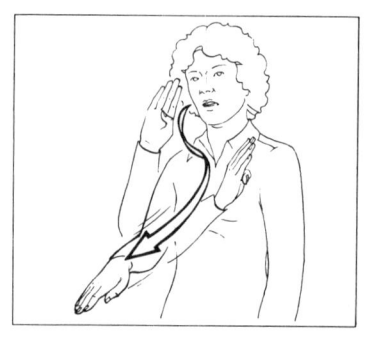

NEVER
NUNCA

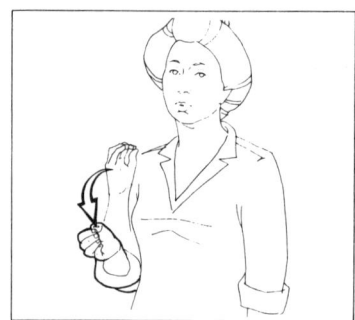

NONE
NINGUNO

NOTHING
NADA

NURSE
ENFERMERA

PATIENT, patience, endure, bear
PACIENTE, paciencia, perdurar, aguantar

PLAY
JUGAR

PUZZLED, perplexed
CONFUNDIDO, perplejo

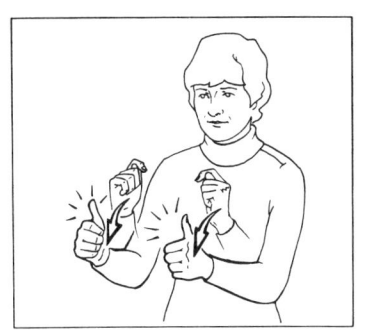

QUICK, fast, rapid
RÁPIDO, pronto, aprisa

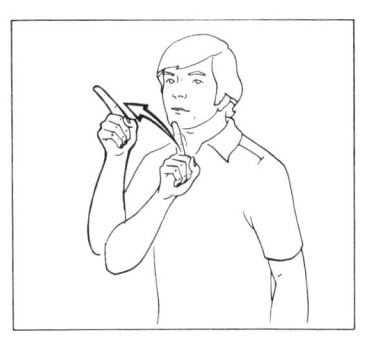

REAL, true
REAL, verdad

REALLY, TRUE, sure
DE VERAS, verdadero,
seguro

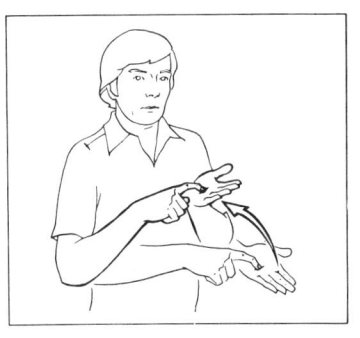

REQUIRE, demand
REQUERIR, requisito,
demandar

RIDE
Noun: ride, transportation
PASEAR EN
Sustantivo: paseo,
transporte

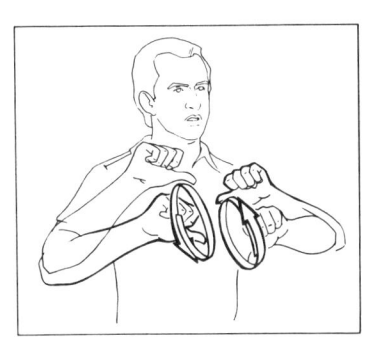

SCIENCE
CIENCIA

SCREWDRIVER
DESARMADOR

SHAVE
Noun: shaver, razor
RASURAR
Sustantivo: rasuradora

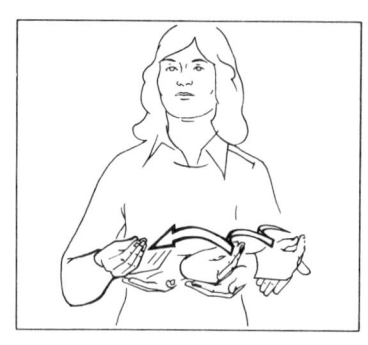

SHOP, shopping
COMPRAR, ir de compras

SHOWER
REGADERA

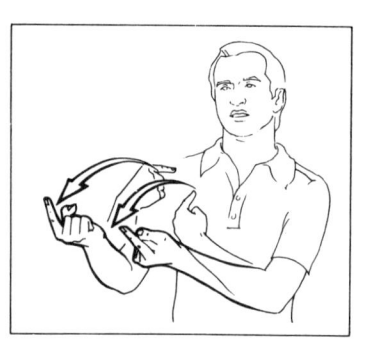

SINCE, lately
DESDE, últimamente

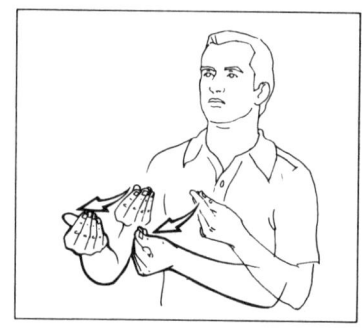

SPEND, pay
GASTAR, pagar

TAKE-PICTURE
Noun: camera
TOMAR-FOTOGRAFÍA
Sustantivo: cámara

TURKEY
PAVO

WARN, caution
ADVERTENCIA, precaución

WRENCH
PINZA

NOTES   NOTAS

More Directional Verbs

Some directional verbs such as CHOOSE, COPY, TAKE, SUMMON, TAKE-ADVANTAGE-OF and BORROW have a movement opposite of other directional verbs such as GIVE, TELL, SHOW, ASK, INFORM.

Más Verbos Direccionales

Algunos verbos direccionales tales como ESCOGER, COPIAR, TOMAR (o coger), LLAMAR LA ATENCIÓN (avisar), APROVECHARSE DE, y PRESTAR tienen movimientos opuestos a otros verbos direccionales tales como DAR, DECIR, MOSTRAR, PREGUNTAR, INFORMAR.

I-CHOOSE-YOU YO-ESCOGER-TE

I-GIVE-YOU YO-DAR-TE

I-SUMMON-YOU YO-AVISAR-TE

I-INFORM-YOU YO-INFORMAR-TE

The other forms of CHOOSE and similar directional verbs are:

Las otras formas del verbo ESCOGER y de otros verbos direccionales similares son:

YOU-CHOOSE-ME TÚ-ESCOGER-ME

SHE-CHOOSE-ME ELLA-ESCOGER-ME

SHE-CHOOSE-HIM
ELLA-ESCOGER-LO
(a él)

I-CHOOSE-HER
YO-ESCOGER-LA
(a ella)

SHE-CHOOSE-YOU
ELLA-ESCOGER-TE

YOU-CHOOSE-HER
TÚ-ESCOGER-LA
(a ella)

Exercise 15.1:

Change the following I to you verb forms
to I to he/she/it verb forms.

EXAMPLE:

—————— q ——————
YOUR PAPER I COPY-YOU CAN I?   'Can I copy from your paper?'
—————— q ——————
 HER PAPER I-COPY-HER CAN I?   'Can I copy from her paper?'

—————— q ——————
¿TU PAPEL YO-COPIAR-TE PODER YO?   "¿Puedo copiar tu papel?"
—————— q ——————
¿SU (de ella) PAPEL YO-COPIAR-ELLA PODER YO?   "¿Puedo copiar de su papel (de ella)?"

—————— q ——————
1. DON'T-MIND I-BORROW-YOU DICTIONARY?
—————— q ——————
1. ¿NO TE IMPORTA YO-PRESTAR-TU DICCIONARIO?

—————— n ——————
2. I UNDERSTAND. I DON'T-WANT I-TAKE-ADVANTAGE-YOU.
—————— n ——————
2. YO ENTENDER. YO NO QUERER NO APROVECHAR-ME DE TI.

Ejercicio 15.1:

Cambie las siguientes formas verbales yo
a ti a las formas verbales yo a él/ella/él-
ella (objeto).

EJEMPLO:

__ t __
3. READY, I HAPPY I-SUMMON-YOU.

__ t __
3. LISTO, YO CONTENTO YO AVISAR-TE.

_____ t _____
4. YOUR SCHEDULE I-COPY-YOU CAN I.

_____ t _____
4. TU HORARIO YO-COPIAR-TÚ PODER YO.

5. I WANT I-CHOOSE-YOU.
5. YO QUERER YO-ESCOGER-TE.

Exercise 15.2:

Change the following you to me verb forms to you to he/she/it verb forms.

Ejercicio 15.2:

Cambie las siguientes formas verbales tú a mí a las formas verbales tú a él/ella/él-ella (objeto).

EXAMPLE:

EJEMPLO:

YOU-TELL-ME FINISH YOU-CHOOSE-ME FOR COMMITTEE.
'You already told me that you picked me for the committee.'
   YOU-TELL-ME FINISH YOU-CHOOSE-HIM FOR COMMITTEE.
   'You already told me that you picked him for the committee.'

TÚ-DECIR-ME TERMINAR TÚ-ESCOGER-ME PARA COMITÉ.
"Tú ya me dijiste que me escogiste para el comité."
   TÚ-DECIR-ME TERMINAR TÚ-ESCOGER-LO (a él) PARA COMITÉ.
   "Tú ya me dijiste que lo escogiste a él para el comité."

_____ t _____
1. MY HOMEWORK YOU-COPY-ME.

____ t ____
1. MI TAREA TÚ-COPIAR-ME.

_____ q _____
2. CAN YOU-TAKE-ME THERE Z-O-O?
_____ q _____
2. ¿PODER TÚ-LLEVAR-ME ALLÁ Z-O-O-L-Ó-G-I-C-O?

_____ t _____
3. YOU READY LEAVE, YOU-SUMMON-ME.
_____ t _____
3. TÚ LISTO SALIR, TÚ-AVISAR-ME.

_____ n _____
4. NOT LIKE YOU-TAKE-ADVANTAGE-ME.
_____ n _____
4. NO GUSTAR TÚ-APROVECHAR-ME.

5. SURPRISE YOU-CHOOSE-ME PRESIDENT C-L-U-B.
5. SORPRESA TÚ-ESCOGER-ME PRESIDENTE C-L-U-B.

Directional Verbs Incorporating Two Objects

Directional verbs can change their movement to show the number of persons or objects. The inflection for two objects, YOU-TWO or TWO-THEM has the following form:

I-INFORM-YOU-TWO YO-INFORMAR-USTEDES-DOS
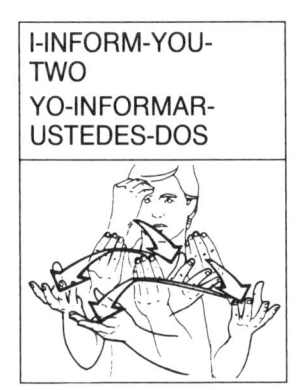

Verbos Direccionales Incorporando Dos Objectos

Para mostrar el número de persona u objetos, los verbos direccionales pueden cambiar el movimiento. La inflección para dos objetos, USTEDES-DOS o DOS DE ELLOS tiene la forma siguiente:

I-INFORM-TWO-THEM YO-INFORMAR-DOS-DE-ELLOS

Exercise 15.3:

Change the following singular object verb forms to dual (two) objects.

EXAMPLE:

Ejercicio 15.3:

Cambie los siguientes formas verbales del objeto del singular a la forma dual (dos objetos).

EJEMPLO:

HAPPY I I-INFORM-YOU HAPPEN. 'I can let you know what happened.'
  HAPPY I I-INFORM-YOU-TWO HAPPEN. 'I can let the two of you know what happened.'

CONTENTO YO YO-INFORMAR-TE SUCEDER. "Yo te puedo informar lo que sucedió."
  CONTENTO YO YO-INFORMAR-USTEDES-DOS SUCEDER. "Yo les puedo informar a ustedes dos lo que sucedió."

1. YESTERDAY I I-TELL-HIM, RAIN WILL.
1. AYER YO YO-DECIRLE-A EL, LLOVER VA A.

  __ t __
2. MONEY HE-GIVE-HER.
  __ t __
2. DINERO EL-DARLE-A ELLA.

3. BETTER YOU-ASK-HIM. SURE YOU RIGHT YOU.
3. MEJOR TÚ PREGUNTARLE-A EL. SEGURO TÚ BIEN TÚ.

4. I WANT I-TAKE-YOU THERE RESTAURANT.
4. YO QUERER YO-LLEVAR-TE ALLÁ RESTAURANTE.

5. YOU BEST, I WANT I-CHOOSE-YOU.
5. TÚ MEJOR, YO QUERER YO-ESCOGER-TE.

6. BEER I-CL:C-GIVE-HER.
6. CERVEZA YO-CL:C-DARLE-A-ELLA.

    ____ t ____
7. DAUGHTER I I-SEND-HER LETTER WILL I.
    _ t _
7. HIJA YO YO-MANDARLE-A-ELLA CARTA VOY YO.

Directional Verbs Incorporating EACH or ALL

Directional verbs also change to indicate 'to each of you/them,' or 'to all of you/them.' The forms of these inflections are:

Verbos Direccionales Incorporando CADA UNO o TODOS

Los verbos direccionales también cambian para indicar "a cada uno de ustedes/de ellos," o "a todos ustedes/ellos." Las formas de estas inflecciones son:

I-TELL-EACH-OF-YOU

YO-DECIR-CADA-UNO-DE-USTEDES

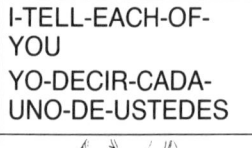

I-TELL-EACH-OF-THEM

YO-DECIR-CADA-UNO-DE-ELLOS

I-TELL-ALL-OF-YOU

YO-DECIR-TODOS-USTEDES

I-TELL-ALL-OF-THEM

YO-DECIR-TODOS-ELLOS

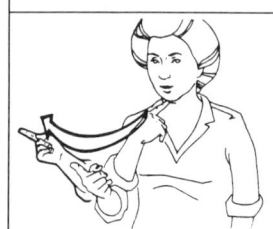

Exercise 15.4:

Change the following singular object verb forms to plural forms using either EACH or ALL as indicated.

Ejercicio 15.4:

Cambie los siguientes formas verbales con el objeto en singular a las formas plurales utilizando CADA UNO o TODOS según esté indicado:

EXAMPLE:

___ t ___
TROPHY HE-PRESENT-HER.   'He gave her a trophy.'
  (EACH)
    ___ t ___
    TROPHY HE-PRESENT-EACH-OF-THEM.   'He gave a trophy to each of them.'

___ t ___
TROFEO EL-PRESENTARLE-A ELLA.   'El le dió el trofeo a ella.''
  (CADA UNA)
    ___ t ___
    TROFEO EL-PRESENTAR-CADA-UNA-DE-ELLAS.   "El le dió un trofeo a cada una de ellas."

EJEMPLO:

  _ t _
1. THIEF COP FINISH HE-CATCH-HER. (EACH)
  ___ t ___
1. RATERO POLICÍA ACABAR-EL-ARRESTARLA-A-ELLA. (CADA UNA)

    _____ q _____
2. PLEASE FOR ME, CAN YOU YOU-ASK-HIM? (ALL)
    _____ q _____
2. ¿POR FAVOR PARA MÍ, PODER TÚ TÚ-PREGUNTARLE-A EL? (TODOS)

3. WANT I I-INVITE-HER MY WEDDING. (EACH)
3. QUERER YO YO-INVITARLA-A ELLA MI BODA. (CADA UNA)

4. TOMORROW I I-INFORM-YOU WHO WIN. (ALL)
4. MAÑANA YO YO-INFORMAR-TE QUIEN GANAR. (TODOS)

    _____ t _____
5. MY OLD CLOTHES WILL I I-GIVE-TWO-THEM. (ALL)
    _____ t _____
5. MI VIEJA ROPA VOY YO YO-DAR-DOS-DE-ELLOS. (TODOS)

6. FINISH I I-TELL YOU MUST YOU COME-HERE TIME 8. (ALL)
6. TERMINAR YO YO-DECIR-TE DEBER TÚ VENIR-AQUÍ TIEMPO. (TODOS)

    _____ t _____
7. TWO-OF-THEM CHILDREN MOTHER SEND-BACK-TWO-OF-THEM. (EACH)
    _____ t _____
7. DOS-DE-ELLOS NIÑOS MADRE ELLA-MANDAR-VOLVER-DOS-DE-ELLOS. (CADA UNO)

Vocabulary   Vocabulario

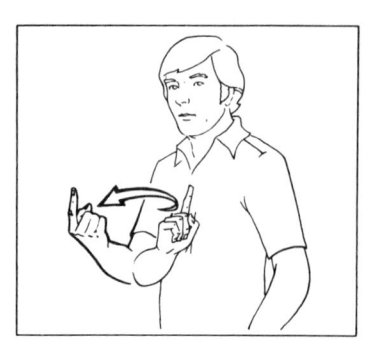

ALONE
SOLO

BEER
CERVEZA

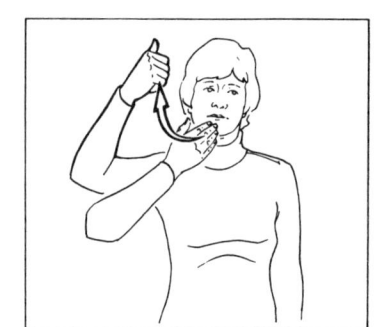

BEST
EL MEJOR

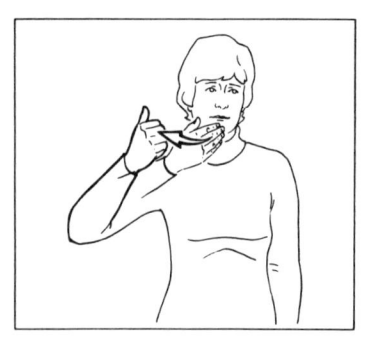

BETTER
MEJOR

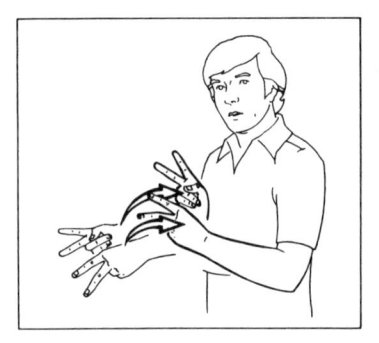

BORROW
PRESTAR

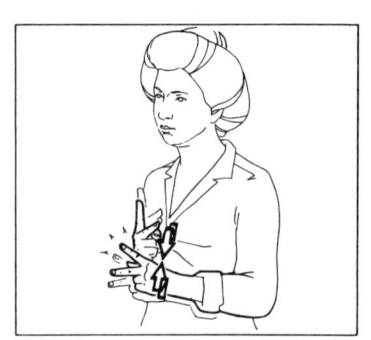

CAREFUL, be careful
CUIDADO, ser cuidadoso

CARELESS
DESCUIDADO

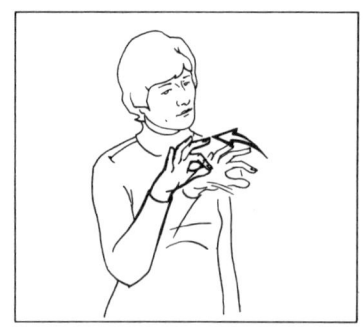

CHOOSE, pick
ESCOGER, seleccionar

COMMITTEE
COMITÉ

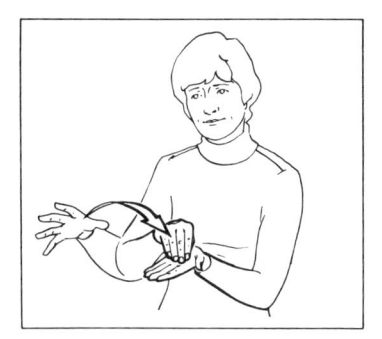

COPY, imitate
COPIAR, imitar

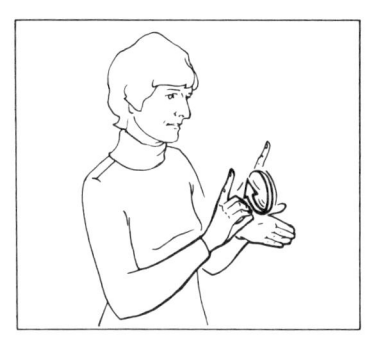

DICTIONARY
DICCIONARIO

DON'T-MIND, don't care
NO LE IMPORTA

DRY, boring
SECO, aburrido

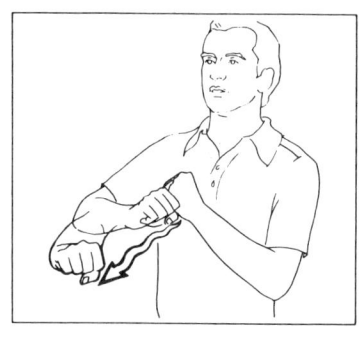

EXAGGERATE
EXAGERAR

FINALLY, succeed
FINALMENTE, lograr, tener éxito

GOVERNMENT, capitol
GOBIERNO, capitolio

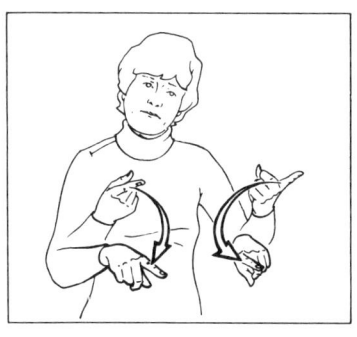

HAPPEN, occur, incident
SUCEDER, ocurrir, incidente

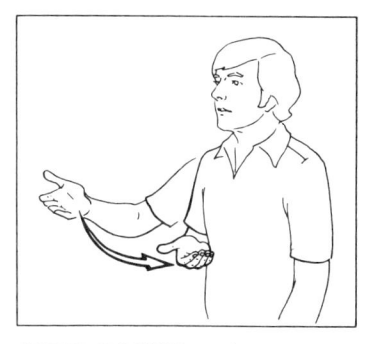

HIRE, INVITE, welcome
CONTRATAR, invitar, dar la bienvenida

IMPOSSIBLE
IMPOSIBLE

JEALOUS, envious
CELOSO, envidioso

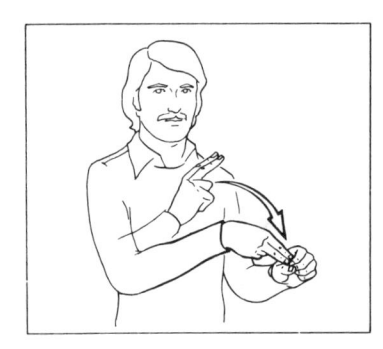

JOIN, participate
INTEGRARSE, participar

KILL, murder
MATAR, asesinar

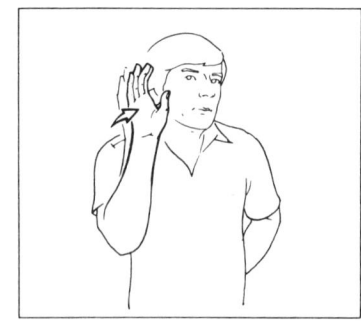

LISTEN
ESCUCHAR

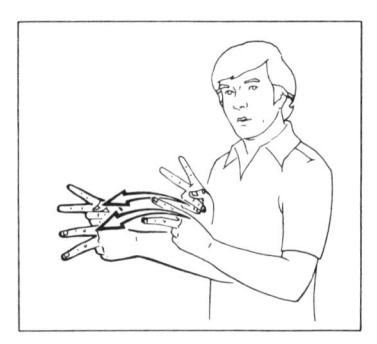

LOAN, lend
PRÉSTAMO, prestar

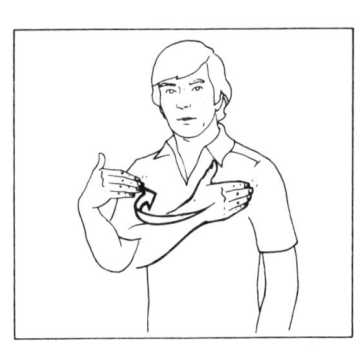

MEMBER
MIEMBRO

OFFER, propose, suggest
OFRECER, proponer,
sugerir

POLITE, manners
MODALES, bien educado

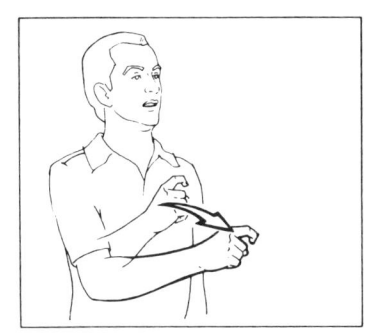

PRESENT, give
PRESENTAR, dar

READY
LISTO

SAME-TIME, simultaneously
MISMO-TIEMPO,
simultaneamente

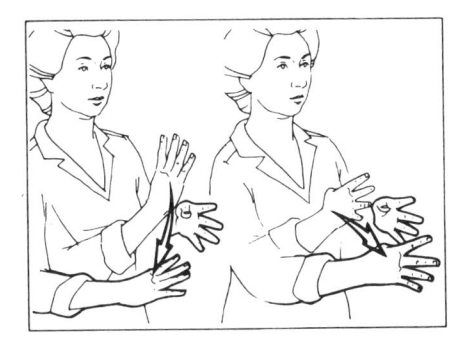

SCHEDULE
HORARIO

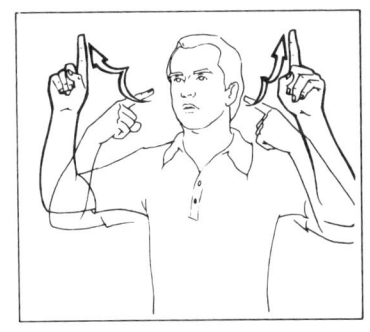

SUCCEED, success
TENER ÉXITO, éxito

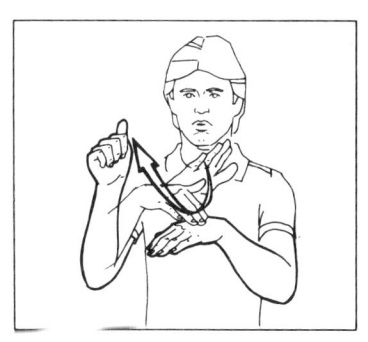

SUMMON, call
AVISAR, llamar la atención

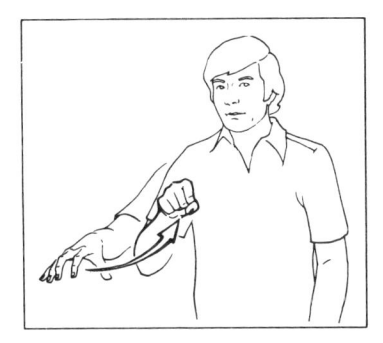

TAKE, take out
TOMAR, coger, quitar

TAKE-ADVANTAGE-OF, rip off
APROVECHARSE DE

THIEF
LADRÓN, ratero

THIN
DELGADO

TROPHY
TROFEO

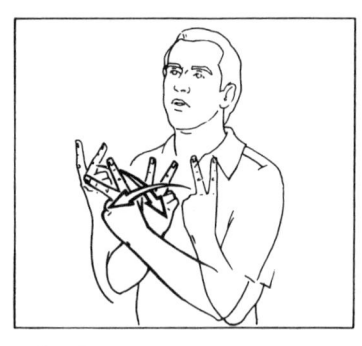

WORSE
PEOR

NOTES   NOTAS

Time Measurements Incorporating Number

The time signs MINUTE, HOUR, DAY, WEEK, and MONTH (but not YEAR) incorporate the numbers 1–9:

Medición del Tiempo Incorporando el Número

Las señas para las palabras MINUTO, HORA, DÍA, SEMANA, y MES (pero no para la seña de año), incorporan los números del 1 al 9.

5-HOUR 5-HORA 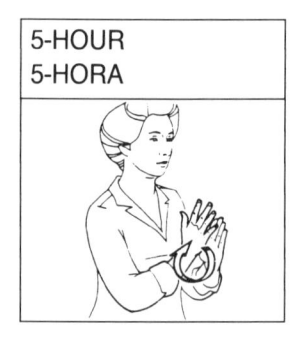	3-DAY 3-DÍA 
8-WEEK 8-SEMANA 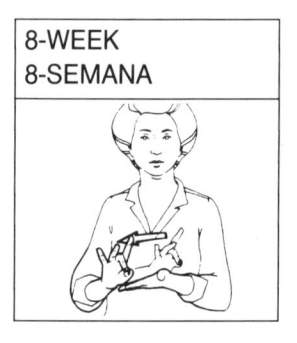	9-MONTH 9-MES 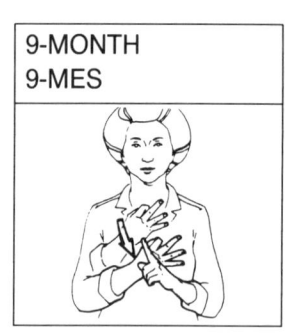

MINUTE can incorporate the numbers 1–10:
but,

La seña para la palabra MINUTO puede incorporar los números del 1 al 10:
pero,

2-MINUTE 2-MINUTO 	4-YEAR 4-AÑO 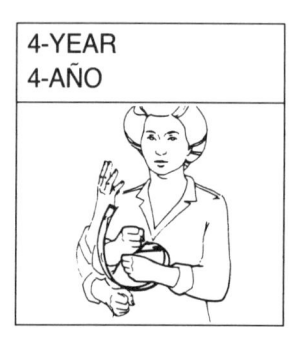

Exercise 16.1:

Substitute the amount given in parentheses for the amount in the sentences below.

EXAMPLE:

I I-MEET-YOU 2-MINUTE I.   'I'll meet you in 2 minutes.'
  (5-MINUTE)
   I I-MEET-YOU 5-MINUTE I.   'I'll meet you in 5 minutes.'

YO YO-ENCONTRAR-TÚ 2-MINUTO YO.   "Yo me reuno contigo en 2 minutos."
  (5-MINUTO)
   YO YO-ENCONTRAR-TÚ 5 MINUTO YO.   "Yo me reuno contigo en 5 minutos."

1. MOVIE IT CONTINUE 2-HOUR. (3-HOUR)
1. CINE EL (objeto) CONTINUAR 2-HORA. (3-HORA)

   __ t __
2. COURSE I TAKE-UP 6-WEEK. (8-WEEK)
   __ t __
2. CURSO YO TOMAR-HASTA 6-SEMANA. (8-SEMANA)

3. NOW TWO-US MARRY 4 YEAR. (7 YEAR)
3. AHORA NOSOTROS-DOS CASADOS 4 AÑO. (7 AÑO)

4. FIVE-US PLAN GO-AWAY BACKPACKING MAYBE 4-DAY. (5-DAY)
4. NOSOTROS-CINCO PLANEAR IR 'backpacking' (DE TROTAMUNDOS) TAL VEZ 4-DÍA. (5-DÍA)

5. NOW LEFT 3-MONTH, MOVE-AWAY WILL I. (6-MONTH)
5. AHORA QUEDAR 3-MES, CAMBIARME VOY YO. (6-MES)

6. I ORDER BED NEW, I MUST WAIT 8-WEEK. (4-WEEK)
6. YO ORDENAR CAMA NUEVA, YO DEBER ESPERAR 8-SEMANA. (4-SEMANA)

7. HE LOSE ALMOST 8-DAY. (9-DAY)
7. EL PERDER CASI 8-DÍA. (9-DÍA)

Ejercicio 16.1:

En las oraciones siguientes, sustituya la cantidad dada en el paréntesis por la cantidad dada en la oración.

EJEMPLO:

Tense Indicators Incorporating Number

The tense indicators NEXT-WEEK, LAST-WEEK, NEXT-MONTH, NEXT-YEAR, and LAST-YEAR can also incorporate some numbers. But they vary in which numbers they can incorporate.

Indicadores del Tiempo Incorporando el Número

Los indicadores temporales tales como LA SEMANA PRÓXIMA, LA SEMANA PASADA, EL MES PRÓXIMO, EL AÑO PRÓXIMO* también pueden incorporar algunos numerales. Pero existe una variación en cuanto a los números que pueden incorporar.

NEXT-WEEK incorporates the numbers 1–9.

LA SEMANA PRÓXIMA incorpora los números 1 al 9.

LAST-WEEK incorporates the numbers 1–9.

LA SEMANA PASADA incorpora los números 1 al 9.

IN-FOUR-WEEK
EN-CUATRO-SEMANA

FIVE-WEEK-AGO
CINCO-SEMANA-PASADA

*También se traducen como la próxima semana o la semana entrante, el próximo mes o el mes entrante y el próximo año o el año entrante.

NEXT-MONTH incorporates the numbers 1–9.

PRÓXIMO-MES incorpora los números del 1 al 9.

NEXT-YEAR incorporates the numbers 1–5.

PRÓXIMO-AÑO incorpora los números del 1 al 5.

IN-SIX-MONTH
EN-SEIS-MES

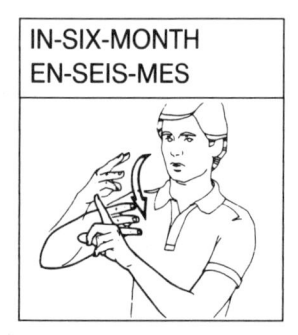

IN-THREE-YEAR
EN-TRES-AÑO

LAST-YEAR incorporates the
numbers 1–5.
AÑO-PASADO incorpora los números del
1 al 5.

TWO-YEAR-AGO
DOS-AÑO-PASADO

Exercise 16.2:

Substitute the tense indicator given in
parentheses for the tense indicator in the
sentences.

EXAMPLE:

_____ q _____
NEXT-WEEK SISTER COME-HERE? 'Is your sister coming next week?'
  (IN-TWO-WEEK)

_____ q _____
  IN-TWO-WEEK SISTER COME-HERE? 'Is your sister coming in 2 weeks?'

Ejercicio 16.2:

Sustituya el indicador del tiempo dado en
las oraciones por el indicador del tiempo
dado en el paréntesis.

EJEMPLO:

_____ q _____
¿PRÓXIMA-SEMANA HERMANA-VENIR AQUÍ? "¿Va a venir tu hermana la próxima
semana?"

  (EN-DOS-SEMANA)

_____ q _____
¿EN-DOS-SEMANA HERMANA VENIR-AQUI? "¿Va a venir tu hermana en 2 semanas?"

1. F-R-A-T MEETING WILL HERE IN-TWO YEAR. (IN-FOUR-YEAR)
1. F-R A-T-E-R-N-I-D-A-D JUNTA SERÁ AQUÍ EN-DOS-AÑO. (EN-CUATRO-AÑO)

— q —

2. LAST TIME I I-SEE-YOU 3-YEAR-AGO, RIGHT? (LAST-YEAR)

— q —

2. ÚLTIMA VEZ YO YO-VER-TÚ 3-AÑO-PASADO, ¿CIERTO? (AÑO-PASADO)

3. 20 YEAR PAST HARD FIND INTERPRETER. (25 YEAR)
3. 20 AÑO PASADO DIFÍCIL ENCONTRAR INTÉRPRETE. (25 AÑO)

4. PARTY THERE MY HOME IN-TWO-MONTH. (IN-THREE-MONTH)
4. FIESTA ALLÁ MI CASA EN-DOS-MES. (EN-TRES-MES)

5. I GO-THERE FINISH FOUR-WEEK-AGO. (SIX-WEEK-AGO)
5. YO IR-ALLÁ TERMINAR CUATRO-SEMANA-PASADA. (SEIS-SEMANA-PASADA)

6. HE GRADUATE GALLAUDET 5-YEAR-AGO. (FOUR-YEAR-AGO)
6. EL GRADUAR GALLAUDET 5-AÑO-PASADO. (CUATRO-AÑO-PASADO)

7. C-O SAY WILL BRING-HERE BED IN-SIX-WEEK. (IN-FOUR-WEEK)
7. C-O DECIR VA A TRAER-AQUÍ CAMA EN-SEIS-SEMANA. (EN-CUATRO-SEMANA)

Time Reduplication

The signs HOUR, WEEK, MONTH, and NEXY-YEAR can be reduplicated to mean 'hourly,' 'weekly,' 'monthly,' and 'yearly.'

Reduplicación Temporal

Las señas de HORA, SEMANA, MES, y PRÓXIMO-AÑO pueden ser reduplicadas para dar el significado de 'cada hora,' 'semanalmente,' 'mensualmente,' y 'anualmente.'

EXAMPLE: EJEMPLO:

| I MUST GO-THERE DOCTOR WEEKLY. | 'I must go to the doctor every week.' |
| YO TENER IR-ALLÁ MÉDICO SEMANALMENTE. | ''Yo debo ir al médico semanalmente.'' |

| HOURLY | WEEKLY | MONTHLY |
| CADA HORA | SEMANALMENTE | MENSUALMENTE |

However, 'daily' has the following form:

Sin embargo, 'diariamente' tiene la forma siguiente:

| YEARLY |
| ANUALMENTE |

| DAILY |
| DIARIAMENTE |

Exercise 16.3:

Substitute the reduplicated signs in parentheses for those given in the sentences.

EXAMPLE:

__ t __
FRIEND I SHOULD GO-THERE VISIT DAILY.
'I should go to visit my friend every day.'
  (WEEKLY)
    __ t __
    FRIEND I SHOULD GO-THERE VISIT WEEKLY.
    'I should go to visit my friend every week.'

Ejercicio 16.3:

Sustituya la forma temporal dada en el paréntesis por la forma reduplicada dada en el paréntesis.

EJEMPLO:

__ t __
AMIGO YO DEBER IR-ALLÁ VISITAR DIARIAMENTE.
"Debo visitar a mi amigo diariamente."
"Debo visitar a mi amigo a diario."
  (SEMANALMENTE)
    __ t __
    AMIGO YO DEBER IR-ALLÁ VISITAR SEMANALMENTE.
    "Debo visitar a mi amigo semanalmente."
    "Debo visitar a mi amigo cada semana."

1. IT-SEND-ME NEWSPAPER WEEKLY. (MONTHLY)
1. EL (objeto)-MANDAR-ME PERIÓDICO SEMANALMENTE. (MENSUALMENTE)

2. MUST I TAKE-PILL HOURLY. (DAILY)
2. DEBER YO TOMAR-PASTILLA CADA HORA. (DIARIAMENTE)

3. SHE GO-THERE EUROPE BUSINESS YEARLY. (MONTHLY)
3. ELLA IR-ALLÁ EUROPA NEGOCIOS ANUALMENTE. (MENSUALMENTE)

4. SHE EXERCISE DAILY. (WEEKLY)
4. ELLA EJERCICIO DIARIO. (SEMANALMENTE)

5. HE TO-TELEPHONE I WEEKLY, I BORED I. (DAILY)
5. EL LLAMAR-POR-TELÉFONO YO SEMANALMENTE, YO ABURRIDO YO. (DIARIAMENTE)

NOTE: More on Time Repetition

Some forms of time that occur regularly are not repeated but use a single movement.
1. To show EVERY-MONDAY, -TUESDAY, -WEDNESDAY, etc., a downward movement is used.

| EVERY-SUNDAY |
| TODOS-LOS-DOMINGOS |

2. To show EVERY-MORNING, -AFTERNOON, -NOON, -NIGHT, a sideward movement is used:

| EVERY-MORNING |
| TODAS-LAS-MAÑANAS |

NOTA: Más Acerca de la Repetición Temporal

Las señas para algunas formas temporales que ocurren con regularidad no se repiten sino que usan un único movimiento.
1. Para mostrar TODOS-LOS-LUNES, -MARTES, -MIÉRCOLES, etc., se usa un movimiento hacia abajo:

| EVERY-SATURDAY |
| TODOS-LOS-SÁBADOS |

2. Para mostrar TODAS-LAS-MAÑANAS, -TARDES, -MEDIODÍA, -NOCHE, se utiliza una seña con un movimiento de un lado a otro:

| EVERY-NOON |
| TODOS-LOS-DÍAS-A-MEDIODÍA |

Vocabulary Vocabulario

ANIMAL
ANIMAL

BACKPACKING
TROTAMUNDOS

BIRD, chicken
PÁJARO, pollo

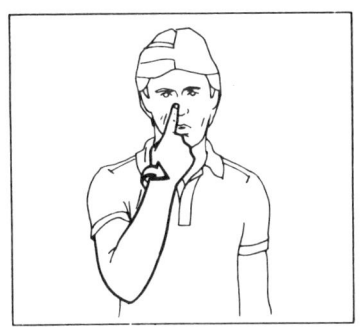

BORED
ABURRIDO

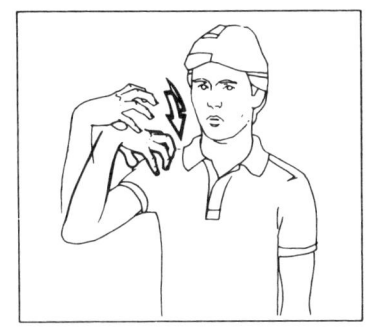

BOSS
JEFE

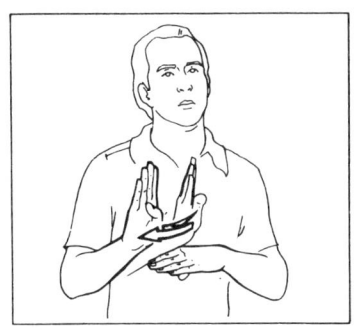

BUSY, business
OCUPADO, negocio

CITY, town, community
CIUDAD, pueblo comunidad

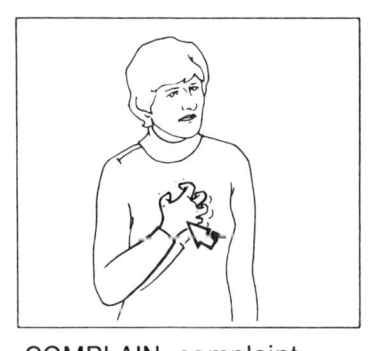

COMPLAIN, complaint, gripe
QUEJARSE, queja, lamentarse

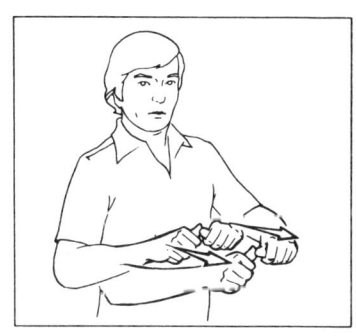

CONTINUE, last
CONTINUAR, durar

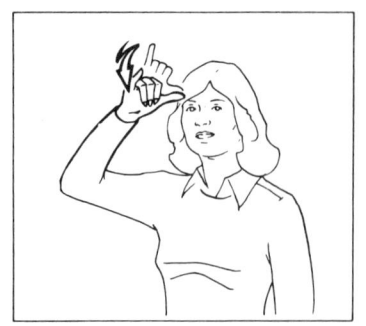

COW
VACA

DAILY, usual, ordinary
DIARIO, usual, ordinario

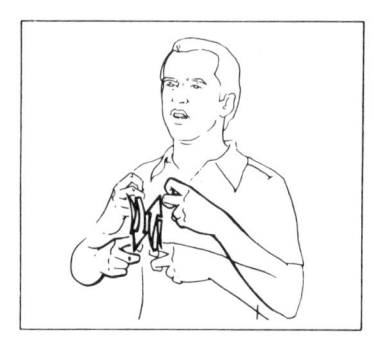

DIFFICULT, difficulty
DIFÍCIL, dificultad

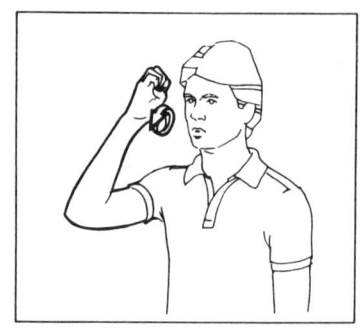

EUROPE
EUROPA

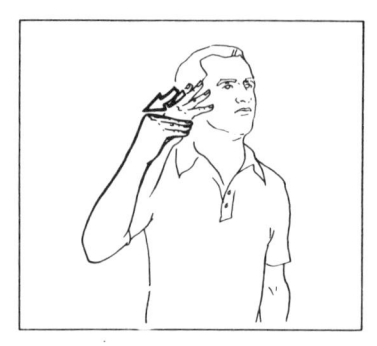

EXPERIENCE
EXPERIENCIA

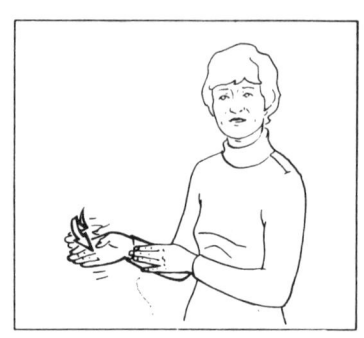

FISH
PEZ, pescado

GALLAUDET
GALLAUDET

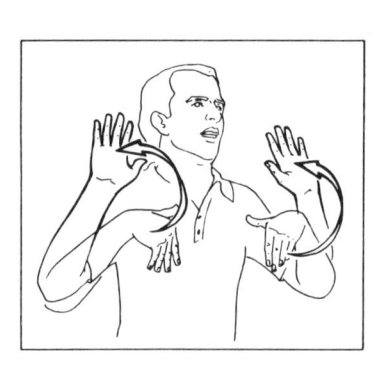

GIVE-UP, surrender
RENDIRSE

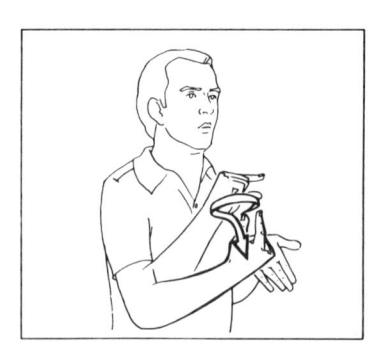

GRADUATE
GRADUARSE, graduado

HURRY, rush
RÁPIDO, prisa, urgencia

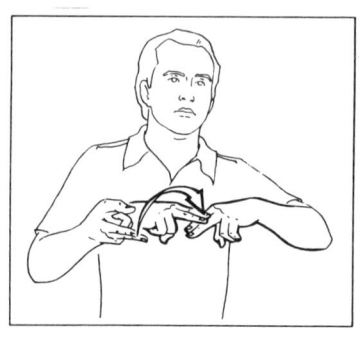

INCREASE, raise, add
AUMENTAR, subir, añadir,
agregar

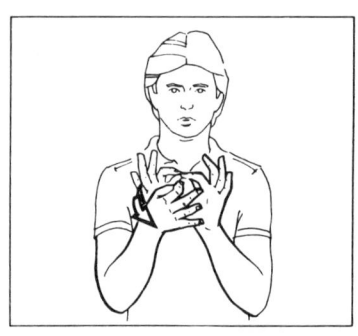

INTERPRET
INTERPRETAR

INTERRUPT
INTERRUMPIR

LAST, final, end
ÚLTIMO, final

MOUSE
RATÓN

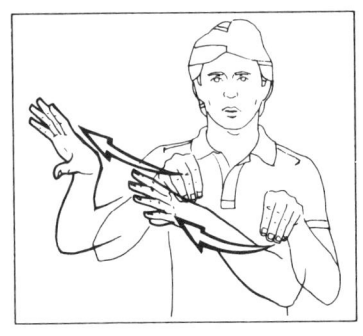

MOVE-AWAY
CAMBIARSE, quitarse de

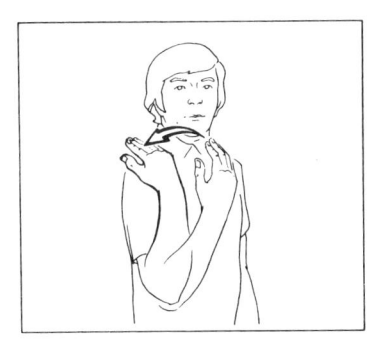

PAST
PASADO

PIG, pork
PUERCO, cochino, marrano, cerdo

PITY, sympathy
PIEDAD, lástima, compasión

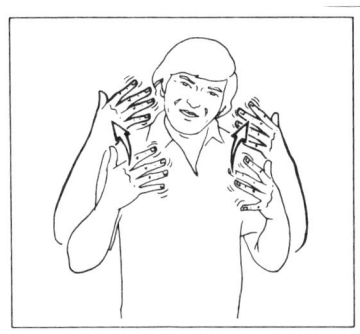

PLEASANT, friendly
AGRADABLE, amistoso, amigable

PRINT, publish
Noun: NEWSPAPER
IMPRIMIR, publicar
Sustantivo: periódico

SOPHISTICATED, prim
SOFISTICADO, presuntuoso

START, begin
EMPEZAR, iniciar

TAKE-PILL
Noun: pill
TOMAR-UNA-PASTILLA
Sustantivo: pastilla, píldora

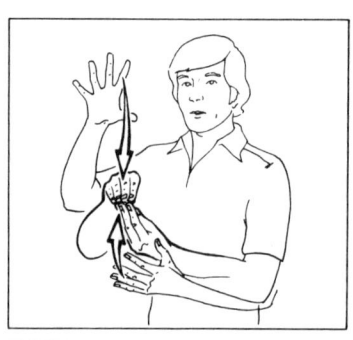
TOTAL, add, add up
TOTAL, suma, añadir

DIALOGUE 5

A group of Deaf people are meeting at Bill's home to watch a captioned film.

DIÁLOGO 5

Un grupo de personas sordas se están reuniendo en casa de Bill para ver películas con sub-títulos.

Jane: ─────── n ─────── ─ q ─
YOU, I SEE~NONE SINCE. I HEAR YOU NEW WORK. FINE?

Jane: ─────── n ─────── ─ q ─
TÚ, YO VER-NADIE DESDE. YO OÍR TÚ NUEVA YORK. ¿BIEN?

Ron: ─── t ─── ── n ──
FINE. ALONE DEAF. THEY KNOW SIGN NOTHING. I DECIDE ESTABLISH SIGN CLASS. 2-HOUR EVERY-TUESDAY AND EVERY-THURSDAY. WOW IMPROVE.

Ron: BIEN. SOLO SORDO. ELLOS SABER SEÑAS NADA. YO DECIDIR ESTABLECER SEÑAS CLASE: 2-HORA TODOS-MARTES Y TODOS-JUEVES. WOW MEJORANDO.

Jane: ─────── q ───────
GOOD IDEA YOU. YOUR BOSS SIGN, FINGERSPELL?

Jane: ─────── q ───────
BUENA IDEA TÚ. ¿TU JEFE SEÑA, DELETREO MANUAL?

Ron: A-LITTLE. I HAVE 3 BOSS. I PRESENT-EACH SIGN BOOK. THEY LEARN A-LITTLE. NEXT-WEEK I GET T-T-Y SHOULD. YOU-TTY-ME CAN YOU.

Ron: UN-POCO. YO TENER 3 JEFE. YO PRESENTAR-CADA SEÑA LIBRO. ELLOS APRENDER UN-POCO. SIGUIENTE-SEMANA YO CONSEGUIR T-T-Y DEBER. TÚ PODER LLAMAR-ME POR TTY TÚ.

Jane: WOW FINE. TWO-WEEK-AGO MY GROUP INCREASE 1 DEAF, NOW HAVE TOTAL
─────── q ───────
6 DEAF WORK MY C-O. YOUR C-O HIRE DEAF MORE WILL?

Jane: WOW BIEN. DOS-SEMANA-PASADA MI GRUPO AUMENTAR 1 SORDO, AHORA
─────── q ───────
TENER TOTAL 6 SORDO TRABAJAR MI C-O. ¿TU C-O CONTRATAR SORDO MÁS VA?

Ron: ── y ──
SHOULD.

Ron: DEBER.

Bill: ── q ──
READY? NOW MOVIE START.

Bill: ── q
¿LISTOS? AHORA PELÍCULA EMPEZAR.

Using a Clause as Topic

1. Some verbs such as WANT, DON'T-WANT, KNOW, DON'T KNOW, LIKE, DON'T LIKE, KNOW-THAT, FEEL, DECIDE, HOPE, SEE, DOUBT, TEND can be preceded by a topicalized clause.

Usando la Cláusula como Tema

1. Algunos verbos tales como QUERER, NO QUERER, SABER, NO SABER, GUSTAR, NO GUSTAR, SABER-ESO, SENTIR, DECIDIR, ESPERAR, VER, DUDAR, TENDER pueden estar precedidos por una cláusula indicadora del tema (cláusula temática).

EXAMPLES:

EJEMPLOS:

_____ t _____ _____ n _____
A. GO-AWAY TOMORROW, I DON'T-WANT I.   'I don't want to leave tomorrow.'

_____ t _____ _____ n _____
A. IRSE MAÑANA, YO NO-QUERER YO.   "Yo no me quiero ir mañana."

_____ t _____ _____ y _____
B. HE LIKE SHE GIRL, I KNOW-THAT I.   'I know that he likes the girl.'

_____ t _____ _____ y _____
B. EL QUERER ELLA MUCHACHA, YO SABER-ESO YO.   "Yo sé que a él le gusta la muchacha."

_____ t _____ _____ n ____
C. TWO-US LEAVE TIME 7 MORNING, SHE DOUBT.   'She doubts that we will leave at 7 A.M.'

_____ t _____ ____ n ____
C. DOS-NOSOTROS SALIR TIEMPO 7 MAÑANA, ELLA DUDAR.
"Ella duda que nosotros vayamos a salir a las 7 A.M."

2. Also, the negatives NOT, NEVER, NONE and NOTHING can be preceded by a topicalized clause.

2. También, las formas negativas NO, NUNCA, NINGUNO y NADA pueden estar precedidads por la cláusula indicadora del tema (cláusula temática).

EXAMPLES:

    _____ t _____ _ n _
A. GO-AWAY TOMORROW, NOT I.   'I'm not leaving tomorrow.'
    ____ t _____ _ n _
A. IRSE MAÑANA, NO YO.   "No me voy mañana."

    ___ t ___ _ n _
B. I EXERCISE, NEVER.   'I never exercise.'
    ____ t ____ _ n _
B. YO EJERCICIO, NUNCA.   "Yo nunca hago ejercicio."

EJEMPLOS:

Exercise 17.1:

Change the following sentences to sentences with topicalized clauses.

Ejercicio 17.1:

Cambie las siguinetes oraciones a oraciones con cláusula temática.

EXAMPLE:

    _____ y _____
I KNOW-THAT HE AGAIN LATE.   'I know he'll be late again.'
    ____ t _____ ___ y ___
  HE AGAIN LATE, I KNOW-THAT.   'I know he'll be late again.'

    _____ y _____
YO SABER-ESO EL OTRA VEZ TARDE.   "Yo sé que él va a llegar tarde otra vez."
    _____ t _____ ____ y ___
  EL OTRA VEZ TARDE, YO SABER-ESO.   "Yo sé que él va a llegar tarde otra vez."

EJEMPLO:

    _____ n _____
1. I DON'T-KNOW FINISH ADVERTISE TOURNAMENT.
    _____ n _____
1. YO NO-SABER TERMINAR ANUNCIAR TORNEO.

    _____ n _____
2. HE DOUBT HE APPLY FOR PRESIDENT.
    _____ n _____
2. EL DUDAR EL SOLICITAR PARA PRESIDENTE.

3. TWO-THEM TEND ARGUE ALL-DAY.
3. DOS-ELLOS TENDER DISCUTIR TODO-DÍA.

4. HE KNOW-THAT I SUPPORT WHEELCHAIR.
4. EL SABER-ESO YO APOYAR SILLA DE RUEDAS.

    _____ n _____
5. SHE DON'T-WANT BORROW MONEY FROM BOSS.
    _____ n _____
5. ELLA NO-QUERER PEDIR-PRESTADO DINERO DE JEFE.

_____ n _____
6. I DON'T-WANT I AGAIN BROKE.

_____ n _____
6. YO NO-QUERER NO OTRA VEZ QUEBRADO.

7. THREE-US WANT GO-BY-BOAT THERE EUROPE.
7. TRES-DE-NOSOTROS QUERER IR-EN-BARCO ALLÁ EUROPA.

_____ n _____
8. HE NOT FIRED.
_____ n _____
8. EL NO CORRIDO.

9. GRANDFATHER LIKE TELL-STORY.
9. ABUELO GUSTAR CONTAR-CUENTO.

_____ n _____
10. I DON'T-LIKE STAY PARTY ALL-NIGHT.
_____ n _____
10. YO NO QUERER QUEDAR FIESTA TODA-LA-NOCHE.

Comparative Sentences

When comparing two persons, places, things or ideas, the following procedure is used.
1. First establish one person, place, thing or idea on one side of the body and the other on the other side.

Oraciones en la Forma Comparativa

Para comparar a dos personas, lugares, objetos o ideas, se utiliza el procedimiento siguiente.
1. Primero se tiene que definir o establecer la persona, lugar, objeto o idea en uno y otro lado del cuerpo.
2. Después indique el sujeto del cual va a comentar.

EXAMPLES:

EJEMPLOS:

_____ t _____
A. WASHINGTON, NEW-YORK, I PREFER IT. (Washington).
'I prefer Washington to New York.'

_____ t _____
A. WASHINGTON, NUEVA YORK, YO PREFERIR-LO (Washington).
"Yo prefiero Washington a Nueva York."

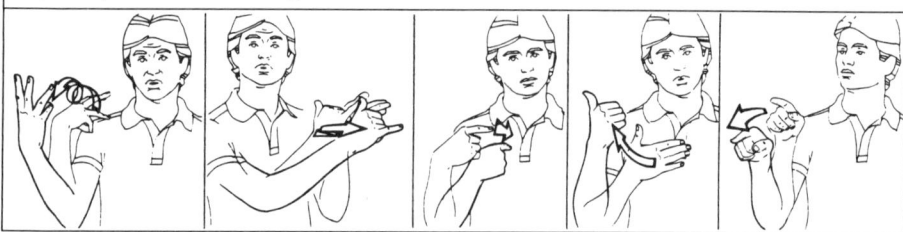

_____ t _____
B. CAR IT HAVE RADIO, A-C; IT PLAIN, I WANT IT. (the plain one).
   'I want the plain car rather than the one with a radio and air conditioner.'
_____ t _____
B. COCHE EL (objeto) TENER RADIO, A-C; EL SENCILLO, YO QUERER-LO (el sencillo).
   "Yo quiero el coche sencillo en vez de él con radio y aire acondicionado."

3. A person, place, thing or idea can be established in a pronoun location to show a relationship with that pronoun.

3. Se puede definir la localización de una persona, lugar, objeto o idea usando la localización de pronombres con el fin de mostrar la relación con ese pronombre.

_____ t _____
C. MY SISTER, YOUR SISTER, SHE (my sister) OLDER SHE.
   'My sister is older than yours.'
_____ t _____
C. MI-HERMANA, TU HERMANA, ELLA (mi hermana) MÁS VIEJA ELLA.
   "Mi hermana es más vieja que la tuya."

Exercise 17.2:

Combine the following sentences to form comparative sentences.

EXAMPLE:

HE COOK HE. HE WASH-DISH HE.   'He cooks. He washes dishes.'
   (PREFER)
_____ t _____
   COOK, WASH-DISH, HE PREFER IT.   'He prefers to cook rather than to wash dishes.'

EL COCINAR EL. EL LAVAR-PLATOS EL.   "El cocina. El lava platos."
   (PREFERIR)
_____ t _____
   COCINAR, LAVAR-PLATOS, EL PREFERIR-LO.   "El prefiere cocinar que lavar platos."

Ejercicio 17.2:

Combine las oraciones siguientes para formar oraciones comparativas.

EJEMPLO:

1. HOUSE R-E-N-T, A-P-T R-E-N-T. (WORSE)
1. CASA R-E-N-T-A, A-P-A-R-T-A-M-E-N-T-O R-E-N-T-A. (PEOR)

2. IT WOOD TABLE, IT METAL TABLE. (WANT)
2. ELLA (objeto) MADERA MESA, ELLA (objeto) METAL MESA. (QUERER)

3. STAY HOME WATCH T-V, GO-AWAY MOVIE PAY 5-DOLLAR. (BETTER)
3. QUEDARSE CASA VER T-V, IR CINE PAGAR 5-DÓLAR. (MEJOR)

4. IT FLOWER REAL, IT FLOWER S-I-L-K. (PRETTIER)
4. ELLA (objeto) FLOR REAL, ELLA (objeto) FLOR S-E-D-A. (MÁS BONITA)

_____ q _____
5. IT EXPENSIVE, IT CHEAP. (YOU WANT?)

_____ q _____
5. EL (objeto) CARO, EL (objeto) BARATO. (¿TÚ QUERER?)

6. I GO-THERE COLLEGE, I STAY WORK. (STAY)
6. YO IR-ALLÁ UNIVERSIDAD, YO QUEDAR TRABAJAR. (QUEDAR)

7. MEETING HERE, MEETING THERE. (PREFER)
7. JUNTA AQUÍ, JUNTA ALLÁ. (PREFERIR)

Conjunctions

The signs WRONG, HAPPEN, HIT, FRUSTRATE, and FIND can be used as conjunctions. Some of their meanings as conjunctions are:

WRONG 'without warning, suddenly'
FRUSTRATE 'to be prevented from'
HIT 'unexpectedly, turned out that'
FIND 'find out that'
HAPPEN 'happened that'

Conjunciones

Las señas EQUIVOCAR, SUCEDER, GOLPEAR, FRUSTRAR, y ENCONTRAR pueden ser utilizadas como conjunciones. Algunos de sus significados como conjunciones son:

EQUIVOCAR 'Sin aviso, de pronto, de repente'
FRUSTRAR 'Estar sobre aviso'
PEGAR 'Inesperadamente, suceder'
ENCONTRAR 'Descubrir, encontrar'
SUCEDER 'Sucedió que'

EXAMPLES: EJEMPLOS:

A. I WALK, WRONG RAIN. 'As I was walking, it suddenly started raining.'
A. YO CAMINAR, MAL LLUVIA. "Mientras caminaba, empezó a llover."

_____ n _____
B. I PLAN PARTY, FIND HE CAN'T COME-HERE.
'I was planning the party, then I found out that he couldn't come.'
_____ n _____
B. YO PLANEAR FIESTA, DESCUBRIR EL NO PODER VENIR-AQUÍ.
"Yo estaba planeando la fiesta, y descubrí que él no podía venir."

C. HE GO-AWAY VACATION 1-WEEK, HIT LAID-UP SICK.
'He went on vacation for a week and unexpectedly became ill.'
C. EL IRSE VACACIONES 1-SEMANA, PEGAR ACOSTARSE ENFERMO.
"El se fue de vacaciones por una semana y de pronto se enfermó."

D. I CHAT HAPPEN HE-TELL-ME HE FROM WASHINGTON.
'I was talking with him and he happened to tell me he was from Washington.'
D. YO PLATICAR SUCEDER EL-DECIR-ME EL DE WASHINGTON.
"Yo estaba platicando con él y simplemente me dijo que era de Washington."

E. TONIGHT TWO-US WANT SEE MOVIE, FRUSTRATE CLOSE.
'We wanted to see the movie tonight but it was closed.'
E. HOY EN LA NOCHE DOS-NOSOTROS QUERER VER PELÍCULA, FRUSTRAR CERRADO.
"Quisimos ir al cine en la noche, pero estaba cerrado."

Exercise 17.3:

Combine the sentences below, using the conjunction given.

EXAMPLE:

TWO-THEM STEADY-DATE 6-MONTH. 'They were dating for 6 months.'
TWO-THEM MARRY. 'They got married.'
  (WRONG)
    TWO-THEM STEADY-DATE 6-MONTH, WRONG MARRY.
    'They were dating for 6 months, and before you knew it they got married.'

Ejercicio 17.3:

Combine las oraciones siguientes usando la conjunción dada.

EJEMPLO:

DOS-ELLOS ESTABLE RELACIÓN 6-MES. "Ellos se estuvieron viendo por 6 meses."
DOS-ELLOS CASADOS. "Ellos se casaron."
  (MAL)
    DOS-ELLOS ESTABLE RELACIÓN 6-MES, MAL CASADO.
    "Ellos se estaban viendo por 6 meses, y antes de que te dieras cuenta, se casaron."

1. SHE RESEARCH A-S-L.
  SHE FIND RULE + +. (HIT)
1. ELLA INVESTIGAR A-S-L.
  ELLA DESCUBRIR REGLA + +. (ATINAR, PEGAR)

2. SHE GO-THERE BUY T-T-Y.
  T-T-Y S-A-L-E. (HAPPEN)
2. ELLA IR-ALLÁ COMPRAR T-T-Y.
  T-T-Y O-F-E-R-T-A. (SUCEDER)

3. BABY SEEM SICK.
  BABY HAVE EAR-ACHE. (FIND)
3. BEBÉ PARECER ENFERMO.
  BEBÉ TENER DOLOR-OÍDO. (ENCONTRAR)

4. CLOTHES PUT-IN WASH-IN-MACHINE.
  CLOTHES RUIN. (FRUSTRATE)
4. ROPA PONER-EN-LAVADORA.
  ROPA ARRUINADA. (FRUSTRAR)

5. I BUY GLASS NEW.
  GLASS DAMAGE. (WRONG)
5. YO COMPRAR VASO NUEVO.
  VASO DAÑADO. (MAL)

6. TWO-US CHAT.
  TWO-US SAME HAVE DEAF PARENTS. (FIND)
6. DOS-NOSOTROS PLATICAR.
  DOS-NOSOTROS IGUAL TENER SORDOS PADRES. (DESCUBRIR)

7. I WATCH T-V.
  T-V CAPTION. (WRONG)
7. YO VER T-V.
  T-V SUB-TÍTULOS. (MAL)

8. I DRIVE-THERE.
  SHE NOT HOME. (FRUSTRATE)
8. YO MANEJAR-ALLÁ.
  ELLA NO CASA. (FRUSTRAR)

9. HE HAVE NEW CAR.
   CAR STEAL. (FRUSTRATE)
9. EL TENER NUEVO COCHE.
   COCHE ROBAR. (FRUSTRAR)

10. HE ACT NOTHING-TO-IT.
    HE SHOT-UP FAMOUS. (WRONG)
10. EL ACTUAR NADA-PARA-EL (objeto).
    EL HACERSE FAMOSO. (MAL)

Vocabulary   Vocabulario

APPLY, volunteer, candidate
SOLICITAR, voluntario,
candidato

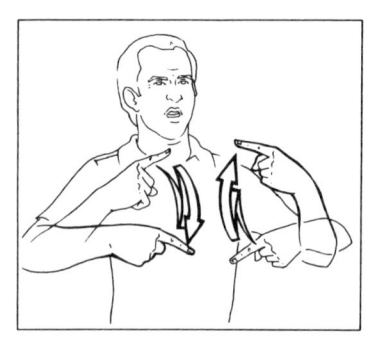

ARGUE, quarrel
DISCUTIR, querella,
discusión

BROKE
ESTAR QUEBRADO
(económicamente)

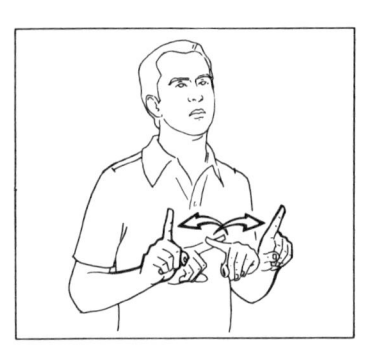

BUT
PERO

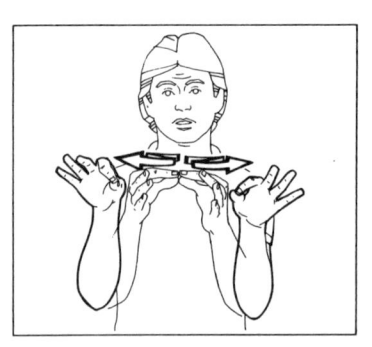

CAPTION, sub-titles
ROTULACIÓN, sub-títulos

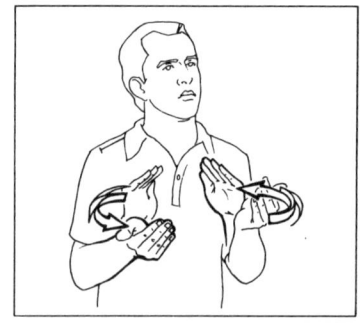

COMPARE
Noun: comparison
COMPARAR
Sustantivo: comparasión

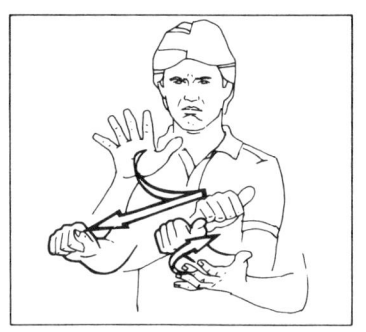

DAMAGE, destroy
DAÑAR, destruir

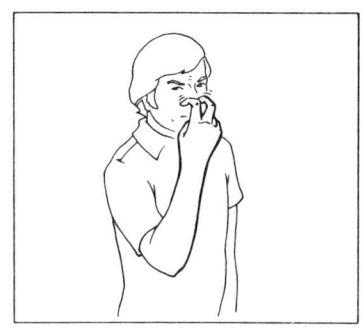

DOUBT
DUDAR

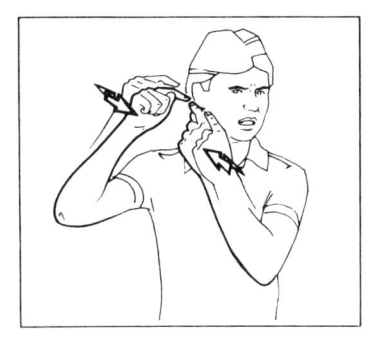

EARACHE
DOLOR DE OÍDO

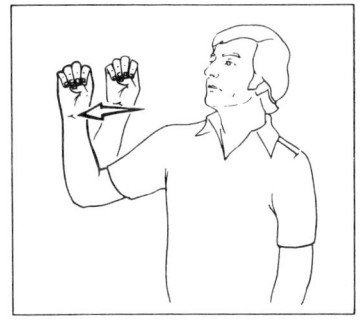

EAST
ESTE

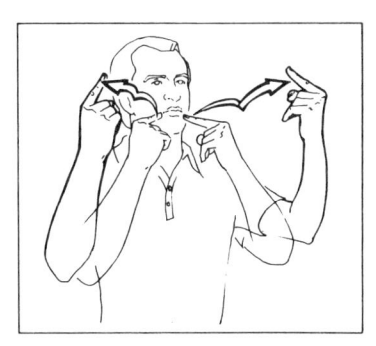

FAMOUS
FAMOSO

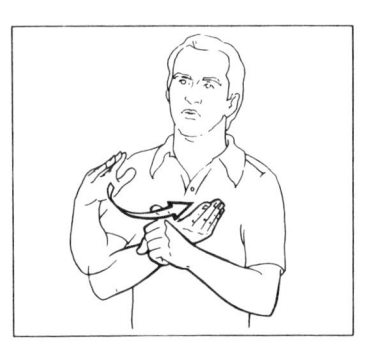

FIRE (from job)
CORRER (de un trabajo)

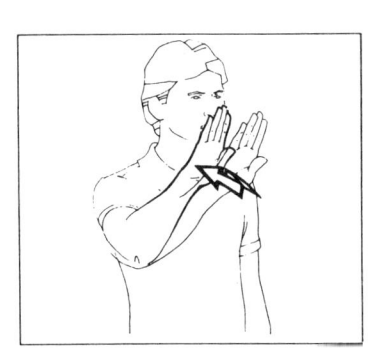

FRUSTRATE
FRUSTRAR

FRUSTRATE (conjunction)
FRUSTRADO (conjunción)

HIT (conjunction)
ATINAR, GOLPEAR
(conjunción)

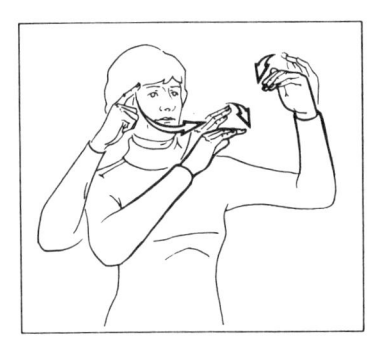

HOPE, EXPECT
ESPERAR, anticipar

LAID-UP
CAER EN CAMA

LATE
TARDE

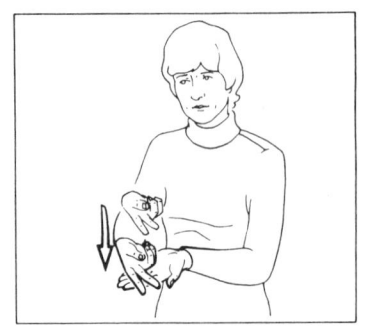

LIE-DOWN
ACOSTARSE

METAL
METAL

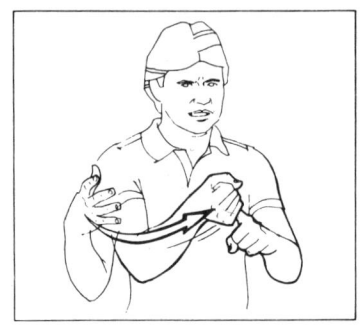

NAB, get ahold of
AGARRAR, 'pescar'

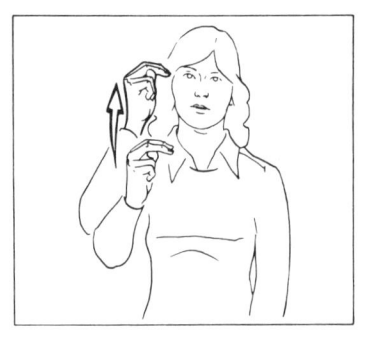

NORTH
NORTE

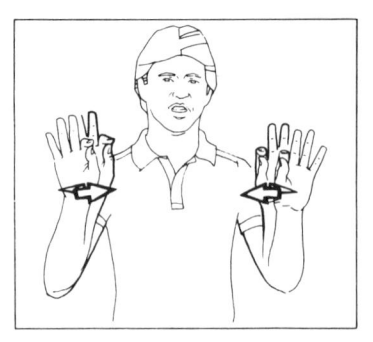

NOTHING-TO-IT
NADA

PUT-IN
PONER-EN

RADIO
RADIO

RENT
RENTA

RESEARCH
INVESTIGACIÓN

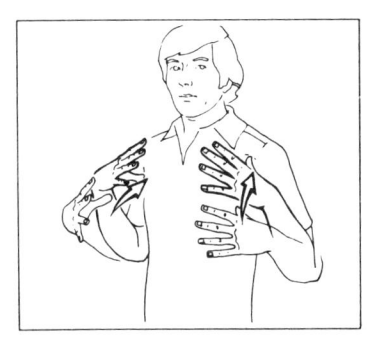

RETIRE, loaf
Noun: VACATION
RETIRARSE,
Sustantivo: VACACIONES

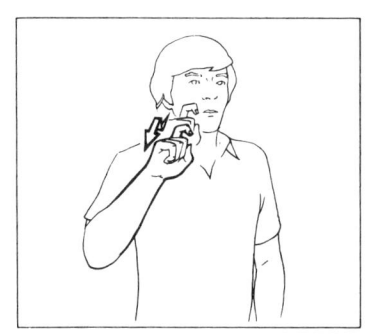

RUBBER
HULE, elástico

RUIN, spoiled
ARRUINAR, echar a perder

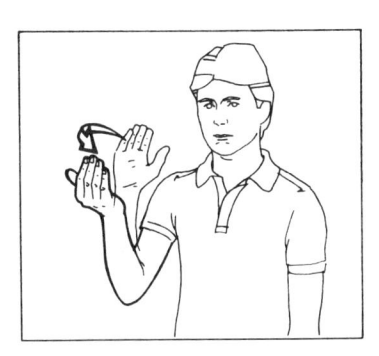

SEEM, appears
PARECE

SHOT-UP, become
successful
LANZARSE, hacerse famoso

SOMETHING, someone,
alone
ALGO, alguien, solo

SOUTH
SUR

STEADY-DATE
RELACIÓN-ESTABLE
(noviazgo)

SUPPORT, sponsor,
advocate
APOYAR, patrocinar,
defender, avocar

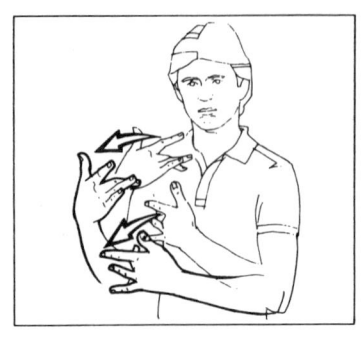

TEND
TENDER

TOURNAMENT
TORNEO

WEST
OESTE

WHEELCHAIR
SILLA DE RUEDAS

WOOD
MADERA

WRONG (conjunction)
MAL (conjunción)

NOTES   NOTAS

LESSON 18 — LECCIÓN 18

Verb Inflection: -REPEATEDLY

Many action verbs can be repeated to show a repeated or regular action. Frequently, the following facial adverbs are used with verbs inflected for -REPEATEDLY.

Inflexión Verbal: -REPETIVAMENTE

Muchos verbos indicadores de acción pueden ser repetidos para indicar una acción repetitiva o regular. Frecuentemente los siguientes adverbios faciales son utilizados con los verbos con inflección repetitiva.

'with effort or difficulty'
'con esfuerzo o dificultad'

'with ease, pleasure'
'con tranquilidad, placer, gusto'

'with attention, care, deliberately'
'con atención, cuidado, deliberadamente'

'without attention, carelessly, foolishly'
'sin atención, sin cuidado, tontamente'

EXAMPLE: — EJEMPLO:

```
        ____ t ____
A. DEAF GROUP I LIKE GO-THERE-REPEATEDLY CHAT.
   'I like to go often to talk with deaf people.'
        ____ t ____
A. SORDO GRUPO YO GUSTAR IR-ALLÁ-CONTINUAMENTE PLATICAR.
   "Con frecuencia me gusta ir a platicar con personas sordas."
```

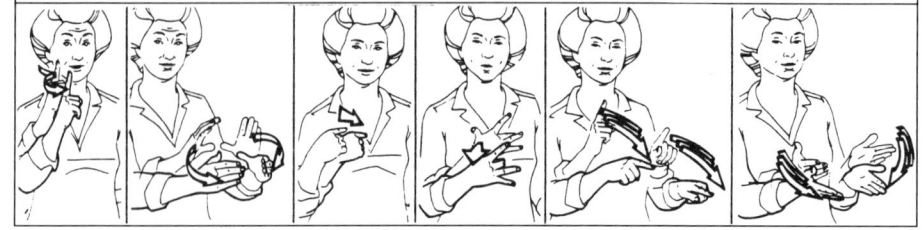

_____ n _____

B. DAILY I-TELL-HER-REPEATEDLY, SHE NOT UNDERSTAND.
'I've told her every day, but she still doesn't understand.'

_____ n _____

B. DIARIO YO-DECIR-LE-(a ella)-REPETIDAMENTE, ELLA NO ENTENDER.
"Diario le he dicho (a ella), pero todavía no entiende."

_____ n _____

C. SINCE LETTER I I-SEND-HIM-REPEATEDLY, HEAR~NONE I.
'I kept sending him letters, but I heard nothing from him.'

_____ n _____

C. DESDE CARTA YO YO-MANDAR-LE (a él) -REPETIDAMENTE, OÍR-NADA YO.
"He seguido mandándole cartas, pero no he oído nada de él."

Exercise 18.1:

Change the following underlined verb forms to the -REPEATEDLY form, and use the facial adverb given in parentheses.

Ejercicio 18.1:

Cambie los verbos subrayados a la forma -REPETIVA, y use el adverbio facial dado en el paréntesis.

EXAMPLE:

EJEMPLO:

TWO-THEM CHILDREN FIGHT.   'The two children got into a fight.'
 (with effort)
    TWO-THEM CHILDREN FIGHT-REPEATEDLY.   'The two children fight all the time.'

DOS-ELLOS NIÑOS PELEAR.   "Los dos niños se pelearon."
 (Con esfuerzo)
    DOS-ELLOS NIÑOS PELEAR -REPETIDAMENTE.   "Los dos niños pelean todo el
                                                      tiempo."

1. YESTERDAY NIGHT I-TTY-YOU, YOU NONE YOU. (with effort)
1. AYER NOCHE YO-TTY-TÚ, TÚ NADA TÚ. (con esfuerzo)

_____ t _____
2. PITY-HIM, TEAM HIS LOUSY, HE LOSE-COMPETITION. (carelessly)
_____ t _____
2. POBRE EL, EQUIPO SUYO (de él) MALO, EL PERDER COMPETENCIA. (sin cuidado)

3. BROTHER TEND ANALYZE MOVIE. (with attention)
3. HERMANO TENDER ANALIZAR PELÍCULA. (con atención)

4. SHE BOTHER-HIM, WRONG HE-BAWL-OUT-HER. (carelessly)
4. ELLA MOLESTAR-LO (a él), MAL EL-REGAÑAR-LA (a ella). (sin cuidado)

__ t __
5. HE THIRSTY. WATER HE DRINK. (with effort)
__ t __
5. EL SED. AGUA EL TOMAR. (con esfuerzo)

6. SHE LOVE READ. (with ease)
6. ELLA AMAR LEER. (con gusto)

_____ t _____
7. BASKETBALL, NEW-YORK BEFORE WIN. (with ease)
_____ t _____
7. BÁSQUETBOL, NUEVA YORK ANTES GANAR. (con placer)

8. FINISH I-WARN-YOU SHOULD FIX T-I-R-E. (with effort)
8. ACABAR YO-AVISAR-TÚ DEBER ARREGLAR LL-A-N-T-A. (con esfuerzo)

9. BORED I I-PRESENT-YOU MONEY. (with effort)
9. ABURRIDO YO YO-PRESENTAR-TÚ DINERO. (con esfuerzo)

10. FIND HE INFORM-HIM POLICE. (with attention)
10. ENCONTRAR EL INFORMAR-LE (a él) POLICÍA. (con atención)

Verb Inflection: -CONTINUALLY

Many verbs inflect by adding a circular movement to show a continuing action. Facial adverbs used with -REPEATEDLY can also be used with the -CONTINUALLY inflection.

Inflexión Verbal: -CONTINUAMENTE

Muchas inflexiones verbales se forman dando un movimiento circular a la seña para mostrar la continuidad de la acción. Los adverbios faciales usados con -REPETIVAMENTE pueden ser utilizados con la inflexión - CONTINUAMENTE.

EXAMPLES: EJEMPLOS:

A. B-U-S NOT COME, I STAND-CONTINUALLY.
   'I stood around waiting for the bus. It didn't come.'
A. A-U-T-O-B-Ú-S NO VENIR, YO PARAR-CONTINUAMENTE.
   ''Yo estuve parado esperando el autobús. No llegó.''

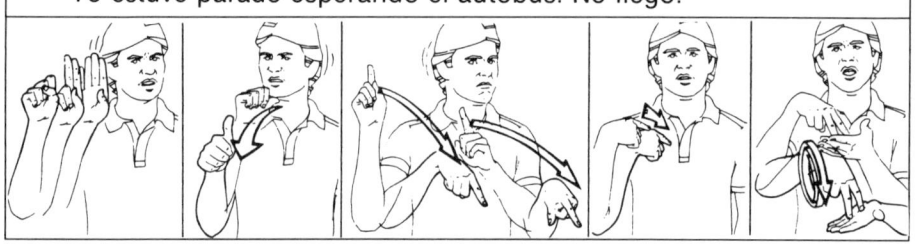

B. ALL-DAY I WORK-CONTINUALLY, NOT EXPECT TIME 6 I.
   'I worked without stopping all day and didn't realize it was 6 o'clock.'
B. TODO-DÍA YO TRABAJAR-CONTINUAMENTE, NO ESPERABA TIEMPO 6 YO.
   ''Trabajé todo el día sin parar y no me dí cuenta que ya eran las 6.''

Exercise 18.2:

Change the underline verb forms to the -CONTINUALLY form, and use the facial adverb given in parentheses.

Ejercicio 18.2:

Cambie la forma verbal subrayada a la forma -CONTINUAMENTE usando el adverbio facial dado en el paréntesis.

EXAMPLE:

<u> t </u>
DENTIST, I <u>WAIT</u>. 'I sat waiting for the dentist.'
  (with effort)
    <u> t </u>
    DENTIST, I WAIT-CONTINUALLY. 'I sat for a long while waiting for the dentist.'

EJEMPLO:

<u> t </u>
DENTISTA, YO <u>ESPERAR</u>. "Yo estaba sentado esperando al dentista."
  (con esfuerzo)
    <u> t </u>
    DENTISTA, YO ESPERAR-CONTINUAMENTE. "Me senté por un buen rato esperando al dentista."

1. HE STAY-THERE 3-HOUR FINISH COME-HERE. (with ease)
1. EL <u>QUEDARSE-ALLÁ</u> 3-HORA TERMINAR VENIR-AQUÍ. (con placer)

2. HE APPEAR NONE, I <u>WAIT</u>. (with effort)
2. EL APARECER NADA, <u>YO ESPERAR</u>. (con esfuerzo)

3. TRAVEL, I <u>WANT</u>. (with effort)
3. VIAJAR, <u>YO QUERER</u>. (con esfuerzo)

4. SHE <u>EAT</u>, WRONG BECOME-FAT. (carelessly)
4. ELLA <u>COMER</u>, MAL HACERSE-GORDA. (sin cuidado)

5. HARD UNDERSTAND HE <u>FINGERSPELL</u>. (with attention)
5. DIFÍCIL ENTENDER EL <u>DELETREO MANUAL</u>. (con atención)

6. WOOD <u>BURN</u> 3-HOUR. (with ease)
6. MADERA <u>QUEMAR</u> 3-HORA. (con tranquilidad)

7. HOMEWORK I <u>STRUGGLE</u>, FINALLY UNDERSTAND I. (with effort)
7. TAREA YO <u>LUCHAR</u>, FINALMENTE ENTENDER YO. (con esfuerzo)

Vocabulary Vocabulario

ANALYZE, research
ANALIZAR, investigar

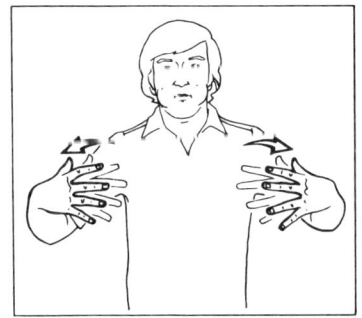

BECOME-FAT
ENGORDAR

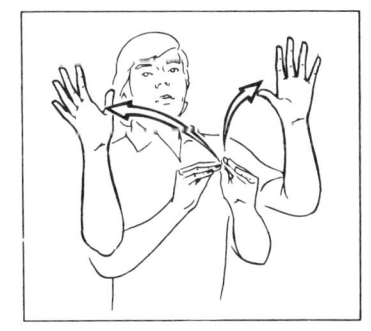

BRIGHT, CLEAR, obvious
BRILLANTE, CLARO, obvio

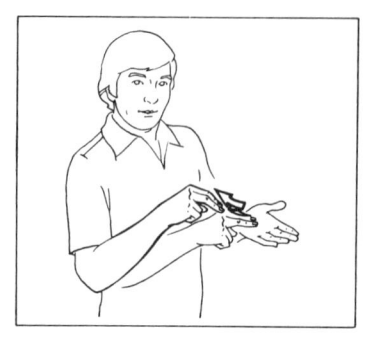

BUTTER
MANTEQUILLA

CELEBRATE, anniversary
CELEBRAR, aniversario

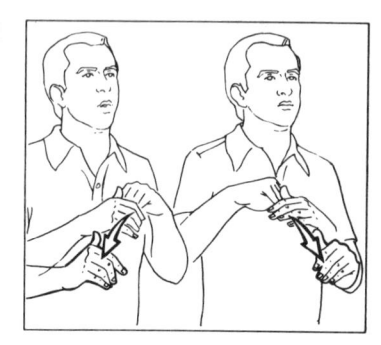

COMFORTABLE
CÓMODO

CONFIDENT, confidence
CONFIDENTE, CONFIABLE,
confidencia

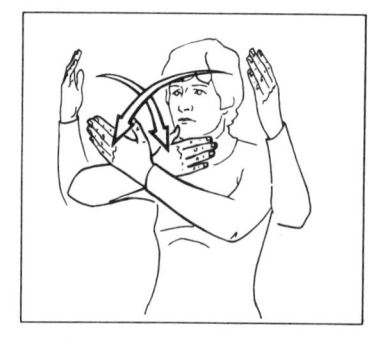

DARK
OSCURO

DENTIST
DENTISTA

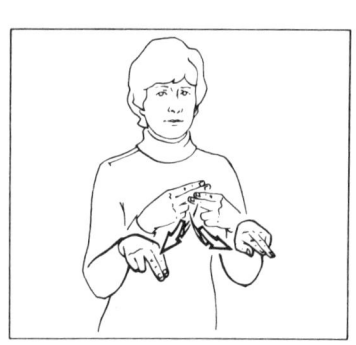

EGG
HUEVO

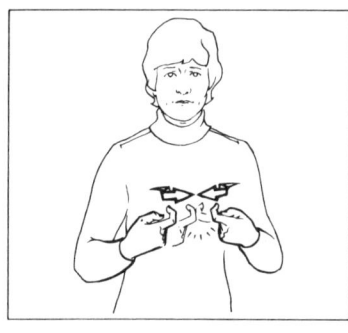

ELECTRIC, electricity
ELÉCTRICO, electricidad

EMPHASIZE, impress, stress
ENFATIZAR, impresionar

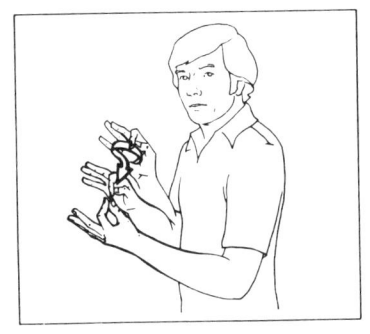

EXACT, perfect, precise
EXACTO, perfecto, preciso

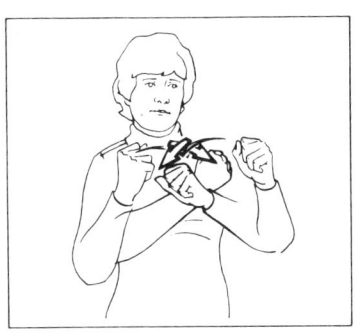

FIGHT
PELEAR

FIX
ARREGLAR, componer,
reparar

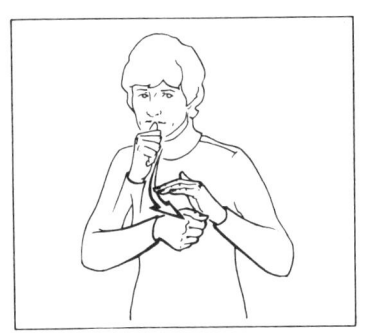

HIDE
ESCONDER

IMPRESSED
IMPRESIONADO

JUMP
SALTAR, brincar

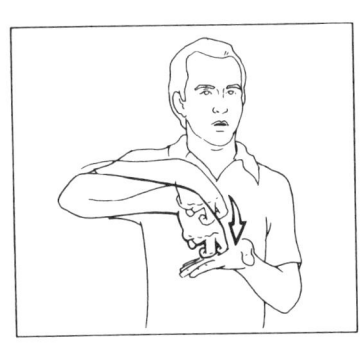

KNEEL
ARRODILLARSE

LICENSE
LICENCIA

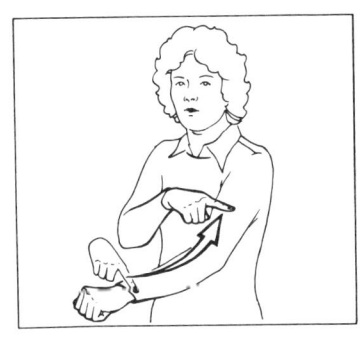

LONG (time)
LARGO (tiempo)
MUCHO (tiempo)

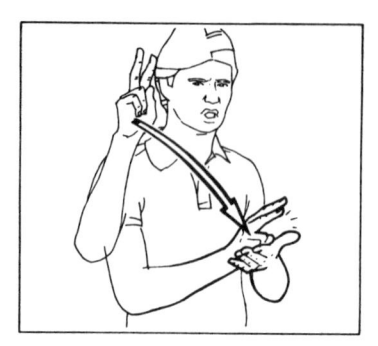

LOSE-COMPETITION
PERDER-COMPETENCIA,
perder concurso

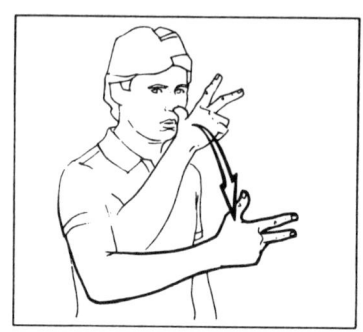

LOUSY
MISERABLE

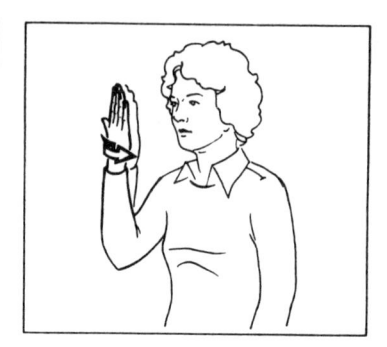

MIRROR
ESPEJO

MUSIC, song
MÚSICA, canción

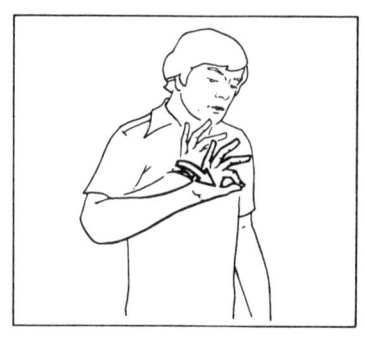

PEPPER
PIMIENTA

POISON
VENENO

POTATO
PAPA

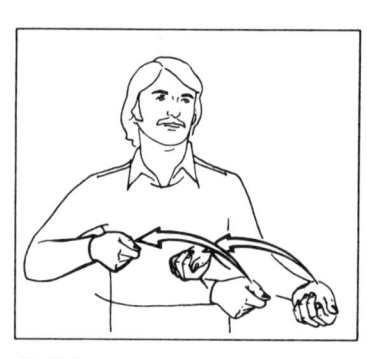

PULL
JALAR

PUSH
EMPUJAR

SALT
SAL

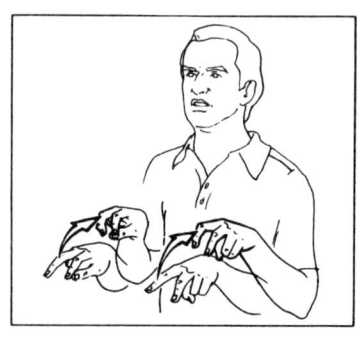

SELFISH, greedy
ENVIDIOSO, voraz

SOUR, bitter
AGRIO, amargo

STAND
PARARSE

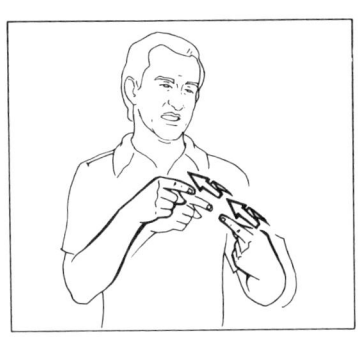

STRUGGLE
LUCHAR, batallar,
esforzarse

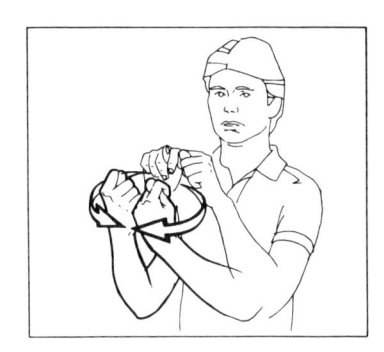

TEAM
EQUIPO

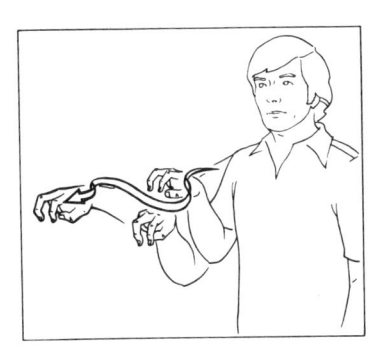

TRAVEL, tour
VIAJAR, tour, paseo

VERY
MUY

LESSON 19 ■■ LECCIÓN 19

Adjective Modulation: VERY-

Adjectives can change their movement to add an adverbial meaning. The movement added to adjectives to mean 'very' has the following form:
1. The beginning of the sign has a hold which appears "tense,"
2. Then there is a quick release.
Note the facial adverb commonly used with the VERY-modulation shown below.

Modulación del Adjetivo n la Formae MUY-

Los adjetivos pueden cambiar su movimiento para dar un significado adverbial. El movimiento agregado a los adjetivos para dar el significado de 'muy,' tiene la forma siguiente:
1. El inicio de la seña se suspende de manera que se vea 'tenso,'
2. Luego hay una relajación rápida.
Observe el adverbio facial comúnmente utilizado con la modulación MUY-.

MAD / ENOJADO	VERY-MAD / MUY-ENOJADO

FAST / RÁPIDO	VERY-FAST / MUY RÁPIDO

SLOW / DESPACIO	VERY-SLOW / MUY DESPACIO
(image)	

Exercise 19.1:

Change the adjectives in the following sentences by adding the modulation VERY-.

Ejercicio 19.1:

Cambie los adjetivos en las oraciones siguientes agregando la modulación MUY-.

EXAMPLE:

EJEMPLO:

BUILDING IT OLD.   'The building is old.'
   BUILDING IT VERY-OLD.   'The building is very old.'

EDIFICIO EL (objeto) VIEJO.   "El edificio es viejo."
   EDIFICIO EL (objeto) MUY-VIEJO.   "El edificio es muy viejo."

1. K-A-N-S-A-S CL:BB.
1. K-A-N-S-A-S CL:BB.

2. WINTER THERE M-I-N-N COLD.
2. INVIERNO ALLÁ M-I-N-N-E-S-O-T-A FRÍO.

3. HER HOME WOW SMALL.
3. SU (de ella) CASA WOW CHICA.

4. SNOW ALL-OVER WOW WHITE.
4. NIEVE POR-TODOS-LADOS WOW BLANCO.

5. YOUR LECTURE CLEAR.
5. TU PRESENTACIÓN CLARA.

_____ n _____
6. YOU WORK NOTHING, LAZY YOU.
_____ n _____
6. TÚ TRABAJAR NADA, FLOJO TÚ.

7. BASKETBALL PLAYER HE WOW TALL.
7. BÁSQUETBOL JUGADOR EL WOW ALTO.

8. GAS NOW EXPENSIVE.
8. GASOLINA AHORA CARA.

9. MUST YOU GO-THERE MEETING, IT IMPORTANT.
9. DEBER TÚ IR-ALLÁ JUNTA, ELLA (objeto) IMPORTANTE.

_____ t _____
10. RAIN SINCE, WOW WORSE.
_____ t _____
10. LLUVIA DESDE, WOW PEOR.

Adjective Modulation: -REPEATEDLY

Some adjectives can be repeated to show the meaning of 'repeatedly.' This movement is added to adjectives which describe a temporary condition—in other words, a condition which can start, stop, and then start again.

Examples of these adjectives are:

ANGRY	LATE
SICK	FRUSTRATED
AFRAID	GUILTY
HURT	NOISE
MAD	DIFFERENT
EMBARRASSED	WRONG
WORRY	CARELESS

Modulación del Adjetivo: -REPETIVAMENTE

Para dar la idea de 'repetición,' algunos adjetivos pueden ser repetidos. Este movimiento se agrega a los adjetivos que describen una condición temporaria-en otras palabras, una condición que puede iniciar, terminar, y volver a empezar.

Ejemplos de estos adjetivos son:

ENFADADO	ATRASADO
ENFERMO	FRUSTRADO
MIEDOSO	CULPABLE
LASTIMADO	RUIDOSO
ENOJADO	DIFERENTE
APENADO	EQUIVOCADO
PREOCCUPADO	DESCUIDADO

MAD
ENOJADO

MAD-REPEATEDLY
ENOJADO-REPETIDAMENTE

WRONG

MAL

WRONG-REPEATEDLY
MAL-REPETIDAMENTE

Exercise 19.2:

Change the underlined adjectives in the following sentences by adding the modulation -REPEATEDLY.

EXAMPLE:

I-TELL-HIM-REPEATEDLY. HE CARELESS.
'I have told him many times. He's careless.'
  I-TELL-HIM-REPEATEDLY. HE CARELESS-REPEATEDLY.
  'I have told him many times. He still gets careless.'

Ejercicio 19.2:

En las oraciones siguientes cambie los adjetivos subrayados agregando la modulación -REPETIDAMENTE.

EJEMPLO:

YO-DECIR-LE (a él) REPETIDAMENTE. EL DESCUIDADO.
"Yo le dije muchas veces. El es descuidado."
  YO-DECIR-LE (a él) REPETIDAMENTE. EL DESCUIDADO-REPETIDAMENTE.
  "Yo le dije muchas veces. El todavía es descuidado."

       _ whq _
1. SHE MAD. WRONG?
           _ whq _
1. ELLA ENOJADA. ¿ MAL ?

2. SOCCER PLAYER HE HURT.
2. JUGADOR FÚTBOL EL LASTIMADO.

3. FATHER WORRY. I LATE I.
3. PAPÁ PREOCCUPADO. YO TARDE YO.

           n
4. SINCE DON'T-KNOW WHY, I SICK.
           n
4. DESDE NO-SABER POR QUÉ, YO ENFERMO.

5. DOWNSTAIRS HAVE DOG, NOISE AWFUL.
5. ABAJO TENER PERRO, RUIDO TERRIBLE.

         n
6. HE JUDGMENT NONE, HE WRONG.
       n
6. EL JUZGAR NADA, EL EQUIVOCADO.

7. HE LOOK-FOR WORK, FRUSTATE HE.
7. EL BUSCAR TRABAJO, FRUSTRAR EL.

Adjective Modulation: -CONTINUALLY

Adjectives which describe a temporary condition can also be inflected to show the meaning of 'continually.' This inflection is made by adding a circular movement.

Examples of these adjectives are:

CAREFUL	SILLY
WRONG	EMBARRASSED
AFRAID	MISCHIEVOUS
HURT	MAD
DIFFERENT	FRUSTRATED
SICK	

Modulación del Adjetivo: -CONTINUAMENTE

Los adjetivos que describen una condición temporal también pueden tener inflexiones para dar un significado de 'continuidad.' Esta inflexión se forma agregando un movimiento circular.

Ejemplos de estos adjetivos son:

CUIDADOSO	BOBO
EQUIVOCADO	AVERGONZADO
ATEMORIZADO	TRAVIESO
LASTIMADO	ENOJADO
DIFERENTE	FRUSTRADO
ENFERMO	

CAREFUL

CUIDADOSO

CAREFUL-CONTINUALLY

CUIDAR-CONTINUAMENTE

HURT

LASTIMADO

HURT-CONTINUALLY

LASTIMAR-CONTINUAMENTE

Exercise 19.3:

Change the underlined adjectives in the following sentences by adding the modulation -CONTINUALLY.

Ejercicio 19.3:

En las oraciones siguente cambie los adjetivos subrayados agregando la modulación -CONTINUAMENTE.

EXAMPLE:

EJEMPLO:

AWFUL HE FALL, BREAK L-E-G. SINCE HURT.
'It's terrible! He fell and broke his leg. Since then it has hurt.'
   AWFUL HE FALL, BREAK L-E-G. SINCE HURT-CONTINUALLY.
   'It's terrible! He fell and broke his leg. Since then it has hurt all the time.'

TERRIBLE EL CAER, ROMPER P-I-E-R-N-A. DESDE DOLER.
"¡ Es terrible! El se cayó y se rompió una pierna. Desde entonces le ha dolido."
   TERRIBLE EL CAER, ROMPER P-I-E-R-N-A. DESDE DOLER-CONTINUAMENTE.
   "¡Es terrible! El se cayó y se rompió una pierna. Desde entonces le duele todo el tiempo."

1. LIKE I OUTSIDE SIT, LOOK-AT PEOPLE DIFFERENT.
1. GUSTAR YO AFUERA SENTAR, MIRAR-A PERSONAS DIFERENTE.

```
_____ t _____
```
2. PARTY THERE, SHE EMBARRASSED ALL-NIGHT.
```
_____ t _____
```
2. FIESTA ALLÁ, ELLA APENADA TODA LA NOCHE.

```
_____ n _____
```
3. I DON'T KNOW, SEEM I WRONG.
```
_____ n _____
```
3. YO-NO-SABER, PARECER YO EQUIVOCADO.

4. HE BUY NEW CAR, SINCE CAREFUL HE.
4. EL COMPRAR NUEVO COCHE, DESDE CUIDADO EL.

5. AUNT SICK. WRONG LOST #JOB.
5. TÍA ENFERMA. MAL PERDER #TRABAJO.

6. ALL-DAY GIRL MISCHIEVOUS.
6. TODO-DÍA CHICA TRAVIESA.

```
_____ t _____
```
7. CAPTION T-V HAVE DIFFERENT-REPEATEDLY.
```
_____ t _____
```
7. SUB-TÍTULOS T-V TENER DIFERENTE-REPETIDAMENTE.

Vocabulary Vocabulario

ACTION, activities
ACCIÓN, actividades

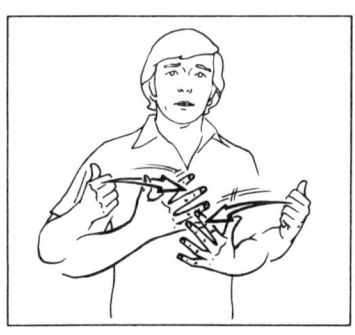

AFRAID
ESPANTADO, atemorizado

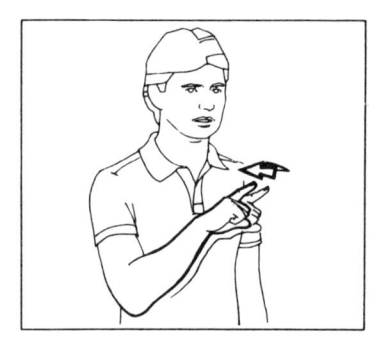

APPREHENSIVE, guilty
APREHENSIVO, culpable

BACK
ESPALDA

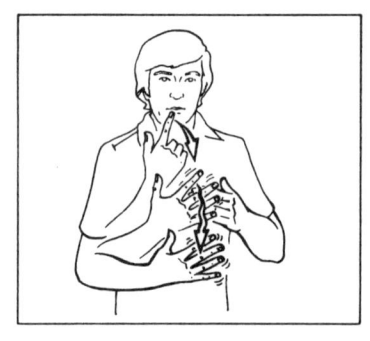

BLOOD
SANGRE

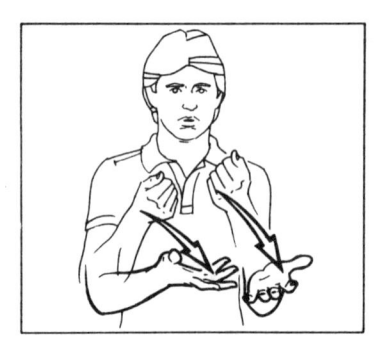

CAUSE
CAUSAR, causa

DANGER, dangerous, threat
PELIGRO, peligroso
amenaza

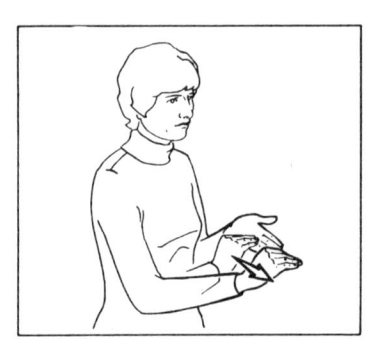

DISMISS, lay off, pardon,
excuse
DESPEDIR, correr (de un
trabajo), perdón, permiso,
excusar.

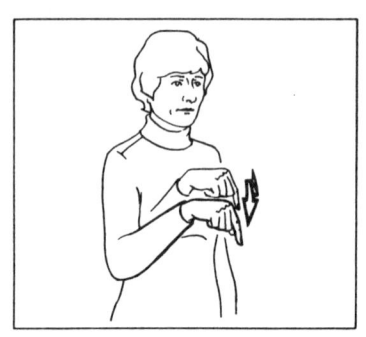

DOWNSTAIRS
ABAJO

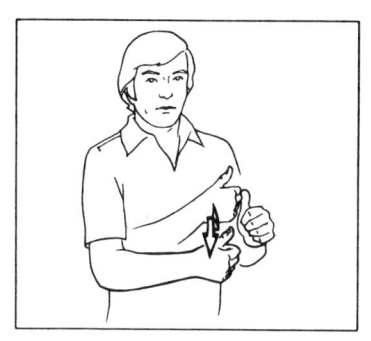

EACH, every
CADA UNO, todo

EITHER
UNO U OTRO

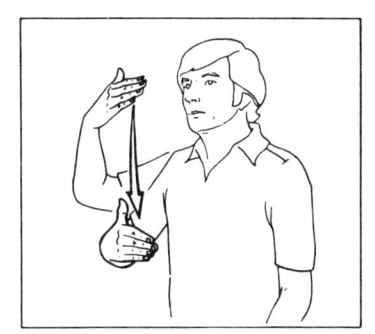

FRONT
FRENTE

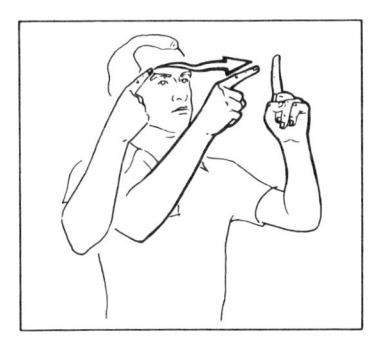

GOAL, aim, objective
META, aspiración, objetivo

GUESS, assume, estimate
ADIVINAR, asumir, estimar

HABIT, custom, used to
HÁBITO, costumbre,
acostumbrado a

HISTORY
HISTORIA

IMAGINE
IMAGINAR

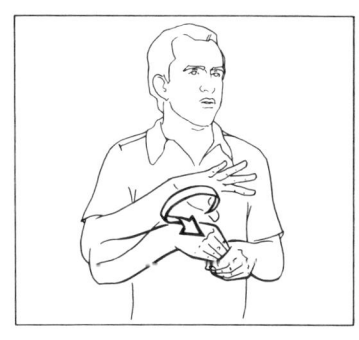

INCLUDE, involve,
everything
INCLUIR, involucrar, todo

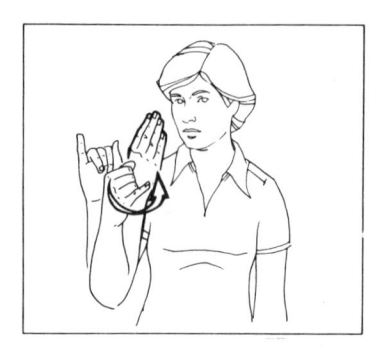

#JOB
#TRABAJO,

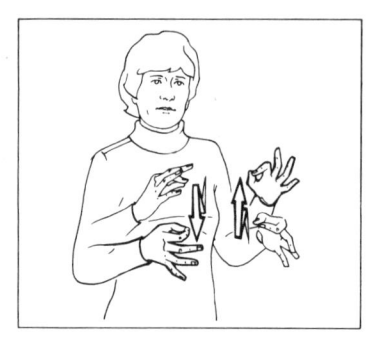

JUDGE, court
JUZGAR, corte

LAND
TIERRA, terreno

LOOK-FOR, search, hunt
BUSCAR, investigar,
perseguir,

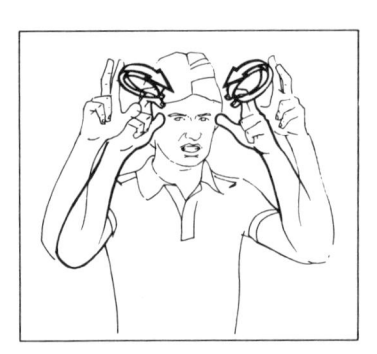

MISCHIEVOUS
TRAVIESO, latoso

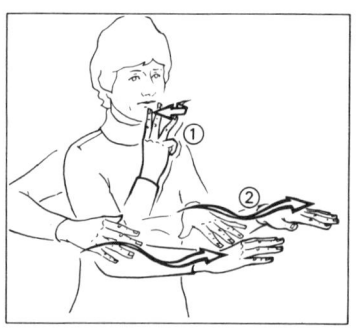

OCEAN
OCÉANO

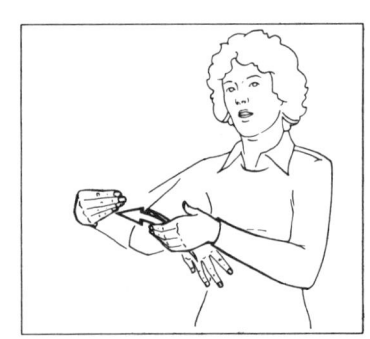

OUTDOORS, outside
AFUERA, al aire libre

PRAISE, commend, applaud
ELOGIAR, recomendar,
enzalsar, aplaudir

PREVENT, block
PREVENIR, bloquear

PROVE, proof
PROBAR, prueba

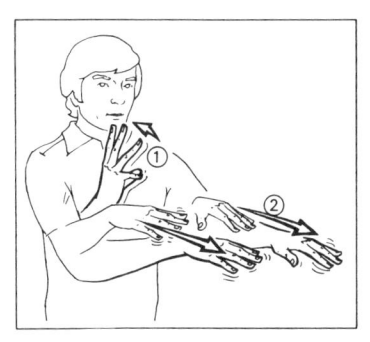

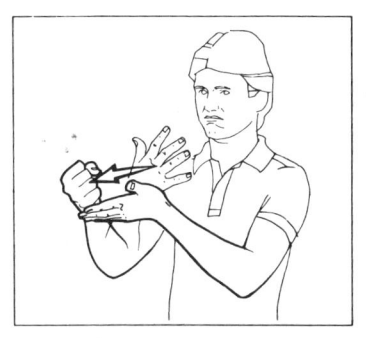

RIVER
RÍO

ROUGH
BRUSCO, tosco

RUN-OUT-OF, deplete
ACABARSE, vaciar

SILLY, ridiculous
ABSURDO, ridiculo, bobo

SUPPOSE, imagine, if
SUPONER, imaginar, si

SUPPRESS, restrain
SUPRIMIR, restringir

SWALLOW
TRAGAR

TEMPERATURE
TEMPERATURA

TOUGH
DURO, brusco

TURN-DOWN, reject
RECHAZAR, eliminar

UPSTAIRS
ARRIBA

WEIGH, weight, pound
PESO, pesar, libra

DIALOGUE 6

Don is reminiscing about the "old days."

DIÁLOGO 6

Don está recordando los 'viejos tiempos.'

Don: `____ t ____` `_____ n _____`
LONG-AGO NONE HAVE T-T-Y, T-V CAPTION, INTERPRETER SAME NOW. YOU-PL. YOUNG HAVE PLENTY.

Don: `____ t ____` `_____ n _____`
HACE-TIEMPO NADA TENER T-T-Y, T-V SUB-TÍTULOS, INTÉRPRETE IGUAL AHORA. USTEDES JÓVENES TENER BASTANTE.

Mary: `____ t ____` `____ whq ____`
FIRST T-T-Y YOU BUY WHEN?

`____ t ____` `_____ whq _____`
¿PRIMERO T-T-Y TÚ COMPRAR CUÁNDO?

Don: LONG-AGO 1971.
Don: HACE TIEMPO 1971.

Mary: `_____ whq _____`
HOW-MUCH COST?

`_____ whq _____`
¿CUÁNTO COSTAR?

Don: `_____ t _____`
60 DOLLAR. T-T-Y LONG-AGO VERY-BIG, NOW VERY-SMALL, COST 600 DOLLAR.

Don: `_____ t _____`
60 DÓLAR. T-T-Y HACE TIEMPO MUY GRANDE, AHORA MUY-CHICO, COSTAR 600 DÓLAR.

Mary: WOW. IMPORTANT HAVE T-T-Y.
Mary: WOW. IMPORTANTE TENER T-T-Y.

Don: TRUE. I REMEMBER I WANT GO-THERE VISIT FRIEND, MUST I DRIVE-THERE. SOMETIMES I DRIVE-THERE, FRUSTRATE FRIEND NOT THERE. MUST GO-THERE-REPEATEDLY FINALLY NAB FRIEND. MANY TIME I FRUSTRATE-REPEATEDLY.

Don: VERDAD. YO RECORDAR YO QUERER IR-ALLÁ VISITAR AMIGO, DEBER YO MANEJAR-ALLÁ. ALGUNAS VECES YO MANEJAR-ALLÁ, FRUSTRAR AMIGO NO ALLÁ. DEBER IR-ALLÁ-REPETIDAMENTE FINALMENTE AGARRAR AMIGO. MUCHA VEZ YO FRUSTRAR-REPETIDAMENTE.

Mary: NOW I-TTY-HIM FRIEND, FIND HE NOT HOME. I SAVE GAS.
Mary: AHORA YO-TTY-EL AMIGO, ENCONTRAR EL NO CASA. YO AHORRAR GASOLINA.

Don: `_____ t _____`
TRUE. COMPARE LONG-AGO, NOW IT (now) BETTER.

Don: `_____ t`
CIERTO. COMPARAR HACE TIEMPO, AHORA EL (ahora) MEJOR.

Conditional Sentences

Conditional sentences have two parts: *the condition* and *the consequence.* The sentences are made by:
1. Raising the eyebrows during the *condition* (represented by ___ if ___), and lowering them during the *consequence.*
2. Optionally the *condition* may be preceded by either SUPPOSE or #IF.

Oraciones Condicionales

Las oraciones condicionales constan de dos partes: la condición y la consecuencia. Las oraciones se construyen:
1. Levantando las cejas durante la condición (representada por ___ si ___), y bajándolas durante la consecuencia.
2. Opcionalmete, la condición puede estar precedida ya sea por SUPONER o #SI.

EXAMPLES: EJEMPLOS:

_____ if _____
A. TOMORROW SNOW, I GO-AWAY SKIING.　'If it snows tomorrow, I'll go skiing.'

_____ if _____
A. MAÑANA NEVAR, YO IR ESQUIAR.　"Si nieva mañana, voy a ir a esquiar."

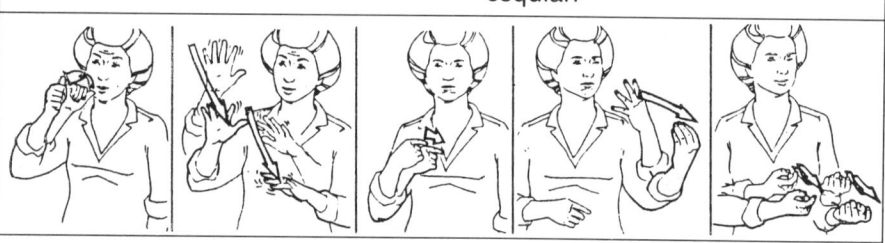

_____ if _____
B. SUPPOSE THERE HAVE INTERPRETER, I GO-THERE I.
'If there is an interpreter, I'll go.
_____ if _____
B. SUPONER AHÍ TENER INTÉRPRETE, YO IR-ALLÁ YO.
"Si hay intérprete, voy."

_____ if _____
C. #IF I HEAR~NONE, I PROCEED WILL I.
'If I don't hear anything, I'll go ahead.'
C. #SI YO OÍR~NADA, YO PROCEDER VOY YO.
"Si yo no oigo nada, voy a seguir adelante."

Exercise 20.1:

Combine the following sentences into conditional sentences, using the first sentence as the "condition" and the second as the "consequence."

EXAMPLE:

Ejercicio 20.1:

Combine las oraciones siguientes para formar oraciones condicionales. Use la primera oración como la 'condición' y la segunda como la 'consecuencia.'

EJEMPLO:

BOOK NOT ARRIVE.   'The books haven't arrived.'
I PROCEED CLASS.   'I'll go ahead with my class.'
_____ if _____
BOOKS NOT ARRIVE, I PROCEED CLASS.
'If the books haven't arrived, I'll go ahead with my class.'

LIBRO NO LLEGAR.   "No han llegado los libros."
YO PROCEDER CLASE.   "Yo voy a continuar con mi clase."
_____ if _____
LIBROS NO LLEGAR, YO PROCEDER CLASE.
"Si los libros no han llegado, yo voy a seguir adelante con mi clase."

1. AIRPLANE AGAIN POSTPONE.
   I MAD I.
1. AVIÓN OTRA VEZ POSPONER.
   YO ENOJADO YO.

2. MONEY YOU-GIVE-ME NOW.
   I BUY TICKET I.
2. DINERO TÚ-DAR-ME AHORA.
   YO COMPRAR BOLETO YO.

   _ t _
3. C-F I GET FINISH.
   I-INFORM-ALL-OF-YOU.
3. C-F (películas con sub-títulos) YO ACABAR.
   YO-INFORMAR-TODOS-USTEDES.

4. YOU DRIVE-THERE.
   I GO-WITH WANT I.
4. TÚ MANEJAR-ALLÁ.
   YO IR-CON QUERER YO.

5. T-V CAPTION HAVE HE.
   I GO-THERE HIS HOME.
5. T-V SUB-TÍTULOS TENER EL.
   YO IR-ALLÁ SU CASA.

6. T-V HAVE ACTOR DEAF IT.
   I WATCH MUST I.
6. T-V TENER ACTOR SORDO ELLA (objeto).
   YO VER DEBER YO.

7. LEARN SIGN HE WANT.
   PRACTICE MUST HE.
7. APRENDER SEÑAS EL QUERER.
   PRACTICAR TENER EL.

Rhetorical Questions

WH-question signs can be used as rhetorical questions to draw attention to additional information which the signer will provide. However, rhetorical questions differ from ordinary WH-questions in that the eyebrows are raised instead of squeezed together. ___rq___ indicates raised eyebrows for the rhetorical question.

Preguntas Retóricas

Las preguntas con el encabezador QUÉ pueden ser utilizadas para obtener información adicional la cual va a proporcionar la persona que hace la seña. Sin embargo, las preguntas retóricas difieren de la forma ordinaria QUÉ-pregunta (WH-question) en que las cejas se levantan en lugar de fruncirlas. ___rq___ indica que las cejas se tienen que levantar al hacer una pregunta retórica.

EXAMPLES: EJEMPLOS:

```
              ___t___         _ n _  _ rq _  ____ n ____
A. I BUY T-V CAPTION CAN'T. WHY? NONE MONEY I.
   'I can't buy a TV decoder because I don't have any money.'
              ___t___              ___ n ___  ___rq ___
A. YO COMPRAR T-V SUB-TÍTULOS NO PODER. ¿POR QUÉ?
       ___ n ___
   NADA DINERO YO.
   "No puedo comprar un decodificador de TV porque no tengo nada de dinero."
```

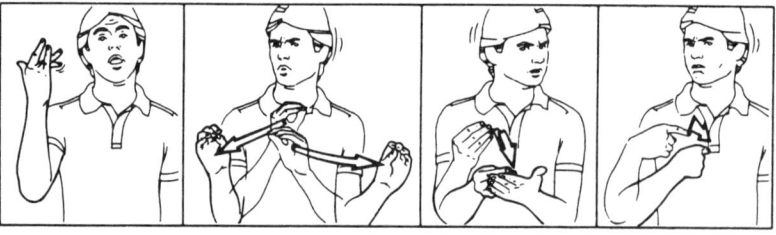

```
                                     _ rq _  ____ n ____
B. WILL INFORM-ALL-OF-YOU ABOUT MEETING. WHEN? DON'T-KNOW I.
   'I don't know when I will inform you of the meeting.'
                                     _ rq _  ____ n ____
B. VOY INFORMAR-TODOS-USTEDES ACERCA JUNTA ¿CUÁNDO? NO-SABER YO.
   "No se cuándo les voy a informar de la junta."
                           _ rq _
C. SISTER GO-THERE COLLEGE. WHERE? GALLAUDET.
   "My sister is going to Gallaudet College."
                        ___ rq ___
C. HERMANA IR-ALLÁ COLEGIO. ¿DÓNDE? GALLAUDET.
   "Mi hermana va a ir al Colegio Gallaudet."
```

Exercise 20.2:

Add the information in the second sentence to the first sentence, using the WH-question sign given.

EXAMPLE:

I GO-AWAY WASHINGTON. 'I'm going to Washington,'
  (HOW)
    I GO-BY-TRAIN. 'I'm going by train.'
                    _ rq _
    I GO-AWAY WASHINGTON. HOW? GO-BY-TRAIN.
    'I'm going to Washington by train.'

YO IR WASHINGTON. "Me voy a Washington."
  (CÓMO)
    YO IR-POR-TREN. "Me voy en tren."
                    _ rq _
    YO IR WASHINGTON. ¿CÓMO? IR-POR-TREN.
    "Voy a ir a Washington en tren."

1. THEY FINISH VOTE PRESIDENT C-L-U-B. (WHO)
   BROTHER PRESIDENT C-L-U-B HE.
1. ELLOS ACABAR VOTAR PRESIDENTE C-L-U-B. (QUIÉN)
   HERMANO PRESIDENTE C-L-U-B EL.

2. NOW RESEARCH-REPEATEDLY SIGN. (WHAT-FOR)
   UNDERSTAND LANGUAGE.
2. AHORA INVESTIGACIÓN-REPETIDAMENTE SEÑA. (PARA-QUÉ)
   ENTENDER LENGUAJE.

    _ t _
3. CAR I FINISH DECIDE BUY. (WHICH)
   D-A-T-S-U-N I BUY.
    _ t _
3. COCHE YO ACABAR DECIDIR COMPRAR. (CUÁL)
   D-A-T-S-U-N YO COMPRAR.

4. HE LECTURE-REPEATEDLY. (WHAT)
   HE LECTURE ABOUT C-L-E-R-C, HIMSELF DEAF.
4. EL CONFERENCIA-REPETIDAMENTE. (QUÉ)
   EL CONFERENCIA ACERCA C-L-E-R-C, EL MISMO SORDO.

5. I GO-THERE PUT-IN-GAS. (HOW-MUCH)
   GAS COST 20 DOLLAR.
5. YO IR-ALLÁ PONER-GASOLINA. (CUÁNTO)
   GASOLINA COSTAR 20 DÓLAR.

6. YOU GO-TO-IT CLOSE-DOOR. (WHY)
   BUG ENTER-REPEATEDLY.
6. TÚ IR-A-ELLA (objeto) CERRAR-PUERTA. (POR QUÉ)
   INSECTO ENTRAR-REPETIDAMENTE.

Ejercicio 20.2:

Agregue la información de la segunda oración a la primera oración, usando la seña de la pregunta con el encabezador QUÉ la cual está dada.

EJEMPLO:

Vocabulary   Vocabulario

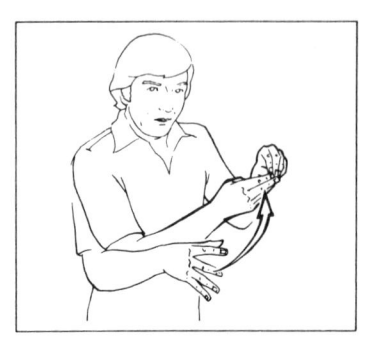

ADD-TO, additional
AGREGAR, adicional, añadir

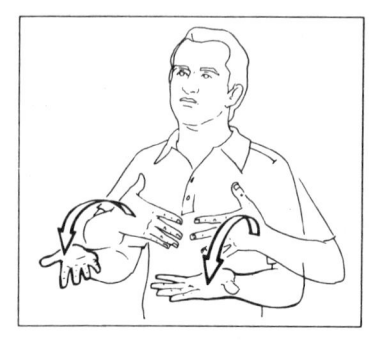

ADMIT, confess
ADMITIR, confesar

ADULT
ADULTO

AUDIENCE
AUDIENCIA, público

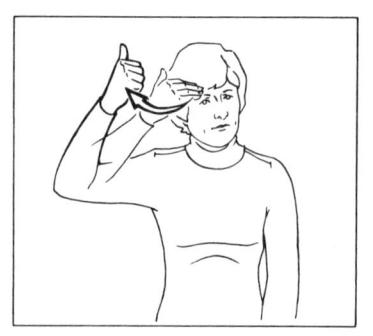

BECAUSE, since
PORQUE, ya que

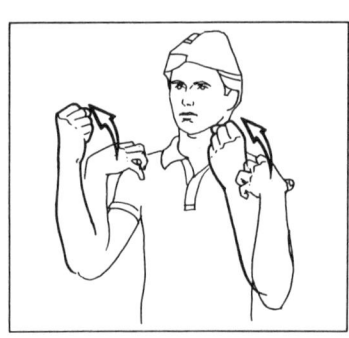

BRAVE
BRAVO, valiente

Health
well

BUG, insect
INSECTO, 'bicho'

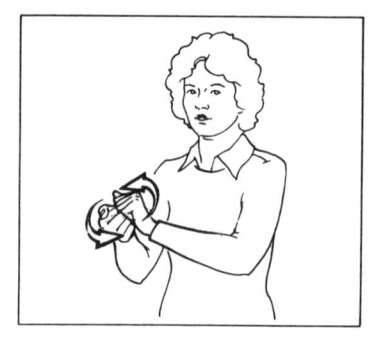

CHANGE, alter, modify
CAMBIAR, alterar, modificar

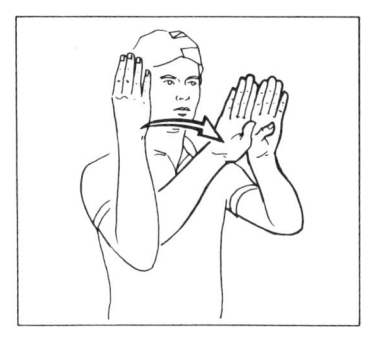

CLOSE-DOOR
CERRAR-PUERTA

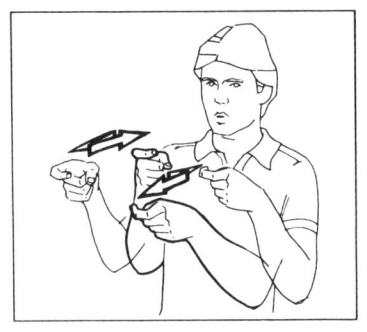

CONTROL, manage, direct
CONTROLAR, manejar,
dirigir

COUNT
CONTAR

DENY
NEGAR

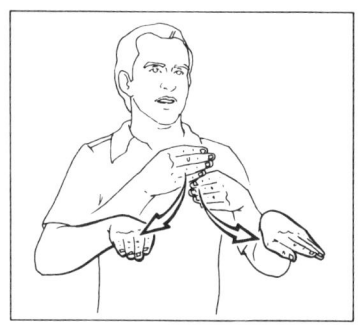

DIVIDE, split
DIVIDIR, separar

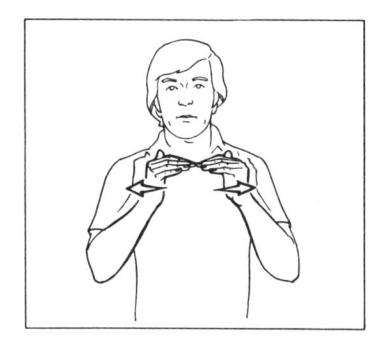

EQUAL, even, fair
IGUAL, parejo, justo

EXCHANGE, switch, trade in
INTERCAMBIAR, cambiar

FOLLOW
SEGUIR

FORBID, illegal, prohibit
ILEGAL, prohibir,
no permitido

HONEST, truth
HONESTO, verdad

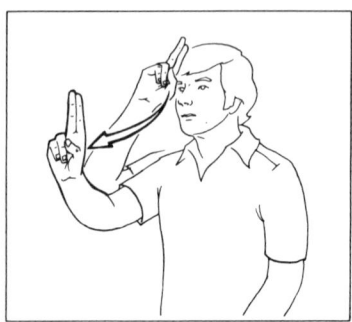

HONOR
HONOR

#IF
#SI

KEEP, be careful
GUARDAR, ser cuidadoso

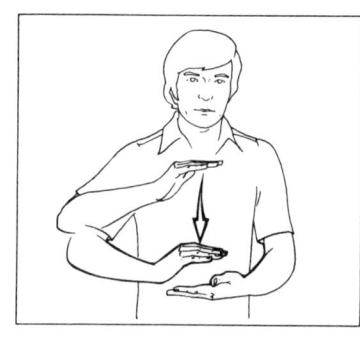

LESS, reduce
MENOS, reducir, disminuir

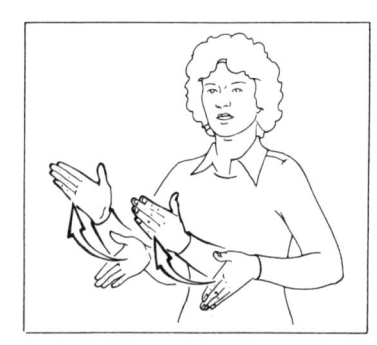

LET, allow, permit
DEJAR, permitir

LIMIT, restrict
LIMITAR, restringir

MEAN, cruel
MALO, cruel

MEASURE
MEDIR

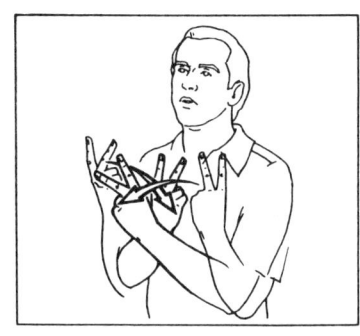

MULTIPLY
MULTIPLICAR

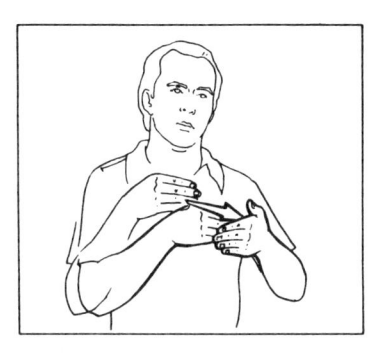

OPPOSE, sue, against
Noun: discrimination,
prejudice
OPONERSE, perseguir,
en contra de
Sustantivo: discriminación,
prejuicio

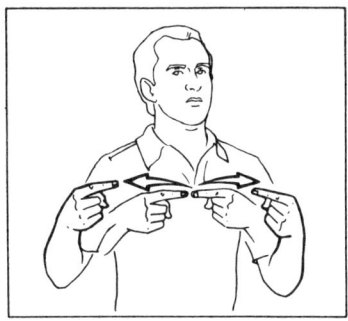

OPPOSITE, counter
OPUESTO, contra-parte

POSTPONE, put off
POSPONER, dejar para
más tarde

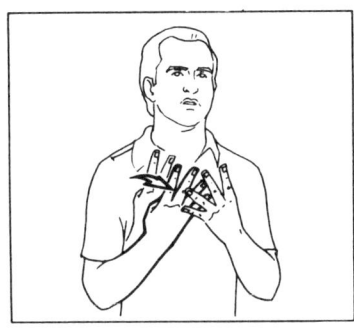

PRISON
PRISIÓN, cárcel,

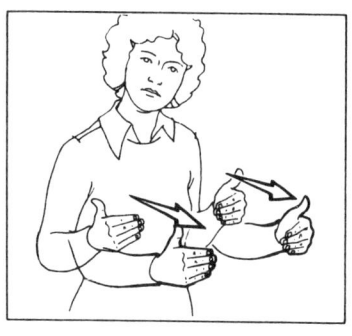

PROCEED, get along, go
ahead
PROCEDER, llevarse,
seguir adelante

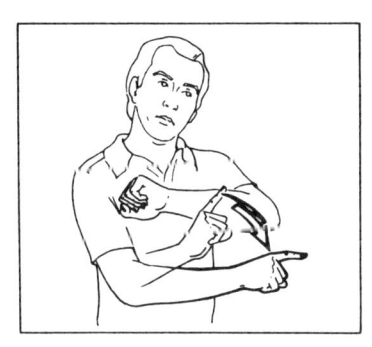

PUNISH, penalty
CASTIGAR, castigo

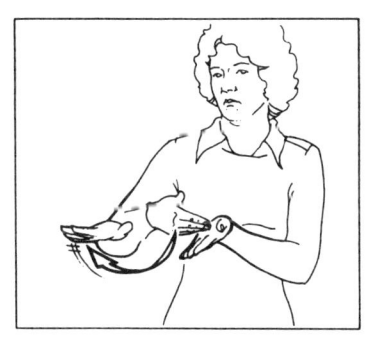

REJECT
RECHAZAR

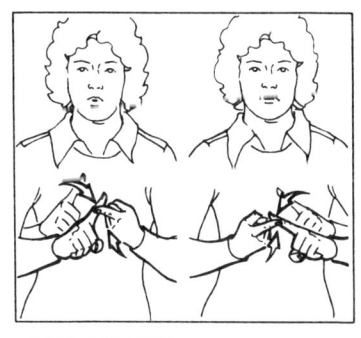

RELATIVES
FAMILIARES, parientes

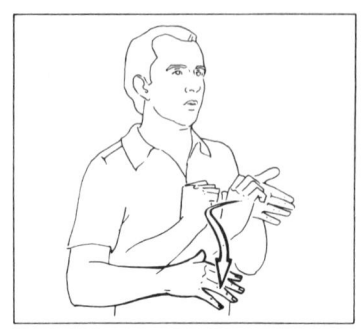

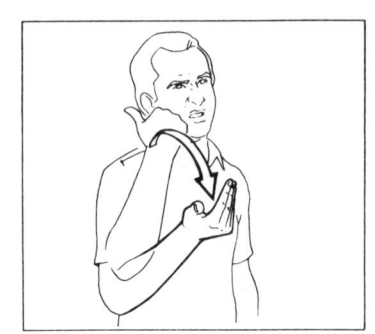

REMOVE, discard
QUITAR, remover, correr

SEPARATE, apart
SEPARAR, aparte

SHAME
PENA, vergüenza

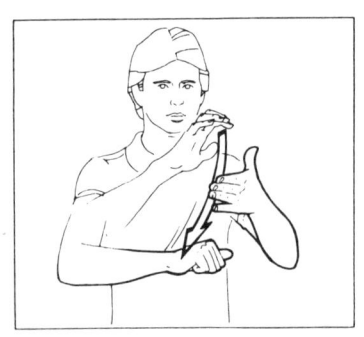

SUBTRACT
SUSTRAER, restar

VOTE, elect
VOTAR, elegir

WASTE
TIRAR, desperdicio

relative

LESSON 21 | LECCIÓN 21

Pluralizing Classifiers

Pronominal classifiers can be reduplicated to form plurals. Two ways are shown below.

Pluralización de los Clasificadores

Los clasificadores pronominales pueden reduplicarse para formar plurales. A continuación se muestran dos formas de los mismos.

EXAMPLES: EJEMPLOS:

A. WOW BICYCLE CL:3-IN-A-ROW.   'Wow, there are a lot of bicycles lined up in a row.'

A. WOW BICICLETA CL:3-EN HILERA.   ''Wow, hay muchas bicicletas en una hilera.''

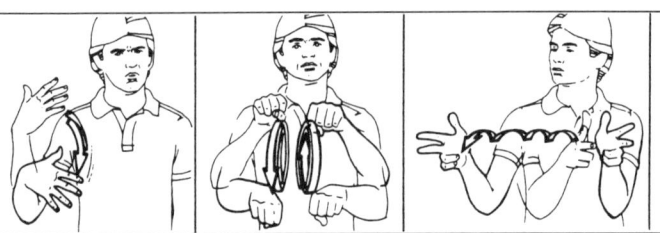

B. WOW BICYCLE CL:3-ALL-OVER.   'Wow, there are bicycles all over the place.'

B. WOW BICICLETA CL:3-POR-TODOS-LADOS.   ''Wow, hay bicicletas por todos lados.''

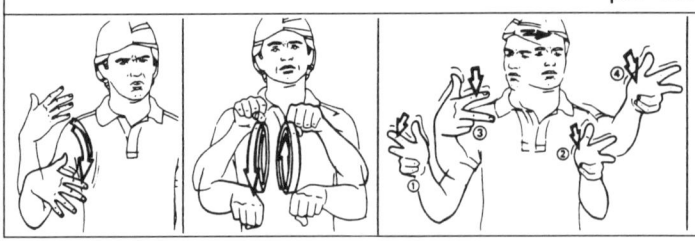

Some other pronominal classifiers are: Otros calsificadores pronominales son:

CL:Å

CL:

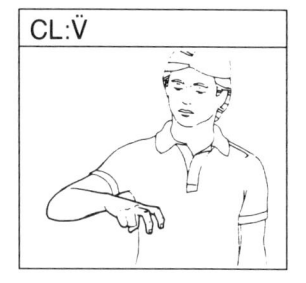

CL:V̈

For any stationary object such as a house, a vase, a statue, a lamp, a company, a business.

For winged aircraft.

For any small or crouched animal or human such as a frog, a mouse, a child sitting down, or a horse lying down.

Para cualquier objecto fijo tal como una casa, una vasija, una estatua, una lámpara, una companía, un negocio.

Para aparatos u objetos con alas.

Para cualquier animal chico o persona agachada tales como una rana, un ratón, un niño sentado, o un caballo acostado.

C. BEFORE NOTHING, NOW HOUSE CL:Å-ALL-OVER.
   'Before there was nothing, now there are houses all over the place.'
C. ANTES NADA, AHORA CASA CL:A-POR-TODOS-LADOS.
   "Antes no había nada, ahora hay casas por todos lados."

Exercise 21.1:

Ejercicio 21.1:

Change the plural form in the sentences below to the plural form given in parentheses by using a classifier.

Cambie la forma plural dada en la oración por la forma plural dada en el paréntesis usando un clasificador.

EXAMPLE:

EJEMPLO·

I WALK, SEE RABBIT MANY.   'I was walking and saw many rabbits.'
   (ALL-OVER)
      I WALK, SEE RABBIT CL:V̈-ALL-OVER.   'I was walking and saw rabbits all over the place.'

YO CAMINAR, VER CONEJO MUCHO.   "Yo iba caminando y vi muchos conejos."
   (POR-TODOS-LADOS)
      YO CAMINAR, VER CONEJO CL:V̈-POR-TODOS-LADOS.   "Yo iba caminando y vi conejos por todos lados."

1. WOW VERY-BIG AIRPORT, HAVE AIRPLANE MANY.   (IN-A-ROW)
1. WOW MUY-GRANDE AEROPUERTO, TENER AVIÓN MUCHO.   (EN-HILERA)

2. BEFORE NONE, NOW HAVE DEAF BUSINESS MANY.   (ALL-OVER)
2. ANTES NADA, AHORA TENER SORDO NEGOCIO MUCHO.   (POR-TODOS-LADOS)

3. I LOOK-AT, SEE BIRD 5.   (IN-A-ROW)
3. YO VER-AL, VER PÁJARO 5.   (EN-HILERA)

4. ARMY READY, IT HAVE AIRPLANE 25.   (IN-A-ROW)
4. EJÉRCITO LISTO, EL (objeto) TENER AVIÓN 25.   (EN-HILERA)

5. PARTY FINISH, WOW BEER CAN MANY.   (ALL-OVER)
5. FIESTA TERMINAR, WOW CERVEZA LATA MUCHA.   (POR-TODOS-LADOS)

_____ t _____
6. NOW PRICE HIGH, CAR NEW MANY CAN'T SELL.   (IN-A-ROW)
_____ t _____
6. AHORA PRECIO ALTO, COCHE NUEVO MUCHO NO PODER VENDER.   (EN-HILERA)

7. BEER CAN FATHER ENJOY COLLECT.   THERE HOME HAVE 150.   (IN-A-ROW)
7. CERVEZA LATA PODER PAPÁ DISFRUTAR COLECCIONAR.   ALLÁ CASA TENER 150.   (EN-HILERA)

Classifier: 1 Incorporating Number

The classifier CL:1 is used to show direction of movement of an upright human or animal. Note that the palm side of the CL:1 classifier represents the front of the human or animal.

Clasificador: 1 Incorporando el Número

El clasificador CL:1 se usa para mostrar la dirección o movimiento de una persona o u animal de pie. Observe que el lado de la palma del clasificador CL:1 representa el frente del animal o persona.

EXAMPLES:

EJEMPLOS:

A. MAN CL:1-THERE-TO-HERE.   'The man came up to me.'
A. HOMBRE CL:1-ALLÁ-PARA-ACÁ.   "El hombre vino hacia mí."

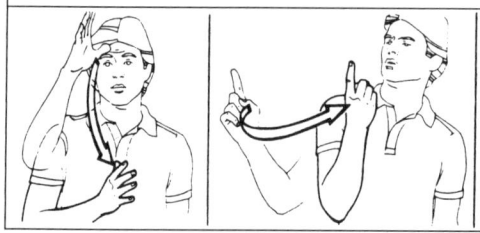

B. MAN CL:1-HERE-TO-THERE   'The man walked away from me.'
B. HOMBRE CL:1-AQUÍ-PARA-ALLÁ.   "El hombre se retiró de mí."

C. MAN CL:1-THERE-TO-THERE.   'The man walked by.'
C. HOMBRE CL:1-ALLÁ-PARA-ALLÁ: "El hombre pasó."

The CL:1 classifier can incorporate the numbers 1-5 to indicate the number of upright humans or animals in motion.	El clasificador CL:1 puede incorporar los números del 1 al 5 para indicar el número de personas o animales de pie que se encuentran en movimiento.

EXAMPLES: EJEMPLOS:

D. CL:1(2)-THERE-TO-HERE BAWL-ME-OUT. 'The two of them came up to me and bawled me out.'
D. CL:1(2)-ALLÁ-PARA-ACÁ REGAÑAR-ME. "Ellos dos vinieron hacia mí y me regañaron."

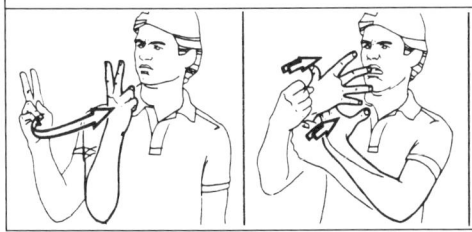

E. WOMAN CL:1(3)-THERE-TO-THERE.   'The three women passed by.'
E. MUJER CL:1(3)-ALLÁ-PARA-ALLÁ.   "Las tres mujeres pasaron."

Exercise 21.2:

Incorporate the number given in parentheses into the CL:1 classifier in the following sentences.

Ejercicio 21.2:

En las oraciones siguientes incorpore el número dado en el paréntesis al clasificador CL:1.

EXAMPLE:

STUDENT CL:1-THERE-TO-HERE COMPLAIN-REPEATEDLY.
'The student came up to me and complained.'
(2)
STUDENT CL:1(2)-THERE-TO-HERE COMPLAIN-REPEATEDLY.
'The two students came up to me and complained.'

EJEMPLO:

ESTUDIANTE CL:1-ALLÁ-PARA-ACÁ QUEJARSE-REPETIDAMENTE.
"El estudiante vino a mí para quejarse."
(2)
ESTUDIANTE CL:1(2)-ALLÁ-PARA-ACÁ QUEJARSE-REPETIDAMENTE.
"Los dos estudiantes vinieron a mí para quejarse."

_____ n _____
1. CL:1-THERE-TO-THERE, I SEE~NONE.   (3)
_____ n _____
1. CL:1-ALLÁ-PARA-ALLÁ, YO VER~NADA.   (3)

2. GIRL CL:1-THERE-TO-HERE CHAT FINISH, CL:1-HERE-TO-THERE.   (2)
2. MUCHACHA CL:1-ALLÁ-PARA-ACÁ PLATICAR ACABAR, CL:1-ACÁ-PARA-ALLÁ.   (2)

3. BOY CL:1-THERE-TO-HERE, DEMAND MONEY.   I SHOCK   (5)
3. MUCHACHO CL:1-ALLÁ-PARA-ACÁ EXIGIR DINERO.   YO SHOCK (ataque).   (5)

4. BEAR CL:1-THERE-TO-HERE, I HERE-RUN-THERE.   (2)
4. OSO CL:1-ALLÁ-PARA-ACÁ, YO ACÁ-CORRER-ALLÁ.   (2)

_____ q _____ _____ whq _____
5. CAN I CL:1-HERE-TO-THERE, ASK-HIM TIME MEETING WHAT?   (4)
_____ q _____ _____ whq _____
5. ¿PODER YO CL:1-ACÁ-PARA-ALLÁ, PREGUNTAR-LE (a él) TIEMPO JUNTA CUÁL?   (4)

NOTE: Other Uses of Classifier:1

The classifier CL:1 can use different movements to show actions of upright humans or animals.

'to pass by quickly'
'pasar por aquí rápidamente'

'to turn away'
'voltear'

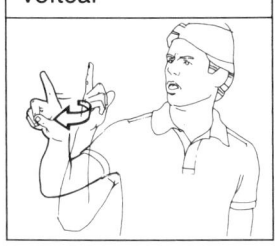

Both hands can form the CL:1 classifier to show the relative position of two or more upright humans or animals.

'to go up to another person or animal'

'ir hacia otra persona o animal'

NOTA: Otros Usos del Clasificador:1

El clasificador CL:1 puede tener movimientos diferentes para mostrar acciones de personas o animales de pie.

'to saunter by'
'pasearse por aquí'

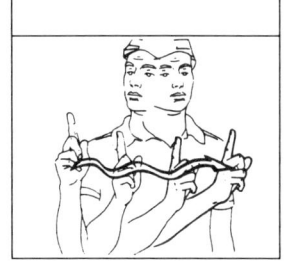

'to stagger'
'tambalearse'

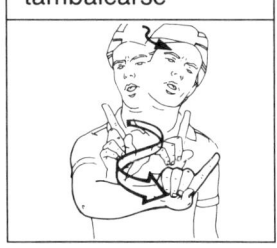

Ambas manos pueden formar el clasificador CL:1, para mostrar la posición relativa de dos o más personas o animales de pie.

'the two of them go up to another person or animal'
'las dos de ellas van hacia otra persona o animal'

'two of them follow another person or animal from behind'
'dos de ellos siguen a otra persona o animal'

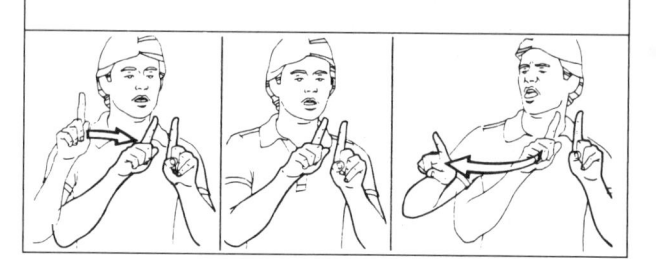

'to approach a person, hesitate and walk away'
'acercarse a una persona, dudar y retirarse'

More Quantifiers

Some other classifiers which are used as quantifiers are:

Más Cuantificadores

Otros clasificadores que se usan como cuantificadores son:

CL:44

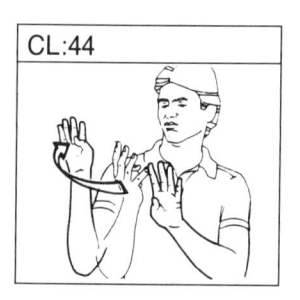

To mean many objects such as boyfriends, shirts, books.

Para significar muchos objetos tales como amigos, camisas, libros.

CL:B

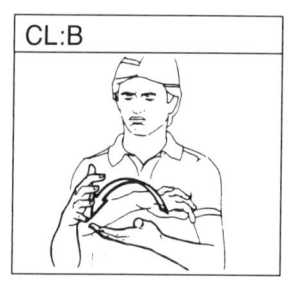

To mean a small pile of objects such as dishes, food, homework.

Para significar una pila de objetos tales como platos, comida, tarea.

CL:BB

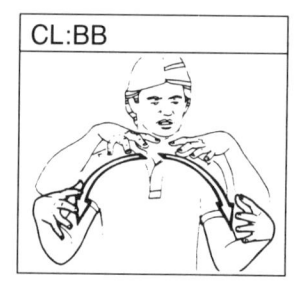

To mean a large pile of objects such as clothes, furniture, many dishes.

Para significar un montón de objetos tales como ropa, muebles, muchos platos.

These quantifiers may appear either before or after the noun, or at the end of the sentence.

Estos cuantificadores pueden aparecer ya sea antes o después del sustantivo, o al final de la oración.

EXAMPLES: EJEMPLOS:

_____t_____
A. FOOD CL:B, HE LIKE HE.   'He likes a lot of food.'
_____t_____
A. COMIDA CL:B, EL GUSTAR EL.   "A él le gusta mucha comida."

_____t_____
CL:B FOOD, HE LIKE HE.   'He likes a lot of food.'
_____t_____
CL:B COMIDA, EL GUSTAR EL.   "A él le gusta mucha comida."

__t__
FOOD, HE LIKE CL:B HE.   'He likes a lot of food.'
__t__
COMIDA, EL GUSTAR CL:B EL.   "A él le gusta mucha comida."

Exercise 21.3:   Ejercicio 21.3:

Form responses to the following questions using the classifier given in parentheses.

Responda a las siguientes preguntas usando los clasificadores dados en el paréntesis.

EXAMPLE: EJEMPLO:

_____q_____
Question: SHE HAVE BOY FRIEND?   'Does she have a boyfriend?'
          (CL:44)
Response: SHE HAVE CL:44   'She has many.'
          CL:44 HAVE SHE.   'She has many.'

Pregunta: ¿ELLA TENER NOVIO?   "¿Ella tiene novio?"
          (CL:44)
Respuesta: ELLA TENER CL:44   "Ella tiene muchos."
          CL:44 TENER ELLA.   "Ella tiene muchos."

_____q_____
1. FOOD LEFT-THERE?   (CL:B)
_____q_____
1. ¿COMIDA QUEDAR AQUÍ?   (CL:B)

```
_____ whq _____
```
2. FURNITURE YOU HAVE HOW-MUCH? (CL:BB)
```
_____ whq _____
```
2. ¿MUEBLES TÚ TENER CUÁNTOS? (CL:BB)

```
_____ q _____
```
3. DIRTY CLOTHES YOU HAVE? (CL:BB)
```
_____ q _____
```
3. ¿SUCIA ROPA TÚ TENER? (CL:BB)

```
_____ q _____
```
4. YOU TAKE MEAT FINISH YOU? (CL:BB)
```
_____ q _____
```
4. ¿TÚ TOMAR CARNE ACABAR TÚ? (CL:B)

```
_____ q _____
```
5. SHE HAVE DRESS MANY? (CL:44)
```
_____ q _____
```
5. ¿ELLA TENER VESTIDO MUCHO? (CL:44)

```
_____ q _____
```
6. HOW-MANY PEOPLE THEY WANT BUY TICKET ? (CL:44)
```
_____ q _____
```
6. ¿CUÁNTA PERSONA ELLOS QUERER COMPRAR BOLETO? (CL:44)

```
_____ q _____
```
7. CLOTHES OLD, IT HAVE? (CL:BB)
```
_____ q _____
```
7. ¿ROPA VIEJA, EL (objeto) TENER? (CL:BB)

Vocabulary   Vocabulario

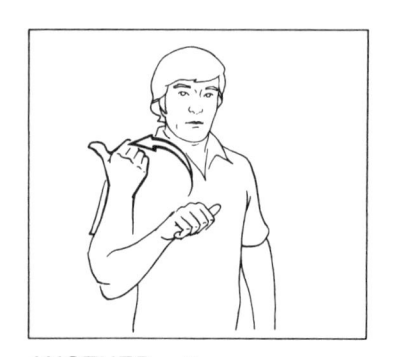

ANOTHER, other
OTRO

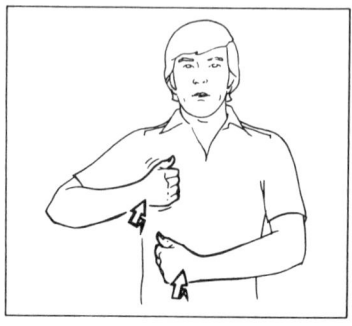

ARMY
EJÉRCITO, armada

ASSISTANT
ASISTENTE, ayudante

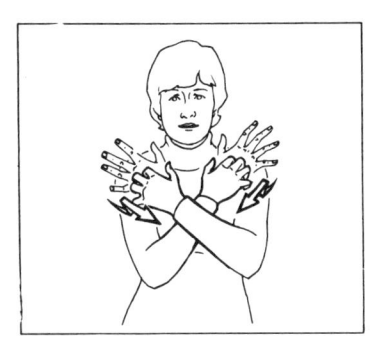

BEAR
OSO

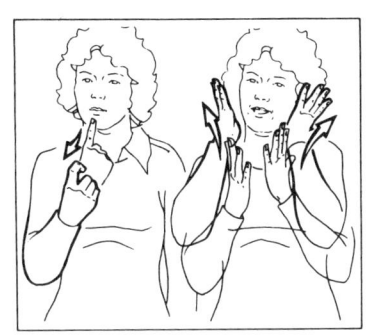

BLUSH
SONROJARSE

BRIDGE
PUENTE

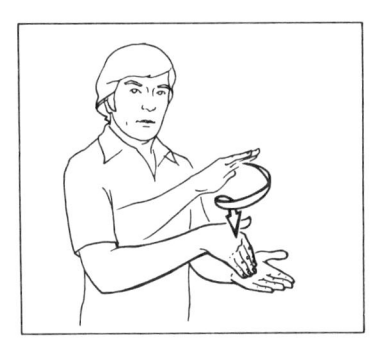

CENTER, middle
CENTRO, medio

CHANNEL, knob
CANAL, perilla

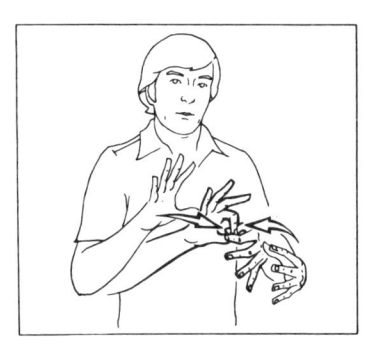

CONNECT, belong, join
CONECTAR, pertenecer,
juntar, integrarse

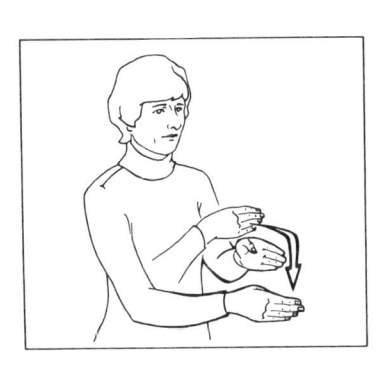

END, complete
TERMINAR, completar

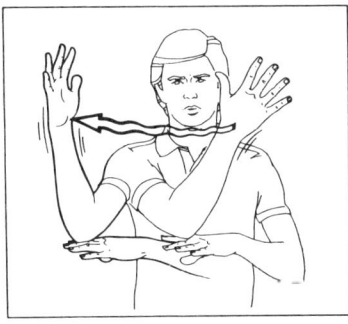

FOREST
ARBOLEDA, bosque

GENERAL, broad
GENERAL, amplio

GOOD-AT, skilled, expert
BUENO PARA, hábil, experto

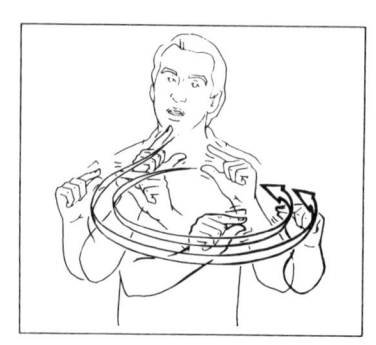

GOSSIP, rumor
CHISME, rumor

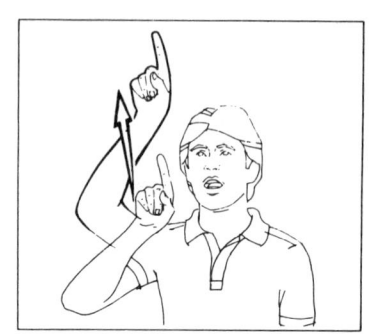

HIGH
ALTO

JUST, only
SOLAMENTE, sólo

LINE
LÍNEA

LOCK-UP
CERRAR CON LLAVE

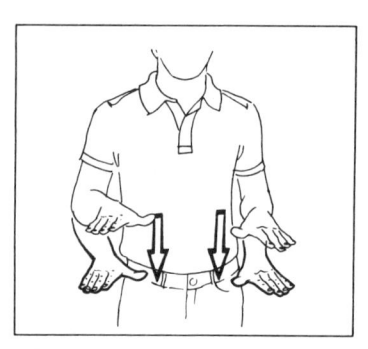

LOW, lower
BAJO, el de abajo

MATCH, combine
APAREAR, igualar, combinar

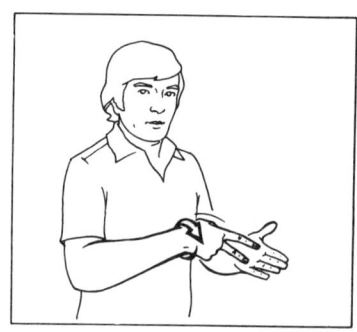

MEAN, meaning
SIGNIFICAR, significado

MELT, dissolve, fade

DERRETIR, disolver, desaparecer

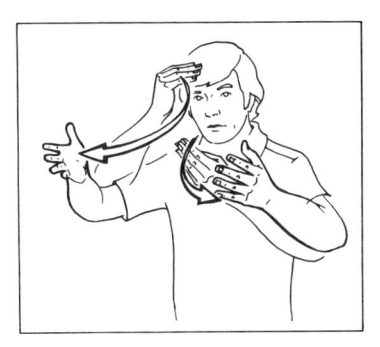

NEWS, information

NOTICIAS, información

OPERATE (on body), surgery

OPERAR (en el cuerpo) cirugía, operación

PAINT
Noun: paint
PINTAR
Sustantivo: pintura

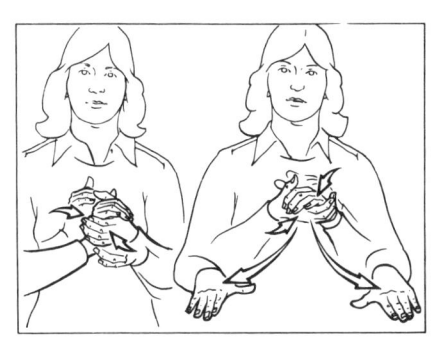

PEACE

PAZ

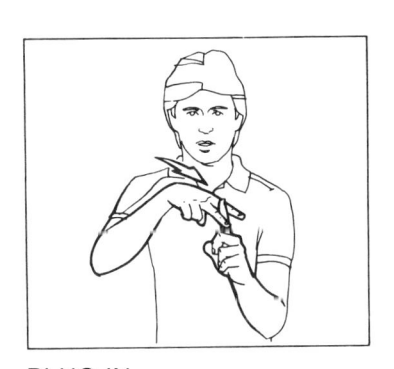

PLUG-IN
Noun: plug
CONECTAR, enchufar
Sustantivo: enchufe

PRETEND, fool

PRETENDER, burlarse, 'tomar el pelo'

SECRET, private, confidential

SECRETO, privado, confidencial

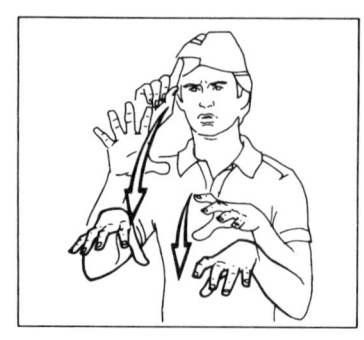

SHOCK
SHOCK, ataque, impacto

SHOUT
GRITAR

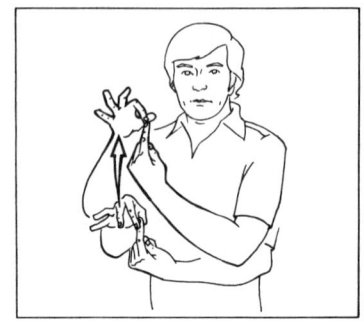

SPECIAL, except
ESPECIAL, excepto

SPIRIT, soul, ghost

ESPÍRITU, alma, fantasma

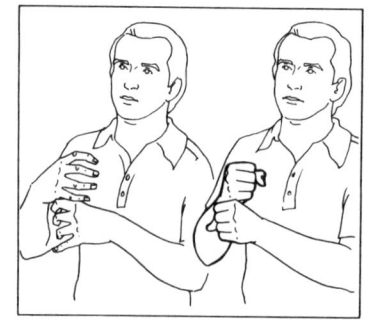

SUMMARIZE, condense,
abbreviate
RESUMIR, condensar,

SUPERVISE

SUPERVISAR

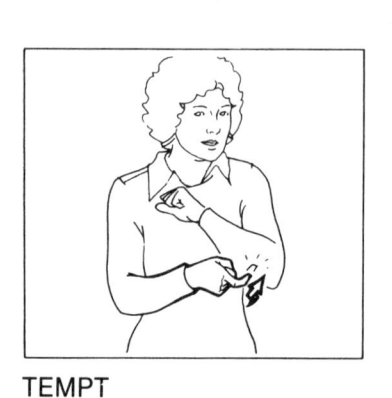

TEMPT

TENTAR

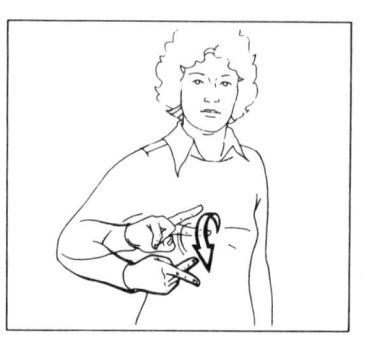

TRADE-PLACED-WITH,
switch
CAMBIAR DE LUGAR,
cambiar

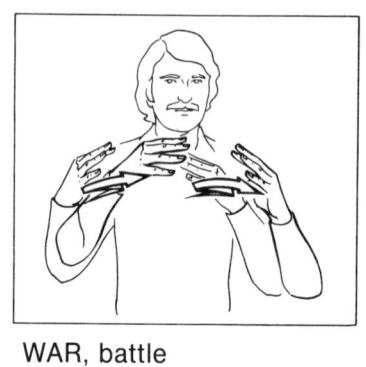

WAR, battle

GUERRA, batalla

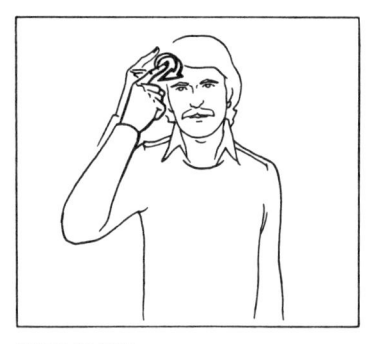

WONDER
PREGUNTARSE

Outlining for Shape and Detail

The tips of the index fingers can be used to outline the shape of an object or to show detail of an object.

Delineando la Forma y el Detalle

Se usa la punta del dedo índice para delinear la forma de un objeto o para mostrar el detalle de un objeto.

EXAMPLES: EJEMPLOS:

A. HOME HAVE TABLE OUTLINE-KIDNEY-SHAPED.
'I have a table at home that is kidney- shaped.'

A. CASA TENER MESA DELINEAR-RIÑON-FORMA.
"Tengo una mesa en casa que tiene forma de riñon."

B. FLOWER BOWL HAVE SCALLOPED-RIM.
'The flower bowl has a scalloped rim.'

B. FLOR VASIJA TENER CONCHA-BORDE.
"El florero tiene el borde como el de una concha."

C. HAVE PAPER OUTLINE-RECTANGLE THERE.
'There's a big piece of paper there.'

C. TENER PAPEL DELINEAR-RECTÁNGULO-ALLÁ.
"Allá hay un pedazo de papel muy grande."

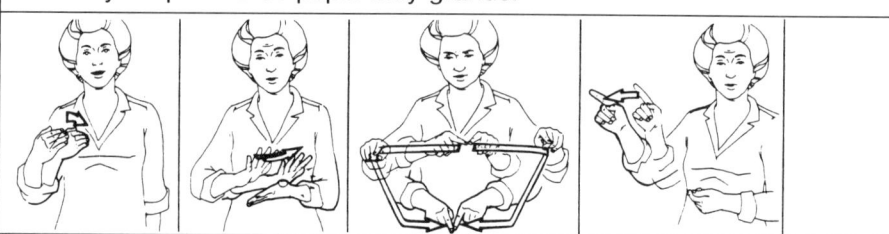

Exercise 22.1:

Outline and give detail of the objects in the following pictures.

Ejercicio 22.1:

En las siguientes ilustraciones, delinée y describa los detalles de los objetos.

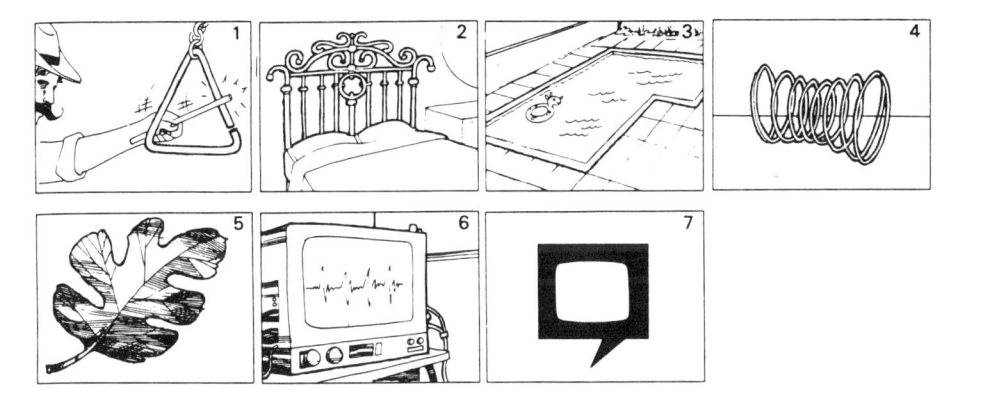

Shaping Objects With Classifier:BB

The classifier:CL:BB can be used to describe the surface shape of an object.

Dando Forma a Objetos Usando el Clasificador:BB

Se puede usar el clasificador:CL:BB para describir la forma de la superficie de un objeto.

EXAMPLES:

EJEMPLOS:

A. BED OLD HAVE CL:BB-DIP.   'The old bed has a dip in the middle.'
A. CAMA VIEJA TENER CL:BB-HENDIDURA.
   "La cama vieja tiene una hendidura en el centro."

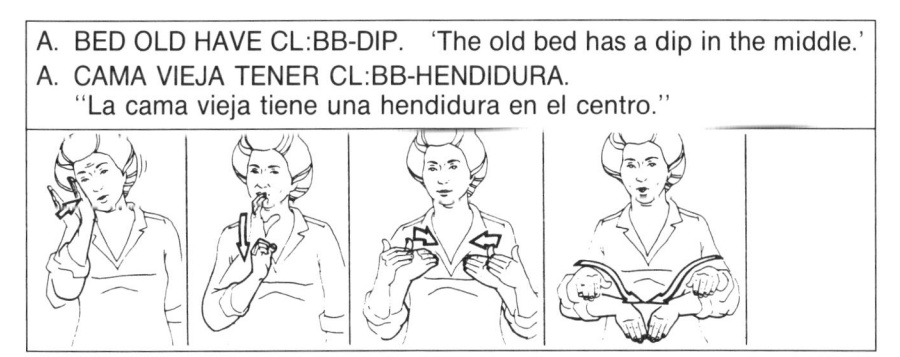

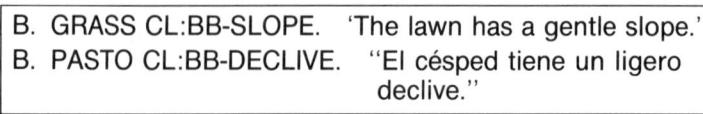

B. GRASS CL:BB-SLOPE.   'The lawn has a gentle slope.'
B. PASTO CL:BB-DECLIVE.   "El césped tiene un ligero declive."

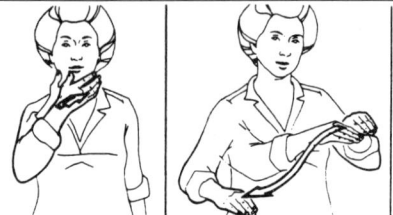

C. NEW-YORK THERE HAVE BUILDING CL:BB-TALL-SIDES.
   'New York has many tall buildings.'
C. NUEVA YORK ALLÁ TENER EDIFICIO CL:BB-ALTO-LADOS.
   "Nueva York tiene muchos edificios altos."

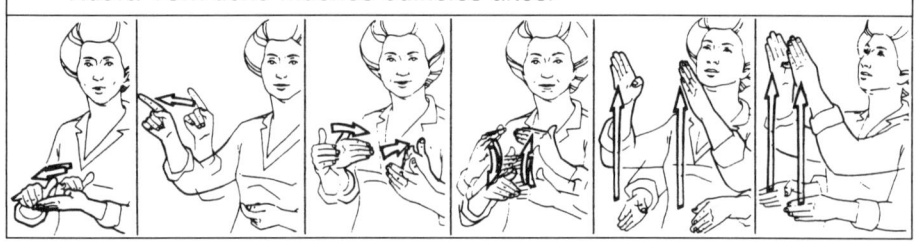

Exercise 22.2:

Use the classifier:CL:BB to describe the surface shapes of the objects in the following pictures.

Ejercicio 22.2:

En las siguientes ilustraciones, use el clasificador:CL:BB para describir la forma de la superficie de los objetos.

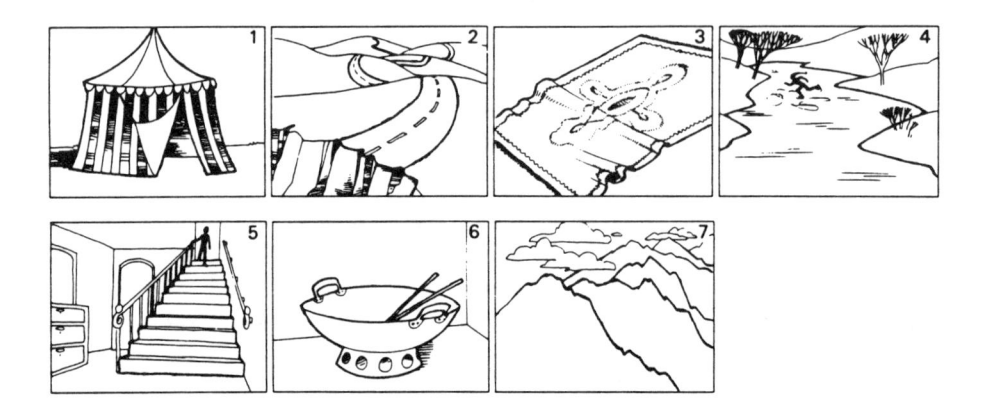

Classifiers Showing Motion

Some classifiers can be used to show the motion of the humans, animals, or objects they represent.

EXAMPLES:

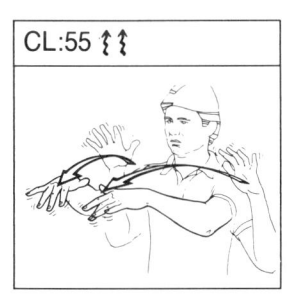

CL:55 ⇡⇡

To mean a large quantity of people, cars, animals, etc., moving toward a specific location.

Para describir una gran cantidad de personas, coches, animales, etc., moviéndose en una dirección específica.

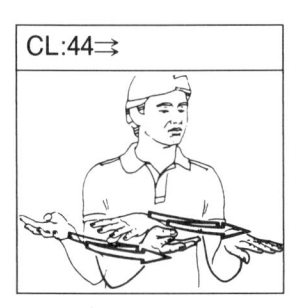

CL:44⇉

To mean a continuing stream of objects filing along as on an assembly line such as newspapers on a conveyer belt.

Para describir un flujo continuo de objetos ensamblados en forma ordenada tales como periódicos en una rampa eléctrica.

Clasificadores que Muestran Movimiento

Se utilizan algunos clasificadores para mostrar movimiento de personas, animales u objetos que representan.

EJEMPLOS:

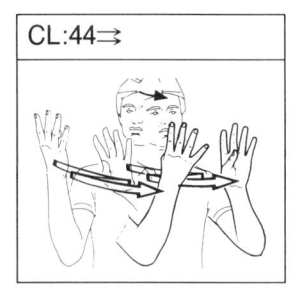

CL:44⇉

To mean a continuing stream of people or animals filing past.

Para describir un flujo continuo de personas o animales pasando en forma alineada.

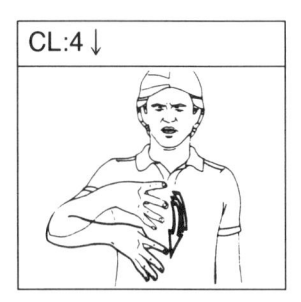

CL:4 ↓

To mean a flow of liquid such as a gas leak, a runny nose, running water, bleeding, etc.

Para describir un flujo de líquidos tales como una fuga de gas, una nariz con catarro, agua corriente, un sangrado, etc.

EXAMPLES: EJEMPLOS:

A. IT HAVE S-A-L-E PEOPLE CL:55 ⥮   'People were rushing to the sale.'
A. EL (objeto) TENER V-E-N-T-A GENTE CL:55 ⥮   "La gente fue corriendo a la venta."

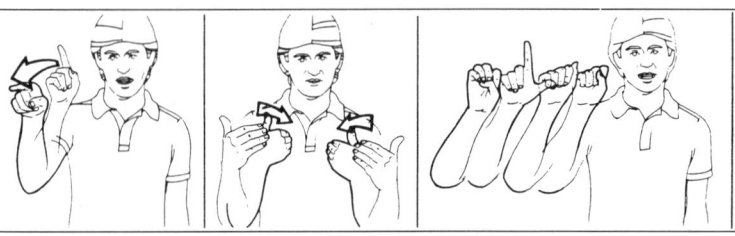

B. RESTAURANT PEOPLE CL:44⇉ IT GOOD IT.
   'That restaurant is good, so many people go there.'
B. RESTAURANTE GENTE CL:44⇉ EL (objeto) BUENO EL (objeto).
   "El restaurante es bueno, así que mucha gente va allá."

C. BEFORE WORK P-O, LETTER CL:44⇉.
   'I used to work at the post office sorting mail.'
C. ANTES TRABAJO P-O, CARTA CL:44⇉.
   "Yo trabajaba en la oficina postal clasificando las cartas."

D. WATER CL:4↓ GO-TO-IT FIX!
   'The water's dripping. Go fix it!'
D. AGUA CL:4↓ IR-A-ELLA (objeto) ¡COMPONER!
   "El agua está goteando. ¡Vé a componerla!"

Exercise 22.3:   Ejercicio 22.3:

Substitute each of the signs in the lists into the model sentence given.

Sustituya cada una de las señas de la lista al modelo de la oración dada.

EXAMPLE: EJEMPLO:

I SIT WATCH CHILDREN CL:44⇉ SCHOOL.
'I sat and watched the children going to school.'
   TEACHER
      I SIT WATCH TEACHER CL:44⇉ SCHOOL.
      'I sat and watched the teachers going to school.'

YO SENTAR VER NIÑOS CL:44⇉ ESCUELA.
"Yo me senté y miré a los niños ir a la escuela."
  MAESTRO
    YO SENTAR VER MAESTRO CL:44⇉ ESCUELA.
    "Yo me senté y miré a los maestros ir a la escuela."

1. BEFORE I WORK FACTORY TOMATO CL:44⇉.
  COKE
  CAN
  FISH
  CAR
1. ANTES YO TRABAJAR FÁBRICA TOMATE CL:44⇉.
  COCA-COLA
  LATA
  PESCADO
  COCHE

2. MEETING IMPORTANT PEOPLE CL:55 ⇕ .
  DEAF
  COP
  INTERPRETER
  RESEARCHER
2. JUNTA IMPORTANTE GENTE CL:55 ⇕ .
  SORDO
  POLICÍA
  INTÉRPRETE
  INVESTIGADOR

3. #BUSY HE DAILY PEOPLE CL:44⇉ HIS ROOM.
  STUDENT
  SICK PEOPLE
  ACTOR
  BOY, GIRL
3. #OCUPADO EL DIARIO GENTE CL:44⇉ SU (de él) CUARTO.
  ESTUDIANTE
  GENTE ENFERMA
  ACTOR
  MUCHACHO, MUCHACHA

4. AWFUL ALL-NIGHT WATER CL:4 ↓ .
  #GAS
  NOSE
  TOILET
  ROOF
4. TERRIBLE TODA-NOCHE AGUA CL.4 ↓
  #GAS
  NARIZ
  BAÑO
  TECHO

Vocabulary   Vocabulario

AFRICA
ÁFRICA

APPROACH
ACERCARSE

AUSTRALIA
AUSTRALIA

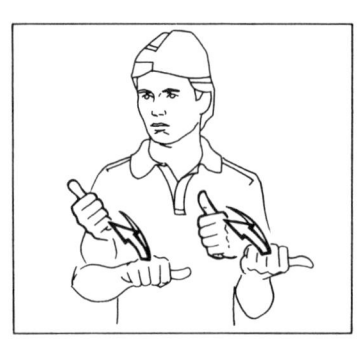

BAPTIST, baptize
BAUTISTA, bautizar

BLIND
CIEGO

BOWL
TÁZON, vasija, plato hondo

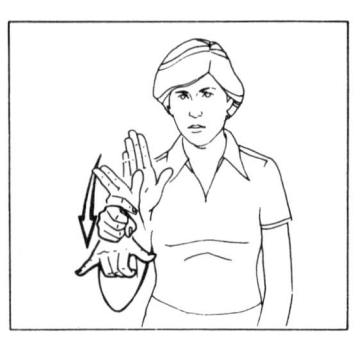

#BUSY
#OCUPADO

CANADA
CANADA

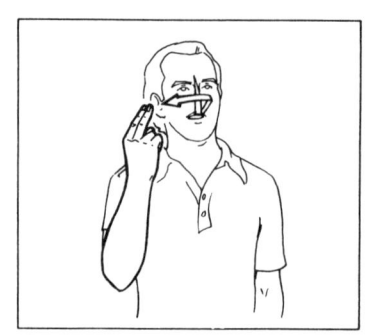

CATHOLIC
CATÓLICO

268

CHINA, Chinese

CHINA, chino

COMMUTE, go back and forth

COMMUTAR, ir y venir, viajar

CONGRATULATIONS

FELICITACIONES

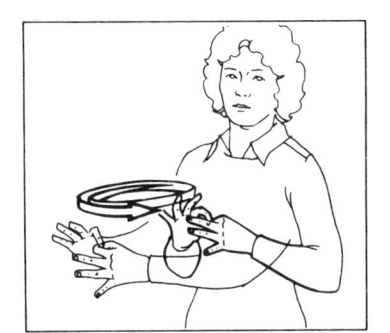

COOPERATE
COOPERAR

EGYPT
EGIPTO

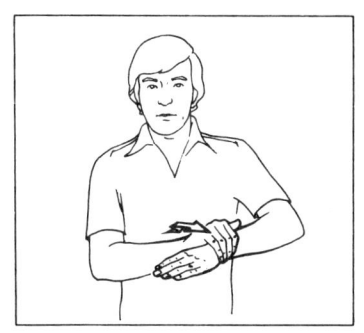

ENGLAND, British, English

INGLATERRA, británico, un inglés (persona), inglés (idioma)

EPISCOPAL
EPISCOPAL

FOREVER
PARA SIEMPRE

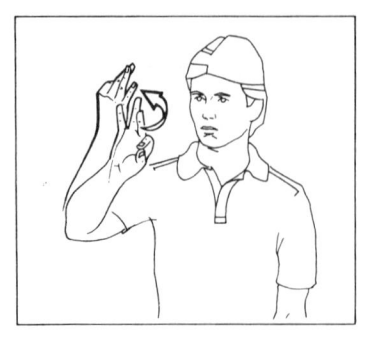

FRANCE, French
FRANCIA, francés

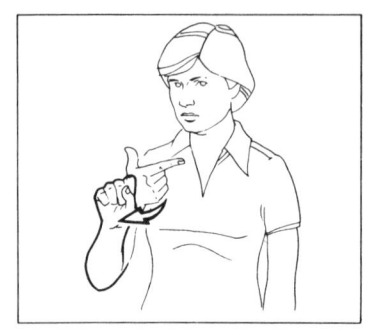

#GAS
#GASOLINA

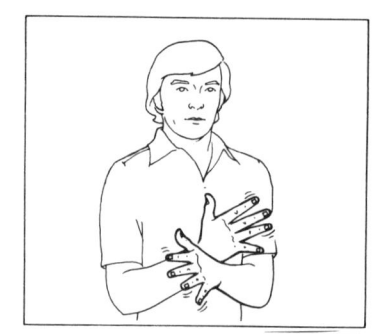

GERMANY, German
ALEMANIA, alemán

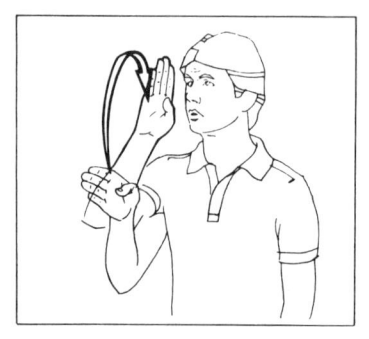

GOD
DÍOS

GRASS
PASTO, césped

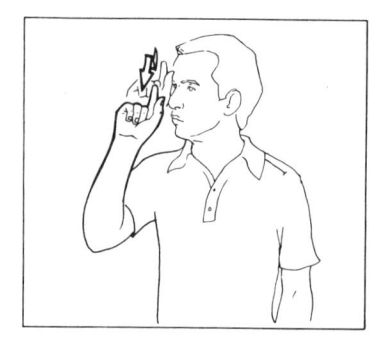

GREECE, Greek
GRECIA, griego

HOSPITAL, infirmary
HOSPITAL, enfermería

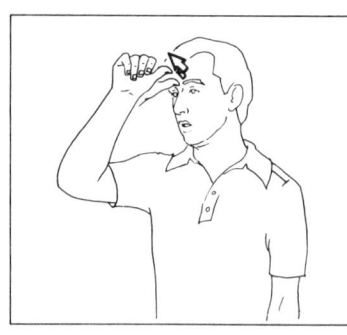

INDIA, Indian
INDIA, hindú

ISRAEL, Jewish
ISRAEL, judío

ITALY
ITALIA

JAPAN, Japanese
JAPÓN, japonés

LUTHERAN
LUTERANO

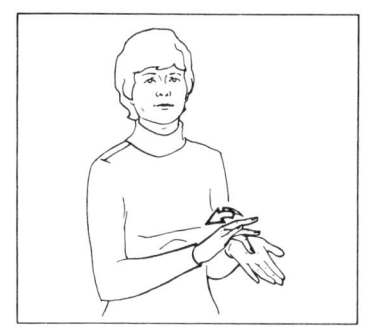

MEDICINE, chemical
MEDICINA, químico

METHODIST
METODISTA

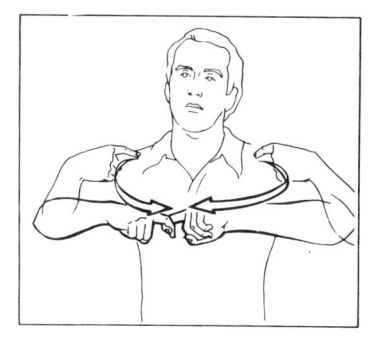

MEXICO, Mexican
MÉXICO, mexicano

MORMON
MORMON

NATIVE-AMERICAN, Indian
NATIVO-AMERICANO

PROTESTANT
PROTESTANTE

RELIGION, religious
RELIGIÓN

ROOF
TECHO

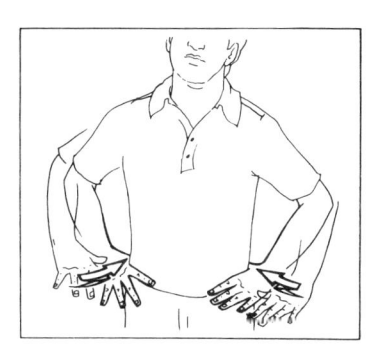

RUSSIA, Russian
RUSIA, ruso

SCOTLAND, Scottish
ESCOCIA, escocés

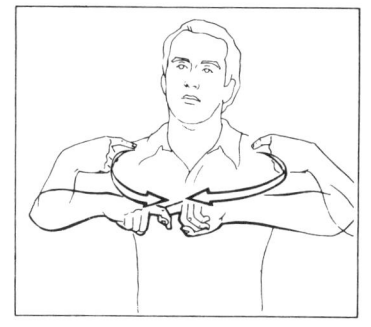

SPAIN, Spanish
ESPAÑA, español

TOMATO
TOMATE

DIALOGUE 7

Jack and Alice are discussing the television decoder.

DIÁLOGO 7

Jack y Alicia están discutiendo el decodificador de televisión.

Jack: I GET T-V CAPTION LAST-WEEK. TRUE WONDERFUL.
Jack: YO RECIBÍ T-V SUB-TÍTULOS PASADA-SEMANA. VERDAD MARAVILLOSO.

Alice: I FINISH ORDER. WAIT-CONTINUALLY, NOT-YET ARRIVE.
         _____ whq _____
LOOK~LIKE WHAT?
Alicia: YO ACABAR ORDENAR. ESPERAR-CONTINUAMENTE, TODAVÍA-NO LLEGAR.
         _____ whq _____
¿PARECER-COMO QUÉ?

Jack: CL:BB (flat) CL:BB (wide), METAL. HAVE CL:F CHANNEL.
      _____ if _____
SUPPOSE T-V NOW HAVE CAPTION, YOU O-N IT C-A-P-T-I-O-N, FINISH IT T-V CAPTION.
Jack: CL:BB (plano) CL:BB (ancho), METAL. TENER CL:F CANAL.
      _____ if _____
SUPONER T-V AHORA TENER SUB-TÍTULOS, TÚ EN ELLA (objeto) L-E-T-R-E-R-O-S, ACABAR ELLA (objeto) T-V SUB-TÍTULOS.

Alice: THEY MAKE SEVERAL T-V CAPTION, WRONG PEOPLE CL:55 ↕ WANT. THEY NOT EXPECT. NOW START MORE CL:44⇉ SELL-REPEATEDLY.
Alicia: ELLOS HACEN VARIOS T-V SUB-TÍTULOS, MAL GENTE CL:55 ↕ QUERER. ELLOS NO ESPERAR. AHORA EMPEZAR MÁS CL:44⇉ VENDER-REPETIDAMENTE.

           _ rq _
Jack: T-V CAPTION WORK HOW? WELL, T-V HAVE CL:G+++ (downward), 1 CL:G THAT-ONE IT LINE 21. IT HAVE CAPTION. MUST HAVE BOX, THAT-ONE T-V CAPTION, PLUG-IN FINISH, WILL IT APPEAR CAPTION.
           _ rq _
Jack: ¿T-V SUB-TÍTULOS TRABAJAR CÓMO? BUENO, T-V TENER CL:G+++ (líneas hacia abajo), 1 CL:G AQUÉLLA ELLA (objeto) LÍNEA 21. ELLA (objeto) TENER SUB-TÍTULO. DEBER TENER CAJA, AQUÉLLA T-V SUB-TÍTULO, CONECTAR ACABAR, VA A APARECER SUB-TÍTULO.

Alice: TRUE WONDERFUL. I HURRY GET.
Alicia: VERDAD MARAVILLOSO. YO APURAR CONSEGUIR.

MANUAL ALPHABET
ALFABETO MANUAL

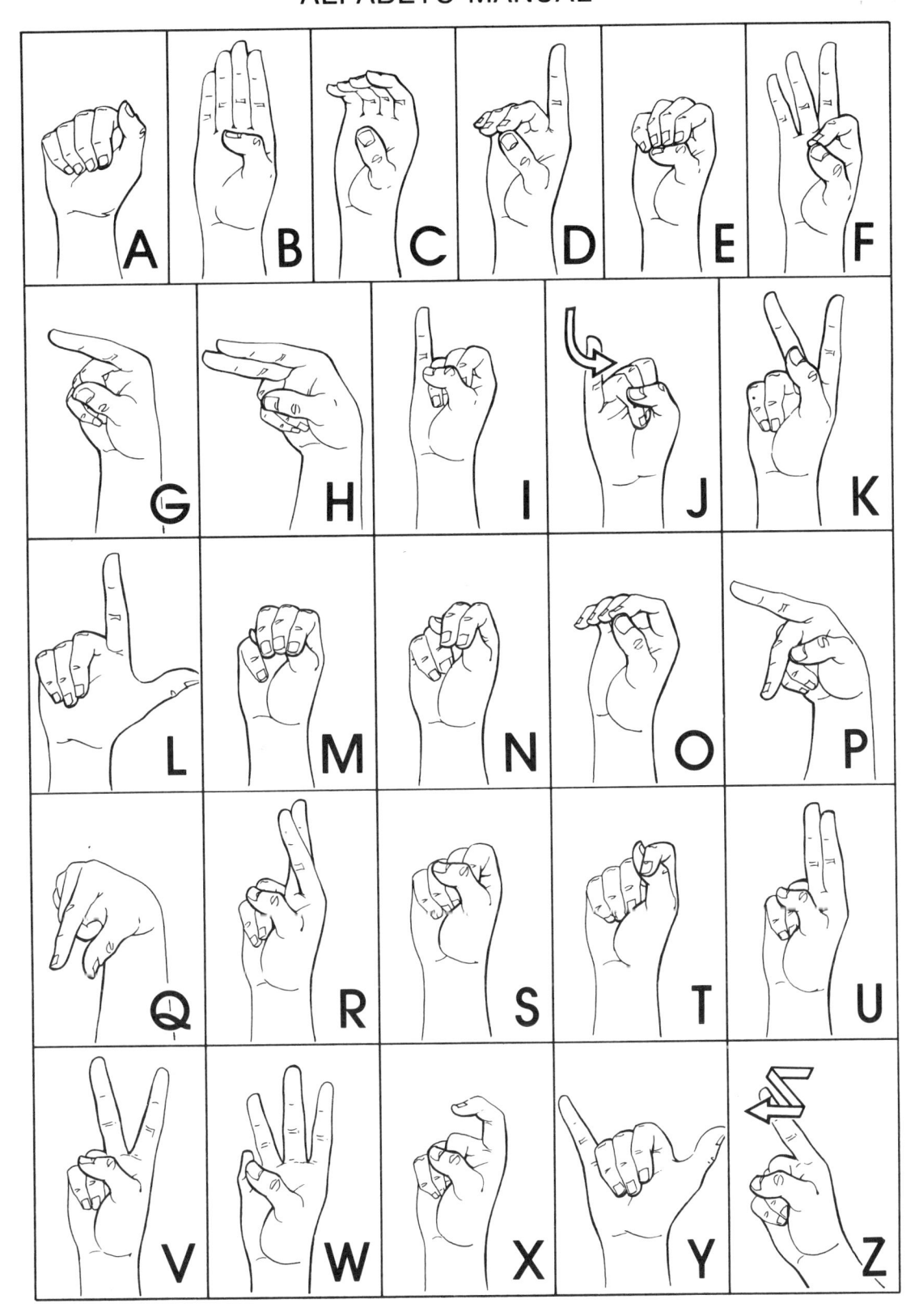

NOTES   NOTAS

NUMBERS   NUMEROS

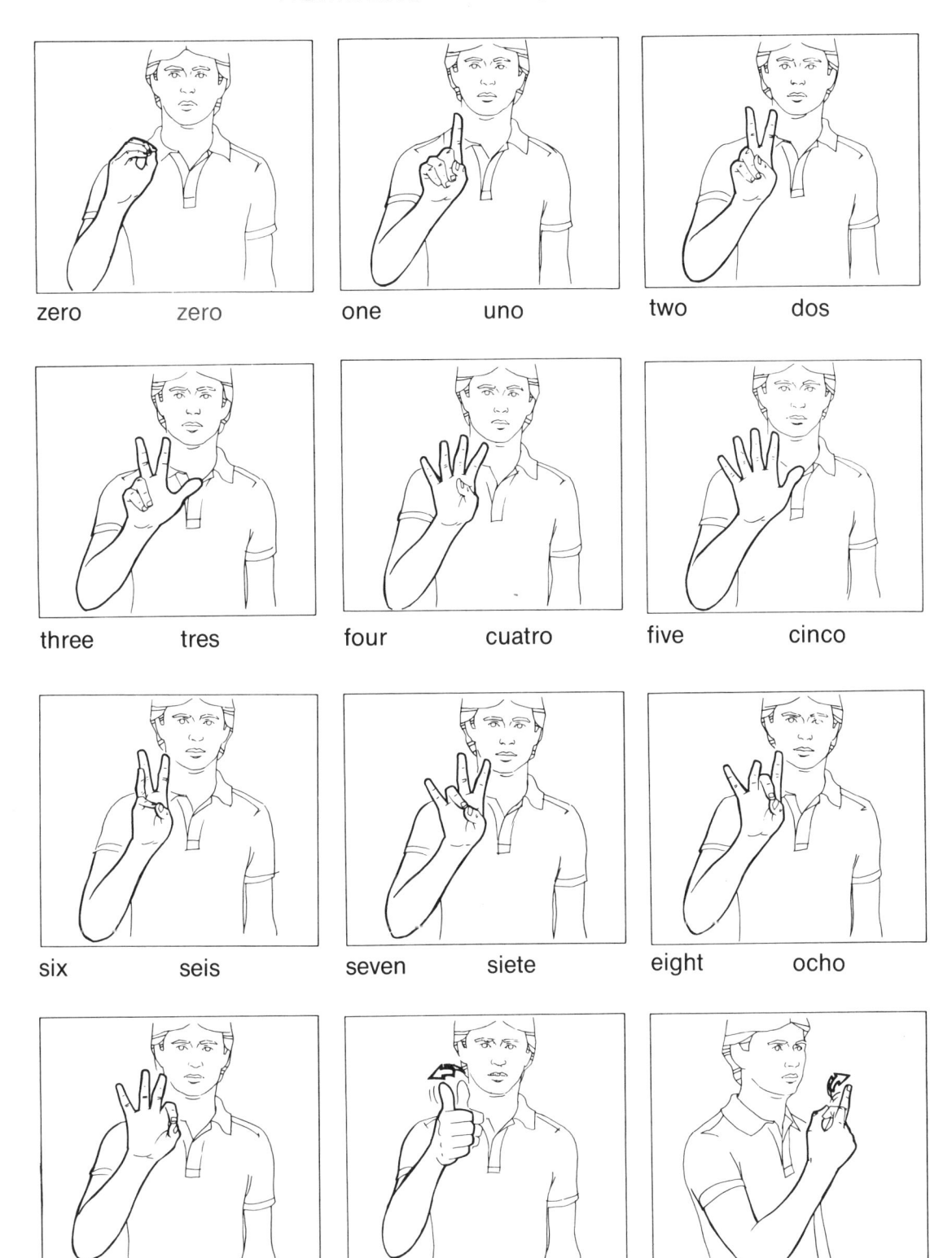

zero   zero   one   uno   two   dos

three   tres   four   cuatro   five   cinco

six   seis   seven   siete   eight   ocho

nine   nueve   ten   diez   eleven   once

twelve doce

thirteen trece

fourteen catorce

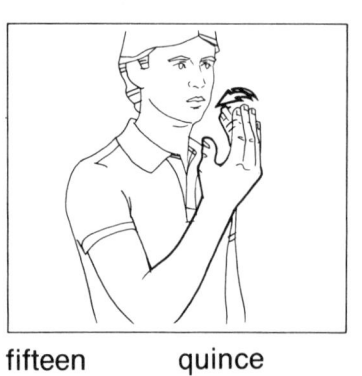
fifteen quince

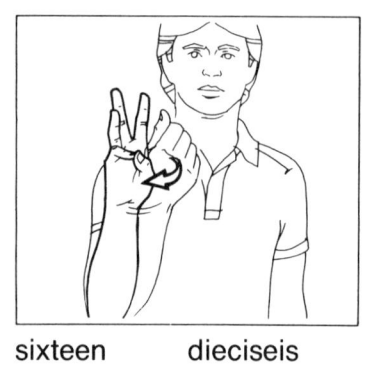
sixteen dieciseis

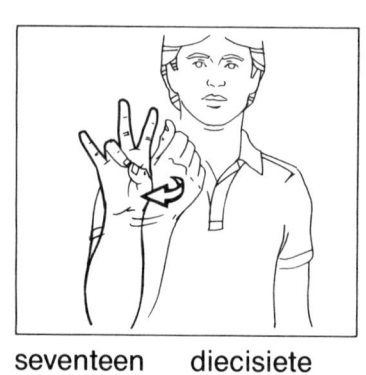
seventeen diecisiete

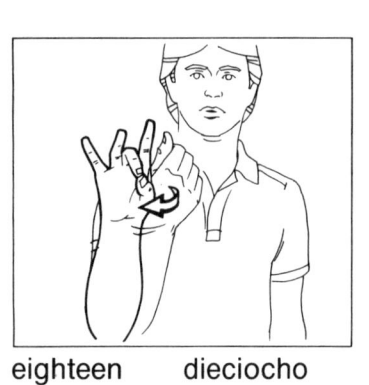
eighteen dieciocho

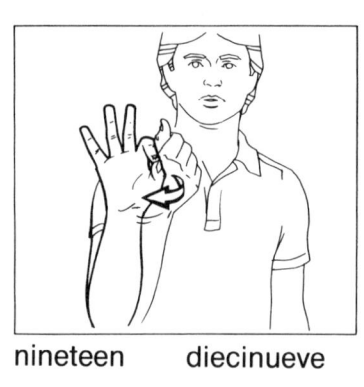
nineteen diecinueve

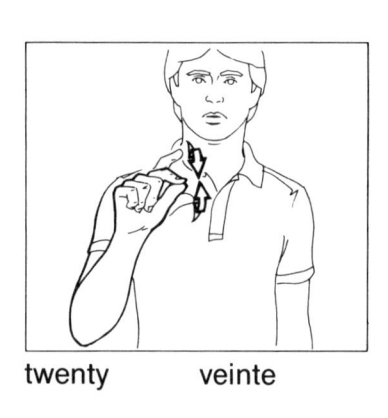
twenty veinte

twenty-one veintiuno

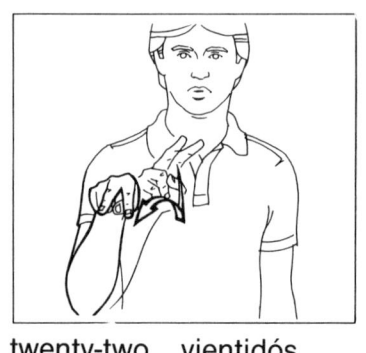
twenty-two vientidós

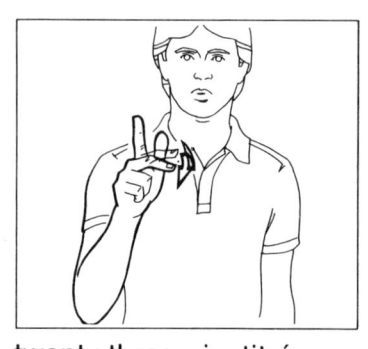
twenty-three vientitrés

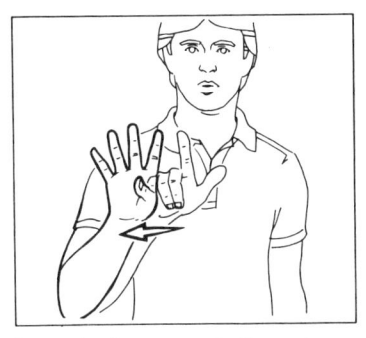 twenty-four   veinticuatro

 twenty-five   veinticinco

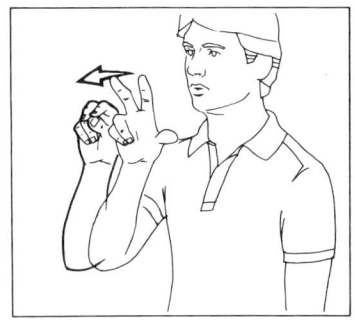 thirty   treinta

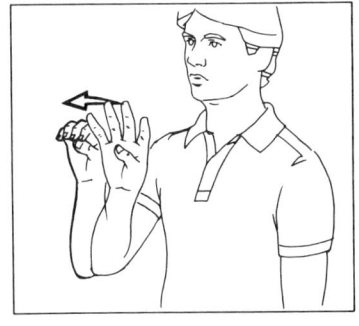 forty   cuarenta

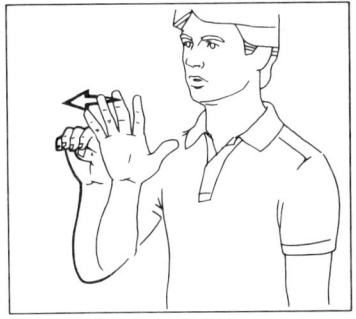 fifty   cincuenta

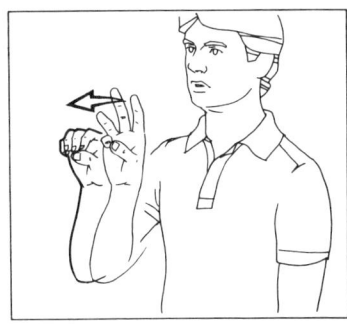 sixty   sesenta

 seventy   setenta

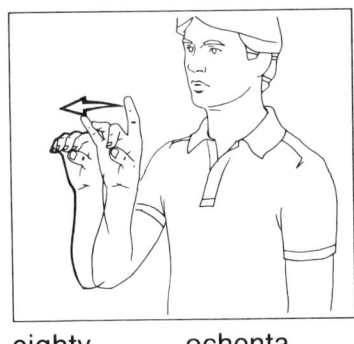 eighty   ochenta

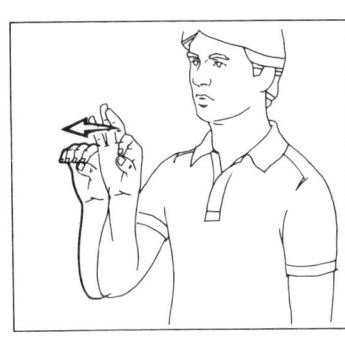 ninety   noventa

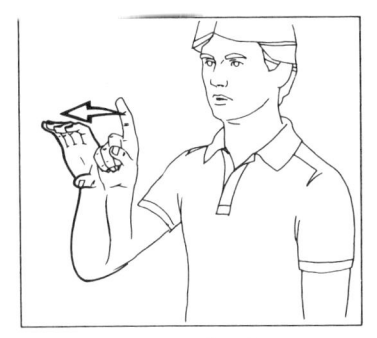 one hundred   ciento

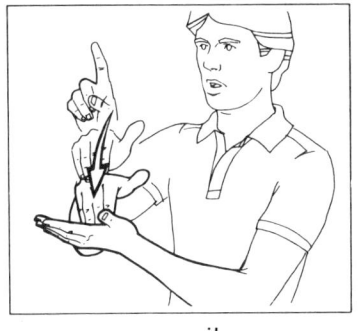 one thousand   mil

 one million   un millión

NOTES   NOTAS

REFERENCES

AMERICAN SIGN LANGUAGE

Baker, C. Regulators and Turn-taking in American Sign Language Discourse. In Friedman, L. (Ed.). *On the Other Hand: New Perspectives in American Sign Language.* New York: Academic Press. 1977.

Baker, C. and Cokely, D. *American Sign Language, A Teacher's Resource Text on Curriculum, Methods, and Evaluation.* Silver Spring, Maryland: T.J. Publishers, Inc. 1980.

Baker, C. and Cokely, D. *American Sign Language, A Teacher's Resource Text on Grammar and Culture.* Silver Spring, Maryland: T.J. Publishers, Inc. 1980.

Baker, C. and Padden, C. Focusing on the Nonmanual Components of American Sign Language. In Siple, P. (Ed.). *Understanding Language Through Sign Language Research.* New York: Academic Press. 1978.

Baker, C. and Padden, C. *American Sign Language: A Look at its History, Structure, and Community.* Silver Spring, Maryland: T.J. Publishers, Inc. 1978.

Baker, C. Sentences in American Sign Language. In Baker, C. and Battison, R. (Eds.). *Sign Language and the Deaf Community.* Silver Spring, Maryland: National Association of the Deaf. 1980.

Battison, R. *Lexical Borrowing in American Sign Language.* Silver Spring, Maryland: Linstok Press. 1978.

Battison, R. Signs Have Parts: A Simple Idea. In Baker, C. and Battison, R. (Eds.). *Sign Language and the Deaf Community.* Silver Spring, Maryland: National Association of the Deaf. 1980.

Bellugi, U. How Signs Express Complex Meanings. In Baker, C. and Battison, R. (Eds.). *Sign Language and the Deaf Community.* Silver Spring, Maryland: National Association of the Deaf. 1980.

Brill, R.G. (Ed.) *National Conference on Deaf and Hard of Hearing People Proceedings.* Silver Spring, MD: T.J. Publishers, 1989.

Carr, L. and Palmer, U. *An Intermediate Sign Language Workbook of Text Analysis.* Silver Spring, Maryland: T.J. Publishers, Inc. 1984.

Cogen, C. On Three Aspects of Time Expression in American Sign Language. In Friedman, L. (Ed.). *On the Other Hand: New Perspectives in American Sign Language.* New York: Academic Press. 1977.

Eastman, G., Norestsky, M. and Censoplano, S. *From Mime To Sign.* Silver Spring, Maryland: T.J. Publishers, Inc. 1989.

Fischer, S. and Gough, D. Verbs in American Sign Language. *Sign Language Studies,* 18:17–48. 1978.

Frishberg, N. Arbitrariness and Iconicity: Historical Change in American Sign Language. *Language,* 51:676–710. 1975.

Greenberg, J. *In This Sign.* New York: Holt, Rinehart and Winston. 1970.

Hoemann, H. *The American Sign Language: Lexical and Grammatical Notes With Translation Exercises.* Silver Spring, Maryland: National Association of the Deaf. 1975.

Humphries, T., Padden, C., and O'Rourke, T.J. *A Basic Course in American Sign Language.* Silver Spring, Maryland: T.J. Publishers, Inc. 1980.

Humphries, T., Padden, C., and O'Rourke, T.J. *Un Curso Basico De Lenguaje Americano De Senas.* Translated by Lourdes Rubio. Edited by Gilbert L. Delgado. Silver Spring, Maryland: T.J. Publishers, 1991.

Klima, E. and Bellugi, U. *The Signs of Language.* Cambridge, Massachusetts: Harvard University Press. 1979.

Lane, H. *When the Mind Hears: A History of the Deaf*. New York: Random House. 1984.

Lane, H. *The Deaf Experience: Classics in Language and Education*. Cambridge, Massachusetts: Harvard Press. 1984.

Liddell, S. Nonmanual Signals and Relative Clauses in American Sign Language. In Siple, P. (Ed.). *Understanding Language Through Sign Language Research.* New York: Academic Press. 1978.

Madsen, W. *Conversational Sign Language II: An Intermediate-Advanced Manual.* Washington, D.C.: Gallaudet College Press. 1972.

Madsen, W. *Intermediate Conversational Sign Language.* Washington, DC: Gallaudet University Press, 1982.

O'Rourke, T.J., *A Basic Vocabulary.* Introduction by Ursula Belugi. Silver Spring, Maryland: T.J. Publishers, Inc. 1978.

O'Rourke, T.J. (Ed.) Psycholinguistics and Total Communication: The State of the Art. Silver Spring, MD: *American Annals of the Deaf,* 1972.

Smith, C., Lentz, E.M., and Mikos, K. *Signing Naturally: Student Videotext and Workbook Level I.* Berkeley, California: Dawn Sign Press. 1988.

Smith, C., Lentz, E.M., and Mikos, K. *Signing Naturally: Teacher's Curriculum Guide and Cumulative Review, Levels I & II.* Berkeley, California: Dawn Sign Press. 1988.

Spradley, T. and Spradley, J. *Deaf Like Me.* New York: Random House. 1978.

Sternberg, M. *American Sign Language—A Comprehensive Dictionary.* New York: Harper and Row. 1981.

Sternberg, M. *American Sign Language Concise Dictionary.* New York: Harper and Row. 1990.

Sternberg, M. *American Sign Language Dictionary.* New York: Harper and Row. 1987.

Stokoe, W., Casterline, D., and Croneberg, C. *A Dictionary of American Sign Language on Linguistic Principles.* Silver Spring, Maryland: Linstok Press. 1976.

Supalla, T. and Newport, E. How Many Seats in A Chair? The Derivation of Nouns and Verbs in American Sign Language. In Siple, P. (Ed.). *Understanding Language Through Sign Language Research.* New York: Academic Press. 1978.

Volterra, V. and Stokoe, W. *Sign Language Research '83; Proceedings of the III International Symposium on Sign Language Research, Rome, 1983.* Silver Spring, Maryland: Linstok Press. 1985.

Wilbur, R. *American Sign Language and Sign Systems.* Baltimore: University Park Press. 1979.

Wilbur, R. The Linguistic Description of American Sign Language. In H. Lane and F. Grosjean (Eds.) *Recent Perspectives on American Sign Language.* Hillsdale, NJ: Lawrence Erlbaum Associates, 1980.

Woodward, J. and Erting, C. Synchronic Variation and Historical Change in American Sign Language. *Language Sciences.* 37:9–12. 1974.

DEAF COMMUNITY AND DEAF CULTURE

Bowe, F. *Changing the Rules.* Silver Spring, Maryland: T.J. Publishers, Inc. 1986.

Bullard, D. *Islay.* Silver Spring, Maryland: T.J. Publishers, Inc. 1986.

Delgado, G., editor. *The Hispanic Deaf: Issues and Bilingual Challenges for Special Education.* Washington, D.C.: Gallaudet University Press. 1984.

Gannon, J. *Deaf Heritage—A Narrative History of Deaf America.* Washington, D.C.: National Association of the Deaf. 1980.

Gannon, J., *The Week the World Heard Gallaudet.* Washington, D.C.: Gallaudet University Press. 1989.

Groce, N.E. *Everybody Here Spoke Sign Language: Hereditary Deafness on Martha's Vineyard.* Cambridge, MA: Harvard University Press, 1985.

280

Holcomb, M. and Wood, S. *Deaf Women: A Parade Through the Decades.* Berkeley, California: Dawn Sign Press. 1988.

Jacobs, L. *A Deaf Adult Speaks Out.* Washington, D.C.: Gallaudet College Press. 1980.

Kannapell, B. Personal Awareness and Advocacy in the Deaf Community. In Baker, C. and Battison, R. (Eds.). *Sign Language and the Deaf Community.* Silver Spring, Maryland: National Association of the Deaf. 1980.

Lane, H. *The Wild Boy of Aveyron.* Cambridge, Massachusetts: Harvard University Press. 1976.

Lane, H. Notes for A Psychohistory of American Sign Language. *The Deaf American* 30:3–7. 1977.

Meadow, K. 1972. Sociolinguistics, Sign Language, and the Deaf Subculture. In O'Rourke, T.J. (Ed.). *Psycholinguistics and Total Communication: The State of the Art.* Silver Spring, Maryland: National Association of the Deaf. 1972.

Neisser, A. *The Other Side of Silence: Sign Language and the Deaf Community in America.* Washington, D.C.: Gallaudet University Press. 1990.

Padden, C., and Humphries, T. *Deaf in America: Voices From a Culture.* Cambridge, Massachusetts: Harvard University Press. 1988.

Padden, C. and Markowicz, H. Cultural Conflicts Between Hearing and Deaf Communities. In *Proceedings of the Seventh World Congress of the World Federation of the Deaf.* Silver Spring, Maryland: National Association of the Deaf. 1976.

Padden, C. The Deaf Community and the Culture of Deaf People. In Baker, C. and Battison, R. (Eds.). *Sign Language and the Deaf Community.* Silver Spring, Maryland: National Association of the Deaf. 1980.

Panara, R., Panara, J. and Mulholland, K. *Great Deaf Americans.* Silver Spring, Maryland: T.J. Publishers, Inc. 1983.

Sacks, O. *Seeing Voices: A Journey into the World of the Deaf.* Berkeley, California: University of California Press. 1989.

Schien, J. *At Home Among Strangers.* Washington, D.C.: Gallaudet University Press. 1989.

Stokoe, W., editor. *American Deaf Culture: An Anthology.* Silver Spring, Maryland: Linstok Press. 1989.

Stokoe, W., editor. *Sign and Culture: A Reader For Students of American Sign Language.* Silver Spring, Maryland: Linstok Press. 1985.

Van Cleve, J. and Crouch, B. *A Place of Their Own: Creating the Deaf Community in America.* Washington, D.C.: Gallaudet University Press. 1989.

Watson, D. (Ed.). *Readings on Deafness.* New York: New York University. Deafness Research and Training Center. 1973.

Woodward, J. Historical Bases of American Sign Language In Siple, P. (Ed.). *Understanding Language Through Sign Language Research.* New York: Academic Press. 1978.

Woodward, J. Sociolinguistic Research on American Sign Language: A Historical Perspective. In Baker, C. and Battison, R. (Eds.). *Sign Language and the Deaf Community.* Silver Spring, Maryland: National Association of the Deaf. 1980.

NOTES   NOTAS

ANSWER KEY   CLAVE DE RESPUESTAS

EXERCISE 1.1

1. YOU-PL.
1. TÚ-PL.
2. THEY
2. ELLOS
3. I
3. YO
4. HE/SHE/IT
4. EL/ELLA/EL (objeto) ELLA (objeto)
5. THEY
5. ELLOS
6. YOU
6. TÚ
7. THEY
7. ELLOS
8. WE
8. NOSOTROS

EJERCICIO 1.1

EXERCISE 1.2

1. YOU TALL YOU.   'You are tall.'
1. TÚ ALTO TÚ.   'Tú eres alto.'
2. IT HEAVY IT.   'It is heavy.'
2. EL (objeto) PESADO EL (objeto).   'Está pesado.'
3. I SURPRISED I.   'I am surprised.'
3. YO SORPRENDIDO YO.   'Yo estoy sorprendido.'
4. THEY DEAF THEY.   'They are deaf.'
4. ELLOS SORDO ELLOS.   'Ellos son sordos.'
5. YOU HEARING YOU.   'You are hearing.'
5. TÚ OYENTE TÚ.   'Tú eres oyente.'
6. I MAD I.   'I am mad.'
6. YO ENOJADO YO.   'Yo estoy enojado.'
7. SHE SLEEPY SHE.   'She is sleepy.'
7. ELLA ADORMILADA ELLA.   'Ella está adormilada.'
8. WE DEAF WE.   'We are deaf.'
8. NOSOTROS SORDO NOSOTROS.   'Nosotros somos sordos.'
9. IT LIGHT IT.   'It is light.'
9. EL (objeto) LIGERO EL (objeto).   'Es ligero.'
10. YOU HAPPY YOU.   'You are happy.'
10. TÚ CONTENTO TÚ.   'Tú estás contento.'
11. WE SURPRISED WE.   'We are surprised.'
11. NOSOTROS SORPRENDIDOS NOSOTROS: 'Nosotros estamos sorprendidos.'
12. HE INTERESTING HE.   'He is interesting.'
12. EL INTERESANTE EL.   'El es interesante.'
13. YOU PRETTY YOU.   'You are pretty.'
13. TÚ BONITA TÚ.   'Tú eres bonita.'
14. IT UGLY IT.   'It is ugly.'
14. EL (objeto) FEO EL (objeto).   'Es feo.'
15. I SHORT I.   'I am short.'
15. YO BAJO YO.   'Yo soy bajo.'

EJERCICIO 1.2

16. THEY SURPRISED THEY. 'They are surprised.'
16. ELLOS SORPRENDIDOS ELLOS. 'Ellos están sorprendidos.'
17. IT BIG IT. 'It is big.'
17. EL/ELLA (objeto) GRANDE EL/ELLA (objeto). 'Es grande.'
18. I SLEEPY I. 'I am sleepy.'
18. YO ADORMILADO YO. 'Yo tengo sueño.'
19. IT SMALL IT. 'It is small.'
19. EL/ELLA (objeto) CHICO EL/ELLA (objeto). 'Es chico.'
20. SHE DEAF SHE. 'She is deaf.'
20. ELLA SORDA ELLA. 'Ella es sorda.'

EXERCISE 2.1   EJERCICIO 2.1

1. YOUR
1. TU
2. HER
2. SU (de ella)
3. OUR
3. NUESTRO
4. THEIR
4. SU (de ellos)
5. YOUR-PL.
5. SU (de ustedes)
6. ITS
6. SU (objeto)
7. MY
7. MI
8. HIS
8. SU (de él)
9. HIS
9. SU (de él)
10. THEIR
10. SU (de ellos)

EXERCISE 2.2   EJERCICIO 2.2

1. SHE MY SISTER. 'She is my sister.'
1. ELLA MI HERMANA. 'Ella es mi hermana.'
2. HE MY BROTHER. 'He is my brother.'
2. EL MI HERMANO. 'El es mi hermano.'
3. HE YOUR FATHER. 'He is your father.'
3. EL TU PAPA. 'El es tu papá.'
4. HE OUR FATHER. 'He is our father.'
4. EL NUESTRO PAPÁ. 'El es nuestro papá.'
5. SHE MY GRANDMOTHER. 'She is my grandmother.'
5. ELLA MI ABUELA 'Ella es mi abuela.'
6. HE MY FRIEND. 'He is my friend.'
6. EL MI AMIGO. 'El es mi amigo.'
7. HE YOUR GRANDFATHER. 'He is your grandfather.'
7. EL TU ABUELO. 'El es tu abuelo.'
8. HE YOUR TEACHER. 'He is your teacher.'
8. EL TU MAESTRO. 'El es tu maestro.'
9. HE MY STUDENT. 'He is my student.
9. EL MI ESTUDIANTE. 'El es mi estudiante.'

10. HE MY FRIEND.   'He is my friend.'
10. EL MI AMIGO.   'El es mi amigo.'

11. HE BOY.   'He is a boy.'
11. EL MUCHACHO.   'Es un muchacho.'

12. SHE GIRL.   'She is a girl.'
12. ELLA MUCHACHA.   'Es una muchacha.'

13. HE MAN.   'He is a man.'
13. EL HOMBRE.   'El es un hombre.'

14. SHE WOMAN.   'She is a woman.'
14. ELLA MUJER   'Ella es una mujer.'

EXERCISE 2.3   EJERCICIO 2.3

1. SHE HER SISTER SHE.   'She is her sister.'
1. ELLA SU HERMANA ELLA.   'Ella es su hermana (de ella).'

2. SHE HER MOTHER SHE.   'She is her mother.'
2. ELLA SU MADRE ELLA.   'Ella es su madre (de ella).'

3. SHE THEIR TEACHER SHE.   'She is their teacher.'
3. ELLA SU MAESTRA ELLA.   'Ella es su maestra (de ellos).'

4. SHE HIS GRANDMOTHER SHE.   'She is his grandmother.'
4. ELLA SU ABUELA ELLA.   'Ella es su abuela (de él).'

5. HE HER FRIEND HE.   'He is her friend.'
5. EL SU AMIGO EL.   'El es su amigo (de él).'

6. HE HIS STUDENT HE.   'He is his student.'
6. EL SU ESTUDIANTE EL.   'El es su estudiante (de él).'

7. HE HER BROTHER HE.   'He is her brother.'
7. EL SU HERMANO EL.   'El es su hermano (de él).'

8. HE HIS FATHER HE.   'He is his father.'
8. EL SU PAPÁ EL.   'El es su papá (de él).'

9. HE HER GRANDFATHER HE.   'He is her grandfather.'
9. EL SU ABUELO EL.   'El es su abuelo (de ella.).'

10. SHE HIS SISTER SHE.   'She is his sister.'
10. ELLA SU HERMANA ELLA.   'Ella es su hermana (de él).'

EXERCISE 3.1   EJERCICIO 3.1

1. I FORGET BOOK I.   'I forgot a book.'
1. YO OLVIDAR LIBRO YO.   'Yo olvidé un libro.'

2. I REMEMBER BOOK I.   'I remember the book.'
2. YO RECORDAR LIBRO YO.   'Yo me acuerdo del libro.'

3. I LIKE BOOK I.   'I like the book '
3. YO GUSTAR LIBRO YO.   'Me gusta el libro.'

4. I KNOW BOOK I.   'I know the book.'
4. YO CONOCER LIBRO YO.   'Yo conozco el libro.'

5. I WANT BOOK I.   'I want a book.'
5. YO QUERER LIBRO YO.   'Yo quiero un libro.'

6. I HAVE BOOK I.   'I have a book.'
6. YO TENER LIBRO YO.   'Yo tengo un libro.'

7. I READ BOOK I.   'I read a book.'
7. YO LEER LIBRO YO.   'Yo leo un libro.'

8. I LOSE BOOK I.   'I lost the book.'
8. YO PERDER LIBRO YO.   'Yo perdí el libro.'

9. I FIND BOOK I.   'I found a book.'
9. YO ENCONTRAR LIBRO YO.   'Yo encontré un libro.'

10. I ENJOY BOOK I. 'I enjoyed the book.'
10. YO DISFRUTAR LIBRO YO. 'Yo disfruté el libro.'

EXERCISE 3.2   EJERCICIO 3.2

1. WOMAN SHE REMEMBER BOOK SHE. 'The woman remembers the book.
1. MUJER ELLA RECORDAR LIBRO ELLA. 'La mujer recuerda el libro.'
2. WOMAN SHE REMEMBER YOUR NAME SHE. 'The woman remembers your name.'
2. MUJER ELLA RECORDAR TU NOMBRE ELLA. 'La mujer recuerda tu nombre.'
3. WOMAN SHE FORGET YOUR NAME SHE. 'The woman forgot your name.'
3. MUJER ELLA OLVIDAR TU NOMBRE ELLA. 'La mujer olvidó tu nombre.'
4. WOMAN SHE FORGET YOUR BOOK SHE. 'The woman forgot your book.'
4. MUJER ELLA OLVIDAR TU LIBRO ELLA. 'La mujer olvidó tu libro.'
5. BOY HE FORGET YOUR BOOK HE. 'The boy forgot your book.'
5. MUCHACHO EL OLVIDAR TU LIBRO EL. 'El muchacho olvidó tu libro.'
6. BOY HE HAVE YOUR BOOK HE. 'The boy has your book.'
6. MUCHACHO EL TENER TU LIBRO EL. 'El muchaacho tiene tu libro.'
7. BOY HE HAVE YOUR PAPER HE. 'The boy has your paper.'
7. MUCHACHO EL TENER TU PAPEL EL. 'El muchacho tiene tu papel.'
8. BOY HE NEED YOUR PAPER HE. 'The boy needs your paper.'
8. MUCHACHO EL NECESITAR TU PAPEL EL. 'El muchacho necesita tu papel.'
9. GIRL SHE NEED YOUR PAPER SHE. 'The girl needs your paper.
9. MUCHACHA ELLA NECESITAR TU PAPEL ELLA. 'La muchacha necesita tu papel.'
10. GIRL SHE REMEMBER SIGN SHE. 'The girl remembers signs.'
10. MUCHACHA ELLA RECORDAR SEÑA ELLA. 'La muchacha recuerda la señas.'
11. MAN HE REMEMBER SIGN HE. 'The man remembers signs.'
11. HOMBRE EL RECORDAR SEÑA EL. 'El hombre recuerda las señas.'
12. MAN HE PRACTICE SIGN HE. 'The man practices signs.'
12. HOMBRE EL PRACTICAR SEÑA EL. 'El hombre practica las señas.'
13. WOMAN SHE PRACTICE SIGN SHE. 'The woman practices signs.'
13. MUJER ELLA PRACTICA SEÑA ELLA. 'La mujer practica las señas.'
14. WOMAN SHE HAVE CHAIR SHE. 'The woman has a chair.'
14. MUJER ELLA TENER SILLA ELLA. 'La mujer tiene una silla.'
15. WOMAN SHE NEED CHAIR SHE. 'The woman needs a chair.'
15. MUJER ELLA NECESITAR SILLA ELLA. 'La mujer necesita una silla.'
16. WOMAN SHE NEED CAR SHE. 'The woman needs a car.'
16. MUJER ELLA NECESITAR CARRO ELLA. 'La mujer necesita un carro.'
17. MAN HE NEED MONEY HE. 'The man needs money.'
17. HOMBRE EL NECESITAR DINERO EL. 'El hombre necesita dinero.'
18. MAN HE WANT MONEY HE. 'The man wants money.'
18. HOMBRE EL QUERER DINERO EL. 'El hombre quiere dinero.'
19. GIRL SHE WANT BOOK SHE. 'The girl wants a book.'
19. MUCHACHA ELLA QUERER LIBRO ELLA. 'La muchacha quiere un libro.'
20. GIRL SHE HAVE BOOK SHE. 'The girl has a book.'
20. MUCHACHA ELLA TENER LIBRO ELLA. 'La muchacha tiene un libro.'

EXERCISE 3.3   EJERCICIO 3.3

1. I READ BOOK INTERESTING. 'I read an interesting book.'
1. YO LEER LIBRO INTERESANTE. 'Yo leo un libro interesante.'
2. HE HAVE HOME PRETTY HE. 'He has a pretty home.'
2. EL TENER HOGAR BONITO EL. 'El tiene un hogar bonito.'
3. SHE WANT CHAIR BLUE. 'She wants a blue chair.'
3. ELLA QUERER SILLA AZUL. 'Ella quiere una silla azul.'

4. I REMEMBER MAN TALL. 'I remember the tall man.'
4. YO RECORDAR HOMBRE ALTO. 'Yo recuerdo al hombre alto.'
5. HE LOSE BOOK GREEN HE. 'He lost a green book.'
5. EL PERDER LIBRO VERDE EL. 'El perdió un libro verde.'
6. THEY FIND BOX SMALL. 'They found a small box.'
6. ELLOS ENCONTRAR CAJA CHICA. 'Ellos encontraron una caja chica.'
7. HE WANT TABLE NEW. 'He wants a new table.'
7. EL QUERER MESA NUEVA. 'El quiere una mesa nueva.'
8. I NEED PAPER YELLOW FOR CLASS I. 'I need yellow paper for class.'
8. YO NECESITAR PAPEL AMARILLO PARA CLASE YO. 'Yo necesito papel amarillo para la clase.'
9. I KNOW WOMAN DEAF I. 'I know a deaf woman.'
9. YO CONOCER MUJER SORDA YO. 'Yo conozco a una mujer sorda.'
10. SHE LIKE CAR SMALL SHE. 'She likes the small car.'
10. ELLA GUSTAR CARRO CHICO ELLA. 'A ella le gusta el carro chico.'

EXERCISE 3.4   EJERCICIO 3.4

1. I READ INTERESTING BOOK. 'I read an interesting book.'
1. YO LEER INTERESANTE LIBRO. 'Yo leo un libro interesante.'
2. HE HAVE PRETTY HOME HE. 'He has a pretty home.'
2. EL TENER BONITO HOGAR EL. 'El tiene un hogar bonito.'
3. SHE WANT BLUE CHAIR. 'She wants a blue chair.'
3. ELLA QUERER AZUL SILLA. 'Ella quiere una silla azul.'
4. I REMEMBER TALL MAN. ' I remember the tall man.'
4. YO RECORDAR ALTO HOMBRE. 'Yo recuerdo al hombre alto.'
5. HE LOSE GREEN BOOK HE. 'He lost a green book.'
5. EL PERDER VERDE LIBRO EL. 'El perdió un libro verde.'
6. THEY FIND SMALL BOX. 'They found a small box.'
6. ELLOS ENCONTRAR CHICA CAJA. 'Ellos encontraron una caja chica.'
7. HE WANT NEW TABLE. 'He wants a new table.'
7. EL QUERER NUEVA MESA. 'El quiere una mesa nueva.'
8. I NEED YELLOW PAPER FOR CLASS I. I need yellow paper for class.'
8. YO NECESITAR AMARILLO PAPEL PARA CLASE YO. 'Yo necesito papel amarillo para la clase.'
9. I KNOW DEAF WOMAN I. 'I know a deaf woman.'
9. YO CONOCER SORDA MUJER YO. 'Yo conozco a una mujer sorda.'
10. SHE LIKE SMALL CAR SHE. 'She likes the small car.'
10. ELLA GUSTAR CHICO CARRO ELLA. 'A ella le gusta el carro chico.'

EXERCISE 3.5   EJERCICIO 3.5

1. IT CL:BB. 'It is long and flat.'
1. CL:BB. 'Es larga y plana.'
2. IT CL:L̈L̈. 'It is large, flat and round.'
2. CL:L̈L̈. 'Es larga, plana y redonda.'
3. IT CL:F. 'It is small, flat and round.'
3. CL:F. 'Es chica, plana y redonda.'
4. IT CL:BB. 'It is long and flat.'
4. CL:BB. 'Es largo y plano.'
5. IT CL:BB. 'It is long and flat.'
5. CL:BB. 'Es larga y plana.'
6. IT CL:L̈L̈. 'It is quite large, flat and round.'
6. CL:L̈L̈. 'Es bastante grande, plano y redondo.'
7. IT CL:C. 'It is small and container-like.'
7. CL:C. 'Es chica y parecida a un recipiente.'

8. IT CL:L̈L̈. 'It is quite large, flat and round.'
8. CL:L̈L̈. 'Es bastante grande, plana y redonda.'
9. IT CL:CC. 'It is quite large and container-like.'
9. CL:CC. 'Es bastante grande y parecida a un recipiente.'
10. IT CL:L̈L̈. 'It is flat and round.'
10. CL:L̈L̈. 'Es plana y redonda.'
11. IT CL:CC. 'It is large and container-like.'
11. CL:CC. 'Es grande y parecido a un recipiente.'
12. IT CL:F. 'It is small, flat and round.'
12. CL:F. 'Es chico, plano y redondo.'

EXERCISE 4.1   EJERCICIO 4.1

_____ n _____
1. HE DON'T-LIKE MOVIE HE. 'He doesn't like the movie.'
_____ n _____
1. EL NO GUSTAR CINE EL. 'A él no le gusta el cine.'

_____ n _____
2. DAUGHTER SHE DON'T-LIKE SCHOOL SHE. 'My daughter doesn't like school.'
_____ n _____
2. HIJA ELLA NO GUSTAR ESCUELA ELLA. 'A mi hija no le gusta la escuela.'

_____ n _____
3. I NOT SEE DOG I. 'I don't see a dog.'
_____ n _____
3. YO NO VER PERRO YO. 'Yo no veo el perro.'

_____ n _____
4. IT SMELL GOOD NOT IT. 'It doesn't smell good.'
_____ n _____
4. EL OLER BIEN NO EL. 'No huele bien.'

_____ n _____
5. I NOT UNDERSTAND BOOK I. 'I don't understand the book.'
_____ n _____
5. YO NO ENTENDER LIBRO YO. 'Yo no entiendo el libro.'

_____ n _____
6. THEY BELIEVE YOU NOT. 'They don't believe you.'
_____ n _____
6. ELLOS CREER TÚ NO. 'Ellos no te creen.'

_____ n _____
7. CAT IT NOT HUNGRY IT. 'The cat isn't hungry.'
_____ n _____
7. GATO (objeto) NO HAMBRE EL (objeto). 'El gato no tiene hambre.'

_____ n _____
8. HOUSE IT NOT EXPENSIVE IT. 'The house is not expensive.'
_____ n _____
8. CASA ELLA (objeto) NO CARA ELLA (objeto). 'La casa no es cara.'

_____ n _____
9. IT FOOD HOT NOT IT. 'The food is not hot.'
_____ n _____
9. ELLA (objeto) COMIDA CALIENTE NO ELLA (objeto). 'La comida no está caliente.'

_____ n _____
10. WOMAN SHE DON'T-WANT T-T-Y SHE. 'The woman doesn't want a TTY.'
_____ n _____
10. MUJER ELLA NO-QUERER T-T-Y ELLA. 'La mujer no quiere un TTY.'

_____ n _____
11. SHE DON'T-KNOW SIGN SHE. 'The woman doesn't know sign language.'
_____ n _____
11. ELLA NO-SABER SEÑA ELLA. 'La mujer no sabe lenguaje de señas.'

12. BOY HE LOSE MONEY NOT HE. 'The boy didn't lose the money.'
12. MUCHACHO EL PERDER DINERO NO EL. 'El muchacho no perdió el dinero.'

13. CAR IT BLUE NOT IT. 'The car isn't blue.'
13. CARRO EL (objeto) AZUL NO EL (objeto). 'El carro no es azul.'

EXERCISE 4.2　　　EJERCICIO 4.2

1. I TIRED I. 'I'm not tired.'
1. YO CANSADO YO. 'Yo no estoy cansado.'

2. YOU UNDERSTAND ME. 'You don't understand me.'
2. TÚ ENTENDER ME. 'Tú no me entiendes.'

3. GIRL HAVE BOOK SHE. 'The girl doesn't have the book.'
3. MUCHACHA TENER LIBRO ELLA. 'La muchacha no tiene el libro.'

4. MY SISTER FIND MONEY. 'My sister didn't find the money.'
4. MI HERMANA ENCONTRAR DINERO. 'Mi hermana no encontró el dinero.'

5. I SMELL IT I. 'I don't smell it.'
5. YO OLER EL (objeto) YO. 'Yo no lo huelo.'

6. I WORK I. 'I don't work.'
6. YO TRABAJAR YO. 'Yo no trabajo.'

7. THEY PRACTICE SIGN. 'They don't practice signs.'
7. ELLOS PRACTICAR SEÑA. 'Ellos no practican las señas.'

EXERCISE 4.3　　　EJERCICIO 4.3

1. HE LIKE WORK HE? 'Does he like to work?'
1. ¿EL GUSTAR TRABAJAR EL? '¿Le gusta trabajar a él?'

2. TEACHER LOSE MY PAPER? 'Did the teacher lose my paper?'
2. ¿MAESTRO PERDER MI PAPEL? '¿Perdió el maestro mi papel?'

3. IT HOUSE COLD IT? 'Is the house cold?'
3. ¿ELLA (objeto) CASA FRÍA ELLA (objeto)? '¿Es la casa fría?''

4. GRANDMOTHER FIND MONEY? 'Did Grandmother find the money?'
4. ¿ABUELA ENCONTRAR DINERO? '¿Encontró la abuela el dinero?'

————— q —————
5. IT CAT HUNGRY IT? 'Is the cat hungry?'

————————— q —————————
5. ¿EL (objeto) GATO HAMBRE EL (objeto)? '¿Tiene hambre el gato?'

————— q —————
6. IT BOOK RIGHT IT? 'Is the book right?'

————————— q —————————
6. ¿EL LIBRO (objeto) CORRECTO EL (objeto)? '¿Está correcto el libro?'

————————— q —————————
7. DOG IT UNDERSTAND SIGN IT? 'Does the dog understand signs?'

————————— q —————————
7. ¿PERRO EL (objeto) ENTENDER SEÑA (objeto)? '¿Entiende señas el perro?'

————————— q —————————
8. SHE KNOW MY NAME SHE? 'Does she know my name?'

————————— q —————————
8. ¿ELLA SABER MI NOMBRE ELLA? '¿Sabe ella mi nombre?'

————— q —————
9. BOY HE SHORT HE? 'Is the boy short?'

————— q —————
9. ¿MUCHACHO EL BAJO EL? '¿Es bajo el muchaho?

————— q —————
10. HE HEARING HE? 'Is he hearing?'

————— q —————
10. ¿EL OYENTE EL? '¿Es oyente él?

EXERCISE 4.4   EJERCICIO 4.4

————————— n —————————
1. NO, HE DON'T-LIKE HE. 'No, he doesn't.'

————————— n —————————
1. NO, EL NO-GUSTAR EL. 'No le gusta.'

————— n —————
2. NO, HE NOT LOSE. 'No, he didn't.'

————— n —————
2. NO, EL NO PERDER. 'No la perdió.'

————— q —————
3. YES, IT COLD IT. 'Yes, it is.'

————— q —————
3. SÍ, ELLA FRÍA ELLA. 'Sí es fría.'

————— q —————
4. YES, SHE FIND. 'Yes, she did.'

————————— q —————————
4. SÍ, ELLA ENCONTRAR. 'Sí lo encontró.'

————— n —————
5. NO, IT NOT SICK IT. 'No, it isn't.'

————————— n —————————
5. NO, EL (objeto) NO ENFERMO EL (objeto). 'No está enfermo.'

————— n —————
6. NO, IT NOT IT. 'No, it isn't.'

————————— n —————————
6. NO, EL (objeto) NO EL (objeto). 'No está correcto.'

————— q —————
7. YES, IT UNDERSTAND IT. 'Yes, it does.'

————————— q —————————
7. SÍ, EL (objeto) ENTENDER EL (objeto). 'Sí entiende.'

_____ q _____
8. YES, SHE KNOW SHE. 'Yes, she does.'

_____ q _____
8. SÍ, ELLA SABER ELLA. 'Sí lo sabe.'

_____ q _____
9. YES, HE HEARING HE. 'Yes, he is.'

_____ q _____
9. SÍ, EL OYENTE EL. 'Sí es oyente.'

_____ n _____
10. NO, HE NOT HE. 'No, he's not.'

_____ n _____
10. NO, EL NO EL. 'No es bajo.'

EXERCISE 4.5 EJERCICIO 4.5

_____ nq _____
1. YOU UNDERSTAND ME? 'You don't understand me?'

_____ nq _____
1. ¿TÚ ENTENDER ME? '¿No me entiendes?

_____ nq _____
2. SHE SEE MOVIE NOT? 'She didn't see the movie?'

_____ nq _____
2. ¿ELLA VER PELÍCULA NO? '¿No vió la película ella?'

____ nq ____
3. HE DEAF HE? 'He's not deaf?'

____ nq ____
3. ¿EL SORDO EL? '¿El no es sordo?'

_____ nq _____
4. SHE DON'T-WANT CAT? 'She doesn't want the cat?'

_____ nq _____
4. ¿ELLA NO-QUERER GATO? '¿Ella no quiere el gato?'

_____ nq _____
5. HE DON'T-KNOW MY SISTER HE? 'He doesn't know my sister?'

_____ nq _____
5. ¿EL NO-CONOCER MI HERMANA ELLA? '¿El no conoce a mi hermana?'

_____ nq _____
6. IT DIRTY NOT IT? 'It's not dirty?'

_____ nq _____
6. ¿EL (objeto) SUCIO NO EL (objeto)? '¿No está sucio?'

_____ nq _____
7. HE NOT AMERICAN HE? 'He's not an American?'

_____ nq _____
7. ¿EL NO AMERICANO EL? '¿El no es americano?'

DIALOGUE 1 DIÁLOGO 1

Jack: Hello. Is she a friend of yours?

Jack: Hola. ¿Es ella una amiga tuya?

Tom: Yes. Her name is Betty Smith. She's from Indiana.

Tom: Sí. Su nombre es Betty Smith. Ella es de Indiana.

Jack: I'm happy to meet you. My name is Jack Jones. I'm from Minnesota.

Jack: Mucho gusto en conocerte. Mi nombre es Jack Jones. Soy de Minnesota.

Betty: I'm happy to meet you. Do you have a brother named Bob Jones?

Betty: Mucho gusto. ¿Tienes un hermano llamado Bob Jones?

Jack: Yes. Do you know him?

Jack: Sí, ¿lo conoces?

Betty: Yes, I know him.
Betty: Sí lo conozco.
Tom: Well, the deaf world is a small one!
Tom: Bueno, ¡el mundo del sordo es pequeño!

EXERCISE 5.1   EJERCICIO 5.1

1. YESTERDAY I PRACTICE SIGN I.   'Yesterday I practiced my signs.'
1. AYER YO PRACTICAR SEÑA YO.   'Ayer yo practiqué mis señas.'
2. RECENTLY HE BUY CAR HE.   'Recently, he bought a car.'
2. RECIENTEMENTE EL COMPRAR CARRO EL.   'Recientemente, el compró un carro.'
3. BEFORE BOY HE STUDENT HE.   'The boy was a student before.'
3. ANTES MUCHACHO EL ESTUDIANTE EL.   'El muchacho era estudiante antes.'
4. YESTERDAY SHE DIE SHE, SORRY.   'She died yesterday. I was sorry about it.'
4. AYER ELLA MORIRIR ELLA, SENTIR.   'Ella murió ayer. Yo lo sentí mucho.'
5. LONG-AGO I TEACH RESIDENTIAL-SCHOOL I.   'I taught at a residential school a long time ago.'
5. HACE TIEMPO YO ENSEÑAR ESCUELA-RESIDENCIAL YO.   'Yo enseñé en una escuela residencial hace mucho tiempo.'
6. RECENTLY WOMAN SHE LOSE P-I-N CL:F.   'Recently, the woman lost a round pin.'
6. RECIENTEMENTE MUJER ELLA PERDER P-R-E-N-D-E-D-O-R CL:F.   'Recientemente, la mujer perdió un prendedor redondo.'

———————————— n ————————————
7. YESTERDAY I NOT READ YOUR HOMEWORK.   'I didn't read your homework yesterday.'
——————— n ———————
7. AYER YO NO LEER TU TAREA.   'Yo no leí tu tarea ayer.'
8. RECENTLY HE LEARN SIGN HE.   'He learned sign language recently.'
8. RECIENTEMENTE EL APRENDER SEÑA EL.   'El aprendió el lenguaje de señas recientemente.'
9. BEFORE SHE HEARING SCHOOL.   'She went to a hearing school before.'
9. ANTES ELLA OYENTES ESCUELA.   'Antes ella fue a una escuela de oyentes.'
10. LONG-AGO SHE VISIT WASHINGTON SHE.   'She visited Washington a long time ago.'
10. HACE TIEMPO ELLA VISITAR WASHINGTON ELLA.   'Ella visitó Washington hace mucho tiempo.'

EXERCISE 5.2   EJERCICIO 5.2

1. HE FATHER FINISH MAKE COOKIE HE.   'Father made cookies.'
1. EL PADRE TERMINAR HACER GALLETA EL.   'Papá hizo galletas.'
2. SHE WRITE PAPER FINISH SHE.   'She wrote a paper.'
2. ELLA ESCRIBIR PAPEL TEMINAR ELLA.   'Ella escibió un papel.'
3. BROTHER FINISH READ BOOK HE.   'My brother has read the book.'
3. HERMANO TERMINAR LEER LIBRO EL.   'Mi hermano ha leído el libro.'
4. I FINISH SELL HOUSE I.   'I already sold the house.'
4. YO ACABAR VENDER CASA YO.   'Yo ya vendí la casa.'
5. MOVIE I SEE FINISH I.   'I have seen the movie.'
5. PELÍCULA YO VER ACABAR YO.   'Yo ya ví la película.'
6. I FINISH VISIT GRANDMOTHER I.   'I already visited Grandmother.'
6. YO ACABAR VISITAR ABUELA YO.   'Yo ya visité a la abuela.'
7. MY SIGN FINISH IMPROVE.   'My sign language has already improved.'
7. MI SEÑA TERMINAR MEJORAR.   'Mi lenguaje de señas ha majorado.'
8. HE FINISH DRINK WATER HE.   'He drank some water.'
8. EL TERMINAR BEBER AGUA EL.   'El tomó un poco de aqua.'
9. SON HE GROW-UP FINISH HE.   'My son has grown up.'
9. HIJO EL CRECER TERMINAR EL.   'Mi hijo ha crecido.'

10. I FINISH COOK ALL-DAY. 'I cooked all day.'
10. YO TERMINAR COCINAR TODO-DÍA. 'Yo cociné todo el día.'

EXERCISE 5.3

EJERCICIO 5.3

1. TOMORROW I PRACTICE SIGN I. 'Tomorrow I will practice my signs.'
1. MAÑANA YO PRACTICAR SEÑA Y0. 'Mañana yo voy a practicar mis señas.'

2. I WILL GO COLLEGE I. 'I will go to college.'
2. YO VOY A IR UNIVERSIDAD YO. 'Yo voy a ir a la universidad.'

3. LATER I TO-TELEPHONE YOU I. 'I will telephone you later.'
3. MÁS TARDE YO LLAMAR POR TELÉFONO TÚ YO. 'Te llamo por teléfono más tarde.'

4. HE LEARN SIGN WILL HE. 'He will learn sign language.'
4. EL APRENDER SEÑA VA EL. 'El va a aprender lenguaje de señas.'

5. COOKIE CL:LL I FUTURE MAKE I. 'I'll make a large cookie later on.'
5. GALLETA CL:LL FUTURO HACER YO. 'Voy a hacer una galleta grande más tarde.'

6. AFTER-AWHILE T-T-Y SHE BUY SHE. 'After awhile, she will buy a TTY.'
6. DESPUÉS DE UN RATO T-T-Y ELLA COMPRAR ELLA. 'Después de un rato, ella va a comprar un TTY.'

7. TOMORROW I SEE MOVIE I. 'I'll see the movie tomorrow.'
7. MAÑANA YO VER PELÍCULA YO. 'Yo voy a ver la película mañana.'

8. PANTS I WILL WEAR I. 'I'll wear pants.'
8. PANTALONES YO VOY A USAR YO. 'Yo voy a usar pantalones.'

9. MOTHER WILL STAY 1-WEEK. 'Mother will stay one week.'
9. MAMÁ VA A QUEDAR 1-SEMANA. 'Mamá se va a quedar una semana.'

EXERCISE 6.1

EJERCICIO 6.1

  _ t _
1. TEA I PREFER I. 'I prefer tea.'
  _ t _
1. TÉ YO PREFERIR YO. 'Yo prefiero té.'

  _ t _
2. TEA I HATE I. 'I hate tea.'
  _ t _
2. TÉ YO ODIAR YO. 'Yo odio el té.'

  — t —
3. WORK I HATE I. 'I hate work.'
  ___ t ___
3. TRABAJO YO ODIAR YO. 'Yo odio el trabajo.'

  — t —
4. WORK I ENJOY I. 'I enjoy work.'
  ___ t ___
4. TRABAJO YO DISFRUTAR YO. 'Yo disfruto el trabajo.'

  _ t _
5. T-V I ENJOY I. 'I enjoy TV.'
  _ t _
5. T-V YO DISFRUTAR YO. 'Yo disfruto la T.V.'

  _ t _
6. T-V I LOOK-AT I. 'I watch TV.'
  _ t _
6. T-V VER YO. 'Yo veo la T.V.'

  ___ t ___
7. BICYCLE I LOOK-AT I. 'I look at the bicycle.'
  ___ t ___
7. BICICLETA YO VER YO. 'Yo veo la bicicleta.'

```
                    __ t __
8.  BICYCLE I DON'T-LIKE I.  'I don't like the bicycle.'
                     __ t __
8.  BICICLETA YO NO GUSTAR YO.  'No me gusta la bicicleta.'
                    _ t _
9.  MEAT I DON'T-LIKE I.  'I don't like meat.'
                   __ t __
9.  CARNE YO NO GUSTAR YO.  'No me gusta la carne.'
                   _ t _
10. MEAT I NOT EAT I.  'I don't eat meat.'
                   __ t __
10. CARNE YO NO COMER YO.  'Yo no como carne.'
                   __ t __
11. SWEET I NOT EAT I.  'I don't eat sweets.'
                   __ t __
11. DULCES YO NO COMER YO.  'Yo no como dulces.'
                   __ t __
12. SWEET I NOT BUY I.  'I don't buy sweets.'
                   __ t __
12. DULCE YO NO COMPRAR YO.  'Yo no compro dulces.'
```

EXERCISE 6.2   EJERCICIO 6.2

```
                    __ t __
1.  TICKET TOMORROW YOU-PAY-ME.  'I'll pay you for the ticket tomorrow.'
                    __ t __
1.  BOLETO MAÑANA TÚ-PAGAR-ME.  'Yo te voy a pagar por el boleto mañana.'
                    __ t __
2.  LETTER LATER YOU-SEND-ME.  'You send me the letter later.'
                    __ t __
2.  CARTA MÁS TARDE TÚ-MANDAR-ME.  'Tú me mandas la carta más tarde.'
                     _____ t _____
3.  RIGHT ADDRESS TOMORROW YOU-TELL-ME.  'You tell me the right address tomorrow.'
                     _____ t _____
3.  CORRECTA DIRECCIÓN MAÑANA TÚ-DECIR-ME.  'Me das la dirección correcta mañana.'
                     _____ t _____
4.  TELETYPEWRITER NEW YOU-SHOW-ME WILL YOU.  'You will show me the new teletypewriter.'
                     _____ t _____
4.  T.T.Y. NUEVO TÚ-MOSTRAR-ME VAS TÚ.  'Tú me vas a mostrar el nuevo T.T.Y.'
5.  YOU FINISH YOU-ASK-ME.  'You already asked me.'
5.  TÚ TERMINAR TÚ-PREGUNTAR-ME.  'Ya me preguntaste.'
                    __ t __
6.  LETTER YOU-HELP-ME WRITE WILL YOU.  'You will help me write the letter.'
                   __ t __
6.  CARTA TÚ-AYUDAR-ME ESCRIBIR VAS TÚ.  'Tú me vas a ayudar a escribir la carta.'
7.  YOU-GIVE-ME PICTURE NOW.  'You give me the picture now.'
7.  TÚ-DAR-ME FOTOGRAFÍA AHORA.  'Tú me das la fotografía ahora.'
8.  AFTER-AWHILE YOU AGAIN YOU-ASK-ME.  'You ask me again after awhile.'
8.  DESPUÉS-DE UN RATO TÚ OTRA VEZ TÚ-PREGUNTAR-ME.  'Pregúntame al rato.'
                     _____ t _____
9.  PRETTY CL:ÏÏ YOU-SHOW-ME WILL YOU.  'You will show me the pretty plate.'
                   __ t __
9.  BONITO CL:ÏÏ TÚ-MOSTRAR-ME VAS TÚ.  'Tú me vas a mostrar el plato bonito.'
                     ____ t ____
10. UMBRELLA LONG-AGO YOU-GIVE-ME.  'You gave me the umbrella a long time ago.'
                    ____ t ____
10. PARAGUAS HACE TIEMPO TÚ-DAR-ME.  'Tú me diste el paraguas hace mucho tiempo.'
```

EXERCISE 6.3   EJERCICIO 6.3

1. YESTERDAY SHE-TELL-ME STAY. 'Yesterday she told me to stay.'
1. AYER ELLA-DECIR-ME QUEDAR. 'Ayer ella me dijo que me quedara.'

```
   __ t __
```
2. CLOTHES TOMORROW HE-HELP-ME BUY. 'He will help me buy clothes tomorrow.'
```
  _ t _
```
2. ROPA MAÑANA EL-AYUDAR-ME COMPRAR. 'El me va a ayudar a comprar ropa mañana.'

3. FINISH HE-ASK-ME WAIT. 'He already asked me to wait.'
3. TERMINAR EL-PREGUNTAR-ME ESPERAR. 'El ya me pidió que me quedara.'
```
   __ t __
```
4. MOVIE LATER SHE-SHOW-ME. 'She will show me the movie later.'
```
  _ t _
```
4. CINE MÁS TARDE ELLA-MOSTAR-ME. 'Ella me va a mostrar la película más tarde.'
```
   __ t __
```
5. MONEY TOMORROW SHE-SEND-IT. 'She will send them (the company) money tomorrow.'
```
   __ t __
```
5. DINERO MAÑANA ELLA-MANDAR-LES. 'Ella les va a mandar el dinero mañana.'
```
   _____ q _____
```
6. WILL HE-ASK-YOU WORK? 'Will he ask you to work?'
```
   _____ q _____
```
6. VA EL-PREGUNTAR-TE TRABAJAR? '¿Te va a pedir él que trabajes?'
```
   _____ q _____
```
7. BREAD TODAY HE-HELP-YOU MAKE? 'Will he help you make bread today?'
```
   _____ q _____
```
7. ¿PAN HOY EL AYUDAR TE HACER? '¿Te va a ayudar él a hacer el pan?'
```
   _____ t _____
```
8. NEW WRISTWATCH HE-SHOW-YOU NOW. 'He will show you the new watch now.'
```
   _____ t _____
```
8. NUEVO RELOJ EL-MOSTRAR-TE AHORA. 'El te va a mostrar el reloj nuevo ahora.'
```
  _ t _
```
9. BOX SHE-SEND-YOU LATER. 'She will send you the box later.'
```
  _ t _
```
9. CAJA ELLA-MANDAR-TE MÁS TARDE. 'Ella te va a mandar la caja más tarde.'

EXERCISE 6.4   EJERCICIO 6.4

```
  _ t _
```
1. BOX GIVE-CL:C ↑ -YOU. 'I'll give you a box.'
1. CAJA DAR-CL:C ↑ -TÚ: 'Te voy a dar una caja.'
```
   __ t __
```
2. PAPER GIVE-CL:C ↑ -YOU. 'I'll give you a stack of paper.'
2. PAPEL DAR-CL:C ↑ -TÚ. 'Te doy un montón de papel.'
```
   __ t __
```
3. WATER GIVE-CL:C-YOU. 'I'll give you a glass of water.'
```
  _ t _
```
3. AGUA DAR-CL:C-TÚ. 'Te daré un vaso de agua.'
```
   __ t __
```
4. BOOK GIVE-CL:C ↑ -YOU. 'I'll give you a book.'
```
   __ t __
```
4. LIBRO DAR-CL:C ↑ -TÚ. 'Te daré un libro.'
```
   __ t __
```
5. GLASS GIVE-CL:C-YOU. 'I'll give you a glass.'
```
   _ t _
```
5. VASO DAR-CL:C-TÚ. 'Te daré un vaso.'

          ___ t ___
6. BOTTLE GIVE-CL:C-YOU. 'I'll give you a bottle.'
          ___ t ___
6. BOTELLA DAR-CL:C-TÚ. 'Te daré una botella.'
          __ t __
7. PLANT GIVE-CL:C-YOU. 'I'll give you a potted plant.'
          ___ t ___
7. PLANTA DAR-CL:C-TÚ. 'Te daré una planta en una maceta.'
          _ t _
8. COKE GIVE-CL:C-YOU. 'I'll give you a coke.'
          ____ t ____
8. COCA-COLA DAR-CL:C-TÚ. 'Te daré una coca-cola.'

EXERCISE 7.1   EJERCICIO 7.1

1. TOMORROW YOU-GIVE-ME MONEY! 'Give me the money tomorrow!'
1. ¡MAÑANA TÚ-DAR-ME DINERO! '¡Dáme el dinero mañana!'
          ___ t ___
2. LETTER YOU-SEND-HER MOTHER! 'Send Mother a letter!'
          ___ t ___
2. ¡CARTA TÚ-MANDAR LE MAMÁ! 'Mándale una carta a mamá!
          _ t _
3. T-T-Y BUY YOU! 'Buy a TTY!'
          _ t _
3. ¡T.T.Y COMPRAR TÚ! '¡Compra un T.T.Y.!'
4. PRACTICE SIGN YOU! 'Practice signing!'
4. ¡PRACTICAR SEÑAS TÚ! '¡Practica señas!'
5. REMEMBER SIGN YOU! 'Remember the signs!'
5. ¡RECORDAR SEÑAS TÚ! '¡Recuerda las señas!'
6. TOMORROW AGAIN YOU-TELL-HER! 'Tell her again tomorrow!'
6. ¡MAÑANA OTRA VEZ TÚ-DECIR-A ELLA. '¡Díle otra vez mañana!'
7. ADVERTISEMENT YOU-SEND-ME! 'Send me the advertisement!'
7. ¡ANUNCIO TÚ-MANDAR-ME! '¡Mándame un anuncio!'
8. PAY-ATTENTION YOU! 'Pay attention!'
8. ¡PONER-ATENCIÓN TÚ! '¡Pon atención!'

EXERCISE 7.2   EJERCICIO 7.2

1. I FIND 3 GLASS. 'I found 3 glasses.'
1. YO ENCONTRAR 3 VASO. 'Encontré 3 vasos.'
2. I FIND COAT 1. 'I found 1 coat.'
2. YO ENCONTRAR ABRIGO 1. 'Encontré un abrigo.'
3. I FIND 5 PENCIL. 'I found 5 pencils.'
3. YO ENCONTRAR 5 LÁPIZ. 'Encontré 5 lápices.'
4. I FIND STAMP 2. 'I found 2 stamps.'
4. YO ENCONTRAR TIMBRE 2. 'Encontré 2 timbres.'
5. I FIND 4 KNIFE. 'I found 4 knives.'
5. YO ENCONTRAR 4 CUCHILLO. 'Encontré 4 cuchillos.'
6. I FIND SPOON 3. 'I found 3 spoons.'
6. YO ENCONTRAR CUCHARA 3. 'Encontré 3 cucharas.'
7. TOMORROW BROTHER OLD 4. 'Tomorrow my brother will be 4 years old.'
7. MAÑANA HERMANO VIEJO 4. 'Mi hermano va a cumplir 4 años mañana.'
8. TOMORROW BROTHER OLD 9. 'Tomorrow my brother will be 9 years old.'
8. MAÑANA HERMANO VIEJO 9. 'Mi hermano va a cumplir 9 años mañana.'
9. TOMORROW BROTHER OLD 6. 'Tomorrow my brother will be 6 years old.'
9. MAÑANA HERMANO VIEJO 6. 'Mi hermano va a cumplir 6 años mañana.'

10. TOMORROW BROTHER OLD 2.   'Tomorrow my brother will be 2 years old.'
10. MAÑANA HERMANO VIEJO 2.   'Mi hermano va a cumplir 2 años mañana.'
11. TOMORROW BROTHER OLD 5.   'Tomorrow my brother will be 5 years old.'
11. MAÑANA HERMANO VIEJO 5.   'Mi hermano va a cumplir 5 años mañana.'
12. TOMORROW BROTHER OLD 1.   'Tomorrow my brother will be 1 year old.'
12. MAÑANA HERMANO VIEJO 1.   'Mi hermano va a cumplir 1 año mañana.'
13. FRIEND WILL SHE-MEET-ME TIME 9.   'My friend will meet me at 9 o'clock.'
13. AMIGO VA A ELLA-ENCONTRAR-ME TIEMPO 9.   'Mi amigo va a encontrarme a las 9.
14. FRIEND WILL SHE-MEET-ME TIME 8.   'My friend will meet me at 8 o'clock.'
14. AMIGO VA A ELLA-ENCONTRAR-ME TIEMPO 8.   'Mi amigo va a encontrarme a las 8.
15. FRIEND WILL SHE-MEET-ME TIME 4.   'My friend will meet me at 4 o'clock.'
15. AMIGO VA A ELLA-ENCONTRAR-ME TIEMPO 4.   'Mi amigo va a encontrarme a las 4.
16. FRIEND WILL SHE-MEET-ME TIME 6.   'My friend will meet me at 6 o'clock.'
16. AMIGO VA A ELLA-ENCONTRAR-ME TIEMPO 6.   'Mi amigo va a encontrarme a las 6.
17. FRIEND WILL SHE-MEET-ME TIME 1.   'My friend will meet me at 1 o'clock.'
17. AMIGO VA A ELLA-ENCONTRAR-ME TIEMPO 1.   'Mi amigo va a encontrarme a la 1.
18. FRIEND WILL SHE-MEET-ME TIME 7.   'My friend will meet me at 7 o'clock.'
18. AMIGO VA A ELLA-ENCONTRAR-ME TIEMPO 7.   'Mi amigo va a encontrarme a las 7.

EXERCISE 7.3   EJERCICIO 7.3

1. THREE-OF-US PLAN GO-AWAY.   'We (the three of us) plan to go.'
1. TRES-DE-NOSOTROS PLANEAR IR.   'Nosotros (nosotros tres) planeamos ir.'
2. FIVE-OF-US PLAN GO-AWAY.   'We (the five of us) plan to go.'
2. CINCO-DE-NOSOTROS PLANEAR IR.   'Nosotros (nosotros cinco) planeamos ir.'
3. TWO-OF-YOU PLAN GO-AWAY.   'You (the two of you) plan to go.'
3. DOS-DE-USTEDES PLANEAR IR.   'Ustedes (ustedes dos) planean ir.'
4. FOUR-OF-US PLAN GO-AWAY.   We (the four of us) plan to go.'
4. CUATRO-DE-NOSOTROS PLAENAR IR.   'Nosotros (nosotros cuatro) planeamos ir.'
5. FIVE-OF-THEM GO-WITH WILL.   'They (the five of them) will go together.'
5. CINCO-DE-USTEDES-IR-CON IR.   'Ellos (ellos cinco) van a ir juntos.'
6. FOUR-OF-US GO-WITH WILL.   'We (the four of us) will go together.'
6. CUATRO-DE-NOSOTROS IR-CON IR.   'Nosotros (nosotros cuatro) vamos a ir juntos.'
7. TWO-OF-THEM GO-WITH WILL.   'They (the two of them) will go together.'
7. DOS-DE-ELLOS IR-CON IR.   'Ellos (ellos dos) van a ir juntos.'
8. THREE-OF-YOU GO-WITH WILL.   'You (the three of you) will go together.'
8. TRES-DE-USTEDES IR-CON IR.   'Ustedes (ustedes tres) van a ir juntos.'

EXERCISE 7.4   EJERCICIO 7.4

1. HE GROW-UP RABBIT 10 HE.   'He raised 10 rabbits.'
1. EL CRIAR CONEJO 10 EL.   'El crió 10 conejos.'
2. SON HE NEED PANTS MANY HE.   'My son needs many pairs of pants.'
2. HIJO EL NECESITAR PANTALONES MUCHO EL.   'Mi hijo necesita muchos pantalones.'
3. SHE ORDER HAMBURGER 2 SHE.   'She ordered 2 hamburgers.'
3. ELLA ORDENAR HAMBURGUESA 2 ELLA.   'Ella ordenó 2 hamburguesas.'
4. I ORDER FRENCH-FRIES 3 I.   'I ordered 3 french fries.'
4. YO ORDENAR PAPAS-FRITAS 3 YO.   'Yo pedí 3 órdenes de papas fritas.'
5. IT STORE HAVE SHOES MANY IT.   'The store has many pairs of shoes.'
5. ELLA (objeto) TIENDA TENER ZAPATOS MUCHOS ELLOS (objeto).   'La tienda tiene muchos
                                                            pares de zapatos.'
6. STUDENT HE HAVE MISTAKE A-FEW HE.   'The student has a few mistakes.'
6. ESTUDIANTE EL TENER ERRORES POCOS EL.   'El estudiante tiene pocos errores.'
7. SHE FINISH SHE-GIVE-ME PICTURE SEVERAL.   'She gave me several pictures.'
7. ELLA TERMINAR ELLA-DAR-ME RETRATO VARIOS.   'Ella me dió varios retratos.'

8. I FINISH I-MEET-HER NEW NEIGHBOR SEVERAL. 'I have met several new neighbors.'
8. YO TERMINAR YO-CONOCER-ELLA NUEVA VECINA VARIAS. 'Acabé de conocer varios vecinos nuevos.'

_____ n _____
9. TWO-OF-THEM NOT HAVE FRIEND MANY. 'They don't have many friends.'
_____ n _____
9. DOS-DE-ELLOS NO TENER AMIGOS MUCHOS. 'Ellos no tienen muchos amigos.'
10. PEOPLE A-FEW STILL WAIT. 'A few people are still waiting.'
10. PERSONAS ALGUNAS TODAVÍA ESPERAR. 'Algunas personas todavía están esperando.'

DIALOGUE 2   DIÁLOGO 2

Jack: Do you know my brother?
Jack: ¿Conoces a mi hermano?

Betty: Yes, I have met him. My sister and your brother are good friends.
Betty: Sí, sí lo conozco. Mi hermana y tu hermano son buenos amigos.

Jack: I didn't know your sister is Deaf.
Jack: Yo no sabía que tu hermana es sorda.

Betty: She is Deaf. Her name is Mary Williams.
Betty: Ella es sorda. Se llama Mary Williams.

Jack: I'm surprised. I know her. The last time I saw her was six years ago.
Jack: Estoy sorprendido. Yo la conozco. La última vez que la ví ella tenía seis años.

Betty: I have many pictures of Mary. I will give some to you.
Betty: Tengo muchas fotografías de Mary. Te voy a dar algunas.

Jack: Fine. I want to see them.
Jack: Está bien. Quiero verlas.

EXERCISE 8.1   EJERCICIO 8.1

_____ whq _____
1. ARRIVE YESTERDAY WHAT? 'What arrived yesterday?'
_____ whq _____
1. ¿LLEGAR AYER QUÉ? '¿Qué llegó ayer?'

T-T-Y ARRIVE WHEN? 'When did the TTY arrive?'
_____ whq _____
¿T.T.Y LLEGAR CUÁNDO? '¿Cuándo llegó el T.T.Y.?'
_____ whq _____
2. LOSE SUITCASE WHO? 'Who lost a suitcase?'
_____ whq _____
2. ¿PERDER MALETA QUIÉN? '¿Quién perdió una maleta?'
_____ whq _____
AUNT LOSE WHAT? 'What did my aunt lose?'
_____ whq _____
¿TÍA PERDER QUÉ? '¿Qué perdió mi tía?'
_____ whq _____
AUNT LOSE SUITCASE WHEN? 'When did my aunt lose her suitcase?'
_____ whq _____
¿TÍA PERDER MALETA CUÁNDO? '¿Cuándo perdió su maleta mi tía?'
_____ whq _____
AUNT LOSE SUITCASE WHICH? 'Which suitcase did my aunt lose?'
_____ whq _____
¿TÍA PERDER MALETA CUÁL? '¿Cuál maleta perdió mi tía?'
_____ whq _____
3. NOW VISIT S-D WHO? 'Who is visiting San Diego now?'
_____ whq _____
3. ¿AHORA VISITAR S-D QUIÉN? '¿Quién está visitando San Diego ahora?'

```
                ____ whq ____
WIFE NOW VISIT WHERE?   'Where is your wife visiting now?'
                ____ whq ____
¿ESPOSA AHORA VISITAR DÓNDE?   '¿Dónde está visitando tu esposa ahora?'
                ____ whq ____
WIFE NOW VISIT S-D WHAT-FOR?   'Why is your wife now visiting San Diego?'
                ____ whq ____
¿ESPOSA AHORA VISITAR S-D PARA-QUÉ?   '¿Por qué está tu esposa en San Diego?'
                ____ whq ____
WIFE NOW VISIT S-D WHY   'Why is your wife now visiting San Diego?'
                ____ whq ____
¿ESPOSA AHORA VISITAR S-D POR QUÉ?   '¿Por qué está tu esposa en San Diego?'
                ____ whq ____
4. HORSE ESCAPE HOW?   'How did the horse escape?'
                ____ whq ____
4. ¿CABALLO ESCAPAR CÓMO?   '¿Cómo escapó el caballo?'
                ____ whq ____
HORSE ESCAPE WHEN?   'When did the horse escape?'
                ____ whq ____
¿CABALLO ESCAPAR CUÁNDO?   '¿Cuándo escapó el caballo?'
                ____ whq ____
HORSE ESCAPE WHICH?   'Which horse escaped?'
                ____ whq ____
¿CABALLO ESCAPAR CUÁL?   '¿Cuál caballo escapó?'
                ____ whq ____
5. T-V BREAK WHEN?   'When did the TV break?'
                ____ whq ____
5. ¿T-V DESCOMPONERSE CUÁNDO?   '¿Cuándo se descompuso la TV?'
                ____ whq ____
BREAK LONG-AGO WHAT?   'What broke a long time ago?'
                ____ whq ____
¿DESCOMPONERSE HACE TIEMPO QUÉ?   '¿Qué se descompuso hace tiempo?'
                ____ whq ____
T-V BREAK HOW?   'How did the TV break?'
                ____ whq ____
¿T.V. DESCOMPONERSE CÓMO?   '¿Cómo se descompuso la TV?'
```

EXERCISE 8.2   EJERCICIO 8.2

```
                ____ whq ____
1 WHAT ARRIVE YESTERDAY?   'What arrived yesterday?'
                ____ whq ____
1. ¿QUÉ LLEGAR AYER?   '¿Qué llegó ayer?'
                ____ whq ____
WHAT ARRIVE YESTERDAY WHAT?   'What arrived yesterday?'
                ____ whq ____
¿QUÉ LLEGAR AYER QUÉ?   '¿Qué llegó ayer?'
                ____ whq ____
WHEN T-T-Y ARRIVE?   'When did the TTY arrive?'
                ____ whq ____
¿CUÁNDO T-T-Y LLEGAR?   '¿Cuándo llegó el T.T.Y.?'
                ____ whq ____
WHEN T-T-Y ARRIVE WHEN?   'When did the TTY arrive?'
                ____ whq ____
¿CUÁNDO T-T-Y LLEGAR CUÁNDO?   '¿Cuándo llegó el T.T.Y.?'
```

<pre>
                    _____ whq _____
2. WHO LOSE SUITCASE?   'Who lost a suitcase?'
                    _____ whq _____
2. ¿QUIÉN PERDER MALETA?   '¿Quién perdió una maleta?'
                    _____ whq _____
   WHO LOSE SUITCASE WHO?   'Who lost a suitcase?'
                    _____ whq _____
   ¿QUIÉN PERDER MALETA QUIÉN?   '¿Quién perdió una maleta?'
                    _____ whq _____
   WHAT AUNT LOSE?   'What did my aunt lose?'
                    _____ whq _____
   ¿QUÉ TIA PERDER?   '¿Qué perdió mi tía?'
                    _____ whq _____
   WHAT AUNT LOSE WHAT?   'What did my aunt lose?'
                    _____ whq _____
   ¿QUÉ TÍA PERDER QUÉ?   '¿Qué perdió mi tía?'
                    _____ whq _____
   WHEN AUNT LOSE SUITCASE?   'When did my aunt lose her suitcase?'
                    _____ whq _____
   ¿CUÁNDO TÍA PERDER MALETA?   '¿Cuándo perdió mi tía su maleta?'
                    _____ whq _____
   WHEN AUNT LOSE SUITCASE WHEN?   'When did my aunt lose her suitcase?'
                    _____ whq _____
   ¿CUÁNDO TÍA PERDER MATELTA CUÁNDO?   '¿Cuándo perdió mi tía su maleta?'
                    _____ whq _____
   WHICH SUITCASE AUNT LOSE?   'Which suitcase did my aunt lose?'
                    _____ whq _____
   ¿CUÁL MALETA TÍA PERDER?   '¿Cuál maleta perdió mi tia?'
                    _____ whq _____
   WHICH SUITCASE AUNT LOSE WHICH?   'Which suitcase did my aunt lose?'
                    _____ whq _____
   ¿CUÁL MALETA TÍA PERDER CUÁL?   '¿Cuál maleta perdió mi tia?'
                    _____ whq _____
3. WHO NOW VISIT S-D?   'Who is visiting San Diego now?'
                    _____ whq _____
3. ¿QUIÉN AHORA VISITAR S-D?   '¿Quién está visitando San Diego ahora?'
                    _____ whq _____
   WHO NOW VISIT S-D WHO?   'Who is visiting San Diego now?'
                    _____ whq _____
   ¿QUIÉN AHORA VISITAR S-D QUIÉN?   '¿Quién está visitando San Diego ahora?'
                    _____ whq _____
   WHERE WIFE NOW VISIT?   'Where is your wife visiting now?'
                    _____ whq _____
   ¿DÓNDE ESPOSA AHORA VISITAR?   '¿En dónde está de visita tu esposa ahora?'
                    _____ whq _____
   WHERE WIFE NOW VISIT WHERE?   'Where is your wife visting now?'
                    _____ whq _____
   ¿DÓNDE ESPOSA AHORA VISITAR DÓNDE?   '¿En dónde está de visita tu esposa ahora?
                    _____ whq _____
   WHAT-FOR WIFE NOW VISIT S-D?   'Why is your wife now visiting San Diego?'
                    _____ whq _____
   ¿PARA QUÉ ESPOSA AHORA VISITAR S-D?   '¿Por qué está tu esposa de visita en San Diego?'
                    _____ whq _____
   WHAT-FOR WIFE NOW VISIT S-D WHAT-FOR?   'Why is your wife now visiting San Diego?'
                    _____ whq _____
   ¿PARA QUÉ ESPOSA AHORA VISITAR S-D PARA QUÉ?   '¿Por qué está tu esposa de visita en
                                                    San Diego?'
</pre>

‗‗‗‗‗‗‗ whq ‗‗‗‗‗‗‗
WHY WIFE NOW VISIT S-D? 'Why is your wife now visiting San Diego?'

‗‗‗‗‗‗‗‗‗‗ whq ‗‗‗‗‗‗‗‗‗‗
¿POR QUÉ ESPOSA AHORA VISITAR S-D? '¿Por qué está tu esposa de visita en San Diego?'

‗‗‗‗‗‗ whq ‗‗‗‗‗‗‗‗
WHY WIFE NOW VISIT S-D WHY? 'Why is your wife now visiting San Diego?'

‗‗‗‗‗‗‗‗‗ whq ‗‗‗‗‗‗‗‗‗‗‗
¿POR QUÉ ESPOSA AHORA VISITAR S-D POR QUÉ? '¿Por qué está tu esposa de visita en San Diego?'

‗‗‗‗‗‗ whq ‗‗‗‗‗‗
4. HOW HORSE ESCAPE? 'How did the horse escape?'

‗‗‗‗‗‗‗ whq ‗‗‗‗‗‗
4. ¿CÓMO CABALLO ESCAPAR? '¿Cómo escapó el caballo?'

‗‗‗‗‗‗‗ whq ‗‗‗‗‗‗
HOW HORSE ESCAPE HOW? 'How did the horse escape?'

‗‗‗‗‗‗‗ whq ‗‗‗‗‗‗
¿CÓMO CABALLO ESCAPAR CÓMO? '¿Cómo escapó el caballo?'

‗‗‗‗‗‗ whq ‗‗‗‗‗
WHEN HORSE ESCAPE? 'When did the horse escape?'

‗‗‗‗‗‗‗ whq ‗‗‗‗‗‗
¿CUÁNDO CABALLO ESCAPAR? '¿Cuándo se escapó el caballo?'

‗‗‗‗‗‗‗ whq ‗‗‗‗‗‗
WHEN HORSE ESCAPE WHEN? 'When did the horse escape?'

‗‗‗‗‗‗‗‗ whq ‗‗‗‗‗‗‗
¿CUÁNDO CABALLO ESCAPAR CUÁNDO? '¿Cuándo se escapó el caballo?'

‗‗‗‗‗‗ whq ‗‗‗‗‗
WHICH HORSE ESCAPE? 'Which horse escaped?'

‗‗‗‗‗‗ whq ‗‗‗‗‗
¿CUÁL CABALLO ESCAPAR? '¿Cuál caballo se escapó?'

‗‗‗‗‗‗ whq ‗‗‗‗‗
WHICH HORSE ESCAPE WHICH? 'Which horse escaped?'

‗‗‗‗‗‗‗ whq ‗‗‗‗‗‗
¿CUÁL CABALLO ESCAPAR CUÁL? '¿Cuál caballo se escapó?'

‗‗‗‗ whq ‗‗‗‗
5. WHEN T-V BREAK? 'When did the TV break?'

‗‗‗‗‗‗‗ whq ‗‗‗‗‗‗
5. ¿CUÁNDO T-V DESCOMPONERSE? '¿Cuándo se descompuso la TV?'

‗‗‗‗‗‗ whq ‗‗‗‗‗
WHEN T-V BREAK WHEN? 'When did the TV break?'

‗‗‗‗‗‗‗ whq ‗‗‗‗‗‗‗
¿CUÁNDO T-V DESCOMPONERSE CUÁNDO? '¿Cuándo se descompuso la TV?'

‗‗‗‗‗ whq ‗‗‗‗
WHAT BREAK LONG-AGO? 'What broke a long time ago?'

‗‗‗‗‗‗ whq ‗‗‗‗‗
¿QUÉ DESCOMPONERSE HACE TIEMPO? '¿Qué se descompuso hace tiempo?'

‗‗‗‗‗‗ whq ‗‗‗‗‗
WHAT BREAK LONG-AGO WHAT? 'What broke a long time ago?'

‗‗‗‗‗‗‗ whq ‗‗‗‗‗‗
¿QUÉ DESCOMPONERSE HACE TIEMPO QUÉ? '¿Qué se descompuso hace tiempo?'

‗‗‗‗ whq ‗‗‗
HOW T-V BREAK? 'How did the TV break?'

‗‗‗‗‗‗ whq ‗‗‗‗‗
¿CÓMO T.V. DESCOMPONERSE? '¿Cómo se descompuso la TV?'

‗‗‗‗‗ whq ‗‗‗‗
HOW T-V BREAK HOW? 'How did the TV break?'

‗‗‗‗‗‗ whq ‗‗‗‗‗
¿CÓMO T.V. DESCOMPONERSE CÓMO? '¿Cómo se descompuso la TV?'

EXERCISE 8.3   EJERCICIO 8.3

‗‗‗‗‗ y ‗‗‗‗‗
1. YES, SHE DRAW HERSELF.   'Yes, she drew it herself.'

‗‗‗‗‗ y ‗‗‗‗‗
1. SÍ, ELLA DIBUJAR ELLA MISMA.   'Sí, ella misma lo dibujó.'

‗‗‗‗‗ y ‗‗‗‗‗
2. YES, I I-TELL-HIM MYSELF.   'Yes, I'll tell him myself.'

‗‗‗‗‗ y ‗‗‗‗‗
2. SÍ, YO YO-DECIR-LE (a él) YO MISMO.   'Sí, yo mismo le voy a decir.'

‗‗‗‗‗ y ‗‗‗‗‗
3. YES, I CLEAN-UP MYSELF.   'Yes, I cleaned it up myself.'

‗‗‗‗‗ y ‗‗‗‗‗
3. SÍ, YO LIMPIAR YO MISMO.   'Sí, yo mismo lo limpié.'

‗‗‗‗‗ y ‗‗‗‗‗
4. YES, THEY DECIDE WRITE THEMSELVES.   'Yes, they decided to write it themselves.'

‗‗‗‗‗ y ‗‗‗‗‗
4. SÍ, ELLOS DECIDIR ESCRIBIR ELLOS MISMOS.   'Sí, ellos mismos decidieron escribirlo.'

‗‗‗‗‗ y ‗‗‗‗‗
5. YES, HE WRITE HIMSELF.   'Yes, he wrote it himself.'

‗‗‗‗‗ y ‗‗‗‗‗
5. SÍ, EL ESCRIBIR EL MISMO.   'Sí, el mismo lo escribió.'

‗‗‗‗‗ y ‗‗‗‗‗
6. YES, HE BUILD HIMSELF.   'Yes, he built it himself.'

‗‗‗‗‗ y ‗‗‗‗‗
6. SÍ, EL CONSTRUIR EL MISMO.   'Sí, el mismo lo construyó.'

‗‗‗‗‗ y ‗‗‗‗‗
7. YES, I GROW MYSELF.   'Yes, I grew them myself.'

‗‗‗‗‗ y ‗‗‗‗‗
7. SÍ, YO CULTIVAR YO MISMO.   'Sí, yo mismo lo cultivé.'

‗‗‗‗‗ y ‗‗‗‗‗
8. YES, HE WASH HIMSELF.   'Yes, he washed it himself.'

‗‗‗‗‗ y ‗‗‗‗‗
8. SÍ, EL LAVAR EL MISMO.   'Sí, el mismo lo lavó.'

EXERCISE 8.4   EJERCICIO 8.4

‗‗‗ t ‗‗‗ ‗‗‗ n ‗‗‗
1. TYPEWRITER MYSELF NOT HAVE.   'I don't have a typewriter.'

‗‗‗ t ‗‗‗ ‗‗‗ n ‗‗‗
1. MÁQUINA DE ESCRIBIR YO MISMO NO TENER.   'Yo no tengo una máquina de escribir.'

2. HIMSELF LONELY HE.   'He's lonely.'

2. EL MISMO SOLO EL.   'El está solo.'

3. HERSELF HAVE SKILL.   'She has the ability.'

3. ELLA MISMA TENER HABILIDAD.   'Ella tiene la habilidad.'

‗‗‗‗‗ n ‗‗‗‗‗
4. THEMSELVES EHTHUSIASTIC STUDY NOT.   'They're not eager to study.

‗‗‗‗‗ n ‗‗‗‗‗
4. ELOS MISMOS ENTUSIASTAS ESTUDIAR NO.   'Ellos no están muy ansiosos por estudiar.'

‗‗‗‗‗ q ‗‗‗‗‗
5. TEST YOURSELF WORRY YOU?   'Are you worried about the test?'

‗‗‗‗‗ q ‗‗‗‗‗
5. ¿EXAMEN TU MISMO PREOCUPADO TÚ?   '¿Estás preocupado por el examen?'

‗‗‗‗‗ q ‗‗‗‗‗
6. ANY QUESTION YOURSELF HAVE?   'Do you have any questions?'

‗‗‗‗‗ q ‗‗‗‗‗
6. ¿ALGUNA PREGUNTA TU MISMO TENER?   '¿Tienes alguna pregunta?'

EXERCISE 9.1   EJERCICIO 9.1

1. COP SHE-GIVE HIM TICKET.   'The cop gave him a ticket.'
       ———————— y ——————
1. POLICÍA ELLA-DAR-EL MULTA.   'La policía le dió una multa (a él).'
       ———————— y ——————
2. YES, TOMORROW TIME 3 HAVE MEETING.   'Yes, there's a meeting at 3 o'clock tomorrow.'
       ———————— y ——————
2. SÍ MAÑANA HORA 3 TENER JUNTA.   'Sí, hay una junta mañana a las tres.'
       ———————— y ——————
3. YES, I HAVE NEW BICYCLE.   'Yes, I have a new bicycle.'
       ———————— y ——————
3. SÍ, YO TENER NUEVA BICICLETA.   'Si, tengo una bicicleta nueva.'
       ———— n ————
4. NO, I NEED GAS.   'No, I need gas.'
       ———— n ————
4. NO, YO NECESITO GAS.   'No, yo necesito gas.'
       ———— y ————
5. I HAVE HEARING-AID.   'Yes, I have a hearing aid.'
       ———— y ————
5. YO TENGO AUXILIAR AUDITIVO.   'Si, tengo un auxiliar auditivo.'
       ———————— n ————————
6. NOT TO-TELEPHONE, TELEPHONE BREAK.   'Don't call, the telephone is broken.'
       ———— n ————
6. NO AL-TELÉFONO, TELÉFONO DESCOMPONER.   'No llames, el teléfono está descompuesto.
       ———— y ————
7. YES, I HAVE TYPEWRITER.   'Yes, I have a typewriter.'
       ———————— y ————————
7. SÍ, YO TENER MÁQUINA DE ESCRIBIR.   'Sí, yo tengo una máquina de escribir.'
       ———— n ————
8. I NOT HAVE KEY.   'I don't have the key.'
       ———— n ————
8. YO NO TENER LLAVE.   'No tengo la llave.'
       ———— n ————
9. I NOT HAVE BOOK.   'I don't have a book.'
       ———— n ————
9. YO NO TENER LIBRO.   'No tengo un libro.'
10. I WANT AIRPLANE.   'I want (to use) an airplane.'
10. YO QUIERO AVIÓN.   'Yo quiero (usar) una avión.'

EXERCISE 9.2   EJERCICIO 9.2
       ———— t ————
1. GIRLFRIEND HAVE BLOND HAIR.   'My girlfriend, she has blond hair.'
       —— t ——
1. AMIGA TENER RUBIO PELO.   'Mi amiga, ella tiene el pelo rubio.'
       ———— t ————
2. CALIFORNIA WOW NICE.   'California, it's very nice.'
       ———— t ————
2. CALIFORNIA WOW BONITO.   'California, es muy bonito.'
       ——— t ———
3. TEACHER SHE-BAWL-OUT-HIM.   'The teacher, she bawled him out.'
       ——— t ———
3. MAESTRA ELLA-GRITAR-A EL.   'La maestra, ella le gritó (a él).'

   _ t _
4. RAIN STOP. 'The rain, it stopped.'

   __ t __
4. LLUVIA PARAR. 'La lluvia, paró.'

   ___ t ___
5. LEADER SHE-ASK-ME QUESTION. 'The leader, she asked me a question.'

   _ t _
5. LÍDER ELLA PREGUNTAR-ME PREGUNTA. 'La líder, ella me preguntó.'

   _____ t _____
6. HIS WRIST-WATCH STEAL. 'His wrist watch, it was stolen.'

   ___ t ___
6. SU RELOJ ROBAR. 'Su reloj, lo robaron.'

   _ t _ _____ n _____
7. TREE IT NOT LOOK GOOD. 'The tree, it doesn't look good.'

   __ t __ _____ n _____
7. ÁRBOL NO SE VER BIEN. 'El árbol, no se ve bien.'

   _____ t _____
8. PERFORMANCE WONDERFUL. 'The performance, it was wonderful.'

   ____ t ____
8. ACTUACIÓN MARAVILLOSA. 'La actuación, fue maravillosa.'

   _ t _
9. PLANT NEED WATER. 'The plant, it needs water.'

   __ t __
9. PLANTA NECESITA AGUA. 'La planta, necesita agua.'

   __ t __
10. MEETING CANCEL. 'The meeting, it was cancelled.'

   __ t __
10. REUNIÓN CANCELAR. 'La reunión, fue cancelada.'

EXERCISE 10.1   EJERCICIO 10.1

1. SHE SEE DOCTOR SHOULD SHE. 'She should see a doctor.'
1. ELLA VER DOCTOR DEBER ELLA. 'Ella debería ver al doctor.'

   _____ q _____
2. LETTER YOU GET WILL YOU? 'Will you get a letter?'

   _____ q _____
2. ¿CARTA TU IR RECIBIR TÚ? '¿Vas a recibir una carta?'

3. TOMORROW PRESIDENT APPEAR MAYBE. 'The president may show up tomorrow.'
3. MAÑANA PRESIDENTE APARECER TAL VEZ. 'Tal vez se presente el presidente mañana.

4. HE RECOVER WILL HE. 'He'll get well.'
4. EL RECUPERAR VA EL. 'El se va a recuperar.'

5. I WIN RACE MUST I. 'I must win the race.'
5. YO GANAR CARRERA DEBER YO. 'Yo debo ganar la carrera.'

6. I LIPREAD CAN. 'I can lipread.'
6. YO LEER LOS LABIOS PODER. 'Yo puedo leer los labios.'

7. LETTER I TYPE 1-MINUTE CAN I. 'I can type a letter in a minute.'
7. CARTA YO MECANOGRAFIAR 1-MINUTO PODER. 'Yo puedo mecanografiar una carta en un minuto.

8. S-F YOU VISIT MUST YOU. 'You must visit San Francisco.'
8. S-F TÚ VISITAR DEBER TÚ. 'Tú debes visitar San Francisco.'

9. HE TAKE-UP MORE CLASS SHOULD-HE. 'He should take more classes.'
9. EL TOMAR MÁS CLASE DEBE EL. 'El debe tomar más clases.'

10. SISTER MARRY WILL. 'My sister will get married.'
10. HERMANA CASAR VA. 'Mi hermana se va a casar.'

EXERCISE 10.2　　　EJERCICIO 10.2

1. SHE SHOULD SEE DOCTOR SHE.　'She should see a doctor.'
1. ELLA DEBER VER DOCTOR ELLA.　'Ella debe ver al doctor.'

      ——— q ———
2. LETTER YOU WILL GET YOU?　'Will you get a letter?'

      ——— q ———
2. ¿CARTA TÚ IR A RECIBIR TÚ?　'¿Vas a recibir una carta?'
3. TOMORROW PRESIDENT MAYBE APPEAR.　'The president may show up tomorrow.'
3. MAÑANA PRESIDENTE TAL VEZ APARECER.　'Tal vez se presente el presidente mañana.
4. HE WILL RECOVER HE.　'He'll get well.'
4. EL VA RECUPERAR EL.　'El se va a recuperar.'
5. I MUST WIN RACE I.　'I must win the race.'
5. YO DEBER GANAR CARRERA YO.　'Yo debo ganar la carrera.'
6. I CAN LIPREAD.　'I can lipread.'
6. YO LEER LOS LABIOS PODER.　'Yo puedo leer los labios.'
7. LETTER I CAN TYPE 1-MINUTE I.　'I can type a letter in a minute.'
7. CARTA YO MECANOGRAFIAR 1-MINUTO PODER.　'Yo puedo mecanografiar una carta en un minuto.
8. S-F YOU MUST VISIT YOU.　'You must visit San Francisco.'
8. S-F TÚ VISITAR DEBER TÚ.　'Tú debes visitar San Francisco.'
9. HE SHOULD TAKE-UP MORE CLASS HE.　'He should take more classes.'
9. EL TOMAR MÁS CLASE DEBE EL.　'El debe tomar más clases.'
10. SISTER WILL MARRY.　'My sister will get married.'
10. HERMANA CASAR VA.　'Mi hermana se va a casar.'

EXERCISE 10.3　　　EJERCICIO 10.3

     ——— n ———
1. I STAY 1-HOUR CAN'T I.　'I can't stay an hour.'

     ——— n ———
1. YO QUEDAR 1-HORA PODER NO.　'No puedo quedarme una hora.'

     ——— n ———
2. HE ACCEPT RESPONSIBILITY REFUSE HE.　'He won't take responsibility.'

     ——— n ———
2. EL ACEPTAR RESPONSABILIDAD REHUSAR EL.　'El no acepta la responsabilidad.'

     ——— n ———
3. HE NOT-YET COOK FOOD HE.　'He hasn't cooked the food.'

     ——— n ———
3. EL NO-TODAVÍA COCINAR COMIDA EL.　'El no ha cocinado la comida.'

     ——— n ———
4. I GET-UP TIME 6 CAN'T I.　'I can't get up at six.'

     ——— n ———
4. YO LEVANTAR-ME HORA 6 PODER NO YO.　'Yo no me puedo levantar a las seis.'

     ——— n ———
5. TELEPHONE NUMBER HE MEMORIZE NOT-YET HE.　'He hasn't memorized the telephone number.'

     ——— n ———
5. TELÉFONO NÚMERO EL MEMORIZAR NO-TODAVÍA EL.　'El no ha memorizado el número de teléfono.'

     ——— n ———
6. SHE BORN BABY NOT-YET SHE.　'She hasn't had her baby yet.'

     ——— n ———
6. ELLA NACER BEBÉ NO-TODAVÍA ELLA.　'Ella no ha tenido su bebé todavía.'

_____ n _____
7. MAN HE HE-PAY-ME REFUSE HE.   'The man refuses to pay me.'

_____ n _____
7. HOMBRE EL EL-PAGAR-ME REHUSAR EL.   'El hombre se rehusa a pagarme.'

_____ n _____
8. LETTER HE-SEND-ME NOT-YET HE.   'He hasn't sent me a letter.'

_____ n _____
8. CARTA EL-MANDAR-ME NO-TODAVÍA EL.   'El no me ha mandado una carta.'

_____ n _____
9. I NOT-YET TRY ESTABLISH C-L-U-B I.   'I haven't tried setting up a club.'

_____ n _____
9. YO NO-TODAVÍA TRATAR ESTABLECER C-L-U-B YO.   'No he intentado establecer un club.'

_____ n _____
10. ADDRESS SHE PUT-DOWN FOR-YOU CAN'T SHE.   'She can't write down the address for you.'

_____ n _____
10. DIRECCIÓN ELLA ESCRIBIR-PARA-TÚ PODER NO ELLA.   'Ella no puede escribirte la dirección.'

EXERCISE 10.4   EJERCICIO 10.4

_____ n _____
1. NO, I CAN'T I.   'No, I can't.'

_____ n _____
1. NO, YO PODER YO.   'No, no puedo.'

_____ y _____
2. YES, SHE SHOULD.   'Yes, she should.'

_____ y _____
2. SÍ, ELLA DEBER.   'Sí, ella debe.'

_____ y _____
3. YES, I MAYBE I.   'Yes, I may.'

_____ y _____
3. SÍ, YO TAL VEZ YO.   'Sí, tal vez.'

_____ y _____
4. YES, YOU CAN.   'Yes, you can.'

_____ y _____
4. SÍ, TÚ PODER.   'Sí, tú puedes.'

_____ n _____
5. NO, HE NOT-YET HE.   'No, he hasn't.'

_____ n _____
5. NO, EL NO-TODAVÍA EL.   'No, él no ha . . .'

_____ y _____
6. YES, SHE FINISH.   'Yes, she did.'

_____ y _____
6. SÍ, ELLA TERMINAR.   'Sí ella lo hizo.'

_____ y _____
7. YES, YOU SHOULD.   'Yes, you should.'

_____ y _____
7. SÍ, TÚ DEBER.   'Sí, tú debes.'

_____ y _____
8. YES, HE MAYBE HE.   'Yes, he may.'

_____ y _____
8. SÍ, EL TAL VEZ EL.   'Si, él puede.'

_____ y _____
9. YES, SHE WILL SHE.   'Yes, she will.'

_____ y _____
9. SÍ, ELLA VA ELLA.   'Sí, ella va a . . .'

DIALOGUE 3

Jack: I just saw an interesting movie. It's an old movie, a sign presentation by George Veditz. Have you seen it?

Jack: Acabo de ver una película interesante. Es una película antigua, una presentación de señas por George Veditz. La has visto?

Tom: No, I haven't. Who is this Veditz?

Tom: No, no la he visto. ¿Quién es ese Veditz?

Jack: He was deaf, and was president of the N.A.D. back in 1913. You can see that his signs are older and different.

Jack: El fue sordo, y fue presidente de N.A.D. en 1913. Tú puedes ver que sus señas son mas antiguas y diferentes.

Tom: Why was the movie made?

Tom: ¿Por qué se hizo la película?

Jack: The N.A.D. raised 5,000 dollars to make movies. They wanted to preserve and protect sign language for future generations of deaf people.

Jack: N.A.D. recaudó 5,000 dólares para hacer películas. Ellos querían preservar y proteger el lenguaje manual para futuras generaciones de personas sordas.

Tom: I'd like to see the movie. Where is it?

Tom: Me gustaría ver la película. ¿En dónde está?

Jack: The library should have it. Ask your library.

Jack: La biblioteca debe tenerla. Pregunta en tu biblioteca.

EXERCISE 11.1   EJERCICIO 11.1

1. MY HOME HERE. 'My home is here.'
   MY HOME THERE. 'My home is over there.'
1. MI CASA AQUÍ. 'Mi casa está aquí.'
   MI CASA ALLÁ. 'Mi casa está allá.'

2. YOUR GLASSES HERE. 'Your glasses are here.'
   YOUR GLASSES THERE. 'Your glasses are over there.'
2. TUS LENTES AQUÍ. 'Tus lentes están aquí.'
   TUS LENTES ALLÁ. 'Tus lentes están allá.'

3. CAR HERE. 'The car is here.'
   CAR THERE. 'The car is over there.'
3. CARRO AQUÍ. 'Tu carro está aquí.'
   CARRO ALLÁ. 'Tu carro está allá.'

4. COKE MACHINE HERE. 'The coke machine is here.'
   COKE MACHINE THERE. 'The coke machine is over there.'
4. MÁQUINA DE COCA-COLA AQUÍ. 'La máquina de las cocas está aquí.'
   MÁQUINA DE COCA-COLA ALLÁ. 'La máquina de las cocas está allá.'

5. WOMAN HERE. 'The woman is here.'
   WOMAN THERE. 'The woman is over there.'
5. MUJER AQUÍ. 'La mujer está aquí.'
   MUJER ALLÁ. 'La mujer está allá.'

6. STORE HERE. 'The store is here.'
   STORE THERE. 'The store is over there.'
6. TIENDA AQUÍ. 'La tienda está aquí.'
   TIENDA ALLÁ. 'La tienda está allá.'

7. BASEBALL GAME HERE. 'The baseball game is here.'
   BASEBALL GAME THERE. 'The baseball game is over there.'
7. JUEGO DE BÉISBOL AQUÍ. 'El juego de béisbol es aquí.'
   JUEGO DE BÉISBOL ALLÁ. 'El juego de béisbol es allá.'

8. CHURCH OLD HERE. 'The old church is here.'
   CHURCH OLD THERE. 'The old church is over there.'

8. IGLESIA ANTIGUA AQUÍ. 'La iglesia antigua está aquí.'
8. IGLESIA ANTIGUA ALLÁ. 'La iglesia antigua está allá.'
9. PAPER HERE. 'The paper is here.'
   PAPER THERE. 'The paper is over there.'
9. PAPEL AQUÍ. 'El papel está aquí.'
   PAPEL ALLÁ. 'El papel está allá.'
10. YOUR FRIEND HERE. 'Your friend is here.'
   YOUR FRIEND THERE. 'Your friend is over there.'
10. TU AMIGO AQUÍ. 'Tu amigo está aquí.'
   TU AMIGO ALLÁ. 'Tu amigo está allá.'

EXERCISE 11.2   EJERCICIO 11.2

1. BEFORE I WALK-THERE I. 'I walked there before.'
1. ANTES YO CAMINAR-ALLÁ. 'Yo caminé allá antes.'
2. BEFORE I FLY-THERE I. 'I flew there before.'
2. ANTES YO VOLAR-ALLÁ. 'Yo volé allá antes.'
3. FURNITURE HEAVY SHE MOVE-THERE. 'She moved the heavy furniture there.'
3. MUEBLES PESADO ELLA CAMBIAR-ALLA. 'Ella cambió los muebles pesados allá.'
4. BEFORE YOU DRIVE-HERE YOU. 'You drove here before.'
4. ANTES TÚ MANEJAR-AQUÍ TÚ. 'Tú manejaste aquí antes.'
5. BEFORE YOU WALK-HERE YOU. 'You walked here before.'
5. ANTES TÚ CAMINAR-AQUÍ TÚ. 'Tú caminaste aquí antes.'
6. BEFORE YOU FLY-HERE YOU. 'You flew here before.'
6. ANTES TÚ VOLAR-AQUÍ TÚ. 'Tú volaste aquí antes.'
7. BOOK MANY SHE PUT-HERE. 'She put many books here.'
7. LIBRO MUCHO ELLA PONER-AQUÍ. 'Ella puso muchos libros aquí.'
8. CHICAGO, L-A HE THERE-DRIVE-THERE HE. 'He drove from Chicago to Los Angeles.'
8. CHICAGO, L-A EL ALLÁ-MANEJAR-ALLA EL. 'El manejó de Chicago a Los Angeles.'
9. CHICAGO, L-A HE THERE-FLY-THERE HE. 'He flew from Chicago to Los Angeles.'
9. CHICAGO, L-A EL ALLÁ-VOLAR-ALLÁ EL. 'El voló de Chicago a Los Angeles.
10. STORE, YOUR HOME SHE THERE-DRIVE-THERE. 'She drove from the store to your home.'
10. TIENDA, TU CASA ELLA ALLÁ-MANEJAR-ALLÁ. 'Ella manejó de la tienda a tu casa.'
11. STORE, YOUR HOME SHE THERE-BRING-THERE. 'She brought it from the store to your home.'
11. TIENDA, TU CASA ELLA ALLÁ-TRAER-ALLÁ. 'Ella lo trajo de la tienda a la casa.'

EXERCISE 11.3   EJERCICIO 11.3

1. CHICAGO HE MOVE-THERE, STAY 2 YEAR FINISH
   HE THERE-MOVE-THERE WASHINGTON. 'He moved to Chicago, stayed there for two years
                                      then he moved from there to Washington.'
1. CHICAGO EL CAMBIAR-ALLÁ, QUEDAR 2 AÑO ACABAR.
   EL ALLÁ-CAMBIAR-ALLÁ WASHINGTON. 'El se cambió a Chicago, se quedó allá por dos años
                                      y luego se cambió de ahí a Washington.'
2. C-F NOW I GIVE-YOU FINISH
   YOU-GIVE-HIM TOMORROW. 'I'll give you the captioned film now then you can give it to him
                            tomorrow.'
2. C-F AHORA YO DOY-TÚ ACABAR
   TÚ-DAR-A EL MAÑANA. 'Te doy la película con subtítulos ahora y luego se la puedes dar a él
                         mañana.'
3. I STAY-HERE 1-WEEK WITH SISTER FINISH
   I GO-THERE VISIT MOTHER. 'I'm staying here for a week with my sister, then I'll go and visit
                              my mother.'
3. YO QUEDAR AQUÍ 1-SEMANA CON HERMANA ACABAR
   YO IR-ALLÁ VISITAR MADRE. 'Yo me voy a quedar aquí con mi hermana por una semana,
                               después voy a ir a visitar a mi mamá.

4. BREAKFAST I COOK FINISH YOU
WASH-DISH. I'll cook breakfast, then you can wash the dishes.'
4. DESAYUNO YO COCINAR ACABAR TÚ
LAVAR-PLATOS. 'Yo voy a preparar el desayuno, luego tú puedes lavar los platos.

5. SUITCASE I PACK FINISH I GO-THERE AIRPORT. 'I'll pack my suitcase then I'm going to the airport.'
5. MALETA YO EMPACO ACABAR YO IR-ALLÁ AEROPUERTO. 'Voy a empacar mi maleta y luego voy a ir al aeropuerto.'

6. PERFORMANCE PRACTICE ALL-DAY FINISH
TONIGHT HAVE PARTY THERE MY HOME. 'We'll practice our play all day then tonight there'll be a party at my home.'
6. ACTUACIÓN PRACTICAR-TODO-DÍA ACABAR
HOY EN LA NOCHE TENER FIESTA ALLÁ MI CASA. 'Vamos a practicar la obra de teatro todo el día de hoy y luego en la noche vamos a tener una fiesta en casa.'

EXERCISE 12.1   EJERCICIO 12.1

1. IT RESTAURANT HAVE FOOD. 'There's food at the restaurant.'
1. EL RESTAURANTE TENER COMIDA. 'Hay comida en el restaurante.'

2. IT HOME HAVE TEA. 'There's tea at home.'
2. ELLA CASA TENER TÉ. 'Hay té en la casa.'

3. IT STORE HAVE SHOES. 'There are shoes at that store.'
3. ELLA TIENDA TENER ZAPATOS. 'Hay zapatos en la tienda.'

4. IT SCHOOL HAVE DEAF STUDENT. 'There are deaf students at that school.'
4. ELLA ESCUELA TENER SORDO ALUMNO. 'Hay alumnos sordos en esa escuela.'

5. IT RESTAURANT HAVE MEAT. 'There's meat at that restaurant.'
5. EL RESTAURANTE TENER CARNE. 'Hay carne en el restaurante.'

6. IT KITCHEN HAVE TABLE. 'There's a table in that kitchen.'
6. ELLA COCINA TENER MESA. 'Hay una mesa en esa cocina.'

7. IT HOUSE HAVE CHAIR. 'There's a chair in the house.'
7. ELLA CASA TENER SILLA. 'Hay una silla en la casa.'

8. IT RESTAURANT HAVE RESTROOM. 'There's a restroom in the restaurant.'
8. EL RESTAURANTE TENER BAÑO. 'Hay un baño en el restaurante.

9. IT R-E-F HAVE CREAM. 'There's cream in the refrigerator.'
9. EL REFRIGERADOR TENER CREMA. 'Hay crema en el refrigerador.'

10. IT BOOK HAVE SIGN. 'There are (pictures of) signs in the book.'
10. EL LIBRO TENER SEÑA. 'Hay (ilustraciones) de señas en el libro.'

EXERCISE 12.2   EJERCICIO 12.2

1. WOMAN CL:ʌ-THERE, SHE-LOOK-AT-ME. 'The woman stood over there and looked at me.'
1. MUJER CL:ʌ-ALLÁ, ELLA-MIRAR-A-MÍ. 'La mujer se paró allá y me miró.''

2. I ENTER, LETTER CL:B-THERE. 'I went in, and the letter was lying there.'
2. YO ENTRAR, CARTA CL:B-ALLÁ. 'Yo entré y la carta estaba ahí.'

3. SHOULD BICYCLE CL:3-THERE. 'The bicycle should be parked there.'
3. DEBER BICICLETA CL:3-ALLÁ. 'La bicicleta debe estar estacionada allá.'

4. SURPRISED ME. PRESIDENT CL:ʌ-HERE. 'I was surprised! The President was standing right next to me.'
4. SORPRENDIDIO ME. PRESIDENTE CL:ʌ-AQUÍ. '¡Me sorprendí! El Presidente estaba parado junto a mí.'

_____ t _____
5. CAR BLUE CL:3-THERE, THAT-ONE HIS. 'The blue car parked over there, that's his.'
_____ t _____
5. AUTO AZUL CL:3-ALLÁ, ÉSE SUYO. 'El auto azul estacionado allá, ése es de él.'

6. SHE FORGET LEAVE MAGAZINE CL:B-THERE. 'She forgot and left the magazine lying there.'
6. ELLA OLVIDAR DEJAR REVISTA CL:B-ALLÁ. 'Ella se olvidó y dejó la revista allá.'
7. RECENTLY BROTHER CL:ʌ-HERE, NOW GONE. 'My brother was just standing right here, and now he's gone.'
7. RECIENTEMENTE HERMANO CL:ʌ-AQUÍ, AHORA IR. 'Mi hermano estaba parado aquí y ya no está.'
8. CAR CL:3-THERE, NOW PUT-IN-GAS. 'The car is standing over there and now they're putting in some gas.'
8. AUTO CL:3-ALLÁ, AHORA PONER-EN-GASOLINA. 'El carro está parado allá y ahora le están poniendo gasolina.'

EXERCISE 12.3   EJERCICIO 12.3

1. I SEE BEER CL:C-ON-TOP-OF-CL:B. 'I saw a beer can on top of the table.'
1. YO VER CERVEZA CL:C-SOBRE-CL:B. 'Ví la lata de cerveza sobre la mesa.'
2. I SEE CAR CL:3-UNDER-CL:B. 'I saw a car parked in the garage.'
2. YO VER AUTO CL:3-DEBAJO-CL:B. 'Ví un carro estacionado en el garaje.'
3. I SEE PAPER CL:B-NEXT-TO-CL:B. 'I saw two sheets of paper next to each other.'
3. YO VER PAPEL CL:B-JUNTO-CL:B. 'Yo ví dos hojas de papel juntas.'
4. I SEE PEOPLE CL:ʌ-BEHIND-CL:ʌ. 'I saw two people standing in line.'
4. YO VER PERSONAS CL:ʌ-ATRÁS-CL: 'Ví a dos personas formadas.'
5. I SEE PLANT CL:C-AND-CL:C-ON-TOP-OF-CL:B. 'I saw two small potted plants on a shelf.'
5. YO VER PLANTA CL:C-Y-CL:C-SOBRE-CL:B. 'Ví dos plantas en sus vasijas sobre el entrepaño.'
6. I SEE CL:F-NEXT-TO-CL:F. 'I saw two bottle tops next to each other.'
6. YO VER CL:F-JUNTO-CL:F. 'Ví dos tapas de botella juntas.'
7. I SEE WOMAN CL:ʌ-UNDER-CL:B. 'I saw a woman under an awning.'
7. YO VER MUJER CL:-DEBAJO-CL:B. 'Ví una mujer debajo del toldo.

EXERCISE 13.1   EJERCICIO 13.1

1. HE CRAZY-FOR-CHEESE, HAVE PLENTY I. 'He really likes cheese and I've got plenty.'
1. EL LOCO-POR QUESO, TENER BASTANTE YO. 'A él realmente le gusta el queso y yo tengo bastante.'

    __ t __
2. SPORTS RESIDENTIAL-SCHOOL HAVE SOME. 'The school for the deaf has some sports.'
    ____ t ____
2. DEPORTES ESCUELA RESIDENCIAL TENER ALGUNOS. 'La escuela para el sordo tiene algunos deportes.'

    __ t __
3. WATER CALIFORNIA NOW HAVE PLENTY. 'California now has plenty of water.'
    _ t _
3. AGUA CALIFORNIA AHORA TENER BASTANTE. 'California tiene bastante agua.'

    _ t _
4. MEAT IT HAVE LEFT IT A-LITTLE. 'There is a little meat left.'
    _ t _
4. CARNE LA TENER SOBRA UN POCO. 'Sobra un poco de carne.'

    ___ t ___
5. YOUR PIE GRANDMOTHER WANT SOME. 'Grandmother wants some of your pie.'
    _____ t _____
5. TU PASTEL TU ABUELA QUERER ALGO. 'La abuela quiere algo de pastel.'

EXERCISE 13.2   EJERCICIO 13.2

1. DOG IT WANT CL:L̈-WATER. 'The dog wants a lot of water.'
1. PERRO EL QUERER CL:L̈ AGUA. 'El perro quiere mucha agua.'

2. MY HOUSE WOW DIRTY. HAVE CL:G D-U-S-T.   'My house is very dirty with a lot of dust.'
2. MI CASA WOW SUCIA TENER CL:G P-O-L-V-O.   'Mi casa está muy sucia con mucho polvo.'
3. BASEMENT, I FIND CL:BB ↑ ↓ WATER.   'I found a lot of water in the basement!'
3. SÓTANO, YO ENCONTRAR CL:BB AGUA.   '¡Encontré much agua en el sótano!'
4. YESTERDAY, CL:BB ↑ ↓ PAPER I THROW-AWAY.   'I threw away a pile of papers yesterday.'
4. AYER, CL:BB ↑ ↓ PAPEL YO TIRAR.   'Tiré un montón de papeles ayer.'
5. CL:L̈ O-J YOU DRINK SHOULD YOU.   'You should drink a lot of orange juice.'
5. CL: L̈ O-J TÚ BEBER DEBER TÚ.   'Debes tomar mucho jugo de naranja.'
6. RECENTLY HE-GIVE-ME CL:BB ↑ ↓ LETTER.   'He gave me a stack of letters recently.'
6. RECIENTEMENTE EL-DAR-ME CL:BB ↑ ↓ CARTA.   'El me dié un montón de cartas
                                              recientemente!
7. RAIN STOP FINISH, LEFT M-U-D CL:L̈.   'The rain left a lot of mud when it stopped.'
7. LLUVIA PARAR TERMINAR, DEJAR L-O-D-O CL:L̈.   'La lluvia dejó mucho lodo.'

EXERCISE 13.3   EJERCICIO 13.3

1. STORE IT HAVE CL:5̈5̈ BICYCLE.   'The store has a large number of bicycles.'
1. TIENDA ELLA TENER CL:5̈5̈ BICICLETA.   'La tienda tiene una gran cantidad de bicicletas.'
2. H-O-T-E-L IT HAVE DOOR + +.   'The hotel has many doors.'
2. H-O-T-E-L EL TENER PUERTA + +   'El hotel tiene muchas puertas.'
3. MY SISTER FINISH HAVE CL:5̈5̈ BOYFRIEND.   'My sister already has a large number of
                                              boyfriends.'
3. MI HERMANA YA TENER CL:5̈5̈ AMIGO.   'Mi hermana ya tiene muchos amigos.
4. I LIKE HOUSE WITH WINDOW + +.   'I like houses with many windows.'
4. YO GUSTAR CASA CON VENTANA + +   'Me gustan las casas con muchas ventanas.'
5. THERE PARTY I SEE CL:5̈5̈ CHILDREN.   'I saw a large number of children at the party.'
5. ALLÁ FIESTA YO VER CL:5̈5̈ NIÑOS.   'Ví muchos niños en la fiesta.'
6. I MUST WRITE LIST + +.   'I must write many lists.'
6. YO DEBER ESCRIBIR LISTA + +.   'Tengo que escibir muchas listas.'
7. HE HAVE BEAUTIFUL GLASS + +.   'He has many beautiful glasses.'
7. EL TENER BONITOS VASO + +.   'El tiene muchos vasos bonitos.'

EXERCISE 13.4   EJERCICIO 13.4

1. BIRTHDAY HE-GIVE-ME 7-DOLLAR.   'He gave me 7 dollars for my birthday.'
   _____ t _____
1. CUMPLEAÑOS EL-DAR-ME 7-DÓLAR.   'El me dió 7 dólares en mi cumpleaños.'
2. I FIND 50-CENT YESTERDAY.   'I found 50 cents yesterday.'
2. YO ENCONTRAR 50-CENTAVO AYER.   'Encontré 50 centavos ayer.'
3. I WIN 300 DOLLAR I.   'I won 300 dollars.'
3. YO GANAR 300 DÓLAR YO.   'Gané 300 dólares.'
4. LONG-AGO T-T-Y COST 40 DOLLAR.   'A long time ago TTY's cost 40 dollars.'
4. HACE TIEMPO T-T-Y COSTAR 40 DÓLAR.   'Hace tiempo los TTY's costaban 40 dólares.'
5. LONG-AGO I BUY PENCIL COST 4-CENT.   'I used to buy pencils for 4 cents.'
5. HACE TIEMPO YO COMPRAR LÁPIZ COSTAR 4-CENTAVO.   'Yo compraba lápices por 4
                                                    centavos.'
   _____ t _____
6. MY CAR OLD SELL 450 DOLLAR.   'I sold my old car for 450 dollars.'
   _____ t _____
6. MI CARRO VIEJO VENDER 450 DÓLAR.   'Vendí mi carro viejo por 450 dólares.'
   _____ q _____
7. 20-DOLLAR YOU NEED TODAY?   'Do you need the 20 dollars today?'
   _____ q _____
7. 20-DÓLAR TÚ NECESITAR HOY?   '¿Necesitas los 20 dólares hoy?'

311

DIALOGUE 4

DIÁLOGO 4

Bill: Did you know there's a new play? A Deaf theatre group has been established in Los Angeles. Do you want to see it?

Bill: ¿Sabías que hay una nueva obra de teatro? Un grupo teatral Sordo se estableció en Los Angeles. ¿Quiéres verlo?

Jack: Yes, I would like to. Are there any seats left?

Jack: Sí, me gustaría. ¿Quedan boletos?

Bill: There should be a lot left. I will call them and reserve seats for the two of us. The tickets cost 3 dollars each.

Bill: Deben haber muchos todavía. Voy a llamar y reservar asientos para los dos. Los boletos cuestan 3 dólares cada uno.

Jack: I can pay you now. Do you want to drive up there together?

Jack: Puedo pagarte ahora. ¿Quieres que vayamos juntos?

Bill: Fine. We can watch the play then go to a friend's house for a party, talk with some friends then come on home.

Bill: Está bien. Podemos ver la obra de teatro, luego podemos ir a divertirnos a casa de un amigo, hablar con algunos amigos y regresar a casa.

Jack: What time should I meet you tomorrow?

Jack: ¿A que hora nos vemos mañana?

Bill: At four o'clock. We will have plenty of time to drive up there.

Bill: A las cuatro. Tendremos suficiente tiempo para llegar.

EXERCISE 14.1

EJERCICIO 14.1

1. I NONE HEAR YOU MARRY YOU. 'I didn't hear you got married.'

     I HEAR~NONE YOU MARRY YOU. 'I didn't hear you got married.'

1. YO NADA OÍR TÚ CASAR TÚ. 'No supe que te casaste.'

     YO OÍR~NADA TÚ CASAR TÚ. 'No supe que te casaste.'

2. NURSE GIVE-SHOT, I NONE FEEL I. 'I felt nothing when the nurse gave me a shot.'

     NURSE GIVE-SHOT, I FEEL~NONE I. 'I felt nothing when the nurse gave me a shot.'

2. ENFERMERA DAR-INYECCIÓN, YO NADA SENTIR YO. 'No sentí nada cuando la enfermera me puso la inyección.'

     ENFERMERA DAR-INYECCIÓN, YO SENTIR~NADA YO. 'No sentí nada cuando la enfermera me puso la inyección.'

3. WRENCH STORE IT NONE HAVE. 'The store doesn't have a wrench.'

     WRENCH STORE IT HAVE~NONE. 'The store doesn't have a wrench.'

3. LLAVE DE TUERCA, TIENDA ELLA NADA TENER. 'La tienda no tiene una llave de tuercas.'

     LLAVE DE TUERCA, TIENDA ELLA TENER~NADA. 'La tienda no tiene una llave de tuercas.'

4. IT C-O NONE HAVE DEAF WORK. 'The company doesn't have any Deaf workers.'
   ———————— n ————————
   IT C-O HAVE~NONE DEAF WORK. The company doesn't have any Deaf workers.'
   ———————— n ————————————
4. ELLA C-O NADA TENER SORDO TRABAJO. 'La compañía no tiene empleados Sordos.'
   ———————— n ————————
   ELLA C-O TENER~NADA SORDO TRABAJO. 'La compañía no tiene empleados Sordos.'
   ———————— n ————————
5. MAN NEVER INTERACT DEAF HE. 'The man never associates with Deaf people.'
   ———————— n ————————
   MAN INTERACT DEAF NEVER HE. 'The man never associates with Deaf people.'
   ———————— n ————————————
5. HOMBRE NUNCA ASOCIAR SORDO EL. 'El hombre nunca se asocia con personas Sordas.'
   ———————— n ————————
   HOMBRE ASOCIAR SORDO NUNCA EL. 'El hombre nunca se asocia con personas Sordas.'
   _t_ ———— n ————
6. C-F HE NONE GET HE. 'He didn't get the captioned film.'
   _t_ ———— n ————
   C-F HE GET NONE HE. 'He didn't get the captioned film.'
   _t_ ———— n ————
6. C-F EL NADA OBTENER EL. 'El no consiguió la película con subtítulos.'
   _t_ ———— n ————
   C-F EL OBTENER NADA EL. 'El no consiguió la película con subtítulos.'
   — t — — n —
7. TURKEY I NONE EAT. 'I didn't eat any turkey.'
   — t — — n —
   TURKEY I EAT~NONE. 'I didn't eat any turkey.'
   _t_ ———— n ————
7. PAVO YO NADA COMER. 'Yo no comí nada de pavo.'
   — t — — n —
   PAVO YO COMER~NADA. 'Yo no comí nada de pavo.'
   ———— t ———— ——— n ——
8. MONEY YOU-GIVE HER, I NONE SEE I. 'I didn't see the money you gave her.'
   ———— t ———— ——— n ——
   MONEY YOU-GIVE-HER, I SEE~NONE I. 'I didn't see the money you gave her.'
   ———— t ———— ——— n ——
8. DINERO TÚ-DAR-ELLA, YO NADA VER YO. 'Yo no ví el dinero que tú le diste.'
   ———— t ———— ——— n ——
   DINERO TÚ-DAR-ELLA, YO VER~NADA YO. 'Yo no ví el dinero que tú le diste.'
   ——— t ——— ———— n ————
9. WOMAN SHE NEVER SHE-HELP-ME SHE. 'The woman never helped me.'
   ——— t ——— ———— n ————
   WOMAN SHE SHE-HELP-ME NEVER SHE. 'The woman never helped me.'
   ——— t ——— ———— n ————
9. MUJER ELLA NUNCA ELLA-AYUDAR-ME-ELLA. 'La mujer nunca me ayudó.'
   ——— t ——— ———— n ————
   MUJER ELLA ELLA-AYUDAR-ME-NUNCA ELLA. 'La mujer nunca me ayudó.'
   _t_ ———— n ————
10. T-V I NONE UNDERSTAND I. 'I can't understand the television at all.'
   _t_ ———— n ————
   T-V I UNDERSTAND~NONE I. 'I can't understand the television at all.'
   _t_ ———— n ————
10. T-V YO NADA ENTENDER YO. 'No puedo entender la T.V. para nada.'
   _t_ ———— n ————
   T-V YO ENTENDER~NADA YO. 'No puedo entender la T.V. para nada.'

_____ n _____
11. HE NEVER BATHE HE.   'He never bathes.'
_____ n _____
   HE BATHE NEVER HE.   'He never bathes.'
_____ n _____
11. EL NUNCA BAÑAR EL.   'El nunca se baña.'
_____ n _____
   EL BAÑAR NUNCA EL.   'El nunca se baña.'

EXERCISE 14.2   EJERCICIO 14.2

_____ n _____
1. SHE BUY NOTHING.   'She bought nothing.'
_____ n _____
1. ELLA COMPRAR NADA.   'Ella no compró nada.'
_____ n _____
2. NOW YEAR, I GROW NOTHING.   'I didn't grow anything this year.'
_____ n _____
2. AHORA AÑO, YO CRECER NADA.   'No crecí nada este año.'
_____ t _____ _____ n _____
3. NURSE GIVE-SHOT, I FEEL NOTHING I.   'I felt nothing when the nurse gave me a shot.'
_____ t _____ _____ n _____
3. ENFERMERA DAR-INYECCIÓN, YO SENTIR NADA YO.   'No sentí nada cuando la enfermera me
                                                    puso la inyección.''
_____ n _____
4. NONE PEOPLE RIDE B-U-S.   'No one rides the bus.'
_____ n _____
4. NINGUNA GENTE VIAJA B-U-S.   'Nadie viaja en el autobús.'
_____ t _____
5. Z-O-O IT HAVE NONE MONKEY.   'There are no monkeys at the zoo.'
_____ t _____
5. ZOOLÓGICO EL TIENE NINGUNO MONO.   'No hay monos en el zoológico.'
_____ n _____
6. I MUST SHOP, HAVE NONE FOOD LEFT.   'I have no food left so I must shop.'
6. YO DEBO IR-DE-COMPRAS, TENGO NINGUNA COMIDA QUEDA.   'No me queda comida, así que
                                                          debo ir a comprar.'
____ t ____ _____ n _____
7. WORK P-O, HE EARN NOTHING.   'He makes nothing working at the post office.'
7. TRABAJO P-O (correos), EL GANA NADA.   'No gana nada trabajando en el correos.'
_____ n _____
8. REALLY I-INFORM-YOU, HAVE NONE TIME I.   'Really I must tell you I have no time.'
8. REALMENTE YO-INFORMO-TE TENGO NINGÚN TIEMPO YO.   'Realmente tengo que decirte que
                                                       no tengo tiempo.'
_____ n _____
9. YESTERDAY FRIEND HE LEARN NONE SIGN.   'My friend didn't learn any signs yesterday.'
9. AYER AMIGO EL APRENDE NINGÚN SEÑA.   'Mi amigo no aprendió ningún seña ayer.'
_____ t _____
10. A-A-A-D, I DO-WORK NOTHING.   'I didn't do anything for the American Athletic Association of
                                   the Deaf.'
10. A-A-A-D, YO TRABAJAR NADA.   'Yo no trabajé nada para la Asociación Americana de Atletismo
                                   Silencioso.

EXERCISE 14.3   EJERCICIO 14.3

_____ t _____ ____ n ____
1. LETTER SHE-SEND-HIM, NOTHING SHE.   'She didn't send him the letter.'
1. CARTA ELLA-ENVIAR-LE, NADA ELLA.   'Ella no le envió la carta.'

```
     _____ t _____  ____ n ____
```
2. SHIRT NEW WASH-IN-MACHINE, NOTHING I.   'I didn't wash the new shirt in the machine.
2. CAMISA NUEVA LAVAR-A-MÁQUINA, NADA YO.   'Yo no lavé la camisa nueva en la máquina de
                                                                       lavar.'

```
     _____ t _____
```
3. I RESPONSIBLE CAR-ACCIDENT, NOTHING I.   'I am not responsible for the car accident.'
3. YO RESPONSABLE CHOQUE, NADA YO.   'Yo no soy responsable del accidente de automóvil.

```
     _____ t _____  ____ n ____
```
4., I I-TTY-YOU YESTERDAY NIGHT, NOTHING I.   'I didn't call you on the TTY last night.'
4. YO YO-TTY-TÚ AYER NOCHE, NADA YO.   'Anoche no te llamé por TTY.'

```
     _____ t _____  ____ n ____
```
5. I I-WARN-HIM FINISH, NOTHING I.   'I didn't warn him.'
5. YO YO ADVERTIR-LE YA, NADA YO.   'Yo no le advertí.'

```
     _____ t _____  ____ n ____
```
6. I-BOTHER-HIM, NOTHING I.   'I wasn't bothering him.'
6. YO-MOLESTAR-LE, NADA YO.   'Yo no le estaba molestando.'

```
     _____ t _____  ____ n ____
```
7. BOY STEAL CAMERA, NOTHING HE.   'The boy didn't steal the camera.'
7. NIÑO ROBAR CÁMARA, NADA EL.   'El niño no robó la cámara.'

EXERCISE 15.1   # EJERCICIO 15.1

```
     _____ q _____
```
1. DON'T-MIND I-BORROW-HER DICTIONARY?   'Do you mind if I borrow her dictionary?'
1. ¿NO-IMPORTA YO PEDIR PRESTADO-SU DICCIONARIO?   '¿Te importaría si pido prestado su
                                                                       diccionario?

```
     _____ n _____
```
2. I UNDERSTAND.   I DON'T-WANT I-TAKE-ADVANTAGE-HIM.   'I understand. I don't want to take
                                                                       advantage of him.'
2. YO COMPRENDO. YO NO-QUIERO YO-APROVECHAR-EL.   'Yo comprendo. Yo no quiero
                                                                       aprovecharme de él.'

```
     __ t __
```
3. READY, I HAPPY I-SUMMON-HER.   'When it's ready I'll be happy to call her.'
3. PREPARADO, YO CONTENTO YO-LLAMO-LA.   'Cuando esté listo tendré el gusto de llamarla.'

```
     _____ t _____
```
4. HIS SCHEDULE I-COPY-HIM CAN I.   'I can copy his schedule.'
4. SU HORARIO YO-COPIO-SU PUEDO YO.   'Yo puedo copiar su horario.'

5. I WANT I-CHOOSE-HER.   'I would like to choose her.'
5. YO QUIERO YO-ESCOGER-LA.   'Me gustaría escogerla a ella.'

EXERCISE 15.2   # EJERCICIO 15.2

```
     _____ t _____
```
1. HER HOMEWORK YOU-COPY-HER.   'You copied her homework.'
1. SUS DEBERES TÚ-COPIAR-ELLA.   'Tú le copiaste sus deberes.'

```
     _____ q _____
```
2. CAN YOU-TAKE-HIM THERE Z-O-O?   'Can you take him to the zoo?'
2. ¿PUEDES TÚ-LLEVAR-LE ALLÍ Z-O-O?   '¿Puedes llevarle al zoológico?'

```
     _____ t _____
```
3. YOU READY LEAVE, YOU-SUMMON-HIM.   'Now that you're ready to go, go get him.'
3. TÚ PREPARADO SALIR, TÚ-LLAMA-LE.   'Ya que estás listo ves a buscarle.'

```
     _____ n _____
```
4. NOT LIKE YOU-TAKE-ADVANTAGE-HER.   'I don't like your taking advantage of her.'
```
     _____ n _____
```
4. NO GUSTA TU-TOMAS-VENTAJA-ELLA.   'No me gusta que tomes ventaja de ella.'

5. SURPRISE YOU-CHOOSE-HIM PRESIDENT C-L-U-B.   'I'm surprised you elected him as president of the club.'
5. SOPRESA TÚ-ESCOGER-EL PRESIDENTE C-L-U-B.   'Estoy sorprendido que ustedes lo elegieron como presidente del club.'

EXERCISE 15.3   EJERCICIO 15.3

1. YESTERDAY I I-TELL-THEM-TWO, RAIN WILL.   I told the two of them that it would rain.'
1. AYER YO YO-DECIRLE-A EL, LLOVER VA A.   'Le dije a los dos que iba a llover.'
    __ t __

2. MONEY HE GIVE-TWO-THEM.   'He gave the two of them some money.'
    __ t __
2. DINERO EL-DARLE-DOS-ELLOS.   'Les dio a los dos dinero.'

3. BETTER YOU-ASK-TWO-THEM. SURE YOU RIGHT YOU.   'You had better ask the two of them. Be sure you are right.'
3. MEJOR TÚ-PREGUNTARLE-DOS-ELLOS, SEGURO TÚ BIEN TÚ.
    'Mejor preguntarle a los dos, para estar seguro que estás bien.'

4. I WANT I-TAKE-YOU-TWO THERE RESTAURANT.   I want to take both of you to the restaurant.'
4. YO QUERER YO-LLEVARTE ALLÁ RESTAURANTE.   'Yo quiero llevar a ustedes dos al restaurante.'

5. YOU-PL. BEST, I WANT I-CHOOSE-YOU-TWO.   'You are the best, I want to pick both of you.'
5. USTEDES PL-MEJOR, YO-QUIERO-YO-ESCOGER TÚ DOS.   'Ustedes son los mejores, yo quiero escoger ustedes dos.'

6. BEER I-CL:C-GIVE-TWO-THEM.   'I gave the two of them some beer.'
6. CERVEZA YO-CL:C-DAR-DOS-ELLOS.   'Les di a los dos de ellos cerveza.'
    _____ t _____

7. DAUGHTER I I-SEND-TWO-THEM LETTER WILL I.   I'll send my two daughters a letter.'
7. HIJA YO YO-ENVIAR-DOS-ELLAS CARTA VOY YO.   'Enviaré una carta para mis dos hijas.'

EXERCISE 15.4   EJERCICIO 15.4
    __ t __
1. THIEF COP FINISH HE-CATCH-EACH-OF-THEM.   'The cop caught each of the thiefs.'
    __ t __
1. LADRON POLICÍA YA EL CAPTURO CADA UNO DE ELLOS.   'La policía capturó a cada uno de los ladrones.'
    _____ q _____
2. PLEASE FOR ME, CAN YOU YOU-ASK-ALL-OF-THEM?   'Could you please ask all of them for me?'
    _____ q _____
2. FAVOR PARA MÍ, ¿PUEDES TÚ TÚ-PREGUNTAR-TODOS-DE-ELLOS?   '¿Por favor puedes preguntarles a todos ellos por mí?'

3. WANT I I-INVITE-EACH-OF-THEM MY WEDDING.   'I would like to invite each of them to my wedding.'
3. DESEO YO YO INVITAR-CADA-UNO-DE-ELLOS-MI BODA.   'Yo deseo invitar a cada uno de ellos a mi boda.'

4. TOMORROW I I-INFORM-ALL-OF-YOU WHO WIN.   'I'll let you all know who won tomorrow.'
4. MAÑANA YO YO-INFORMAR-TODOS-USTEDES QUIEN GANAR.   'Mañana les dejo saber a todos quien ganó.'
    _____ t _____
5. MY OLD CLOTHES WILL I I-GIVE-ALL-OF-THEM.   'I'll give my old clothes to all of them.
    _____ t _____
5. MI ROPA VIEJA VOY YO YO-DAR-TODO-A-ELLOS.   'Daré mi ropa vieja a todos ellos.'

6. FINISH I I-TELL-ALL-OF-YOU MUST YOU-PL. COME-HERE TIME 8
    'I already told all of you that you had to come here at 8 o'clock.'
6. YA YO YO-DIJE-A TODOS USTEDES DEBEN USTEDES PL VENIR AQUÍ TIEMPO 8.
    'Ya les dije a todos ustedes que tenían que venir para acá a los ocho.'

      _____ t _____

7. THEY CHILDREN MOTHER SHE-SEND-EACH-OF-THEM BOX. 'The mother sent each of the children a box.'

      _____ t _____

7. ELLOS NIÑOS MADRE ELLA-ENVIO-CADA-DE-ELLOS-CAJA. 'La madre le envió a cada uno de los niños una caja.'

EXERCISE 16.1   # EJERCICIO 16.1

1. MOVIE IT CONTINUE 3-HOUR. 'The movie lasted for three hours.'
1. PELÍCULA ELLA CONTINUÓ TRES-HORA. 'La película continuó por tres horas.'

            _____ t _____

2. COURSE I TAKE-UP 8-WEEK. 'The course I'm taking is 8 weeks long.'

      _____ t _____

2. CURSO YO TOMO 8-SEMANA. 'El curso que estoy tomando es de 8 semanas.'
3. NOW TWO-US MARRY 7 YEAR. 'Now the two of us have been married for 7 years.'
3. AHORA LOS DOS-CASADOS SIETE AÑO. 'Ahora los dos de nosotros estamos casados por siete años.'
4. FIVE-US PLAN GO-AWAY BACKPACKING MAYBE 5-DAY. 'The five of us plan to go backpacking for maybe 5 days.'
4. CINCO-TRATAMOS SALIR CAMPAMENTO POSIBLE 5-DÍA. 'Los cinco de nosotros tratamos salir a campamento por posible 5 días.'
5. NOW LEFT 6-MONTH, MOVE-AWAY WILL I. 'Now there's only 6 months left then I'll be moving away.'
5. AHORA FALTA 6-MES, MUDAR VOY YO. 'Ahora no más faltan 6 meses entonces yo me voy a mudar.'
6. I ORDER BED NEW, I MUST WAIT 4-WEEK. 'I ordered a new bed and I have to wait 4 weeks for it.'
6. YO ORDENÉ CAMA NUEVA, YO TENGO ESPERAR 4-SEMANA. 'Yo ordené una cama nueva y yo tengo que esperar 4 semanas por ella.'
7. HE LOSE ALMOST 9-DAY. 'He was lost for almost 9 days.'
7. EL PERDER CASÍ 9-DÍA. 'El estuvo perdido por casi nueve días.'

EXERCISE 16.2   # EJERCICIO 16.2

1. F-R-A-T MEETING WILL HERE IN-FOUR-YEAR. 'There'll be a National Fraternal Society of the Deaf meeting here in 4 years.'
1. F-R-A-T JUNTA AQUÍ EN-CUATRO-AÑO. 'Va a suceder junta de la Sociedad nacional de Fraternidades para el Sordo aquí en cuatro años.'

            — q —

2. LAST TIME I I-SEE-YOU LAST-YEAR, RIGHT? 'The last time I saw you was last year, right?'

            — q —

2. ÚLTIMA VEZ YO YO-VER-TÚ ÚLTIMO-AÑO ¿CIERTO? 'La última vez que te ví fue el año pasado, ¿cierto?'
3. 25 YEAR PAST HARD FIND INTERPRETER. '25 years ago it was hard to find an interpreter.'
3. 25 AÑO PASADO DIFÍCIL ENCONTRAR INTÉRPRETE. 'Hace 25 años era difícil encontrar un intérprete.'
4. PARTY THERE MY HOME IN-THREE-MONTH. 'There'll be a party at my home in three months.'
4. FIESTA AHÍ MI CASA EN-TRES-MES. 'Va a haber una fiesta en mi casa en tres meses.'
5. I GO-THERE FINISH SIX-WEEK-AGO. 'I went there six weeks ago.'
5. YO IR-ALLÁ TERMINAR SEIS-SEMANA-PASADA. 'Fuí allá hace seis semanas.'
6. HE GRADUATE GALLAUDET FOUR-YEAR-AGO. 'He graduated from Gallaudet four years ago.'
6. EL GRADUAR GALLAUDET CUATRO-AÑO-PASADO. 'El se graduó de Gallaudet hace cuatro años.'

7. C-O SAY WILL BRING-HERE BED IN-FOUR-WEEK.   'The company said it would bring the bed in four weeks.'
7. C-O DECIR VA A TRAER-AQUÍ CAMA POR-CUATRO-SEMANA.   'La compañía dijo que iba a traer la cama en cuatro semanas.'

EXERCISE 16.3   EJERCICIO 16.3

1. IT-SEND-ME NEWSPAPER MONTHLY.   'They send me a newspaper every month.'
1. EL-MANDAR-ME PERIÓDICO MENSUAL.   'Me mandan el periódico cada mes.'
2. MUST I TAKE-PILL DAILY.   'I must take a pill everyday.'
2. DEBER YO TOMAR-PÍLDORA DIARIAMENTE.   'Debo tomar una píldora diariamente.'
3. SHE GO-THERE EUROPE BUSINESS MONTHLY.   'She goes to Europe on business every month.'
3. ELLA IR-ALLÁ EUROPA NEGOCIO MENSUALMENTE.   'Ella va a Europa cada mes por negocios.'
4. SHE EXERCISE WEEKLY.   'She exercises every week.'
4. ELLA EJERCICIO SEMANALMENTE.   'Ella hace ejercicio semanalmente.'
5. HE TO-TELEPHONE I DAILY, I BORED I.   'He calls me every day and I'm bored.'
5. EL A-TELÉFONO YO DIARIMANTE, YO FASTIDIADO YO.   'El me llama diario y estoy fastidiado.'

DIALOGUE 5   DIÁLOGO 5

Jane: I haven't seen you for awhile. I hear you have a new job. How is it?
Jane: No te he visto por un tiempo. Oí que tienes un trabajo nuevo. ¿Qué tal?
Ron: It's fine. I'm the only Deaf person there. They don't know sign language. I decided to set up a sign language class. It's two hours on Tuesdays and Thursdays. Wow, things really improved.
Ron: Está bien. Soy la única persona Sorda ahí. No saben Lenguaje Manual. Decidí empezar una clase de Lenguage Manual. Son dos horas los martes y jueves. Wow, las cosas realmente mejoraron.
Jane: That was a good idea. Does your boss sign and fingerspell?
Jane: Ésa fue una buena idea. ¿Tu jefe deletrea manualmente?
Ron: A little bit. I have three bosses. I gave each of them a sign language book. They have learned a little. I should get a TTY next week. Then you can call me.
Ron: Un poco. Tengo tres jefes. A cada uno le di un libro de Lenguaje Manual. Ellos han aprendido un poco. Debo conseguir un TTY la semana próxima. Entonces me puedes llamar.
Jane: Great! Two weeks ago another Deaf person was added to my group, now we have six Deaf people working at my company. Will your company hire more Deaf people?
Jane: ¡Qué bueno! Hace dos semanas se agregó otra persona Sorda a mi grupo, ahora hay seis personas Sordas trabajando en mi compañía. ¿Tu compañía va a contratar más personas Sordas?
Ron: Probably.
Ron: Probablemente.
Bill: Ready? The movie is starting now.
Bill: ¿Listos? La película está empezando.

EXERCISE 17.1   EJERCICIO 17.1

———————— t ———————— ————— n ————
1. FINISH ADVERTISE TOURNAMENT, I DON'T-KNOW I.   'I don't know if they have advertised the tournament.'

———————— t ———————— ————— n ————
1. TERMINAR ANUNCIAR TORNEO, YO NO-SABER YO.   'No sé si han anunciado el torneo.'

———————— t ———————— ————— n ————
2. HE APPLY FOR PRESIDENT, NO DOUBT HE.   'He doubts he will apply for president.'

———————— t ———————— ————— n ————
2. EL SOLICITAR PARA PRESIDENTE, EL DUDAR EL.   'El duda que vaya a solicitar la presidencia.'

_____ t _____

3. TWO-THEM ARGUE ALL-DAY, TEND TWO-THEM.   'They tend to argue all day.'

_____ t _____

3. DOS-ELLOS DISCUTIR TODO-DÍA, TENDER DOS-ELLOS.   'Ellos tienden a discutir todo el día.'

_____ t _____ _____ n _____

4. I SUPPORT WHEELCHAIR, HE KNOW-THAT HE.   'He knows that I support the disabled.'

_____ t _____

4. YO APOYAR SILLA DE RUEDAS, EL SABER-ESO EL.   'El sabe que yo apoyo a las personas impedidas.'

_____ t _____ _____ n _____

5. BORROW MONEY FROM BOSS, SHE DON'T-WANT SHE.   'She doesn't want to borrow money from her boss.'

_____ t _____ _____ n _____

5. PRESTAR DINERO DE JEFE, ELLA NO-QUERER ELLA.   'Ella no quiere pedir dinero prestado a su jefe.'

_____ t _____ _____ n _____

6. I AGAIN BROKE, I DON'T-WANT.   'I don't want to be broke again.'

_____ t _____ _____ n _____

6. YO OTRA VEZ QUEBRAR, YO NO QUERER.   'Yo no quiero estar en la quiebra otra vez.'

_____ t _____

7. GO-BY-BOAT THERE EUROPE, THREE-US WANT.   'The three of us want to go to Europe by boat.'

_____ t _____

7. IR-EN-BARCO ALLÁ EUROPA, TRES-NOSOTROS QUERER.   'Nosotros tres queremos ir a Europa en barco.'

___ t ___ __ n __

8. HE FIRED, NOT HE.   'He's not fired.'

___ t ___ __ n __

8. EL CORRER, NO EL.   'No lo han corrido.'

_____ t _____ _____ n _____

9. HE GRANDFATHER TELL-STORY, HE LIKE HE.   'Grandfather likes to tell stories.'

_____ t _____ _____ y _____

9. EL ABUELO DECIR CUENTO, EL QUERER EL.   'Al abuelo le gusta contar cuentos.'

_____ t _____ _____ n _____

10. STAY PARTY ALL-NIGHT, I DON'T LIKE-I.   'I don't like to stay at parties all night.'

_____ t _____ _____ n _____

10. QUEDAR FIESTA TODA-NOCHE, YO NO-QUERER YO.   'No me gusta quedarme en fiestas toda la noche.'

EXERCISE 17.2   # EJERCICIO 17.2

_____ t _____

1. HOUSE R-E-N-T, A-P-T R-E-N-T, IT WORSE IT.   'House rent is worse (higher) than apartment rent.'

_____ t _____

1. CASA R-E-N-T-A, A-P-T R-E-N-T-A, EL PEOR EL.   'La renta de una casa es mucho peor (más alta) que la de un apartamento.'

_____ t _____

2. IT WOOD TABLE, IT METAL TABLE, I WANT IT.   'I want the wood table not the metal table.'

_____ t _____

2. ELLA MADERA MESA, ELLA METAL MADERA, YO QUERER ELLA.   'Quiero la mesa de madera, no la de metal.'

            _____ t _____
3. STAY HOME WATCH T-V-, GO-AWAY MOVIE PAY
    ____ t ____
   5-DOLLAR, IT BETTER IT. 'It is better to stay home and watch TV than to pay five dollars to see a movie.'

            _____ t _____
3. QUEDAR CASA VER T-V, IR CINE PAGAR 5 DÓLAR, EL MEJOR EL. 'Es mejor quedarse en casa y ver TV que pagar cinco dólares por ir al cine.'

            _____ t _____
4. IT FLOWER REAL, IT FLOWER S-I-L-K, IT PRETTIER IT. 'The real flower is prettier than the silk one.'

            _____ t _____
4. ELLA FLOR REAL, ELLA FLOR S-E-D-A, ELLA MÁS BONITA ELLA. 'La flor real (de verdad) es más bonita que la de seda.'

              _____ q _____
5. IT EXPENSIVE, IT CHEAP, YOU WANT IT? 'Do you want the expensive one or the cheap one?'

       _____ t _____ _____ q _____
5. EL CARO, EL BARATO, TÚ QUERER EL? '¿Quieres el caro o el barato?'

           _____ t _____
6. I GO-THERE COLLEGE, I STAY WORK, I STAY I. 'I decided to stay and work rather than go to college.'

            _____ t _____
6. YO IR-ALLÁ UNIVERSIDAD, YO QUEDAR TRABAJAR, YO QUEDAR YO. 'Decidí quedarme y trabajar que ir al colegio.'

            _____ t _____
7. MEETING HERE, MEETING THERE, I PREFER IT. 'I prefer to meet here not there.'

         _____ t _____
7. JUNTA AQUÍ, JUNTA ALLÁ, YO PREFERIR ELLA. 'Yo prefiero reunirme aquí y no allá.'

EXERCISE 17.3   EJERCICIO 17.3

1. SHE RESEARCH A-S-L, HIT FIND RULE + +. 'She was doing research on ASL, and it turned out that she found many rules.'
1. ELLA INVESTIGAR A-S-L, ATINAR ENCONTRAR REGLA + +. 'Ella estaba haciendo una investigación de ASL y lo que sucedió es que encontró muchas reglas.'

2. SHE GO-THERE BUY T-T-Y, HAPPEN S-A-L-E. 'She went to buy a TTY and it happened that there was a sale on them.'
2. ELLA IR-ALLÁ COMPRAR T-T-Y, SUCEDER O-F-E-R-T-A. 'Ella fue a comprar un TTY y de casualidad había una en oferta.'

3. BABY SEEM SICK, FIND HAVE EAR-ACHE. 'The baby seemed to be sick and then we found out that she had an ear ache.'
3. BEBÉ PARECER ENFERMO, ENCONTRAR TENER DOLOR-OIDÓ. 'La bebé se veía enferma y encontramos que tenía dolor de oído.'

4. CLOTHES PUT-IN WASH-IN-MACHINE, FRUSTRATE RUIN. 'I put my clothes in the washing machine and to my dismay, they were ruined.'
4. ROPA PONER-EN LAVADORA, FRUSTRADO ARRUINADA. 'Puse mi ropa en la lavadora y para mi desaliento, se arruinó.'

5. I BUY GLASS NEW, WRONG DAMAGE. 'I had just bought a new glass when it was damaged.'
5. YO COMPRAR VASO NUEVO, MAL DAÑADO. 'Acababa de comprar un vaso nuevo cuando se dañó.'

6. TWO-US CHAT, FIND SAME HAVE DEAF PARENTS.   'We were talking and then we found out that we both have deaf parents.'

6. DOS-NOSOTROS CHARLAR, ENCONTRAR MISMO TENER PADRES SORDOS.   'Estábamos charlando y encontramos que los dos tenemos padres sordos.'

7. I WATCH T-V-, WRONG CAPTION.   'I was watching television when suddenly captions appeared (on the screen).'

7. YO VER T.V., MAL SUB-TÍTULO.   'Estaba viendo televisión cuando de repente los subtítulos (aparecieron en la pantalla).'

8. I DRIVE-THERE, FRUSTRATE SHE NOT HOME.   'I drove there only to find her not at home.'

8. YO MANEJAR-ALLÁ, FRUSTRADO ELLA NO CASA.   'Manejé allá para encontarar que ella no estaba.'

9. HE HAVE NEW CAR, FRUSTRATE STEAL.   'He had a new car then to his dismay, it was stolen.'

9. EL TENER NUEVO CARRO, FRUSTRADO ROBAR.   'El tenía un carro nuevo y para su desaliento, se lo robaron.'

10. HE ACT NOTHING-TO-IT, WRONG SHOT-UP FAMOUS.   'He was performing in bit roles when all of a sudden, he hit it big and became famous.'

10. EL ACTUAR NADA-PARA-EL, MAL DESPEGAR FAMOSO.   'El estaba actuando en roles pequeños cuando de repente, le dio al clavo y se hizo famoso.'

EXERCISE 18.1

EJERCICIO 18.1

1. YESTERDAY NIGHT I-TTY-YOU-REPEATEDLY (with effort), YOU NONE YOU.   'Last night I called you on the teletypewriter many times but you weren't there.'

1. AYER NOCHE YO-TTY-TÚ REPETIDAMENTE (con esfuerzo), TÚ NADA TÚ.   'Anoche te llamé en el TTY pero no estabas.'

_____ t _____
2. PITY-HIM, TEAM HIS LOUSY, HE LOSE-COMPETITION-REPEATEDLY (carelessly).   'I feel sorry for him—his team is so bad and they always lose so badly.'

2. LÁSTIMA-EL, EQUIPO SU (de él) MAL, EL PERDER-COMPETENCIA-REPETIDAMENTE (sin cuidado).   'Siento lástima por él-su equipo jugó tan mal que ellos siempre pierden.'

3. BROTHER TEND ANALYZE-REPEATEDLY (with attention) MOVIE.   'My brother has a tendency to analyze a movie thoroughly.'

3. HERMANO TENDER ANALIZAR-REPETIDAMENTE (con atención) PELÍCULA.   'Mi hermano tiene la tendencia a analizar una película hasta el último detalle.'

4. SHE BOTHER-HIM-REPEATEDLY (carelessly), WRONG HE-BAWL-OUT-HER.   'She kept bothering him heedlessly and then suddenly he bawled her out.'

4. ELLA MOLESTAR-EL-REPETIDAMENTE (sin cuidado) MAL EL REGAÑAR-ELLA.   'Ella seguía molestándolo descuidadamente y de repente el le gritó.'

— t —
5. HE THIRSTY. WATER HE DRINK-REPEATEDLY (with effort).   'He was thirsty so he kept gulping down water.'

— t —
5. EL SEDIENTO. AGUA EL BEBER-REPETIDAMENTE (con esfuerzo).   'El estaba sediento así es que se atragantó el agua.'

6. SHE LOVE READ-REPEATEDLY (with ease).   'She loves to just read and read.'

6. ELLA AMAR LEER-REPETIDAMENTE (con naturalidad).   'A ella le fascina/ama leer.'

   _____ t _____

7. BASKETBALL, NEW-YORK BEFORE
   WIN-REPEATEDLY (with ease). 'New York used to win all their basketball games easily.'

   _____ t _____

7. BÁSQUETBOL, NUEVA YORK ANTES
   GANAR-REPETIDAMENTE (con naturalidad). 'Antes Nueva York ganaba los partidos de
                                                     básquetbol fácilmente.'

8. FINISH I-WARN-YOU REPEATEDLY (with effort)
   SHOULD FIX T-I-R-E. 'I have warned you many times that you should fix that tire.'

8. ACABAR YO-ADVERTIR-TÚ REPETIDAMENTE (con esfuerzo)
   DEBER ARREGLAR LL-A-N-T-A. 'Te he advertido varias veces que debes arreglar la llanta.'

9. BORED I-PRESENT-YOU-REPEATEDLY (with effort)
   MONEY. 'I'm tired of having to give you money all the time.'

9. ABURRIDO YO-PRESENTAR-TÚ-REPETIDAMENTE (con esfuerzo)
   DINERO. 'Estoy fastidiado de darte dinero todo el tiempo.'

10. FIND HE INFORM-HIM-REPEATEDLY (with attention)
    POLICE. 'It was discovered that he had been diligently informing the police.'

10. DESCUBRIR EL INFORMAR-EL-REPETIDAMENTE (con atención)
    POLICIA. 'Se ha descubierto que el ha sido diligente para informar a la policía.'

EXERCISE 18.2   EJERCICIO 18.2

1. HE STAY-THERE-CONTINUALLY (with ease)
   3-HOUR FINISH COME-HERE. 'He lingered there for 3 hours then came back.'

1. EL QUEDAR-AHÍ-CONTINUAMENTE (con naturalidad)
   3-HORA TERMINAR VENIR-ACÁ. 'El se tardó tres horas y luego volvió.'

2. HE APPEAR NONE, I WAIT-CONTINUALLY (with effort).
   'He didn't show up so I waited a long time.'

2. EL APARECER NADA, YO ESPERAR-CONTINUAMENTE (con esfuerzo).
   'El no se presentó así es que esperé por un largo tiempo.'

3. TRAVEL-AROUND, I WANT-CONTINUALLY (with effort).
   'I've always longed to travel.'

3. VIAJAR-ALREDEDOR, YO QUERER-CONTINUAMENTE (con esfuerzo).
   'Siempre he deseado viajar.'

4. SHE EAT-CONTINUALLY (carelessly),
   WRONG BECOME-FAT. 'She kept eating carelessly and without realizing it she became fat.'

4. ELLA COMER-CONTINUAMENTE (descuidadamente)
   MAL ENGORDAR. 'Ella comía descuidadamente y sin darse cuenta, engordó.'

5. HARD UNDERSTAND HE FINGERSPELL-
   CONTINUALLY (with attention). 'It's hard to understand him because he diligently fingerspells
                                   all the time.'

5. DIFÍCIL ENTENDER EL DELETREO MANUAL-
   CONTINUAMENTE (con atención). 'Es difícil entenderle porque deletrea manualmente
                                   constantemente.'

6. WOOD BURN-CONTINUALLY (with ease)
   3-HOUR. 'The wood burned steadily for 3 hours.'

6. MADERA QUEMAR-CONTINUAMENTE (con naturalidad)
   3 HORA. 'La madera quemó continuamente durante 3 horas.'

7. HOMEWORK I STRUGGLE-CONTINUALLY (with effort),
   FINALLY I UNDERSTAND. 'I struggled mightily with my homework and finally I understood it.'

7. TAREA YO BATALLAR-CONTINUAMENTE (con esfuerzo)
   FINALMENTE YO ENTENDER. 'Batallé muchísimo con la tarea y finalmente la entendí.'

EXERCISE 19.1   EJERCICIO 19.1

1. K-A-N-S-A-S VERY CL:BB. 'Kansas is very flat.'
1. K-A-N-S-A-S MUY CL:BB. 'Kansas es muy plano.'

2. WINTER THERE M-I-N-N VERY-COLD. 'The winters are very cold in Minnesota.'
2. INVIERNO ALLÁ M-I-N-N MUY FRÍO. 'Los inviernos en Minnesota son muy fríos.'
3. HER HOME WOW VERY-SMALL. 'Her home is very small.'
3. SU CASA (de ella) WOW MUY CHICA. 'Su casa es muy chica.'
4. SNOW ALL-OVER WOW VERY-WHITE. 'The snow covering everything was very white.'
4. NIEVE TODO-LADO WOW MUY-BLANCA. 'La nieve que cubría todo era muy blanca.'
5. YOUR LECTURE VERY-CLEAR. 'Your lecture was very clear.'
5. TU PRESENTACIÓN MUY-CLARA. 'Tu presentación fue muy clara.'
    ———— n ————
6. YOU WORK NOTHING, VERY-LAZY YOU. 'You haven't done a thing, you're so lazy.'
    ———— n ————
6. TÚ TRABAJO NADA, MUY PEREZOSO TÚ. 'No has hecho nada, eres tan perezoso.'
7. BASKETBALL PLAYER HE WOW VERY-TALL. 'The basketball player is very tall.'
7. BÁSQUETBOL JUGADOR EL WOW MUY-ALTO. 'El jugador de básquetbol es muy alto.'
8. GAS NOW VERY-EXPENSIVE. 'Gas is now very expensive.'
8. GASOLINA AHORA MUY-CARA. 'La gasolina ahora es muy cara.'
9. MUST YOU GO-THERE MEETING,
    IT VERY-IMPORTANT. 'You must go to the meeting, it is very important.'
9. TENER QUE TÚ IR-ALLÁ REUNIÓN
    ELLA MUY IMPORTANTE. 'Tienes que ir a la reunión, es muy importante.'
    ——— t ———
10. RAIN SINCE, WOW VERY-WORSE. 'The rain we've been having is the worst ever.'
    ——— t ———
10. LLUVIA DESDE, WOW MUY-PEOR. 'La lluvia ha sido la peor que hemos tenido.'

EXERCISE 19.2   EJERCICIO 19.2

         _ whq _
1. SHE MAD-REPEATEDLY. WRONG? 'What's wrong with her? She's mad all the time.'
            _ whq _
1. ELLA ENOJADA-REPTIDAMENTE. MAL ? '¿Qué le pasa a ella? Todo el tiempo está enojada.'
2. FOOTBALL PLAYER HE HURT-REPEATEDLY. 'The football player keeps getting hurt.'
2. FÚTBOL JUGADOR EL LASTIMAR-REPETIDAMENTE. 'El jugador de fútbol se lastima
                                    constantemente.'
3. FATHER WORRY. I LATE-REPEATEDLY I. 'My father worries because I'm always late.'
3. PADRE PREOCUPADO. YO TARDE-REPETIDAMENTE YO. 'Mi padre se preocupa porque siempre
                                     llego tarde.'

4. SINCE DON'T KNOW WHY,
    I SICK-REPEATEDLY. 'I don't know why but I keep getting sick.'
    ———— n ————
4. DESDE NO SABER POR QUÉ,
    YO ENFERMO-REPETIDAMENTE. 'Yo no sé por qué pero me enfermo continuamente.'
5. DOWNSTAIRS HAVE DOG,
    NOISE-REPEATEDLY AWFUL. 'There's a dog downstairs that keeps making terrible noises.'
5. ABAJO TENER PERRO,
    RUIDO-REPETIDAMENTE TERRIBLE. 'Hay un perro abajo que hace ruidos horribles.'
    ———— n ————
6. HE JUDGMENT NONE,
    HE WRONG-REPEATEDLY. 'He's always making mistakes because he has no judgment.'
6. EL JUICIO NINGUNO,
    EL MAL, REPETIDAMENTE. 'El siempre está cometiendo errores porque no tiene buen criterio.'
7. HE LOOK-FOR WORK,
    FRUSTRATE-REPEATEDLY HE. 'He is frustrated everywhere he looks for work.'
7. EL BUSCAR TRABAJO,
    FRUSTRADO-REPETIDAMENTE EL. 'El se frustra en donde sea que busca trabajo.'

EXERCISE 19.3

EJERCICIO 19.3

1. LIKE I OUTSIDE SIT, LOOK-AT
PEOPLE DIFFERENT-CONTINUALLY. 'I like to sit outside and look at all the different people.'
1. GUSTAR YO AFUERA SENTAR, MIRAR
GENTE DIFERENTE-CONTINUAMENTE. 'Me gusta sentarme afuera y mirar a todas las diversas personas.'

_____ t _____
2. PARTY THERE, SHE EMBARRASSED-
CONTINUALLY ALL-NIGHT. 'At the party she was continually embarrassed all night.'
__ t __
2. FIESTA ALLÁ, ELLA APENADA-
CONTINUAMENTE TODA-NOCHE. 'Toda la noche, en la fiesta ella estaba continuamente apenada.'

_____ n _____
3. I DON'T KNOW, SEEM I WRONG-
CONTINUALLY. 'I don't know, it seems like I'm wrong all the time.'
_____ n _____
3. YO NO SABER, PARECER YO MAL-
CONTINUAMENTE. 'No sé, parece que siempre estoy mal.'

4. HE BUY NEW CAR, SINCE
CAREFUL-CONTINUALLY HE. 'Ever since he bought a new car he's been very careful with it.'
4. EL COMPRAR NUEVO CARRO, DESDE
CUIDADO-CONTINUAMENTE EL. 'Desde que compró el carro, ha sido muy cuidadoso con él.'

5. AUNT SICK-CONTINUALLY.
WRONG LOST #JOB. 'My aunt was always sick and then she lost her job.'
5. TIA ENFERMA-CONTINUAMENTE.
MAL PERDER #TRABAJO. 'Mi tía siempre estaba enferma y perdió su trabajo.'

6. ALL-DAY GIRL MISCHIEVOUS-CONTINUALLY. 'The girl was mischievous all day.'
6. TODO-DÍA NIÑA TRAVIESA-CONTINUAMENTE. 'La niña hacía travesuras todo el día.'

_____ t _____
7. CAPTION T-V HAVE DIFFERENT-CONTINUALLY. 'There are many different captioned TV shows.'
_____ t _____
7. SUB-TÍTULO T-V TENER DIFERENTE-CONTINUAMENTE. 'Hay varios programas de televisión con sub-títulos.'

DIALOGUE 6

DIÁLOGO 6

Don: In the past there were no teletypewriters, decoders, and interpreters like there are now. You young people have plenty of things.
Don: Antiguamente no había TTYs, decodificadores, e intérpretes como hay ahora. Ustedes, los jóvenes tienen muchas cosas.
Mary: When did you buy your first teletypewriter?
Mary: ¿Cuándo compraste tu primer TTY?
Don: Back in 1971.
Don: En 1971.
Mary: How much did it cost?
Mary: ¿Cuánto te costó?
Don: 60 dollars. Back then, teletypewriters were very big, now they're very small and cost 600 dollars.
Don: 60 dólares. Antes, los TTY eran muy grandes, ahora son pequeños y cuestan 600 dólares.
Mary: Wow. It's worth having a teletypewriter.
Mary: Wow, vale la pena tener un TTY.

Don: That's true. I remember once—I wanted to go and visit a friend; I had to drive to my friend's place. Sometimes I would drive there, and to my dismay, my friend wasn't there. I had to keep going back until I got a hold of my friend. I've been frustrated many times.

Don: Es cierto. Me acuerdo que una vez, yo quería ir a visitar a un amigo; yo tenía que manejar a su casa. Algunas veces iba allá, y para mi desilusión, mi amigo no estaba ahí. Tenía que volver constantemente hasta que podía encontrarlo. He estado muy frustrado muchas veces.'

Mary: Now I just call up my friend on the teletypewriter and find that he's not home. I save my gas.

Mary: Ahora simplemente llamo a mi amigo en el TTY y ya sé que no está en casa. Ahorro mi gasolina.

Don: That's true. Comparing the way things were in the past with the way they are now, it's better now.

Don: Es cierto, al comparar como eran las cosas en el pasado y como son ahora, ahora es mejor.

EXERCISE 20.1   EJERCICIO 20.1

_____ if _____
1. AIRPLANE AGAIN POSTPONE, I MAD I.   'If the plane is delayed again, I'll be mad.'
_____ if _____
1. AVIÓN OTRA VEZ POSPONER, YO ENOJADO YO.   'Si posponen el vuelo otra vez, yo me voy a enojar.'

_____ if _____
2. MONEY YOU-GIVE ME NOW, I BUY TICKET I.   'If you give me the money now, I can buy the ticket.'
_____ if _____
2. DINERO TÚ-DAR MI AHORA, YO COMPRAR BOLETO YO.   'Si tú me das el dinero ahora, yo puedo comprar el boleto.'

_____ if _____
3. C-F I GET FINISH, I-INFORM-ALL-OF-YOU.   'If I get the captioned film, I'll let you all know.'
_____ if _____
3. C-F YO OBTENER TERMINAR, YO-INFORMAR-TODOS-USTEDES.   'Si consigo la película con subtítulos, yo les informo a todos.'

_____ if _____
4. YOU DRIVE-THERE, I GO-WITH WANT I.   'If you're driving there, I'd like to go with you.'
_____ if _____
4. TÚ MANEJAR-ALLÁ, YO IR-CON QUERER YO.   'Si tú manejas yo voy contigo.'

_____ if _____
5. T-V CAPTION HAVE HE, I GO-THERE HIS HOME.   'If he has a decoder, I'll go to his home.'
_____ if _____
5. T-V SUB-TÍTULOS TENER EL, YO IR-ALLÁ SU CASA.   'Si él tiene un decodificador, yo voy a ir a su casa.'

_____ if _____
6. T-V HAVE ACTOR DEAF IT, I WATCH MUST I.   'If there's a television show with a deaf actor, then I have to watch it.'
_____ if _____
6. T-V TENER ACTOR SORDO, YO VER DEBER YO.   'Si hay un programa de televisión con un artista sordo, entonces lo tengo que ver.'

_____ if _____
7. LEARN SIGN HE WANT, PRACTICE MUST HE.   'If he wants to learn to sign, he has to practice.'
_____ if _____
7. APRENDER SEÑA EL QUERER, PRACTICAR TENER QUE EL.   'Si él quiere aprender señas, tiene que practicar.'

EXERCISE 20.2

EJERCICIO 20.2

_ rq _
1. THEY FINISH VOTE PRESIDENT C-L-U-B, WHO? BROTHER.
   'They've elected a president for the club and who is it?? My brother.'

—— rq ——
1. ELLOS TERMINAR VOTAR PRESIDENTE C-L-U-B, ¿QUIÉN? HERMANO.
   'Eligieron un presidente para el club y ¿quién es? Mi hermano.'

——————————— rq ———————————
2. NOW RESEARCH-REPEATEDLY SIGN, WHAT-FOR?   UNDERSTAND LANGUAGE.
   'Now they're doing a lot of research on sign language—why? To understand language.'

——————————— rq ———————
2. AHORA INVESTIGACIÓN-REPETIDAMENTE SEÑA, ¿PARA-QUÉ?   ENTENDER LENGUAJE.
   'Ahora están haciendo muchas investigaciones del lenguaje manual, ¿Para qué? Para entender el lenguaje.'

_ t _   — rq —
3. CAR I FINISH DECIDE BUY, WHICH? D-A-T-S-U-N.   'I've decided to buy a car—which one? A Datsun.'

—— t ——   _ rq _
3. CARRO YO TERMINAR DECIDIR COMPRAR, CUÁL? D-A-T-S-U-N.   'He decidido comprar un carro. ¿Cuál? Un Datsun.'

_ rq _
4. HE LECTURE-REPEATEDLY, WHAT?
   ABOUT C-L-E-R-C, HIMSELF DEAF.   'He frequently lectures on what? Clerc, who is deaf.'

_ rq _
4. EL PRESENTACIÓN-REPETIDAMENTE, ¿QUÉ?
   ACERCA C-L-E-R-C, EL MISMO SORDO.   'El da presentaciones con frecuencia sobre ¿qué? Clerc, el cual es sordo.'

5. I GO-THERE PUT-IN GAS.
   —— rq ——
   HOW-MUCH? 20 DOLLAR.   'I went to get gas, and how much was it? 20 dollars.'
5. YO IR-ALLÁ PONER-GASOLINA.
   —— rq ——
   ¿CUÁNTO? 20 DÓLAR.   'Fui a poner gasolina al carro, y ¿cuánto fue? 20 dólares.'

_ rq _
6. YOU GO-TO-IT CLOSE-DOOR. WHY?
   BUG ENTER-REPEATEDLY.   'Go and close the door. Why? Because the bugs keep coming in.'
   —— rq ——
6. YO IR-A-CERRAR-PUERTA, ¿POR QUÉ?
   INSECTO ENTRAR REPETIDAMENTE.   'Ve y cierra la puerta. ¿Por qué? Porque se meten los insectos.'

EXERCISE 21.1

EJERCICIO 21.1

1. WOW VERY-BIG AIRPORT,
   HAVE AIRPLANE CL: -IN-A-ROW.   'Wow, it's an enormous airport; there's a whole row of airplanes.'
1. WOW MUY-GRANDE AEROPUERTO, TENER AVIÓN CL: EN FILA.
   'Wow, es un aeropuerto enorme, hay una gran fila de aviones.'

2. BEFORE NONE, NOW HAVE DEAF
   BUSINESS CL:Å-ALL-OVER.   'Before there weren't any but now there are businesses run by Deaf people all over.'
2. ANTES NINGUNO, AHORA TENER SORDO
   NEGOCIO CL:Å-TODOS-LADOS.   'Antes no había ninguno pero ahora hay negocios en todos lados manejados por personas sordas.'

3. I LOOK-AT, SEE BIRD CL:V̈-IN-A-ROW. 'I looked and saw some birds sitting in a row.'
3. YO MIRAR, VER PÁJARO CL:V EN FILA. 'Yo miré y ví algunos pájaros parados en hilera.'
4. ARMY READY, IT HAVE AIRPLANE
   CL; -IN-A-ROW. 'The military is prepared; they have airplanes lined up in a row.'
4. EJÉRCITO LISTO, EL TENER AVIÓN
   CL: EN FILA. 'El ejército está preparado; tienen aviones en fila.'
5. PARTY FINISH, WOW BEER CAN
   CL:C-ALL-OVER. 'After the party, there were beer cans all over the place.'
5. FIESTA TERMINAR, WOW CERVEZA LATA
   CL:C-TODOS-LADOS. 'Después de la fiesta habían latas de cerveza por todos lados.'

_____ t _____
6. NOW PRICE HIGH, CAR NEW CL:3-IN-A-ROW
   CAN'T SELL. 'Now prices are high, they can't sell the row of new cars.'

_____ t _____
6. AHORA PRECIO ALTO, CARRO NUEVO CL:3-EN-FILA
   NO PODER VENDER. 'Ahora los precios son altos, no pueden vender las hileras de carros
                       nuevos.'
7. BEER CAN FATHER ENJOY COLLECT.
   THERE HOME HAVE CL:C-IN-A-ROW. 'My father enjoys collecting beer cans. At home there's a
                                     row of cans.'
7. CERVEZA LATA PAPA DISFRUTAR COLECCIÓN,
   ALLÁ CASA TENER CL:C EN-FILA. 'Mi padre disfruta coleccionar latas de cerveza. Hay hileras
                                   de latas en casa.'

EXERCISE 21.2   EJERCICIO 21.2

_____ n _____
1. CL:1(3)-THERE-TO-THERE, I SEE~NONE. 'I didn't see the three of them pass by.'

_____ n _____
1. CL:1(3)-ALLÁ-PARA-ALLÁ, YO VER~NINGUNO. 'No ví a los tres pasar por aquí.'
2. GIRL CL:1(2)-THERE-TO-HERE CHAT FINISH,
   CL:1(2)-HERE-TO-THERE. 'The two girls came up to me, talked a bit, then left.'
2. NIÑA CL:1(2)-ALLÁ-PARA-ACÁ CHARLAR TERMINAR,
   CL:1(2) AQUÍ-PARA-ALLÁ. 'Las dos niñas vinieron, hablaron conmigo por un momento, y se
                             fueron.'
3. BOY CL:1(5)-THERE-TO-HERE, DEMAND MONEY.
   I SHOCK. 'Five boys came up to me and demanded my money. I was stunned.'
3. NIÑO CL:1(5)-ALLÁ-PARA-ACÁ, EXIGIR DINERO.
   YO SHOCK. 'Cinco niños vinieron y me exigieron dinero, yo me quedé paralizada.'
4. BEAR CL:1(2)-THERE-TO-HERE,
   I HERE-RUN-THERE. 'Two bears came up to me, I ran in the opposite direction.'
4. OSOS CL:1(2) ALLÁ-PARA-ACÁ,
   YO AQUÍ-CORRER-ALLÁ. 'Dos osos se me acercaron, yo corrí en la dirección opuesta.'

_____ q _____   _____ whq _____
5. CAN CL:1(4)-HERE-TO-THERE, ASK-HIM TIME MEETING WHAT?
                         'Can the four of us go to him and ask him what time the meeting
                          is?'

_____ q _____   _____ whq _____
5. ¿PODER C:1(4) AQUÍ-PARA-ALLÁ, PREGUNTAR-EL TIEMPO REUNIÓN QUÉ?
                         '¿Podemos ir nosotros cuatro y preguntarle (a él) a qué hora es
                          la junta?

EXERCISE 21.3   EJERCICIO 21.3

——— y ———
1. HAVE LEFT CL:B.   'There's a lot left.'

——— y ———
CL:B HAVE LEFT.   'There's a lot left.'

——— y ———
1. TENER SOBRANTE CL:B.   'Sobra mucho.'

——— y ———
CL:B TENER SOBRAR   'Sobra mucho.'

——— y ———
2. I HAVE CL:BB.   'I've got a big pile.'

——— y ———
CL:BB I HAVE.   'I've got a big pile.'

——— y ———
2. YO TENER CL:BB.   'Tengo una pila enorme.'

——— y ———
CL:BB YO TENER.   'Tengo una pila enorme.'

——— y ———
3. I HAVE CL:BB.   'I've got a big pile of them.'

——— y ———
CL:BB I HAVE.   'I've got a big pile of them.'

——— y ———
3. YO TENER CL:BB.   'Yo tengo una gran pila de ellos.'

——— y ———
CL:BB YO TENER.   'Yo tengo una gran pila de ellos.'

——— y ———
4. I FINISH TAKE CL:B.   'I already took a lot.'

——— y ———
CL:B I FINISH TAKE.   'I already took a lot.'

——— y ———
4. YO TERMINAR TOMAR CL:B.   'Yo ya tomé muchos.'

——— y ———
CL:B YO TERMINAR TOMAR.   'Yo ya tomé muchos.'

——— y ———
5. SHE HAVE CL:44.   'She has a lot of them.'

——— y ———
CL:44 SHE HAVE.   'She has a lot of them.'

——— y ———
5. ELLA TENER CL:44.   'Ella tiene muchos de ellos.'

——— y ———
CL:44 ELLA TENER.   'Ella tiene muchos de ellos.'

——— y ———
6. WANT BUY TICKET CL:44.   'There are a lot of people who want to buy tickets.'

——— y ———
CL:44 WANT BUY TICKET.   'There are a lot of people who want to buy tickets.'

——— y ———
6. QUERER COMPRAR BOLETO CL:44.   'Hay mucha gente que quiere comprar boletos.'

——— y ———
CL:44 QUERER COMPRAR BOLETO.   'Hay mucha gente que quiere comprar boletos.'

——— y ———
7. IT HAVE CL:BB.   'They have a big pile of them.'

——— y ———
CL:BB IT HAVE.   'They have a big pile of them.'

——— y ———
7. EL TENER CL:BB.   'Ellos tienen una gran cantidad de ellos.'

——— y ———
CL:BB EL TENER.   'Ellos tienen una gran cantidad de ellos.'

EXERCISE 22.1

EJERCICIO 22.1

1. OUTLINE-DINNER BELL-TRIANGULAR-SHAPED.
1. DELINEAR-CENA CAMPANA-TRIANGULAR-FORMA.

2. OUTLINE-HEADBOARD-BED.
2. DELINEAR-CABECERA-CAMA.

3. OUTLINE-SWIMMING-POOL-L-SHAPED.
3. DELINEAR-PISCINA L-FORMA.

4. OUTLINE-COIL-OR-SPRING.
4. DELINEAR-ALAMBRE O RESORTE.

5. OUTLINE-LEAF.
5. DELINEAR-HOJA.

6. OUTLINE-HEARTBEAT-MONITOR.
6. DELINEAR-CORAZÓN-MONITOR.

7. OUTLINE-CLOSED-CAPTIONING-SYMBOL.
7. DELINEAR-CERRADO-SUBTÍTULOS SÍMBOLO.

EXERCISE 22.2

EJERCICIO 22.2

1. SHAPE-ARABIAN-TENT.
1. FORMA-ARABE-PABELLÓN.

2. SHAPE-ROAD-THAT-ENDS-ABRUPTLY-AT-A-DROPOFF.
2. FORMA-CAMINO-QUE-TERMINA-CORTO-EN-DECAER.

3. SHAPE-WRINKLED-CARPET.
3. FORMA-ARRUGADA-ALFOMBRA.

4. SHAPE-ICY-SURFACE.
4. FORMA-HIELO-SUPERFICIE.

5. SHAPE-STAIRS.
5. FORMA-ESCALERA.

6. SHAPE-CHINESE-WOK.
6. FORMA-CHINA-WOK.

7. SHAPE-MOUNTAIN-RANGE.
7. FORMA-MONTAÑOSO.

EXERCISE 22.3

EJERCICIO 22.3

1. BEFORE I WORK FACTORY COKE CL:44⇒. 'I used to work in a coke factory on an assembly line.'

BEFORE I WORK FACTORY CAN CL:44⇒. 'I used to work in a can factory on an assembly line.'
BEFORE I WORK FACTORY FISH CL:44⇒. 'I used to work in a fish factory on an assembly line.'
BEFORE I WORK FACTORY CAR CL:44⇒. 'I used to work in an auto factory on an assembly line.'

1. ANTES YO TRABAJABA FÁBRICA COKE CL:44 I⇒. 'Antes yo trabajaba en una fábrica de coca-cola en línea de montaje.'

ANTES YO TRABAJABA EN FÁBRICA DE LATA CL:44 I⇒. 'Antes yo trabajaba en una fábrica de latas en línea de montaje.'
ANTES YO TRABAJAR FÁBRICA PESCADO CL:44⇒. 'Antes yo trabajaba en una fábrica de pescado en la línea de montaje.'
ANTES YO TRABAJABA EN FÁBRICA CARRO⇒. 'Antes yo trabajaba en una fábrica de carros en línea de montaje.'

2. MEETING IMPORTANT DEAF CL:55↑↑. 'A lot of Deaf people came to the important meeting.'
MEETING IMPORTANT POLICÍA CL:55↑↑. 'A lot of cops came to the important meeting.'
MEETING IMPORTANT INTERPRETER CL:55↑↑. 'A lot of interpreters came to the important meeting.'
MEETING IMPORTANT RESEARCHER CL:55↑↑. 'A lot of researchers came to the important meeting.'
2. JUNTA IMPORTANTE SORDOS CL:55 II↑↑. 'Mucha gente sordos llegaron a la junta de importancia.'
JUNTA IMPORTANTE POLICÍA CL:55 II↑↑. 'Muchos policías llegaron a la junta de importancia.'
JUNTA IMPORTANTE INTÉRPRETES CL:55 II↑↑. 'Muchos intérpretes llegaron a la junta de importancia'
JUNTA IMPORTANTE INVESTIGADORES CL:55 II↑↑. 'Muchos investigadores llegaron a la junta de importancia.'
3. #BUSY HE DAILY STUDENT CL:44⇒HIS ROOM. 'He is so busy, everyday students keep filing into his office.'
#BUSY HE DAILY SICK PEOPLE CL:44⇒HIS ROOM. 'He is so busy, everyday sick people keep filing into his office.'
#BUSY HE DAILY ACTOR CL:44⇒HIS ROOM. 'He is so busy, everyday actors keep filing into his office.'
#BUSY HE DAILY BOY, GIRL CL:44⇒HIS ROOM. 'He is so busy, everyday boys and girls keep filing into his office.'
3. #OCUPADO EL DIARIO ESTUDIANTE CL:44⇒SU CUARTO. 'El está muy ocupado, todos los días estudiantes llegan a su oficina.'
#OCUPADO EL DIARIO ENFERMA GENTE CL:44⇒SU CUARTO. 'El está muy ocupado, todos los días gente enferma llega a su oficina.'
#OCUPADO EL DIARIO ACTOR CL:44⇒SU CUARTO. 'El está tan ocupado, todos los días actores se forman frente a la oficina.'
#OCUPADO EL DIARIO MUCHACHO, MUCHACHA CL:44⇒SU CUARTO. 'El está muy ocupado, todos los días muchachas y muchachos llegan a su oficina.'
4. AWFUL ALL-NIGHT #GAS CL:4↓. 'It was awful, the gas had been leaking all night.'
AWFUL ALL-NIGHT NOSE CL:4↓. 'It was awful, my nose had been running all night.'
AWFUL ALL-NIGHT TOILET CL:4↓. 'It was awful, the toilet had been leaking all night.'
AWFUL ALL-NIGHT ROOF CL:4↓. 'It was awful, the roof had been leaking all night.'
4. TERRIBLE TODA NOCHE #GAS CL:4↓. 'Fue terrible el gas se goteaba toda la noche.'
TERRIBLE TODA NOCHE NARIZ CL:4↓. 'Fue terrible, mi nariz corria toda la noche.'
TERRIBLE TODA NOCHE BAÑO CL:4↓. 'Fue terrible, el baño goteaba toda la noche.'
TERRIBLE TODA NOCHE TECHO CL:4↓. 'Fue terrible, el techo se goteaba toda la noche.'

DIALOGUE 7   DIÁLOGO 7

Jack: I got a television decoder last week. It's really wonderful.

Jack: Yo obtuve un televisor decoder la semana pasada, es una maravilla.

Alice: I have ordered one. I'm still waiting; it hasn't arrived. What does it look like?

Alice: Yo ordené uno, todavía lo espero; no ha llegado. ¿Qué parece?

Jack: It has a flat top, is about this long, and it's made of metal. It has a channel knob. If there is a captioned show on television, you set it on ''Caption'' and the captions will appear.

Jack: Es plano arriba, tal largo y hecho de metal, tiene un botón para canales. Si hay un programa con subtítulos, lo pones en ''caption'' y aparecen los subtítulos.

Alice: They made some decoders but then they had a run on the market. They did not expect that. Now they are starting to produce and sell more.

Alice: Fabricaron algunos decoders pero ellos tuvieron un mercado fuerte. Ellos no esperaban eso. Ahora ellos comenzan a producir y vender más.

Jack: Do you know how the decoder works? The television screen is made up of several horizontal lines, one of which is line 21. That one has the caption signal. You must have a box, the television decoder, which you plug in to make the captions appear.

Jack: ¿Sabes como trabaja el decoder? La pantalla del televisor tiene varias líneas horizontales, una es línea 21. Ésa tiene el signo de subtítulos. Tienes que tener el cajón, el televisor decoder, que tú lo enchufes para que aparezcan los subtítulos.

Alice: That's really wonderful. I can't wait to get mine.

Alice: Estupendo. No puedo esperar a que me llegue el mio.

NOTES   NOTAS

VOCABULARY INDEX

GO-WITH 91
GOAL 233
GOD 270
gold 112
GONE 149
GOOD 51
GOOD-AT 258
GOOD-FRIEND 24
GOSSIP 258
GOVERNMENT 189
GRADUATE 202
GRANDFATHER 24
GRANDMOTHER 24
GRASS 270
GRAY 36
great 117
GREECE 270
greedy 224
Greek 270
GREEN 36
gripe 201
GROUP 35
GROW 104
GROW-UP 63
guard 127
GUESS 233
guide 114
guilty 232
HABIT 233
HAIR 113
HAMBURGER 91
HAMMER 177
HANDS 91
handkerchief 139
HAPPEN 189
HAPPY 14
HARD 91
HARD-OF-HEARING 14
HATE 78
have to 127
HAVE 36
HE 14
HEAD 91
HEAD-COLD 139
HEADACHE 139
HEAR 51

HEARING 14
HEARING-AID 115
HEART 91
heat 51
HEAVY 14
HELLO 14
HELP 78
her 14
HERE 139
HERS 24
HERSELF 104
hi 14
HIDE 223
HIGH 258
him 14
HIMSELF 104
HIRE 189
HIS 24
HISTORY 233
HIT 177, 213
HOME 36
HOMEWORK 63
HONEST 244
HONOR 244
HOPE 213
HORSE 105
HOSPITAL 270
HOT 51
1-HOUR 63
hour 63
HOUSE 51
HOW 105
HOW-MANY 105
HOW-MUCH 105
HUH? 51
HUNGRY 51
hunt 234
HURRY 202
HURT 150
HUSBAND 24
I 14
ICE-CREAM 105
IDEA 105
if 235
#IF 244
ignorant 11

illegal 243
illustrate 80
IMAGINE 233, 235
imitate 189
IMPORTANT 139
IMPOSSIBLE 190
impress 222
IMPRESSED 223
IMPROVE 63
IN 36
incident 189
INCLUDE 233
INCREASE 202
INDIA 270
Indian 270, 271
infirmary 270
INFLUENCE 79
INFORM 79
information 259
insect 242
institute 64
INTELLIGENT 165
INTERACT 178
interest 14
INTERESTING 14
INTERPRET 202
INTERRUPT 203
INTRODUCE 79
INVITE 189
involve 233
ISRAEL 270
IT 14
ITALY 270
it doesn't matter 176
ITS 24
ITSELF 104
jacket 90
JAPAN 270
Japanese 270
JEALOUS 190
Jewish 270
JOB 53
#JOB 234
JOIN 190
journal 150
JUDGE 234

much 163
MULTIPLY 245
murder 190
MUSIC 224
MUST 127
MY 24
MYSELF 105
NAB 214
NAME 36
nation 165
NATIONAL 165
NATIVE-AMERICAN 271
NEAR 139
necessary 36
NEED 36
NEIGHBOR 92
NEPHEW 25
NERVOUS 178
NEVER 178
NEW 37
NEWS 259
NEWSPAPER 203
NEW-YORK 139
next door 92
NICE 50
NIECE 25
NIGHT 64
NO 52
NOISE 150
noisy 150
NONE 178
NOON 64
NORTH 214
NOSE 92
NOT 52
NOTHING 178
NOTHING-TO-IT 214
NOTICE 114
NOT-YET 127
notify 79
NOW 64
nude 138
NUMBER 127
numerous 92
NURSE 178
obey 79

objective 233
obligation 165
obtain 126
obvious 221
occasionally 166
occur 189
OCEAN 234
odd 167
odor 52
OFFER 190
OFTEN 165
oh 52
OH-I-SEE 52
OLD 37
only 258
OPEN-BOOK 114
OPEN-DOOR 115
OPEN-WINDOW 115
OPERATE 259
OPPOSE 245
OPPOSITE 245
or 107
oral 126
ORANGE 37
ORDER 92
ordinary 202
other 256
OUR 25
ours 25
OURSELVES 105
OUTDOORS 234
outline 165
outside 234
oven 124
over there 140
overnight 62
OWE 165
own 36
PACK 139
package 34
page 37
pain 150
PAINT 259
PANTS 64
PAPER 37
pardon 232

PARENTS 25
participate 190
PARTY 127
party 23
PASS 127
PAST 203
path 152
patience 178
PATIENT 178
pay 180
PAY 79
PAY-ATTENTION 92
PEACE 259
peaceful 151
peculiar 167
penalty 245
PENCIL 93
penny 164
PEOPLE 93
PEPPER 224
perfect 223
perform 112
PERFORMANCE 112
permit 244
perplexed 179
PERSON 115
persuade 140
PHILADELPHIA 139
photograph 79
pick 188
PICTURE 79
PIE 165
PIG 203
pill 204
PITY 203
PLACE 115
PLAN 93
PLANT 79
PLAY 179
play against 77
PLEASANT 203
PLEASE 25
pledge 151
PLENTY 166
plug 259
PLUG-IN 259

Russian 271
SAD 15
safe 164
SALT 224
SAME 151
SAME-TIME 191
satisfied 152
SATISFY 152
SATURDAY 80
SAVE 128
SAY 14
SCARE 152
SCHEDULE 191
SCHOOL 52
SCIENCE 179
SCOTLAND 271
Scottish 271
SCREWDRIVER 179
search 234
seat 35, 116
SECRET 259
SEE 52
SEEM 215
SELFISH 224
SELL 64
SEND 80
sense 51
SENTENCE 52
SEPARATE 246
set up 125
SEVERAL 93
shall 66
SHAME 246
SHAVE 180
shaver 180
SHE 14
SHIRT 93
SHOCK 260
SHOES 93
SHOP 180
shopping 180
SHORT 15
short 23
SHOT-UP 215
SHOULD 128
SHOUT 260

show up 124
SHOW 80
SHOWER 180
SHY 80
SICK 52
sight 52
sign language 37
SIGN 37
SILLY 235
similar 151
simultaneously 191
SINCE 180, 242
SISTER 25
SIT 116
SKI 166
SKIING 166
SKILL 105
skilled 258
SLEEP 128
SLEEPY 15
SLOW 128
SMALL 15
small 15
SMART 15
smart 165
SMELL 52
SNOW 166
so 53
socialize 178
SOFT 93
SOME 166
someone 215
SOMETHING 215
SOMETIMES 166
SON 25
song 224
SOPHISTICATED 204
SORRY 52
soul 260
sound 51
soup 93
SOUR 224
SOUTH 215
SPAIN 271
Spanish 271
speak 140

SPECIAL 260
speech 126
SPEND 180
SPIRIT 260
split 243
spoiled 215
sponsor 215
SPOON 93
SPORTS 125
spring 79
STAMP 93
STAND 225
START 204
STAY 64
STEADY-DATE 215
steak 79
STEAL 116
STILL 93
STOP 116
STOP-IT 93
STORE 93
STORY 116
STRANGE 167
STREET 152
strength 15
stress 222
STRICT 152
STRONG 15
STRUGGLE 225
STUDENT 25
STUDY 105
STUPID 15
stupid 14
sub-titles 212
SUBTRACT 246
SUCCEED 191
success 189, 191
sue 245
SUGAR 80
suggest 190
SUITCASE 106
SUMMARIZE 260
SUMMER 116
SUMMON 191
SUN 152
SUNDAY 80

WASHINGTON 65
WASH-IN-MACHINE 106
WASTE 246
WATCH 79
WATER 65
way 152
WE 16
WEAK 16
weakness 16
wealthy 151
WEAR 65
wear 78
WEDDING 128
WEDNESDAY 81
1-WEEK 66
WEEK 66
WEIGH 236
weight 236
weird 167
welcome 189
WELL 53
WEST 216
WET 152
WHAT 106
WHAT-FOR 106
WHAT-TO-DO 106

WHAT'S-UP 106
WHEELCHAIR 216
WHEN 107
WHERE 107
where 107
WHICH 107
WHITE 38
WHITE PERSON 38
WHO 107
WHY 107
why 107
WIFE 26
WILL 66
WIN 128
WINDOW 115
WINE 167
WINTER 50
wish 51
WITH 167
WOMAN 26
WONDER 261
WONDERFUL 117
won't 128
WOOD 216
WORD 53
work out 177

WORK 53
WORLD 53
WORRY 107
WORSE 192
worth it 139
worth 164
WOW 117
WRENCH 180
WRIST-WATCH 81
write down 127
WRITE 66
WRONG 53, 216
YEAR 66
YELLOW 38
YES 53
YESTERDAY 66
YOU 16
YOUNG 53
YOU-PL 16
YOUR 26
YOUR-PL 26
yours 26
YOURSELF 107
YOURSELVES 107
youth 53

NOTES   NOTAS

VOCABULARY INDEX—
ÍNDICE DEL VOCABULARIO

ARREGLAR/223
arrestar 125
ARRIBA 117, 236
ARRODILLARSE 223
ARRUINAR 215
asesinar 190
asiento 35, 116
ASISTENTE 256
asociar 178
aspiración 233
astuto 15
asumir 233
ataque 260
ATARDECER 152
atemorizado 232
ATINAR 213
AUDIENCIA 242
AUDIFONO 115
AUMENTAR 202
aún más 127
AUSTRALIA 268
auto 35
auxiliar 78
AVION 113
AVISAR 191
avocar 215
AYER 66
ayudante 256
AYUDAR 78
AZUCAR 80
AZUL 34
BAILAR 23
BAJO (estatura) 15
bajo 23
BAJO 258
BAÑARSE 176
BAÑO 103, 151
baño 176
BARATO 50
BARCO 113
BASQUETBOL 137
BASTA 93
BASTANTE 163, 164, 166
batalla 260
batallara 225

BAUTISTA 268
bautizar 268
BEBER 62
BEBÉ 77
BÉISBOL 137
BIBLIOTECA 114
bicho 242
BICICLETA 77, 116
BIEN 51, 52, 53, 62
bien educado 190
bien venida, dar la 189
bistec 79
blanco 38
bloquear 235
bobo 14, 15, 235
BODA 128
BOLETO 81, 113
BOLSA 106
BONITO 13, 15
bosque 257
BOTELLA 77
BRAVO 242
brecha 152
brillante 15
BRILLANTE 221
brincar 223
brisa 13
británico 269
BRUSCO 236
brusco 235
BUEN-AMIGO 24
BUENO 51
BUENO PARA 258
burlarse 259
BUSCAR 234
coger 191
costo 166
CABALLO 105
CABEZA 91
CADA UNO 233
CAER, CAERSE 113
CAER EN CAMA 213
CAFÉ 35, 78
CAJA 34

CALIENTE 16, 51
CALIFORNIA 112
calma 151
calor 51
CALLADO 151
CALLE 152
CAMA 34
cámara 180
cambiar 243, 260
CAMBIAR 242
CAMBIAR DE LUGAR 260
CAMBIARSE 203
CAMBIARSE A 139
CAMINAR (lentamente) 65
CAMINAR 65
CAMINAR-A 140
camino 152
CAMISA 93
CANADA 268
candidato 212
CANAL 257
CANCELAR 112
canción 224
CANSADO 16
capitolio 189
capítulo 51
capturar 125
CARA 91
cárcel 245
carga 126
cargo 166
CARNE 79
CARO 50
CARRERA 125
carro 35
CARTA 63
CASA 51
CASADO 126
CASI 137
castaño 35
CASTIGAR 245
castigo 245
CATARRO 139
CATOLICO 268

CAUSAR, CAUSA 232
CELEBRAR 222
CELOSO 190
CENA 90
1-CENTAVO 164
CENTRO 257
CERCA 139
cercano 139
cerdo 203
CERVEZA 188
CERRAR CON
 LLAVE 114, 258
CERRAR-PUERTA
 243
césped 270
CIEGO 268
CIENCIA 179
CINE 51
cirugía 259
CITA 163
CIUDAD 201
CLARO 221
CLASE 35
COCA-COLA 78
COCINA 150
COCINAR 23
COCHE 35
coger 191
cochino 203
COLECCIONER 125
COLEGIO 62
colisión 176
COLOR 35
combinar 258
COMER 50
COMIDA 50
COMITÉ 188
COMMUTAR 269
COMO 105
COMODO 222
completar 257
compromiso 151
COMPARAR 212
comparasión 212
compasión 203
competencia 125

competir 125
completar 257
completo 138
componer 223
COMPRAR 62, 180
comprender 52
COMPROMISO 125
comunidad 201
CON 167
con frecuencia 165
CON SUEÑO 15
concentrar 92
concurso 125
condensar 260
CONDUCIR HACIA
 138
CONECTAR 257, 259
CONEJO 93
confesar 242
CONFIABLE 222
confidencia 222
confidencial 259
CONFIDENTE 222
CONFUNDIDO 179
CONFUNDIR 176
confuso 176
congelado 177
CONGELAR 177
conocer 51
consciente de 36
CONSEGUIR 126
CONSTRUIR 103
CONTAR 243
CONTAR-CUENTO
 116
contenido en 36
CONTENTO 14
CONTESTAR 77
CONTINUAR 201
contra-parte 245
CONTRATAR 189
CONTROLAR 243
convención 114
conversar 137, 140
CONVERTIRSE EN
 103

COOPERAR 269
COPIAR 189
CORAZON 91
corte 234
correcto 52
corregir 112
correo 63
CORRER (de un
 trabajo) 213
correr (de un trabajo)
 232
CORRER 140
correr 246
COSA 116
COSTO 164
costo 246
costumbre 233
crecer 63, 104
CREER 49
CREMA 149
criticar 112
cruel 244
CUAL 107
CUANDO 103
CUANTO, CUANTOS
 105
cuarto 34
CUCHARA 93
CUCHILLO 91
CUENTO 116
CUERPO 90
cuestión 105
CUIDADO 188
CUIDAR 79
CULPA 126
culpable 232
CUMPLEAÑOS 163
CURIOSO 177
CURSO 51
chamarra 90
chaqueta 90
CHICAGO 137
CHICO 15
chico 15
CHINA 269
chino 269